Het wit en het purper

Van Willemijn van Dijk verscheen eveneens
bij Ambo|Anthos *uitgevers*

*Via Roma*
*De opvolger*

Willemijn van Dijk

# Het wit en het purper

Ambo|Anthos
Amsterdam

MIX
Papier van verantwoorde herkomst
FSC® C014496

De auteur ontving voor dit boek een projectsubsidie
van het Nederlands Letterenfonds.

Nederlands letterenfonds
dutch foundation for literature

ISBN 978 90 263 4137 3

Omslagontwerp Roald Triebels, Amsterdam
Omslagillustratie © Hendrick Goltzius / Culture-Images /
Kunstsammlungen Coburg / Hollandse Hoogte
Foto auteur © Tessa Posthuma de Boer

Verspreiding voor België:
Veen Bosch & Keuning uitgevers nv, Antwerpen

We come like dreamers searching for an answer,
Passionately in need to reconstruct
The columned roofs under the blazing sky,
The courts so open, so forever locked.

Uit: *Villa Adriana*, Adrienne Rich

# Stamboom van de Julisch-Claudische dynastie

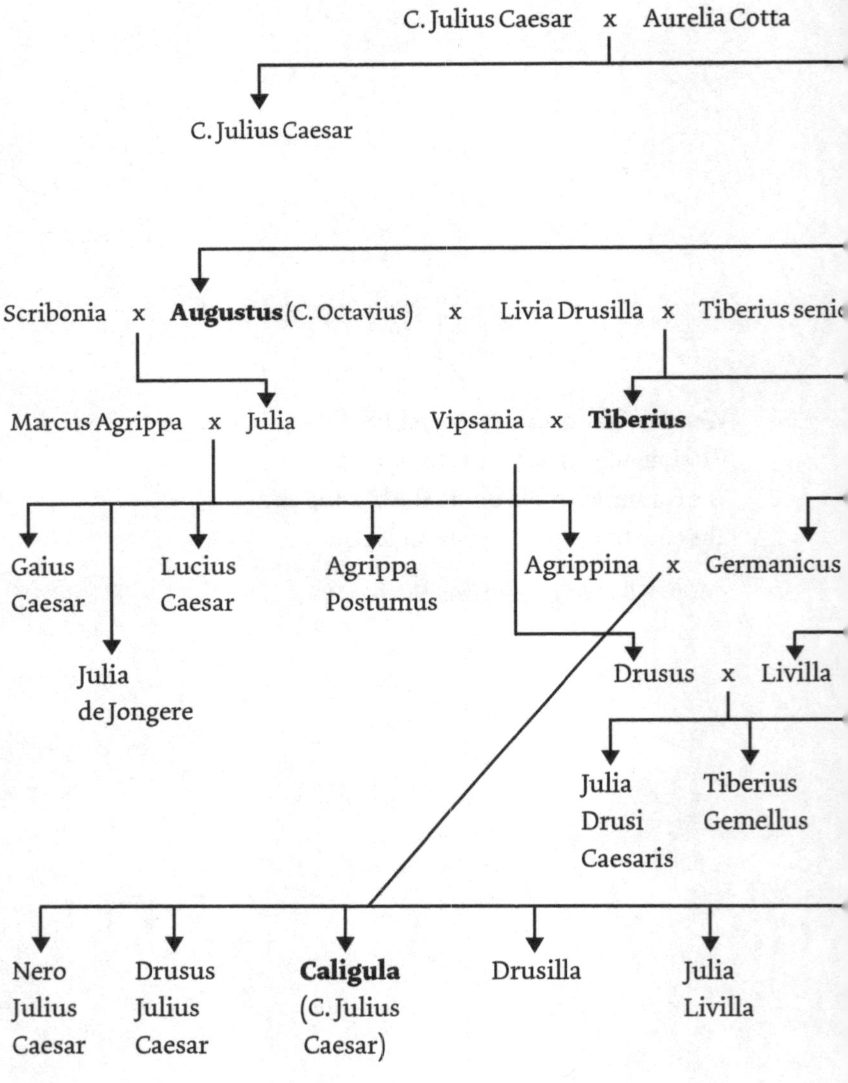


* Zie ook de dramatis personae op pagina 409.

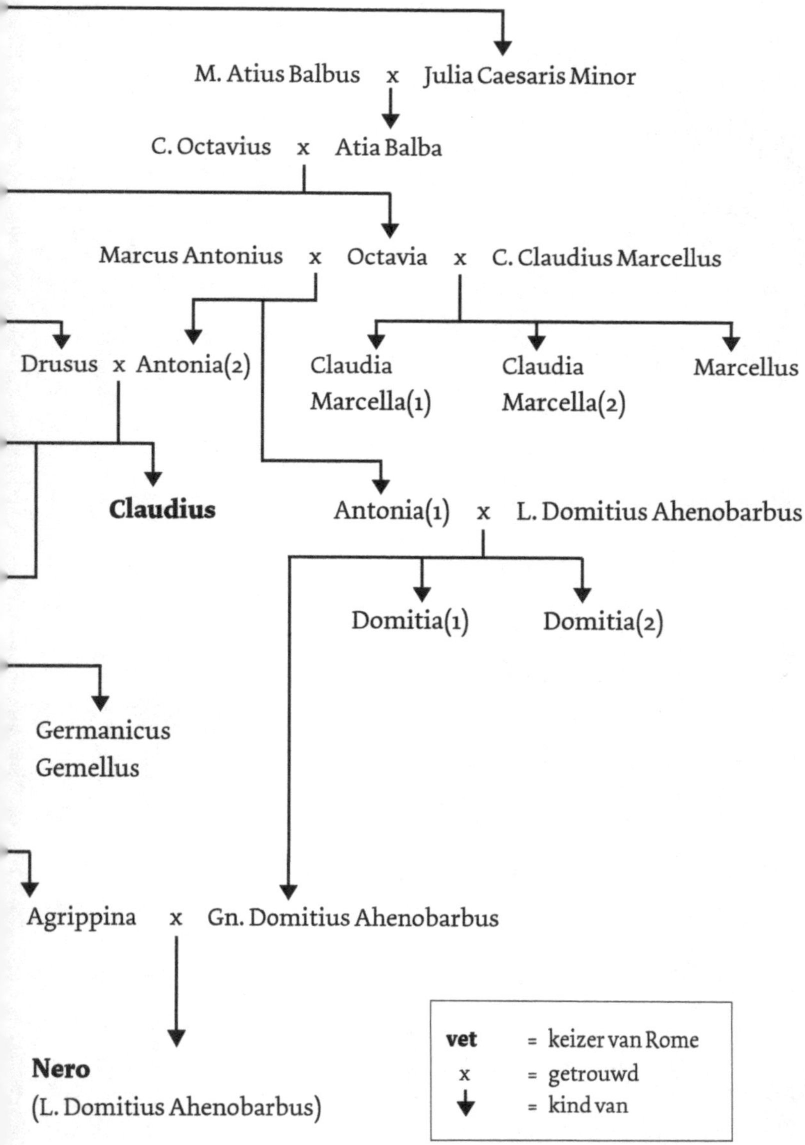
M. Atius Balbus x Julia Caesaris Minor
C. Octavius x Atia Balba
Marcus Antonius x Octavia x C. Claudius Marcellus
Drusus x Antonia(2)
Claudia Marcella(1)
Claudia Marcella(2)
Marcellus
Claudius
Antonia(1) x L. Domitius Ahenobarbus
Domitia(1)
Domitia(2)
Germanicus Gemellus
Agrippina x Gn. Domitius Ahenobarbus
Nero
(L. Domitius Ahenobarbus)
vet = keizer van Rome
x = getrouwd
= kind van

PROLOOG

# *Et in Arcadia ego*

Toen ze hem vond, was hij bijna dood. Het was een kille nacht geweest, de lucht was te koud en scherp voor een eerste levensadem, dacht ze toen ze zag dat de baby niet meer dan een paar uur oud kon zijn. Ze dankte de goden dat haar moederhart was gewekt door het breekbare, hongerige gekerm van het in lappen gehulde kindje. Ze keek om zich heen; wie kon de baby voor haar deur hebben achtergelaten? Op dat moment ontwaarde ze in de ochtendnevel, ver weg aan de rand van het bos, een mistige gestalte; trillend, uitgeput op de schenen gezakt, de blik omhoog richting de hemelkoepel en de handen opengevouwen met de rug op de knieën rustend. Het ellendige gebed van een wanhopige moeder.

De schim was nog maar net verdwenen, als een schichtige bosnimf tussen de bomen, toen het kind van zich liet horen. Het deed zijn mond open en brulde als een leeuwenwelp, een levenskreet vol angst en wilskracht die door de snijdende wind langs de omliggende huizen werd gedragen en hun bewoners in alle vroegte wekte. Voorzichtig pakte ze hem van de grond en trok de deur achter zich dicht. Haar hand gleed over de zachtjes bewegende buik, een vluchtige blik onder de doeken. Een jongen. Ze suste de baby en duwde hem dicht tegen zich aan, en heel even was hij helemaal stil.

Ze keek naar buiten, de glans van de Dageraad trok over de velden, de mist trok op en het grijze schimmenland maakte plaats voor de vertrouwde contouren van de lieflijke bossen waar het Arcadische land beroemd om was.

Toen begon de jongen weer te brullen. Er was een min in huis, en er waren schone wikkeldoeken, nog in gebruik voor haar eigen kroost, zodat het gehuil snel werd gesust. Maar het werd ingewisseld voor de felle klanken van ruzie, het donkere schreeuwen van haar echtgenoot dat door het huis galmde terwijl de zon onverstoord zijn opgang maakte en in schuine witte stralen door de ramen prikte. In haar gezin draaide het, zoals in alle gezinnen, om de oogst, om het brood. Of er genoeg was, wat de prijs ervan was, hoeveel de prijs ervan zou stijgen. Alles was altijd onzeker, de enige zekerheid was dat ze niets overhadden. Niet genoeg om een vondeling te voeden, zei haar echtgenoot, zelfs al was het een jongen. De baby moest verdwijnen.

Maar er was iets met dit jongetje. Hij was strijdlustig, zozeer dat het haar de kracht gaf om tegen haar echtgenoot in te gaan. Ze haalde hem over om de jongen als slaaf op te voeden, en redde zo zijn leven. De Schikgodin had haar verafschuwde schaar al tevoorschijn gehaald, maar ze borg hem weer op. Het was, dacht ze, alsof dit pas begonnen leven van de goden eerst een paar keer door een nauwe flessenhals moest kruipen om te tonen wat hij waard was. Misschien was hij voorbestemd om beproevingen te doorstaan, misschien was hij daarom zo'n vechter. Ter ere van zijn strijdvaardigheid en haar eigen overwinning op haar echtgenoot vernoemde ze hem naar de onverschrokken Titaan Pallas, de onsterfelijke vader van Nikè.

Zijn eerste stappen zette het jongetje in het zachte Arcadische gras. Toen hij twee was en simpele opdrachtjes kon uitvoeren, verzamelde hij malvetakken, waar haar dochters mandjes van vlochten. Wat zijn echte taken zouden worden als hij wat groter was, wist ze nog niet. Dat was ook niet nodig zolang hij nog een klein en behoeftig kind was. Ze zag al snel dat hij slim en gevoelig was, dat hij veel begreep, ook dat hij anders was dan de andere kinderen in huis. Haar echtgenoot benadrukte dat ze afstand moest bewaren, dat ze hem wel de zorg van een ouder moesten geven, maar niet de liefde. Zelf zette hij dat onderscheid aan door hem nooit bij naam te noemen, en door de manier waarop hij tegen hem sprak. Tegen de kinderen zei hij: 'Geen brutale mond tegen je moeder!', tegen de jongen: 'Geen brutale mond tegen je meerdere!'

Hij was vier toen ze hem verhalen begon te vertellen. Laat in de avond, bij het licht van wat olielampjes, als de andere kinderen al naar bed waren. Ze vertelde over verre landen en andere tijden, over goden, halfgoden en stervelingen die zich goden waanden. Ze zag hoe hij opleefde bij spannende verhalen als dat van de Calydonische jacht, hoe hij rilde wanneer de helden en honden door de slagtanden van het woeste everzwijn werden opengereten, en hoe zijn ogen groter werden wanneer Meleager eindelijk zijn speer trok. De meisjes hadden nooit veel interesse getoond voor die mythe. Zij wilden keer op keer hetzelfde horen, het liefdesverhaal van Pyramos en Thisbe, die hun zoete woordjes noodgedwongen via een spleet in de muur naar elkaar fluisterden, omdat hun families ruzie met elkaar hadden en ze niet samen mochten zijn. Maar de jongen hield, net als zij, van ruigere verhalen, van verhalen die gingen over echte moed. Daarom was hij ook zo gek op de legende van Phaëton, een mythe die ze hem al zo vaak had verteld dat hij haar zinnen kon afmaken.

Phaëton was een godenzoon. Althans, dat beweerde zijn moeder, de zeenimf Klymene. Maar omdat niemand hem geloofde, begon Phaëton zelf ook te twijfelen. Klymene stuurde hem daarop naar het hemelvuur, waar het zonnepaleis van Phoibos Apollo stond. Vastberaden vroeg hij de Zonnegod om hem het bewijs van zijn afstamming te geven, waarop Apollo zei dat hij hem, om zijn twijfels weg te nemen, een geschenk zou geven, alles wat hij maar wilde. Op dat punt in het verhaal vulde de jongen haar altijd aan, en fluisterde met fonkelende ogen: 'Ik wens dat ik de vurige zonnewagen mag besturen...' En dan deed zij Apollo na, jammerend en tegensputterend. Want niemand anders dan de Zonnegod kon de onstuimige paarden in bedwang houden. Vol afgrijzen hield Apollo zich uiteindelijk aan zijn woord. De Dageraad kwam en Phaëton klom in de wagen, maar al snel raakten de paarden in paniek. Het vuur dat de op hol geslagen zonnewagen doorgaans aan de hemelrand verspreidde, richtte een ravage aan op aarde. Zo groot was de rampspoed dat Zeus moest ingrijpen. Met zijn trefzekere bliksemschicht raakte hij Phaëton in een enkele worp. In een laatste ogenblik besefte Phaëton dat hij inderdaad de zoon van een god was. Brandend stortte hij ter aarde, vlak voor zonsondergang. Zo stierf Phaëton aan het onbezonnen verlangen de grenzen van het menselijke te verleggen.

Talloze keren zag ze hoe de jongen het kleine, aardewerken beeldje pakte dat hij had gekregen, een afdankertje van een van de meisjes, en fantaseerde dat het beeldje Apollo, en hij Phaëton was. Even zo vaak dacht ze dat er in zijn hart, net als in dat van Phaëton, een vurig verlangen brandde om zich te bewijzen.

De prille kinderjaren van de jongen vervlogen, als as in de wind. Ongemerkt was er een einde gekomen aan zijn kleutertijd, aan het kind-zijn in de hulpbehoevende zin. Het was tijd om hem aan het werk te zetten in huis. Maar het jaar dat hij zes zou worden, was er een van honger en schaarste. Er was bijna geen regen gevallen, een groot deel van de oogst was mislukt, de graanprijzen waren gestegen en de dood waarde rond in het wonderschone Arcadië. De voorraadpotten waren leeg, met de deksels er niet op maar naast, als de gevallen schilden van verslagen soldaten. Het hele gezin werd getergd door lege magen en van zorgen doorwaakte nachten. Toen een van de meisjes, haar middelste, ziek werd, nam haar echtgenoot een besluit waarvan ze zag dat het hem zwaar viel. Ze waren allemaal gesteld geraakt op de jongen. Hij was innemend en pienter, maar hij was ook zwijgzaam en klein voor zijn leeftijd. Ze hoorde het norse gemompel van haar man aan, dat de jongen geen fysieke arbeid kon verrichten, dat ze niets aan hem hadden. Dit keer kon ze hem niet redden. Ze was zo zwak en vermagerd dat ze de kracht niet vond om tegen haar echtgenoot in te gaan, toen hij hem aan de arm mee naar buiten nam.

De jongen draaide zich om en keek haar vragend aan. Lusteloos wendde ze haar blik af. Ze zou hem nooit meer terugzien.

# 1

# Naar Rome

*7 n.Chr.*

Hij is maar een paar keer eerder mee geweest naar de stad. Het is een indrukwekkende plek waar je niet verder kunt kijken dan de volgende zuil, waar niemand stilzit en alles steeds in beweging is. Het mooist, vindt hij, is de Tempel van Zeus. Hij vraagt zich altijd af of de oppergod daar echt woont, in het gedeelte dat je van buiten niet kunt zien, maar hij heeft het nooit durven vragen.

Op het grote plein is er vandaag markt. Tussen het woud van benen door ziet hij ingemaakte olijven, geitenkazen, wintergroenten die groezelig zien van de aarde, allemaal uitgestald op tafeltjes, in zakken, in potten, op stapels. Zou iemand het merken als hij een olijf pakt? Ze hebben een heel stuk gelopen, hij heeft honger. Verderop staan wat schapen zenuwachtig te blaten, misschien omdat naast ze een grote koe onbesuisd met haar klonterige hoeven staat te trappen. De beesten hebben een touw om hun nek en ze worden omringd door hard pratende mannen met baarden. Achter de schreeuwende baarden ontwaart hij een paar treurig uitziende mensen, van wie je door hun vieze huid en plakkerige haren niet kunt zien of het mannen of vrouwen zijn. Ze zijn gehuld in rafelige doeken die te koud zijn voor het seizoen en ze hebben net als de beesten een touw om hun nek.

Zonder zijn pas in te houden loopt de vader, die de hele weg niets heeft gezegd, in de richting van de mistroostige, aan elkaar vastgebonden hoofden. Hij moet versnellen om hem bij te houden; die olijven kan hij nu wel vergeten. De vader spreekt iemand aan, de jongen verschuilt zich achter zijn stevige benen. Hij wil niet gezien worden, maar hij luistert aandachtig. Er worden bedragen genoemd, en daarna wordt er zo intensief en langdurig gediscussieerd dat er zweetdruppels op het zorgelijke voorhoofd van de vader staan. Met zijn vingers voelt hij aan het Apollobeeldje dat hij thuis nog net op tijd onder zijn gordel heeft kunnen stoppen en in een plooi van zijn tuniek verborgen houdt. Hij had Apollo om toestemming gevraagd, maar dat zal de vader niet begrijpen. Het is gestolen, en stelen mag niet. In zichzelf vraagt hij de Zonnegod om bescherming.

De onbekende stelt vragen aan de vader, terwijl hij zijn wantrouwende donkergroene ogen met blauw-gele kringen eronder onafgebroken op hem gericht houdt.

'Aangekocht of in huis geboren?'

'In huis geboren. Een slippertje van de meid, je kent het wel.'

De vader liegt. Waarom? Hij voelt een hand in zijn rug, hij wordt naar voren geduwd en struikelt bijna. De vader trekt zijn tuniek een stukje omhoog en zweert dan dat de jongen geen pokken heeft, waarna de man nog allerlei gebreken opsomt met een argwanend vraagteken erachter, op zijn hoede alsof hij bij elk woord op het punt staat de vader te ontmaskeren. Het lijkt een oneindige lijst met ingewikkelde woorden, ernstig klinkende ziektes die bij hem visioenen van vieze wonden en uitpuilende ogen oproepen. Nadat de vader voor de laatste keer zijn hoofd in overtuigde ontkenning heeft geschud, somt hij, als om het goed te maken, allemaal kwaliteiten op. Die aanprijzingen geven hem een goed gevoel – hij heeft ze, uit de mond van de vader, nog nooit gehoord. Maar al snel raakt hij de draad van het gesprek weer kwijt, bevangen door de angst dat ze het beeldje ontdekken.

'Laat je niet misleiden door zijn lange lokken, de jongen weet van aanpakken,' hoort hij de vader zeggen. 'Hij heeft aanleg voor huishoudelijk werk, speelt een aardig wijsje op de fluit en doet de beste imitaties die ik ooit heb gezien. Ik denk dat hij bij hoge heren in de smaak zal vallen.' De man kijkt nu ronduit ongelovig naar de vader, die zich daarop een stukje vooroverbuigt en op zachte toon zegt: 'Luister, ik zal er niet omheen draaien. Ik moet een goede prijs voor hem hebben, ik heb een vrouw en kinderen, begrijp je? Het is een goede jongen, echt, gehoorzaam en alles. Ik verkoop hem sowieso, maar als ik hem kan behoeden voor een ellendige dood in de ertsmijnen of porfiergroeven, is dat mooi meegenomen.'

Hij heeft geen idee wat dat zijn, ertsmijnen en porfiergroeven. Hij stelt zich er verre oorden bij voor, twee mythische landen die elk worden bewaakt door een monster, zoals Scylla en Charybdis in de zee. Zou hij die monsters kunnen verslaan, net als Perseus? Maar Perseus had een wapen, Perseus had het afgehakte gruwelhoofd van de Gorgo. Als de prijs is overeengekomen en de vader het geld aanneemt – achthonderd zilveren drachmen – begrijpt hij het pas. De prijs is zíjn prijs, hij is verkocht.

Met een zucht van verlichting zakt de vader door zijn knieën, en even kijken ze elkaar zwijgend aan. Hij voelt hoe zijn adem versnelt, net zo lang tot hij alleen nog haastig en kort door zijn neus kan snuiven. Hij wil het tegenhouden. Hij wil niet huilen, want hij weet hoe boos de vader daar altijd om wordt. Huilen, dat mogen alleen de kleintjes, maar hoe harder hij zijn best doet zich in te houden, des te meer beginnen zijn ogen te branden. Hij voelt de open hand van de vader door zijn krullen gaan. Het is een gebaar dat hij niet kent, en het stelt hem vreemd genoeg even gerust.

'Nu moet ik weg. Maak je geen zorgen, je komt goed terecht. Je bent een bijzondere jongen. Je bent slim, dat zal je van pas komen. Maar loop er niet mee te koop, wees zuinig met wie je vertrouwt. Als je weg wilt blijven uit de arena en de mijnen, wees dan niet slim maar gehoorzaam.'

Hij wil iets zeggen, waarom wordt hij hier achtergelaten? En waar gaat hij naartoe?

'Bent u niet mijn vader?' vraagt hij uiteindelijk, zonder te weten waar die vraag precies vandaan komt.

'Nee. De goden brachten je naar ons.'

Hij kijkt op, spert zijn ogen wijd open. 'Ben ik een kind van de goden?'

'Misschien...' De vader lacht. 'Je staat in hun gunst.'

Hij begrijpt het niet.

'Je was nog nauwelijks in leven toen je bij ons werd gebracht... Nog maar net geboren hebben de goden je leven al moeten redden,' gaat de vader verder alsof hij zijn gedachten heeft gelezen. 'Ze gaven je een tweede kans. Je moet wel een speciale jongen zijn als ze denken dat je die verdient. Zo'n kans moet je niet vergooien, daar moet je heel zuinig op zijn.'

Het wilde snuiven is ongemerkt tot bedaren gekomen, en de tranen die net nog zo opdringerig waren hebben zich teruggetrokken. Hij denkt aan Phaëton. Misschien is Apollo ook wel zíjn vader. Had hij dat nog maar aan de moeder kunnen vragen, misschien had zij hem de waarheid kunnen vertellen, en hem het hemelvuur kunnen aanwijzen.

Dan: een golf van warmte door zijn lijf. Het is alsof de zon, die al wat hoger aan de hemel staat, met een van haar stralen bij hem binnen is gedrongen. Hij kan aan niets anders denken dan aan Apollo. Is het een teken uit de hemel? Vandaag begint dus zijn reis naar het hemelvuur. Hij moet zich bewijzen, en hij voelt dat hij dapper moet zijn, of zich in elk geval zo voor moet doen.

Als de vader zijn rug al naar hem heeft gekeerd, fluit de koper, die hem nu bij zich houdt, op zijn vingers en roept: 'Heeft hij eigenlijk al een naam?'

De vader draait zich om en krult zijn lippen omhoog tot een spaarzame, weemoedige glimlach. 'Hij heet Pallas.'

Het is vreemd om de vader zijn naam te horen uitspreken. De

koper kijkt hem lachend aan. 'Die mag je houden. Een koninklijke naam is goed voor de prijs.'

Weer begrijpt hij het niet. Hij staart naar de vader, die langzaam verdwijnt in de mensenzee, en slikt vastbesloten een brok in zijn keel weg.

✦

Handen raken hem aan, zijn mond wordt opengesperd door dikke vieze vingers die zich tussen zijn kaken wringen, om zijn tanden te bekijken. Talloze ogen zijn op hem gericht. Hij is gewend om anders te worden behandeld dan de anderen, anders dan de andere kinderen, maar hier, nu, voelt hij zich kleiner, kwetsbaarder en naakter dan ooit. Hij zal zich dat gevoel de rest van zijn leven herinneren. Niet in beeld, maar in iets wat opkomt wanneer hij aangeraakt wordt terwijl hij het niet verwacht. Alsof niet zijn hoofd maar zijn lijf het als belangrijke herinnering heeft opgeslagen.

Te midden van al het rumoer duikt er een jongetje van zijn leeftijd op, dat naast hem wordt neergezet. De jongen heeft dezelfde zwarte krullen als hij, maar is kleiner, en hij kijkt tegelijk bang en fel uit zijn ogen, als iemand die een arena in is geduwd om een gevecht aan te gaan, maar nog niet kan zien wie zijn vijand is.

'Niet bang zijn.'

Hij weet niet waarom hij dat zegt. Hij is zelf banger dan hij ooit is geweest. Hij heeft geen idee hoelang ze hier nog moeten blijven, en waar ze naartoe zullen gaan. Maar hij heeft thuis veel tijd doorgebracht met de allerjongste, en de moeder heeft hem altijd geprezen om zijn talent het kindje te troosten. 'Pallas, kom eens hier en zing een liedje voor de baby,' vroeg ze, en 'Sus je de baby even in slaap met je mierzoete woordjes?' Het is het enige compliment dat ze hem ooit gaf, en hij koestert het zoals de meisjes hun gescharnierde houten poppen koesterden. Die jongen troosten, dat kan hij, en zo kan hij laten zien dat hij dapper is.

Er komt een man aan met een enorme, gelige neus en dikke zwarte wenkbrauwen. Hij is niet van hier, dat ziet hij aan zijn kleren en hij hoort het aan zijn vreemde manier van praten. Het lijkt of de man haast heeft, of hij hier helemaal niet wil zijn en zo snel mogelijk weer weg wil. Hij koopt bijna alle slaven op die er staan, behalve de ouderen. Dan gaat alles snel, ineens staan ze op karren, die met krakende assen vertrekken. De markt verdwijnt uit het zicht, en daarna de stad, en na een tijdje doemt aan de horizon een glinsterende lijn op. Hij vergeet zijn honger, die hem hoofdpijn had bezorgd. Hij blijft naar de horizon staren terwijl het lijkt of het einde van de wereld steeds dichterbij komt. Is daar het hemelvuur? De lijn wordt blauwer en schittert hem verblindend toe, als de zon in een plas regenwater.

'Dat is de zee,' zegt het jongetje.

Pallas knikt alsof hij dat al wist.

'Hebben ze je weleens over Scylla verteld?'

Pallas knikt nogmaals, maar de jongen negeert het.

'Dat is een zeemonster met zes hoofden. Als ze je overboord gooien, scheurt ze je in zes stukken en vreet je met al haar hoofden tegelijk op.'

Hij haalt zijn iele schouders op.

Als ze de volgende dag de haven uit varen, de open zee op, rilt hij van de angst voor wat hem te wachten staat.

✦

Eerst is er een poort. De stad daarachter is zo vol dat de stadsmuur wel een gordel om een dikke buik lijkt die het geheel met moeite bij elkaar houdt. Hij ziet tempels, torenhoge huizen, krakkemikkige houten hutten en provisorische kraampjes die schouder aan schouder de smalle straatjes flankeren – ieder stukje grond is bezet door iets wat door mensenhanden is gemaakt, soms niet meer dan twee palen met een doek erover. Plaveisel en aarden paadjes wisselen elkaar slordig af. Hij hoort het ruisen van een rivier en mensen die elkaar toeschreeuwen. Even meent hij zijn moedertaal op te vangen, waarna hij de jongen toefluistert: 'Er zijn hier Grieken.'

Ondanks zijn vermoeidheid missen zijn ogen niets. Hij snuift de lucht op die vet en kruidig is, verzwaard door een woud van geuren, van gebraden worstjes, schapenkaas op een kar, vis van minstens een dag oud nog in de netten, ezels met zware leren tassen over hun rug. Een zweem van zweet, urine, mest en rottend fruit, een misselijkmakende geur die hem aan de gierkuil achter zijn Arcadische huis doet denken. Vanuit talloze werkplaatsen een kakofonie van scherpe, harde geluiden. Op de hoek van een straat wordt een vloekende man met een bot mes de baard afgeschoren, onder een rafelige luifel houdt een leraar een groepje kinderen bij de les, verderop zit een tandeloze slangenbezweerder voor een paar toeschouwers.

Boven dat doolhof van houten kramen en luifels steken indrukwekkende monumenten uit, als Giganten. Als hij zijn hoofd hemelwaarts keert, ziet hij een andere wereld, een van kleurrijke stenen bogen en zuilen. En daarachter, verder weg, meer bogen en meer zuilen, koperrode zuilen en purperen zuilen, sobere zuilen zonder poespas en zuilen met weelderige versieringen als de bladeren van elegante bomen. Een silhouet van steen tekent zich af tegen de blauwe hemel. Zijn het allemaal tempels? Hoeveel goden huizen er wel niet in deze stad? Het begint warm te worden en hij vraagt zich af wanneer ze de schaduw zullen opzoeken.

Ze zijn gestopt bij een plein dat is omheind door geschakelde hutjes; het moeten winkeltjes zijn, of ateliers. Op een deel valt de verkoelende schaduw van een gigantisch bouwwerk, met rondom bogen, bogen en nog eens bogen. Dit is veruit het grootste gebouw dat hij ooit van dichtbij heeft gezien, en het is nog maar in aanbouw. Hij staart naar de werklui die met hun riemen vol werktuigen in de hemel lijken te zweven, zich verwonderend, tot hij een pijnlijke stoot in zijn rug voelt. Het is de houten stok van de bullebak die hen vervoert.

Dit is de eindbestemming.

Hij klimt uit de kar en kijkt de man afwachtend aan. Ze lopen een stuk, stapvoets vanwege hun gebonden enkels, kiezels prikken in zijn blote voetzolen. Om hen heen staan kooien, van dieren denkt hij, totdat er plotseling een mensenarm uitgestoken wordt, die als in een smeekbede naar de hemel reikt. Hij deinst achteruit, maar zijn nieuwsgierigheid wint het van zijn angst en hij kijkt beter. Een wanhopige blik zoekt zijn ogen. Het is een wezen dat hem doet denken aan een mens, maar dat door zijn smalle, kleine ledematen ook wel wat weg heeft van een mythologische figuur. Zijn ogen glijden langs de kooien, en ineens ziet hij nog veel meer misvormde, akelig uitziende schepsels in het halfduister van hun hokken, achter dunne houten balken.

'Maak je geen zorgen.' De man die praat is een van de volwassen slaven, die al de hele reis vriendelijk tegen hem is geweest. 'Dit is wat de Romeinen de monstermarkt noemen, maar dit is geen plek voor een mooie jonge knul als jij.'

Pallas heeft aan diezelfde man tijdens de reis honderd vragen gesteld. Hij kreeg te horen dat de groezelige vent die hen heeft gekocht, met zijn grote neus en wenkbrauwen als borstels, hen naar Rome zou brengen. En in die stad, waarvan hij nooit eerder had gehoord, en waar ze pas na weken varen zouden aankomen, wil diezelfde man hen weer te koop aanbieden. 'Rome,' had Pallas een paar keer zachtjes voor zichzelf herhaald. Het klonk als een verzonnen plek, zoiets als het schimmenrijk onder de aarde, of het tovereiland van Circe.

Langzaam vult het plein zich met mensen – mannen en vrouwen, sommigen met een heel donkere huid en anderen met vuile maar melkwitte gezichten, verscholen achter strengen roestkleurig haar, soms gehuld in vodden, soms dat niet eens, en een handjevol kleine kinderen, zoals hij. Gammel ogende houten kisten en tafels worden aangevoerd en doorgegeven, loketten van wat inderdaad kraampjes blijken gaan open.

Plotseling komt hun stoet tot stilstand. Hij kijkt op, het gezicht van de man met de wenkbrauwen is rood, zelfs zijn gele neus heeft een paarsige wijnkleur gekregen. Zijn ogen zijn fel en samengeknepen. Een van de slaven is gestruikeld, heeft zijn pols opengehaald aan een potscherf en is in een plas modder terechtgekomen. Zijn tuniek ziet zwart en over zijn arm stroomt een dun lijntje bloed. Terwijl de onhandige jongen snel weer omhoog probeert te kruipen, krijgt hij een harde schop in zijn buik. Een klodder slijm komt op zijn gezicht terecht als een stukgeslagen kippenei, en sijpelt traag via zijn mondhoeken op de grond.

'Sta op!'

De hele reis lang zijn er dit soort lijfstraffen uitgedeeld. Pallas keerde bij elke trap verder in zichzelf, totdat hij geen woord meer durfde te zeggen. De vriendelijke man die Grieks spreekt en ook de taal van Rome machtig is, wordt naar voren gesleurd en vertaalt wat er geschreeuwd wordt, met zichtbare angst om een fout te maken. Dat de lijfstraffen als voorbeeld dienen. Dat ze moeten begrijpen dat dit voortaan hun nieuwe leven is, dat ze nu in Rome zijn, en dat er van hen niets anders dan gehoorzaamheid gevraagd wordt, blinde gehoorzaamheid aan hun meesters. Ze kunnen zich maar beter niets in het hoofd halen en moeten snel vergeten waar ze vandaan komen, omdat het er niet meer toe doet. Hij bewijst hun een dienst, mompelt hij terwijl hij weer verder loopt, door de jongens als makke schaapjes af te leveren. 'Ik ben te goed voor jullie,' zegt de bullebak en hij lacht er overdreven hard bij.

Uit het niets duiken er dan handen op, die Pallas beetpakken en meenemen. Hij krijgt een houten bordje vol onleesbare tekens om zijn nek, waarvan de splinters prikken in de huid van zijn blote borst. Daarna wordt hij een houten verhoging op geduwd, de volle zon in. Vlak naast hem ondergaat het jongetje, van wie hij nog steeds de naam niet kent, precies dezelfde behandeling. Ze kijken elkaar aan, de ogen wat toegeknepen vanwege het felle licht. Als het podium waarop hij staat plotseling in beweging komt, verliest hij bijna zijn evenwicht. De man met de grote neus kijkt tevreden naar de twee jongetjes op hun langzaam draaiende plateaus. Hij gebaart iets naar een man die geknield aan hun voeten zit en de tafels in beweging heeft gebracht, waarna de schijven weer stoppen met draaien.

Het volgende moment klinkt er een bel, gevolgd door een luide kreet. De waren staan uitgestald, de markt is geopend.

Van alle handen die daarna zijn kleine lijf betasten, in zijn huid knijpen, hem vernederen, zijn die van de man met de olijfkleurige huid het zachtst en schoonst, als meisjeshanden. Met zijn scharlaken cape en donkere baard doet de man hem denken aan de oosterse magiërs uit de verhalen die de moeder in Arcadië weleens vertelde. Maar de magiër woont in deze stad, ook al lijkt hij van een heel andere soort dan de ruige en onbehouwen kerel die hen naar Rome heeft gebracht. Hij spreekt lang en intensief met de slavenhandelaar, het valt hem op dat ze bijna ongemerkt op Grieks zijn overgegaan.

'Een echte Cappadociër, hè?' zegt de handelaar met een geïrriteerde blik. 'Pakken wat je pakken kan.'

De man met de vrouwenhanden antwoordt met een onverstoord zachte, geheimzinnige glimlach. Weer wordt er een prijs overeengekomen. Dit keer niet in zilveren drachmen, maar in een voor hem onbekende muntsoort. Dan keert de innemende koper zijn blik naar hem, gebaart hem om van het plateau af te stappen en mee te komen. Even verstijft hij en kijkt opzij, recht in de ogen van het jongetje. In zijn hoofd duikt het beeld op van de geknielde vader in Arcadië, die hem vlak voor het afscheid waarschuwt voor de gevaren van ongehoorzaamheid. Pallas slikt zijn tranen in, trekt de jongen naar zich toe en zegt, zo stellig als hij maar kan: 'Niet zonder mijn broertje.'

Zodra hij het heeft gezegd wil hij verdwijnen. Hij knijpt zijn ogen dicht, verwacht dat iemand zal schreeuwen: 'Geen brutale mond tegen je meerdere!' Maar het blijft stil. Met gesloten ogen begint hij te bidden. Dat de goden het toestaan dat deze man, die zelf een halfgod lijkt, hen hier weg zal halen. Dat hij samen met dat andere jongetje mee mag naar waar die man vandaan kwam, waar dat ook is. Hij denkt aan de zuilen, de ontelbare tempels op de heuvels die hem omringen. Hij weet niet welke goden er in deze stad worden aanbeden, maar in gedachten spreekt hij ze respectvol aan en hij hoopt maar dat ze zijn Griekse dialect kunnen verstaan. *Genadige goden van Rome.* Hij belooft offers te brengen. Hij belooft zijn eeuwige trouw.

✦

Als hij zijn ogen weer opent, worden er koopaktes ondertekend. Zijn gebeden zijn verhoord. Vlak voordat ze vertrekken hoort hij de slavenhandelaar in het Grieks zeggen: 'Die kleine? Hij heeft nog geen naam. Maar ik heb hem zojuist in het contract Felix genoemd. Geluksvogel.' Felix. De jongen, die al een hele tijd stil is, heeft eindelijk een naam.

De man in de cape neemt hem en Felix mee en spreekt Grieks tegen hen. Het huis waar ze naartoe gaan, zegt hij, wordt het Huis van Germanicus genoemd, en het ligt op een heuvel die ze via een steile trap beklimmen en die de Palatijn heet. Germanicus, Palatijn, het zijn vreemde, holle woorden, zoals woorden in een onbekende buitenlandse taal, die belangrijk klinken maar nog wachten op hun betekenis. Het maakt niet uit, hij heeft geduld. Alles is beter dan de markt waar ze vandaan komen. In het dal was het vies, schimmig en chaotisch, maar de heuvel die ze nu beklimmen, waarop het Huis van Germanicus staat, doet hem aan zijn thuisland denken, met dezelfde zoete, natte geur van gras en hetzelfde vrolijke getjilp van zangvogels.

Door een deur die breed genoeg lijkt voor een paard-en-wagen, stapt hij het huis binnen. Het is alsof hij een verkleinde, overdekte versie van de stad zelf binnengaat, een onwerkelijke wereld vol zuilen, sommige echt, andere op de muren geschilderd, sommige rond en scharlakenrood met okergele decoraties, andere vierkant, roomwit en sober. Samen met Felix wordt hij naar de dame des huizes gebracht, de onzichtbare hand achter de man met de cape, die weer vertrekt als ze tegenover haar staan. In haar opdracht zijn ze gekocht, zo wordt hun verteld.

Ze is een vrouw zoals hij nooit eerder heeft gezien. Een indrukwekkende verschijning, veel ouder dan de moeder in Arcadië. En veel mooier. Ze heeft strenge ogen en draagt ongemakkelijke, prachtig gekleurde kleding en heel veel sieraden. Ze zien er allemaal zwaar uit, maar dat is aan het onbewogen gezicht van de dame niet te zien. Misschien is ze een koningin, denkt hij, of een van de dappere amazones. Maar ze laat zich simpelweg voorstellen als Antonia Minor. 'De Jongere,' legt een dienaar uit in het Grieks, 'om haar te onderscheiden van haar oudere zus. Meesteres Antonia is de trotse moeder van Germanicus.'

De vrouw keurt Felix amper een blik waardig, ze loopt vastberaden op Pallas af. Ze lijkt haar ogen niet van hem af te kunnen houden.

'Komt hij echt uit Arcadië?' zegt ze terwijl ze met haar duim en wijsvinger zijn kin omklemt, een zo zachte aanraking dat hij heel even zijn adem inhoudt. 'Hij is prachtig. Wel een beetje jong nog, zeker voor Claudius, maar práchtig.'

Ze spreekt tegen een vrouw die is voorgesteld als Livia, een zo mogelijk nog statiger type dan Antonia, ouder en ernstiger, maar met een veel ronder gezicht. Ze kunnen onmogelijk familie van elkaar zijn, denkt Pallas.

'Het is mij een raadsel waarom je zoveel moeite in die jongen steekt,' zegt Livia minachtend. 'Hij heeft toch een verloofde nu? Maar goed, als je denkt dat het hem achter gesloten deuren houdt heb je mijn zegen.'

'Het is hartverwarmend dat u zo begaan bent met het lot van uw kleinzoon, schoonmoeder. We zijn het er allemaal over eens dat het van groot belang is mijn jongen buiten de openbaarheid te houden, maar in hemelsnaam, hij moet wel wat omhanden hebben. Zeker als zijn leeftijdgenoten straks het publieke leven ingaan. Hij zit altijd maar met zijn neus in de boeken. Het zal hem goeddoen zich te bekommeren om de opleiding van een jonge slaaf. Een jongen uit Arcadië! Je weet hoe goed Claudius zijn Vergilius kent.'

Livia zucht opzichtig en trekt haar wenkbrauwen omhoog, alsof ze wil zeggen: praat me er niet van. Dan richt ze een achterdochtige blik op Felix.

'En wie is dat andere knulletje?'

'Dat is zijn broertje. Ze konden alleen samen worden aangekocht, heb ik begrepen. We vinden wel een plek voor hem. Het zijn allebei mooie knaapjes.'

Livia's starre gezicht verzacht, ze gaat met de rug van haar hand even langs zijn wang, zodat hij rood aanloopt. 'Als natte klei,' zegt ze. 'Nog in elke vorm te kneden. Ik koop tegenwoordig niets anders meer dan kleintjes.'

Antonia loopt op hem af, buigt een beetje voorover en strijkt een lange, springerige lok achter Pallas' oren. Alsof ze hem, nu Livia het heeft gedaan, ook even moet aanraken. 'Maar deze jongen hier, die heeft iets bijzonders. Hij heeft opvallend waakzame ogen, vind je ook niet? Donkere vijvers vol verborgen diepgang en intelligentie. De ogen van de uil van Minerva.'

Livia trekt een zuur gezicht. 'Je gaat te veel om met die waarzegster van je. Heeft ze je soms een nieuwe zoon beloofd, ter compensatie?'

'Hebben ze je naar haar vernoemd, mijn kind?' gaat Antonia onverstoorbaar verder terwijl ze hem aankijkt. 'Naar de wijze Pallas Athena?'

Het valt hem op hoe foutloos het Grieks van deze vrouwen is. Ze hebben bijna geen accent, en spreken helder als de redenaar die hij een keer op het stadsplein heeft horen oreren. Schakelt iedereen hier zo soepel van de ene taal over op de andere? Of doet de vrouw extra haar best voor hem? Achter haar rigide voorkomen gaat warmte schuil, ze gedraagt zich helemaal niet zoals ze eruitziet. Wat een geluk dat hij in dit huis terecht is gekomen! Zie je nu wel, Apollo heeft toch over hem gewaakt, denkt hij tevreden. Zoals beloofd. Het godenbeeldje zit nog altijd in zijn gordel, niemand heeft het ontdekt. Hij vraagt zich af wanneer hij het tevoorschijn zal kunnen halen.

'Goed, ze moesten beiden eerst maar eens naar het *paedagogium*. Neem ze maar weer mee.'

# 2

# Familia caesaris

*14 n.Chr.*

‘We horen hier niet te zijn.’

‘Och, stel je niet aan.’

‘Straks worden we ontdekt.’

‘Dan zeggen we gewoon dat we verdwaald zijn.’

Pallas zucht. ‘Ik ga.’

Vrouwenstemmen, ze naderen de kleedkamer.

‘Ssst!’

Te laat. Hij verstijft. Uit protest kijkt hij niet mee, maar Felix stoot hem steeds aan, zodat hij uiteindelijk toegeeft. Voorzichtig kijkt hij om het hoekje, zijn hoofd net onder dat van zijn broer. Een wirwar van lichamen, onbedekt, onbeschaamd. Hij is in trance, kan zijn ogen niet van de overdaad aan naaktheid af houden. Pas als Felix aan zijn tuniek trekt wordt de betovering verbroken. Hij kijkt zijn broer aan, die gebaart dat ze zich uit de voeten moeten maken. Net op tijd schieten ze weg, uit het zicht van de dames die zich naar het koudwaterbad begeven. Als ze buiten gehoorsafstand zijn, begint Felix te lachen. ‘Dat scheelde niet veel!’ Geërgerd schudt Pallas zijn hoofd. Waarom heeft hij zich over laten halen? Het had inderdaad niet veel gescheeld of ze waren betrapt. Hij had zijn positie wel kunnen verliezen.

Een paar weken geleden is hij dertien geworden, en op diezelfde dag is er iets ingrijpends gebeurd. Keizer Augustus, Livia's echtgenoot, is gestorven. Het nieuws kwam het huis binnen per bode, want het is buiten Rome gebeurd, ergens in Campanië. Livia's oudste zoon, Tiberius, is daarna tot het purper verheven. Iedereen haat Tiberius, maar er zijn geen andere opties, de erfgenamen zijn verder allemaal dood. Voor Antonia betekent zijn troonsbestijging dat ze nog dichter bij de macht is komen te staan; Tiberius is de broer van haar overleden man. Pallas dient nu de schoonzus van de nieuwe keizer.

Pallas hoort bij de *familia caesaris*, het leger slaven dat op de Palatijn woont om het leven van de leden van de keizerlijke familie gemakkelijker te maken, om hen van iedere vorm van onnodige arbeid, hoe licht ook, te ontheffen. Hoeveel leden die slavenfamilie precies heeft, weet hij niet. Honderden, minstens. De taken zijn extreem talrijk, gevarieerd en precies. Op het paedagogium, de slavenschool op de Palatijn, heeft hij de taal van zijn nieuwe meesters geleerd en zowel Homerus als Vergilius gelezen. Hij stortte zich vanaf het begin op zijn lesstof, omdat het hem houvast bood. Hij werd door zijn leraren geprezen om zijn geheugen, door Antonia om zijn leergierigheid. Als er gasten waren wenkte ze hem en schepte op, 'hij is veelbelovend hoor, let op mijn woorden!'

Het leren ging hem veel gemakkelijker af dan Felix, hij had het Latijn zich sneller dan elke andere leerling eigen gemaakt en dreunde hele gedichten uit zijn hoofd op. Hij hoefde er niet eens zijn best voor te doen, het leek zijn tweede natuur om alles in zich op te nemen en als hij eenmaal iets had geleerd, vergat hij het niet meer. In zijn geheugen was er onbeperkt ruimte beschikbaar voor het opslaan van Latijnse dichtregels en Griekse redevoeringen. Maar voor andere zaken, zoals wie hij bij zijn geboorte was geweest, voordat hij gevonden en verhandeld werd, was vreemd genoeg geen plek. Weet hij het niet meer, of kiest hij ervoor om het niet meer weten?

Zijn leven op de Palatijn lijkt in niets op zijn kinderjaren in Griekenland. Arcadië is naar de achtergrond verdwenen, de mensen die hij er heeft gekend zijn geesten geworden en zijn herinneringen aan de plek lijken opgelost in het duister, zodat de geesten geen huizen meer hebben om in te wonen en langzaam wegkwijnen.

Na zijn lessen moet hij zich steevast melden bij Antonia's jongste zoon Claudius, een schuchtere jongen wiens leven is omgeven met een zenuwachtige hofhouding vanaf het moment dat hij opstaat totdat hij zijn ogen dichtdoet. Claudius heeft een slaaf die speciaal is aangesteld om hem te herinneren aan de etiquette en een die hem de juiste volgorde van alle dagelijkse handelingen voorkauwt. Hij heeft zelfs een slaaf die bij alle verplichte activiteiten een noodplan opstelt, een vangnet voor als Claudius zichzelf niet in de hand kan houden en het gezicht van de familie op het spel komt te staan.

Op school en in het bijzijn van Claudius moet Pallas op zijn woorden passen en het stijve, voorspelbare Latijn van het hof gebruiken, maar in de avonduren, als hij in de barakken is en met Felix praat, vloeien de woorden ontspannen en in het Grieks naar buiten. Ze hebben het over de slaven die stelen, of over degenen die er stiekem vandoor gaan en een hele dag wegblijven. Felix schept op over de meisjes die hij achternazit, of ze praten lang na over iets wat ze tijdens hun lessen hebben gehoord, of discussiëren tot diep in de nacht over de betekenis van een bepaald literair werk, een filosofisch idee. Net zo lang tot Felix er geen zin meer in heeft, en de discussie afkapt, altijd met dezelfde zin: 'Het leven,' zegt hij plechtig, een gaap onderdrukkend, 'is tegenstrijdig.'

Het leven ís tegenstrijdig, dat geldt voor niemand meer dan voor een Palatijnse slaaf als hij. Hij is omringd door onmetelijke rijkdom, waar hij naar kijkt maar nooit bij kan komen. Hij is beschermd en weldoorvoed, maar ook overgeleverd aan de grillen van zijn meesters en lijdend onder de tergende onzekerheid die gepaard gaat met het gebrek aan controle over je eigen leven. Ze noemen hem veelbelovend, maar de waarheid – dat hij is opgegroeid tot een van die tientallen, misschien wel honderden gezichtloze, inwisselbare kinderen van de Palatijn – dringt tot hem door wanneer hij in zijn bed ligt en de slaap niet kan vatten. Hardop zegt hij dan tegen zichzelf, alsof hij het anders weer zal vergeten: 'Ik ben niet als slaaf geboren, ooit ben ik vrij geweest.'

Wat hem onderscheidt van de rest, is zijn positie. Hij is assistent-schrijver van Claudius, die zelf te beverig is om langdurig de pen te hanteren. Claudius – een norse, lelijke twintiger die zoveel beledigingen heeft geïncasseerd dat hij eronder is bezweken, en besloten lijkt te hebben om voortaan maar aan de lage verwachtingen te voldoen – is geobsedeerd door de Etrusken, een oud volk van buiten Rome, en hij is bezig hun volledige geschiedenis op te tekenen. Geduldig hoort Pallas tijdens het schrijven verhalen aan over Claudius' jeugd, de herinneringen aan hoe zijn moeder hem vroeger een monster noemde, en aan hoe Augustus en Livia altijd maar over hem vergaderden. Augustus was mild, vertelt Claudius, als Livia er niet bij was. Dan mocht hij vaak komen eten. Maar Livia wilde hem vanaf een bepaald moment zelfs niet meer onder ogen komen. Als ze hem iets moest mededelen of iets van hem nodig had, stuurde ze een vernederend briefje. Alles om maar niet met zijn mismaakte hoofd geconfronteerd te hoeven worden. Nu Augustus dood is heeft Livia het laatste woord als het erom gaat wat ze 'aan moeten met Claudius' bij publieke aangelegenheden, zodat hij geen schijn van kans heeft om serieus genomen te worden.

Het zijn de vrouwen die de dienst uitmaken in het Huis van Germanicus. De mannen van de familie bestieren Romes politieke arena, maar Antonia en Livia overzien de complexe wereld van het huishouden en sturen, schikken en manoeuvreren achter de schermen. Kinderen, kleinkinderen, neven, nichten; het zijn pionnen in hun schaduwspel, maar vaak ook twistappels, een bron van onuitputtelijke discussies. Zelfs Claudius is ingezet; ze hebben hem op jonge leeftijd uitgehuwelijkt aan Plautia Urgulanilla, een Etruskische vrouw die om weinig anders dan haar lelijkheid bekendstaat. Zij werd op haar beurt door haar gretige vader tot het huwelijk gedwongen en ze schikt zich zoals dat een vrouw betaamt, maar ze kan het niet laten zich beledigd terug te trekken in haar eigen wereld. Ze neemt het Claudius allemaal persoonlijk kwalijk, niet alleen dat ze met hem moest trouwen, maar ook dat hij lichamelijke afwijkingen heeft.

Zo vullen Pallas' dagen zich met de meelijwekkende beslommeringen van Claudius, die zijn verborgen leven slijt in de schaduw van zijn geliefde broer Germanicus. Claudius is klein, heeft grote oren en een gezicht dat permanent ongelukkig kijkt, en bovendien is hij geen gewone jongen: hij schudt de hele dag zijn hoofd, stottert wanneer hij spreekt en sleept zijn linkerbeen met zich mee alsof er een zwaar blok haardhout aan vastgebonden zit. Livia gebruikt zijn lichamelijke gebreken om te rechtvaardigen dat ze hem buitensluit. Maar haar haat gaat dieper dan dat, als ze over Claudius spreekt wordt ze zo kil als een winternacht en veranderen haar woorden in puntige ijspegels. Ze kan het niet uitstaan, denkt Pallas, dat Rome meer houdt van Antonia's Germanicus dan van haar Tiberius, zelfs nu hij keizer is. Maar Germanicus is onaantastbaar, dus pakt ze elke kans om Antonia's mismaakte Claudius belachelijk te maken gretig aan.

Pallas voelt een soort verwantschap met deze verschoppeling. Claudius is zwaarmoedig, maar licht op als hij binnenkomt. In de beslotenheid van zijn werkvertrek durft Claudius het, op zijn aandringen, aan om voor te dragen uit eigen werk. Hij blijkt een vaste stem te hebben wanneer hij voordraagt.

'Ik ben geen waardig publiek voor zo'n begiftigd spreker,' spoort Pallas hem aan. 'Waarom houdt u niet eens een voordracht?'

'In het openbaar, bedoel je? Dat zullen ze niet goedkeuren.'

'Dan gewoon hier, in het paleis.'

Claudius aarzelt, maar het verstoten kind in hem wil zijn familie laten zien dat er geestelijk niets mis is met hem. Hij gaat overstag, organiseert een voorleesavond voor vrienden en familie in het auditorium en doet iedereen versteld staan met zijn krachtige en meeslepende stemgeluid.

'Zag je de uitdrukking op hun gezichten?' zegt Claudius na afloop, met een glinstering in de ogen die Pallas nooit eerder bij hem heeft gezien. 'Niemand begrijpt er iets van. Hoe is het mogelijk, zeiden ze!'

De complimenten doen Claudius goed, hij leeft op. Maar het is van korte duur, en de teleurstelling is groot als Livia hem een van haar bittere briefjes stuurt. Pallas leest voor. Hoe haalt hij het in zijn hoofd de familie belachelijk te maken met zijn aanstellerige optreden. Hij moet zich koest houden, voor hem is geen plek in de dynastie. Ze sluit af met een ijskoude zin, waarin ze zweert dat hij, zolang zij leeft en er iets mee te maken heeft, nooit een publiek ambt zal bekleden.

Zijn teleurgestelde hart schenkt Claudius daarna met nog meer overgave aan de studie, aan zijn boeken, waar het troost vindt, niet aan zijn familie, en zeker niet aan zijn echtgenote.

✦

Na zijn dood zagen een paar heren senatoren Augustus' geest ten hemel varen, en ze werden rijkelijk beloond voor hun gunstige visioenen. De van staatswege opgelegde vergoddelijking doet de dode keizer herrijzen als Divus Augustus, en Pallas ziet langzaam, steen voor steen, tussen de Capitolijnse en Palatijnse heuvels een nieuwe tempel verrijzen. Naar verluidt zijn er niet minder dan eenentwintig devote priesters aangesteld, onder wie Livia zelf. Eenentwintig plechtige, uitgestreken smoelen die de cultus van de kersverse Olympusbewoner zo secuur begeleiden dat het lijkt alsof ze nooit iets anders gedaan hebben.

Tegelijk met Augustus' tenhemelopneming wordt Claudius' verzet geboren. Hij is klaar met wachten, hij is de luwte zat. Elke dag – wat heeft hij anders te doen? – sleept hij zich met zijn slechte been naar Tiberius en presenteert zich aan zijn oom, de keizer, als een smekeling. Ambten wil hij, ambten om te beoefenen, zaken om zijn capabele handen op te leggen en vraagstukken om zijn heldere geest over te breken. De achterkamers hebben zijn intellectuele ijver altijd alleen maar aangewakkerd, en in de jaren waarin zijn oudere broer de rust in de Germaanse provincies terugbracht, heeft Claudius de macht over zijn stem veroverd. Het stotteren komt soms nog wel terug, net als het hoofdschudden, maar het is onder controle, beheersbaar als de getemde Chatten en Cherusken in Germanië.

Elke dag keert Claudius teleurgesteld terug van zijn audiënties. Tiberius is onverbiddelijk – Livia's prikkende tentakels liggen nu op de schouders van haar zoon, in plaats van die van haar echtgenoot. Maar Claudius is onvermoeibaar. De volgende ochtend gaat hij weer.

'Ik ben er klaar voor, dat ben je toch met mij eens, Pallas?' vraagt Claudius als altijd.

'Zij kunnen, omdat zij denken te kunnen,' zegt hij stellig. Het verrukt Claudius als hij Vergilius citeert.

Tegen Pallas' verwachtingen in blijkt Claudius' tactiek effectief, op dezelfde manier als een belegering effectief is: de reserves van de keizer raken op, en op een dag heeft hij noch excuses, noch geduld meer over. Bovendien lijkt de keizer genoeg te krijgen van de bemoeienissen van zijn oude moeder. Om hem te helpen of om haar te dwarsbomen schenkt hij Claudius de rechten van een oud-consul. Maar het is een papierkwestie, een titel zonder eer en vooral: zonder inhoud. 'Even leeg als mijn dagen,' klaagt Claudius, die het als een provocatie ervaart dat hij geen echte functie krijgt maar een vaal omhulsel ervan. Hij reageert door zijn dagelijkse klaagzang bij Tiberius in lengte te verdubbelen, en de tactloze keizer ziet geen andere mogelijkheid meer dan hem af te kopen. De geldbedragen sussen niet Claudius' woede, maar wel zijn doorzettingsvermogen; hij trekt zich verbolgen terug in een van de keizerlijke villa's in het zuiden.

Zodra Claudius weg is, wordt Pallas opgeëist door Antonia; ze wil hem bijna continu aan haar zijde hebben. Claudius' treurnis wordt vervangen door Antonia's geklaag. Ze heeft inmiddels een hele schare kleinkinderen, maar ze krijgt ze amper te zien. Sinds zijn aankomst in Rome heeft Vipsania Agrippina, de vrouw van Germanicus, vijf kinderen ter wereld gebracht, drie jongens en twee meisjes – en volgens het laatste bericht uit Germanië is ze alweer zwanger. Ondanks haar vruchtbaarheid is Vipsania in de ogen van Antonia een schande voor de familie. Ze is extravert en vooruitstrevend, vergezelt haar man aan het front en gaat dwars in tegen de gebruiken van de hooghartige matrones op de Palatijn, aan wie ze zou moeten gehoorzamen. Ze waant zich, door de populariteit van haar man, onaantastbaar.

Pallas hoort Antonia's klaagzangen geduldig aan. Bij gebrek aan eigen kinderen en kleinkinderen bekommert ze zich over haar dierbaarste slaven. Ze geeft Pallas en Felix een vakopleiding. De trotse weduwe Antonia houdt koppig vol dat ze nooit zal hertrouwen, zodat alle zaken die normaal aan de man des huizes overgelaten worden onder haar verantwoordelijkheid vallen. Het beheer van haar vermogen, dat aanzienlijk is, is een van die zaken. Om haar bij te kunnen staan gaan hij en Felix, samen met een aantal andere uitverkoren slaven die hebben aangetoond over wat intelligentie te beschikken, in de leer bij een vrijgelatene met de naam Chryseros.

Chryseros is een serieuze, kalende man en een geduldige leraar, een filosoof van de stoïcijnse school, zeker niet zo'n type dat lijfstraffen uitdeelt om de aandacht van zijn leerlingen vast te houden. Hij geeft Pallas, na een tijdje, zelfs een keer een compliment.

'Het is me een eer je op te leiden, Pallas,' zegt hij. 'Een eer en een frustratie. Het is eeuwig zonde.'

'Hoe heb ik u teleurgesteld, meester?'

'Teleurgesteld? Welnee. De wereld is teleurstellend. Het is frustrerend voor een leraar om als eerste de potentie in iemand te zien, en tegelijkertijd de kennis te hebben dat er grenzen zijn aan wat hij kan bereiken. Ze zeggen dat alleen de vrijen opgeleid zouden moeten worden, maar ik vind: alleen de opgeleiden zijn vrij. Helaas sta ik alleen in mijn opvattingen, Pallas. De vlek van slavernij zul je nooit weg kunnen poetsen.'

Het is de eerste keer dat hij er zo over hoort spreken, als een 'vlek', maar het zal nog vaak terugkomen. Zoals de hoge heren in Rome het zien, ridders en senatoren om het even, is hij bevlekt; men kan hem prijzen en zelfs liefhebben, maar de vlek betreft zijn ziel, niet zijn lichaam. Hij is bevuild met een morele inferioriteit die hij nooit kwijt zal raken, ook al zouden ze hem ooit zijn vrijheid schenken.

Hij denkt daar, na de woorden van Chryseros, voor het eerst echt over na. Vrijlating, *manumissio*. Het afschudden van de slavernij. Of, in zijn geval: het herwinnen van zijn vrijheid. Hij stelt het zich voor, en spreekt er na een van de filosofielessen over met Felix.

'Waar denk jij dat de mensen naar streven, Pallas?' vraagt Felix.

'Mensen? Of slaven?' Pallas laat een korte stilte vallen. 'Hoe dan ook: naar vrijheid.'

'Vrijheid is niet voor iedereen weggelegd.'

'Misschien niet,' antwoordt hij. Hij denkt er even over na en zegt dan met een glimlach: 'Maar ze zullen ons als voorbeeld hebben.'

Toch laat hij het idee van vrijlating daarna weer los. Hij vergeet het, want het wordt duidelijk dat hij zijn roeping heeft gevonden. Vindingrijk, noemen Antonia's klerken en secretarissen hem. Hij wordt door diezelfde mannen aangesteld als *calculator* en krijgt zijn eigen abacus, terwijl Felix een manusje-van-alles blijft binnen het secretariaat. Hij is mooi, Felix, en hij bezorgt de meisjes in huis met een knip van zijn vingers een rode blos op de wangen, maar in rang is hij ondergeschikt aan Pallas en zelfs aan een vrouw, Caenis, de slavin die nooit van Antonia's zijde wijkt en aan wie de meesteres alles toevertrouwt.

Pallas werkt hard, nog harder dan Caenis. Felix doet niet meer dan wat van hem verwacht wordt en begaat uit laksheid soms een blunder – die hem dan evengoed weer gemakkelijk vergeven wordt, omdat Pallas garant voor hem staat of omdat hij zijn meesteres weet in te pakken met zijn charme en zijn complimentjes.

Met hoeveel opdrachten ze hem ook overladen, nooit laat hij werk liggen, en hij blinkt uit door zelden een rekenfout te maken. 'Hij zou zelf de boeken bij kunnen houden, hij kan optellen en aftrekken als de beste,' melden zijn meerderen bij Antonia. Zo wint hij het vertrouwen van zijn meesteres, die hem bij uiteenlopende zaken om advies vraagt.

'Kun jij niet eens naar mijn boeken kijken, Pallas?' vraagt ze hem op een dag.

Het is de kans waar hij op gewacht had. Hij werkt zich als een bezetene door alle overzichten heen, brengt ondertussen structuur en verbeteringen aan in de inventaris van Antonia's landgoederen in Rome en in het buitenland. Nooit, zelfs al doet de kans zich eindeloos voor, maakt hij misbruik van zijn positie. Hij ziet hoe slaven gestraft worden – gegeseld, met de zweep, met hete ijzers – wanneer er weer een diefstal is ontdekt. Wilde verhalen doen de ronde in de barakken, over krankzinnige meesters die in een uitbarsting van woede pennen in de ogen van hun slaven steken, of hun botten verbrijzelen, maar dat soort vulgaire excessen komen bij zijn weten op de Palatijn niet voor. Hij besluit hoe dan ook dat het, op de lange termijn, lucratiever is om vertrouwen te winnen. Om het geld dat hij verdient op te sparen.

Soms denkt hij aan wat Chryseros heeft gezegd. Een keer bevond hij zich alleen in het atrium van het huis, de grote ontvangsthal vol geesten. De muren hangen er vol met houten kastjes waarvan de deuren op feestdagen openstaan en hun inhoud tonen: angstaanjagend realistische wassen dodenmaskers. Het zijn de trotse, getekende gezichten van de curulische zetelhouders die de familie heeft voortgebracht in de republikeinse dagen van weleer. Omdat hij helemaal alleen was, waagde hij het om een van de maskers, die normaal gesproken alleen ter gelegenheid van een begrafenis uit de kasten worden gehaald, vast te pakken en voor zijn gezicht te houden. Zijn ogen gluurden door de gaten en hij voelde zijn adem zwaar en dichtbij door de gleuf van de mond stromen. De mogelijkheid van een ander leven schoot door zijn gedachten, maar ging voorbij als een vuurvliegje dat hij net niet kon vangen.

# *Mijn leven en de lotgevallen van mijn familie*

## FRAGMENT I

*Richt je schimmige blik vanuit Tartarus hemelwaarts, mijn echtgenoot, en verheug je over het kwaad dat over mij wordt gesproken. Ik weiger de Muzen aan te roepen, want het is niet een plaats bij hen op de Helicon waar ik naar streef, nu ik heb besloten de pen ter hand te nemen. De onsterfelijke goden hebben mij verlaten. Allen, behalve een. Dit boek, mijn verhaal en dat van mijn familie, draag ik op aan Erebos, de onbeminde god die waart in de Stygische schaduw en die het dodenrijk met drie duistere nevels omhult. Alleen Hij kan mij nog genade schenken, en Hij zal mij in zijn donkere wolken omarmen, als het zover is. Ik heb niet veel tijd meer. Nyx, Erebos' zuster die zijn voorbode is, is me al komen opzoeken.*

*Eens was ik keizerin, nu ben ik een verstoten moeder, verdreven uit haar paleis. Goddeloosheid heerst en niets op aarde is meer heilig, moederliefde allerminst. Tot welke waanzin hebben de Furiën je gedreven, mijn zoon? Is dit mijn beloning voor alles wat ik voor je heb gedaan? Verdien ik dit Lot, terwijl ik je baarde, terwijl ik je leven en heerschappij heb gegeven? Ik heb een oud hart, en dit is niet de eerste wond die het heeft gekregen, maar het is de zwaarste. Mijn ellende kan enkel door de miserabele dood nog worden verlicht. Erebos, ik omarm je zoals je mij omarmt, ik smeek je, beëindig mijn pijn door mijn einde te bespoedigen, maar wacht nog even. Voordat je mijn vederlichte geest uit mijn lichaam zuigt en mijn vernevelde ziel naar*

*Tartarus haalt, wacht tot mijn schrijven is voltooid. Want ik zal ten onder gaan, maar ik zal hem met mij meeslepen.*

*Ik ben Julia Agrippina Minor, vrouw van een god, en mijn koninklijke naam is vermaard over de wereld die zich nu aan de voeten werpt van mijn enige zoon. Het was mijn schoot die hem warm hield, mijn lichaam dat openscheurde om dit levenslicht der mensheid op de wereld te zetten – averechts, zijn nobele voeten voor zijn doorluchtige hoofd. Omgekeerd, scheef, vals. Pijnlijk. Ík doorstond de pijn om de aarde zijn verlosser te schenken. Ík gaf hem zijn eerste adem.*

*Ik ben de moeder van Nero, de Verlichte, de Zon, Caesar. En dit is mijn verhaal.*

*In het jaar van Drusus Julius Caesar en Gaius Norbanus Flaccus, het eerste der regering van Tiberius Augustus, ben ik geboren. In datzelfde jaar overstroomde de Tiber door aanhoudende regen, maar mijn moeder was niet in de stad om er last van te ondervinden. Het zal niemand verbazen dat ik niet in Rome, maar in het ruige Germanië ter wereld kwam. Mijn vader was de grote generaal Germanicus Julius Caesar, en mijn moeder de edele Vipsania Agrippina. Zij, de trotse kleindochter van Augustus, volgde haar man waar de plicht hem maar naartoe bracht. Zo kwam het dat ik opgroeide tussen de soldaten, en de dood vanaf mijn eerste levensadem een vanzelfsprekende nabijheid was.*

*Ik weet wat de mensen over mij zeggen. Er wordt kwaad gesproken over mij, des te meer nu ik niet in Rome ben om mijzelf te verdedigen. Mij wordt machtshonger verweten. Er wordt gedaan alsof ik een gevaar ben, alsof ik persoonlijk uit ben op het heilige imperium. Maar wie een telg uit een vooraanstaand geslacht als het mijne van zoiets beticht, ziet voor het menselijke aan wat door het goddelijke is bepaald. Mijn ambities zijn altijd in overeenstemming met mijn natuur geweest, evenzeer als de voorliefde voor roddels en schandalen de natuur van het volk is.*

*Mijn moeder die een betraande kus drukt op de urn van mijn vader, dat is de eerste herinnering die ik heb. Het is na al die jaren een verstild beeld in mijn hoofd geworden, als een schilderij. Ik was nog maar vier jaar oud, maar het maakte diepe indruk. We waren met het hele gezin naar de haven van Brundisium afgereisd en stonden daar met ons allen te wachten op de kade, mijn moeder, mijn broers, mijn twee kleine zusjes en ik. Alsof onze vader als oorlogsheld terug zou keren en we hem in de armen zouden vallen zodra hij voet aan wal zette. Maar heel Rome weet dat mijn vader niet levend terugkeerde uit Syrië. Hij is daar gestorven, op vierendertigjarige leeftijd, vlak voor de Augustalia in Rome gevierd zouden worden. 'De goden vreesden door hem overtroffen te worden en hebben hem daarom voor alle zekerheid vast bij zich geroepen,' hield mijn moeder mij en mijn zusjes zoet. 'We moeten zijn dood wreken' en 'Ze zullen hiervoor boeten', brieste ze strijdlustig tegen mijn broers. Ik weet nog dat ik wenste dat ik een van mijn broers was. Een van de mannen.*

*Als vader heb ik hem nauwelijks gekend, maar ik heb altijd geweten dat hij bijzonder was. Ze zeggen dat hij alleen met een god vergeleken kon worden, dat Julius Caesar in hem opnieuw geboren was. Rome houdt van hem, zei mijn moeder altijd. Voor het volk was mijn vader een held, maar in het leven van zijn eigen kinderen speelde hij een bijrol. Ik keek vaak naar zijn portretbuste in het atrium, en dan bewonderde ik zijn gezicht met die kenmerkende trekken, de strenge mond, de smalle kin en de prominente adelaarsneus. Maar de marmeren ogen misten de kracht en warmte die ze in het echt uitstraalden.*

*Niet alleen ons huis, maar de hele stad, de hele wereld hulde zich in diepe rouw na zijn dood. Bij mijn moeder maakte het verdriet al snel plaats voor de haat. Vanaf het moment dat ze de urn had gekust, nestelden verbittering en vastberadenheid zich diep in haar. Ze zocht vergelding, genoegdoening, niet alleen voor het feit dat ze weduwe was geworden, maar ook voor de glansrijke toekomst die haar was ontnomen, de grote, angstaanjagende leegte waar ze nu, als alleenstaande moeder, naar staarde. Mijn vader had keizer moeten worden, de beste die Rome ooit had gezien. Ze stortte zich op haar vergeldingsacties en vergat ons, haar dochters. Wij brachten onze dagen door in het huis van onze grootmoeder Antonia op de Palatijn, waar we braaf onze lesjes volgden en gedichtjes voordroegen.*

*Het verlies van haar echtgenoot bleek te veel voor mijn moeder, ze draai-*

*de door en raakte steeds meer geobsedeerd door de dood. In het begin gebeurde het vaak dat ze, als ze zoals wij dat noemden 'een van haar buien had', schreeuwde dat ze zich in de Tiber zou storten, dat ze niet meer verder kon leven. Ze sleepte ons elke week mee naar het graf van onze legendarische vader, en dan deden we ons best zo bedrukt mogelijk te kijken, ook al waren we niet echt verdrietig. We deden alles om haar tevreden te houden, om te voorkomen dat ze weer zou dreigen zichzelf te verdrinken, of een dolk in haar hart te steken. Vooral over dat laatste had ik als meisje bloederige nachtmerries.*

*Maar los van onze gezamenlijke bezoekjes aan het graf van mijn vader, verdween mijn moeder langzaam uit ons leven, ze vergat haar nog levende kinderen. In zekere zin hadden we, zo dacht ik lange tijd, tegelijk met onze vader ook onze moeder verloren. Maar in werkelijkheid was mijn moeder voor de dood van mijn vader al op zichzelf geweest. Ik begrijp pas nu ik ouder ben wie ze was. Een vooruitstrevende vrouw, de voorloper van een nieuwe generatie. Ze dacht er niet aan om thuis te gaan zitten, ze vergezelde haar echtgenoot op zijn tochten door heel het rijk. Waarom zou ze na zijn dood ineens wel de vrome huismoeder spelen? Had ze haar kinderen niet gebaard in kampen te midden van barbaarse kolonies, waar ze zich in de tenten van de legerleiding bemoeide met de strategie en met bontvellen om het lijf de kou trotseerde om zich te bekommeren om de troepen? Mijn jongste broertje, Gaius, was zo thuis in het kamp van mijn vaders legioen dat de soldaten speciale kleine* caligulae, *legerlaarsjes, voor hem lieten maken, hem ermee rond lieten paraderen en hem liefkozend de bijnaam Caligula gaven. Mijn moeder liet het zich allemaal graag welgevallen en had er niets op tegen net zo beroemd te worden als mijn vader.*

*In de familie stuitte ze natuurlijk op verzet. Geen vrouw van stand had zich ooit zo durven gedragen in het openbaar en Antonia liet geen kans voorbijgaan om haar daaraan te herinneren. Maar ik vond mijn oma ouderwets en zag mijn moeder als een avonturierster en een heldin. Voor mij werd ze ondanks alles een voorbeeld. Ik wilde het niet toegeven, maar van jongs af aan voelde ik aan dat ik, veel meer dan mijn zusjes, uit hetzelfde hout was gesneden als zij.*

# 3

# Onder Argus' ogen

*September 31 n.Chr.*

'Laat hem gaan.'

Ze zegt het, ondanks haar hoge leeftijd en in de wetenschap dat ze als vrouw tegen een man spreekt, met vaste, gebiedende stem. Ze doet haar reputatie eer aan: standvastig in de ogen van haar bewonderaars, koppig in die van haar familie. Gaius – hij is een jaar of achttien – lijkt zijn verzet te breken, buigt het hoofd voor zijn grootmoeder.

'Op uw verantwoording.'

Gaius is geïrriteerd. Caenis, die aan een schrijftafeltje zit, werpt een zachte glimlach naar de hoek van de kamer, waar hij, Pallas, in de halfschaduw en met licht gebogen hoofd staat. Hij slaat zijn glunderende ogen bijna onzichtbaar op in haar richting – een heimelijke uitwisseling van wederzijds begrip, als slaven onderling, terwijl Antonia met Gaius over hem spreekt alsof hij een kind is dat zelf niet mee mag praten. De brief licht steeds even op bij de flikkerende gloed van de olielamp, die vreemde schaduwen werpt op de met Armeens rood en donker purper beschilderde muren. Op een van de grote, lelieblanke vlakken lijkt Mercurius, die in opdracht van de oppergod het meisje Io moet redden en daarom haar bewaker Argus vanachter een rots besluipt, door het dansende licht te worden verraden aan de honderd ogen van het monster.

De olie is aan verversing toe. Het heeft uren geduurd voordat Antonia, voortdurend onderbroken en verbeterd door haar kleinzoon, precies de juiste woorden heeft gevonden, en Caenis, haar secretaresse, ze foutloos heeft opgetekend. Uren waarin hem niets werd gevraagd en hij voornamelijk de vele verftinten op de muren heeft geprobeerd te onderscheiden.

'Ik vertrouw Pallas met mijn eigen leven.'

Gaius kijkt op, zijn ogen vol onbegrip en met een vleug van de minachting die Romeinse mannen reserveren voor besluitvaardige vrouwen. 'U bent al te lang alleen,' zegt hij. 'Dit is waarom er een wet bestaat die bepaalt dat weduwen moeten hertrouwen. Een vrouw des huizes die te lang alleen is gaat zich na verloop van tijd als een heer des huizes gedragen.'

Pallas weet zeker dat als Antonia nog een echtgenoot had gehad, hij nooit zo'n vertrouwenspositie had kunnen bereiken. Haar overleden man is Drusus. In Germanië is hij in vervlogen tijden – dertig, veertig jaar geleden – van zijn paard gevallen en dankzij een ellendige ontstoken wond op jonge leeftijd naar Hades afgedaald. Antonia is nooit meer hertrouwd, hoewel iedereen erop aandrong, want ze was nog maar zevenentwintig jaar oud toen het gebeurde. Als hongerige vissen hapten ze naar haar keizerlijke hand, maar een voor een liet ze hun allemaal, zelfs Romes grootste politici, de deur wijzen. Ze gaf hiermee, als mens, uiting aan haar uitzonderlijk standvastige geest en, als echtgenote, aan haar eindeloze trouw, maar ze is een vrouw, en dus leverde het haar vooral een reputatie op van kille hooghartigheid. Tot op de dag van vandaag is ze niet van haar standpunt geweken. Nu is ze zo oud dat ze niet meer zou kunnen trouwen als ze het zou willen. Maar ze wil het niet.

Na de dood van haar man bleef Antonia met haar drie kinderen, Germanicus, Claudius en Livilla, in het huis op de Palatijn wonen. Livia's urn hebben ze twee jaar geleden bijgezet in het grote familiegraf aan de Tiber, naast die van haar echtgenoot, en Antonia leidt nu in haar eentje een huishouden vol keizerlijk nageslacht op de Palatijn. En dat niet alleen, ze overziet ook de opleiding van buitenlandse prinsen en prinsessen, die vanuit alle hoeken van het rijk naar het hof van Rome worden gestuurd. Als ze weer onder haar vleugels vandaan komen en terugkeren naar hun verre koninkrijken zijn ze volledig geromaniseerd en groeien ze op tot een nieuwe generatie heersers van Armenië, Mauretanië, Judaea en Thracië. Ze zijn loyaal aan Rome tot het graf. Antonia is een traditionele Romeinse matrone, maar Pallas ziet haar vooral als de enige echte kosmopoliet op de Palatijn. De wereldwijde contacten die ze van haar vader, Marcus Antonius, heeft geërfd, onderhoudt ze met zorg. Vazalkoningen in het oosten, aristocraten in Africa en de Joodse elites in de grote hellenistische steden, ze rekent ze allemaal tot haar intieme vriendenkring en als ze komen, buigen ze eerst voor haar, en dan pas voor de keizer.

Een week geleden vierde hij zijn dertigste verjaardag. Hij heeft zichzelf voor het eerst sinds lange tijd in een van de spiegels van de dames bekeken, en heel even dacht hij een glimp op te vangen van een andere man, van een heer. Zijn donkere bos krullen is nog intact en als altijd verzorgd. Aan zijn tengere voorkomen kun je niet zien dat hij een slaaf is, niet op de manier waarop je dat kunt bij de andere slaven, die handen, ruggen of benen hebben die zijn getekend door zware lichamelijke arbeid. Toen hij zijn handen bestudeerde, zag hij dat ze bijna voor die van een hoge dame door kunnen gaan. Slank, verzorgd, gaaf, schoon. Het werk dat hij doet zou door een vrouw gedaan kunnen worden, besefte hij. Het is licht en veilig, en beproeft niet de lichamelijke, maar enkel de geestelijke vermogens. Meteen schudde hij die gedachte weer van zich af: Antonia is een van de rijkste vrouwen ter wereld, ze zou het beheer van haar vermogen nooit aan een vrouw overlaten. Aan niemand anders dan aan hem vertrouwt ze haar zaken toe. Hij heeft zichzelf onmisbaar voor haar gemaakt. Haar onophoudelijke stroom inkomsten is gigantisch, en alleen hij heeft het overzicht. Het meeste komt binnen via haar villa's en landgoederen. Antonia bezit, uit de erfenis van haar vader, op de meest exotische plekken ter wereld wijngaarden, uitgestrekte weides waar schapen en geiten grazen, palmbossen, vijgen-, kersen- en olijfboomgaarden en ze heeft zelfs een kleine vloot vissersboten. Het aantal slaven en landarbeiders dat ze overal in dienst heeft, loopt in de duizenden.

Daarnaast bezit Antonia vastgoed in de stad. Regelmatig overlegt hij met de opzichters en winkeliers, soms per brief, soms ter plekke. Hij behandelt de klachten, die er altijd wel ergens zijn, en controleert de inboedel. Vaak gaat hij langs bij haar huurkazerne, een torenhoge woonflat in de Pallacinae-buurt met houten balkons die rusten op balken zo dun als speren. Hij heeft geleerd hoe je om moet gaan met de ploerten van huurbazen. Hij is diplomatiek wanneer dat effectief genoeg is, maar hij kan inmiddels ook hard en meedogenloos zijn, als het nodig is. Soms onderhandelt hij uit naam van Antonia met ridders of senatoren die hem schaamteloos charmeren omdat ze weten hoe dicht hij bij haar staat. In het begin was hij voorzichtig, maar tegenwoordig deinst hij er niet voor terug iemand om te kopen als het de zaken van zijn meesteres ten goede komt. Hij is in de loop der jaren met een hoop zakkenvullers en pluimstrijkers in aanraking gekomen, maar evengoed met gedistingeerde aristocraten, leden van het Huis die de deugd hoog in het vaandel hebben. Sommigen kijken op hem neer, trekken hun mondhoeken naar beneden en laten hun oogleden zakken als hij ze benadert. Anderen, de lui die winst willen maken, doen zaken met hem alsof hij een gelijke is. Wie iets van Antonia nodig heeft, aangeklaagd is of onder politieke druk staat, vleit hem om haar te vleien. In die situaties vergeet hij, heel soms, wat zijn plaats is. Zijn Griekse naam, zijn huidskleur en zijn oogopslag verraden zijn oosterse afkomst direct, maar dankzij Antonia en haar grenzeloze vertrouwen in hem doet dat er niet meer toe. Een vertrouwen dat ze zelfs ten overstaan van haar kleinzoon vurig verdedigt.

'Maar het gaat hier om onze veiligheid!' schreeuwt Gaius. 'Heb ik niet genoeg duidelijk gemaakt dat we allemaal gevaar lopen? Sinds Livia's dood zijn we vogelvrij voor Sejanus. U heeft toch gezien hoe het mijn moeder en broers is vergaan? Wilt u soms dat ik net als hen eindig? En de meisjes, we moeten er toch niet aan denken wat er met mijn zusjes gebeurt...' Dan zegt Gaius, rustiger: 'Als mijn vader,' hij herformuleert: 'Als uw zoon nog had geleefd, had hij u zulke onvoorzichtigheid zeker afgeraden.'

Gaius laat nooit een kans voorbijgaan om de herinnering aan Germanicus naar boven te halen. Haar oudste zoon is nu al meer dan tien jaar dood, maar nog steeds verstart ze en kruipt het water in Antonia's ogen omhoog als hij genoemd wordt, alsof ze oog in oog staat met zijn geest. 'Hoe kunt u er zo zeker van zijn dat hij...' Gaius wendt zich naar de donkere hoek van de kamer en knikt in de richting van Pallas, 'dat hij er niet vandoor gaat, en deze vertrouwelijke informatie op het Forum of in de haven aan de hoogste bieder verkoopt?'

Misschien zou hij zich nu beledigd moeten voelen, maar in plaats daarvan heeft hij bewondering voor Gaius, voor zijn voorzichtigheid. In diens plaats had hij dezelfde vraag gesteld – zeker omdat hij de boekhouder is, degene die toegang heeft tot alle waardepapieren en kostbaarheden, en die erom bekendstaat op de meest onverwachte plekken nog winst te kunnen behalen. Niet alleen wat betreft zijn uiterlijk lijkt Gaius op zijn beroemde vader, ook diens scherpe geest heeft hij geërfd. Pallas vraagt zich af of Gaius en de keizer met elkaar corresponderen. Gaius gedraagt zich, ondanks zijn jonge leeftijd, zo overduidelijk als de aangewezen troonopvolger dat je begint te vermoeden dat hij het ook echt is. Met of zonder Tiberius' toestemming: je zou Gaius morgen een eikenkroon op het hoofd kunnen zetten en hij geeft geen krimp, hij gaat gewoon door met praten en bevelen, alsof hij het helemaal niet nodig heeft om bekroond te worden.

Als hij vrij was geweest om op eigen initiatief te spreken, dan zou hij Gaius nu zeggen dat zijn zorgen onterecht zijn, dat zijn loyaliteit aan Antonia geen grenzen kent. Misschien zou hij zelfs toegeven dat ze als een moeder voor hem is. Dat hij ergens wel wrok koestert tegen het volk dat hem de ketens om heeft gedaan, maar zeker niet tegen haar, zijn meesteres. Hij voelt voor haar juist dankbaarheid, zij heeft er niet alleen voor gezorgd dat hij altijd kleding om zijn lijf en eten in zijn maag heeft gehad, maar zich ook om de voeding van zijn geest bekommerd. Dankzij Antonia heeft hij leren lezen, schrijven en rekenen, en kan hij nu bijna voor een heer doorgaan. Het enige bewijs uit zijn vorige leven is Felix, zijn zelfbenoemde broertje van wie Fortuna hem nooit gescheiden heeft. Dat, en het aardewerken beeldje van Apollo dat hij altijd heeft bewaard, in een kistje naast zijn bed.

Het Huis van Germanicus is zijn thuis geworden, het is het enige dat hij ooit heeft gekend. Natuurlijk verlangt hij ernaar om zijn eigen huishouden te beginnen, zou hij de vrijheid willen hebben om te gaan en staan waar hij wil, om een gezin te stichten. Maar hij heeft geduld, en ondertussen bouwt hij zijn vermogen op. Het is een privilege dat alleen de beste slaven in huis krijgen, een toelage in ruil voor de diensten die hij levert. De Romeinse wet staat slaven een bescheiden vorm van bezit toe. Met dat geld creëert hij weer nieuw geld, door leningen te verstrekken en te beleggen. Hij zal zich nooit tegen deze familie keren. Gaius kent hem niet goed, hij weet niet dat hij veel te intelligent is om met deze gevoelige informatie te gaan leuren. Hij zou er zeker zijn positie door verliezen, en wat is hij zonder zijn positie?

'Kom, Caligula, je weet dat hij dat nooit zou doen. Ben je soms vergeten hoe trouw hij is, hoe goed hij is geweest voor ons, ook voor jou?' Gaius heeft er een gruwelijke hekel om bij zijn kleinerende bijnaam te worden genoemd, en dat weet Antonia. Hij laat het niet merken, hij kan zijn gedachten en gevoelens op meesterlijke wijze verbergen en je er onbewogen bij blijven aankijken, zoals eigenlijk alleen vrouwen dat meestal kunnen. Het gesprek vordert alsof Pallas er niet bij is, alsof het besproken onderwerp niet in levenden lijve voor hen staat. Hij draagt meer verantwoordelijkheid dan wie ook in het huis, hij heeft een gigantisch vermogen onder zijn persoonlijke beheer, en toch zijn er nog steeds dit soort momenten van vernedering, van ontkenning van de meest basale menselijkheid, zijn aanwezigheid in een ruimte. Ontkenning van zijn bestaan als mens, laat staan als deelnemer in een gesprek tussen meerderen.

'We hebben geen keuze. Sejanus heeft zijn mannetjes in de buurt van de keizer, zelfs op het eiland. Hij filtert alle post die binnenkomt. Bovendien stel ik Pallas natuurlijk een beloning in het vooruitzicht. Een beloning waarmee ik me ervan verzeker dat hij niet onverrichter zake terugkeert naar Rome. Onze toekomst hangt af van de bezorging van deze brief, maar ik zal ervoor zorgen dat ook zijn toekomst ervan afhangt.'

Hij kijkt op, hij wil de aandacht van zijn meesteres trekken, maar besluit dat het beter is om af te wachten en richt zijn blik weer naar de beschilderde muren. Starend naar de honderd ogen van Argus hoort hij hoe Caenis en vervolgens ook Gaius verzocht wordt om de ruimte te verlaten, om hen alleen te laten. Als Caenis onderweg naar buiten is, sist Antonia: 'Zorg ervoor dat je al je aantekeningen vernietigt, alles moet gewist worden.'

Caenis antwoordt zoals alleen zij dat kan, zoals alleen zij zich dat kan veroorloven.

'Die opdracht is zinloos vrees ik, mevrouw. Alles wat u mij ooit heeft gedicteerd neem ik voor altijd mee,' ze tikt met haar wijsvinger tegen de zijkant van haar voorhoofd, 'in mijn gedachten.' Ze buigt haar hoofd en laat Antonia met een glimlach op de lippen achter. Ook Caenis' geheugen is beroemd in dit huis.

Een muisachtige jongen glipt naar binnen om de lamp bij te vullen en weer aan te steken en schiet bijna geruisloos weer naar buiten. De kamer licht op in een donkergele gloed en vult zich kort met de geur van rijpe olijven. Antonia merkt het slaafje niet eens op. Ze heeft de inmiddels verzegelde brief in handen en vraagt hem bij haar te komen. Dan verandert Antonia van houding, van gezicht, van stem. Het standsverschil lijkt op te lossen in het schemerduister dat hen omringt. Ze verandert van de afstandelijke, illustere weduwe en nazaat van Augustus in de vrouw die zowel zijn meesteres als zijn moeder is, die hem zijn leven tegelijk heeft afgenomen en geschonken.

'Pallas, je weet hoeveel vertrouwen ik in je heb. Toch moet ik je op het hart drukken dat ik nog nooit iemand in mijn huis, wie dan ook, met zo'n delicate zaak heb hoeven opzadelen. Je hebt neem ik aan gehoord en begrepen hoe ernstig het is. We moeten de keizer bereiken, hem laten weten dat hij op een dwaalspoor zit, dat hij zijn plaatsvervanger in Rome niet langer kan vertrouwen. Het staat allemaal in deze brief. Het lot van Rome ligt in je handen, Pallas. Jij moet er persoonlijk voor zorgen dat de brief bij Caesar aankomt.'

Hij knikt, zo plechtig mogelijk. 'Het is mij een eer, mevrouw. Uw familie is mijn familie. Uw veiligheid gaat mij persoonlijk aan het hart.'

Nu kijkt ze hem recht in de ogen. 'Ik weet dat ik op je kan rekenen.'

Hij wil haar vragen over welke beloning het net ging. Wat bedoelde ze toen ze zei dat het ook om zijn toekomst gaat? Maar in plaats daarvan vraagt hij: 'Met permissie, mevrouw. Met welke middelen is het mij toegestaan de reis te organiseren?'

'Je bent vrij om te gebruiken wat je nodig hebt, Pallas. Als je maar zo snel mogelijk aan boord van een schip gaat. Voor je het weet zijn de iden van oktober hier en komt het vaarseizoen ten einde.'

Tiberius resideert al jaren niet meer op de Palatijn. Hij is niet eens in de buurt van Rome. De keizer voert zijn bewind op afstand, vanaf het eiland Capri in de baai die sinds Cicero bekendstaat als de 'kom van luxe'. Pallas heeft niet meer nodig dan haar persoonlijke toestemming om een greep uit haar vermogen te doen, de sleutel tot Antonia's schatkist bewaart hij zelf. Wat hij onverhoopt uit eigen zak moet betalen, laat ze hem steevast declareren. De winst die ze hem daarop stilzwijgend gunt spaart hij op. Het biedt hem een bonus op de toelage die ze hem eens in de zoveel tijd schenkt. Hij is zuinig en heeft weinig nodig.

Antonia overhandigt hem de brief, samen met het bewijsmateriaal.

'Neem mee wie je nodig acht, maar ik smeek je, Pallas, deel wat je weet met niemand, draag deze documenten steeds persoonlijk op je lijf en zorg ervoor dat het zegel door niemand anders dan de keizer zelf verbroken wordt.' Ze haalt een zegelring van haar zachte, rijk versierde vingers en schuift hem om zijn pink. 'Gebruik deze onderweg om je identiteit te bewijzen wanneer nodig, om te tonen uit wiens naam je gezonden bent als het keizerlijke zegel op het document niet volstaat. Wees voorzichtig. Aan het hof van Capri ben je veilig, daar zul je herkend worden door Tiberius. Als er iets misgaat kun je uitwijken naar de villa van Vitellius aan de andere kant van het eiland, hij is een goede vriend van me.'

Hij maakt een kleine buiging en wil zich omdraaien en de ruimte verlaten, maar hij blijft toch staan, alsof hij voorvoelt dat ze nog iets wil zeggen.

'Pallas, vannacht kreeg ik in mijn droom bezoek van Proserpina. Ik stond aan de oever van de Styx en zij aan de overkant, alsof ze op me aan het wachten was. Ik voelde het koude water met mijn blote tenen.'

Hij kijkt haar niet-begrijpend aan.

'Ik bedoel te zeggen, ik ben een oude vrouw.' Ze loopt naar de muur en laat haar hand over de fresco's glijden.

'Je weet hoezeer je gewaardeerd wordt. Ik zag je kijken naar de mooie Io hier, Argus' gevangene.' Ze laat haar slanke, gerimpelde hand rusten op het honderdogige monster. 'Het is toepasselijk dat we hier het moment zien vlak voordat ze door Mercurius vrijgelaten zal worden, vind je ook niet?'

Nu richt ze zich weer tot hem. 'Laat ik me duidelijk uitdrukken.

Je bent al bijna net zo lang bij mij als je op deze wereld bent. Je bent als een zoon voor me, misschien wel meer dan mijn eigen zoon, die het lot zo wreed van me heeft weggerukt.'

Ze bedoelt Germanicus. Als ze het over 'mijn zoon' heeft dan bedoelt ze nooit Claudius, die nog gewoon leeft. Het feit dat hij nog wel de aarde bewandelt maakt de schande van zijn bestaan in haar ogen alleen maar groter. Zolang Pallas het zich kan herinneren, spreekt ze over Germanicus alsof het haar enige zoon is, of was.

'Dat je me er nooit om hebt gevraagd siert je, maar als je je afvraagt of ik over het moment van je vrijlating heb nagedacht, dan is mijn antwoord: maar al te vaak. Ik hoop dat je me wilt vergeven, Pallas. Ik was egoïstisch, als een liefhebbende moeder verscheurd tussen de wens je je vleugels uit te laten slaan en het verlangen je bij me te houden. Ik kon me gemakkelijk verschuilen achter de Romeinse wet: je had de geschikte leeftijd nog niet bereikt. Nu kan dat niet meer, en niemand zal ontkennen dat je er klaar voor bent, zowel in jaren als in geest. Ik vraag je deze ene taak nog op je te nemen. De belangrijkste taak die ik je ooit heb toevertrouwd. Aanvaard de reis en waarschuw Tiberius. Vaar veilig terug naar Rome en bezorg me het antwoord van de keizer. Als je dat lukt, als je terugkeert, zal ik een vrij man van je maken, mijn zoon. Als iemand een tweede kans op het leven heeft verdiend, dan ben jij het.'

Zijn ogen glijden naar de documenten in zijn handen. Hij streelt zachtjes met zijn vingers over de nerven van het perkament, vingers die de rollen omklemmen alsof er goudstukken in verborgen zitten. De bezorgde toon van Antonia's stem doet zijn gedachten afdwalen, een zeldzame jeugdherinnering doemt op, een beeld dat hij had weggestopt maar dat zich nu aan hem opdringt. Hij ziet de gehurkte vader voor zich, vlak voordat hij werd achtergelaten op de slavenmarkt. Hij ziet zijn gepijnigde grijns, zijn bangelijke ogen. Of verzint hij dit? Hij weet niet of hij de beelden in zijn geest kan vertrouwen, het geheugen is een verraderlijke meester. Maar de woorden zijn niet vaag en wankel, ze klinken helder alsof hij weer die kleine jongen is. In zijn hoofd hoort hij ze weer. 'Je krijgt een tweede kans.' Is dit wat de vader bedoelde? Had hij het allemaal voorzien?

De brieven die hij vasthoudt voelen anders aan, zwaarder en tegelijk poreuzer. Hij zegt, bij gebrek aan betere woorden: 'Meesteres, ik ben uw eindeloze goedheid niet waardig', en meer uit gewoonte dan onderdanigheid buigt hij zijn hoofd voor haar.

✦

Vanuit het tablinum wandelt hij in de richting van de afgelegen slaapbarakken door de vochtige, nauwelijks verlichte ondergrondse gangen, waar het blijvend fris is. Hij navigeert blindelings, voelt zich tegelijk moe en gespannen. Het liefst zou hij rechtstreeks naar Andromeda lopen, maar zij heeft zich waarschijnlijk allang voor de nacht teruggetrokken in de kamers van de lijfslavinnen, dicht bij die van Antonia. Op dit uur mist hij haar vaak.

Hij zag Andromeda voor het eerst op de dag van Germanicus' triomftocht. Vlak voor de deur hield ze Antonia, die met een fonkelende tiara in de haren op het punt stond te vertrekken, een spiegel voor. Van een afstandje bekeek hij Andromeda's rossige krullen, haar smalle, bleke lijf, niet gewend aan zonlicht. Een meisje was ze nog; toen hij haar aansprak kleurden haar wangen. Het duurde nog wel even voor ze zich liet overhalen tot een gezamenlijke wandeling, maar toen ze eindelijk toestemde nam hij haar mee naar de Gouden Porticus van Phoebus in de paleistuinen. Het voorjaar liep ten einde en de zuilen van Numidisch marmer hadden de kleur van zonverlicht zand. In de schaduw van de galerij streelde hij haar gezicht, rond als de volle maan, en omdat ze niet leek tegen te stribbelen durfde hij zijn lippen op die van haar te drukken.

Sinds die eerste ontmoeting wil hij het liefst zijn nachten met haar doorbrengen, maar dat is alleen slaven die samenleven als *contubernales* toegestaan. Andromeda dringt daar ook op aan, maar hij houdt het af. Hij is er de man niet naar om zich door de emoties van een vrouw te laten leiden, en bovendien weigert hij genoegen te nemen met een onwettig slavenhuwelijk. Hij heeft geduld en richt zich op de toekomst. Voor zijn nageslacht wil hij wachten, wachten tot hij en Andromeda zich kunnen verbinden in een *iustum matrimonium*. Hij droomt ervan dat zijn kinderen, ook al bestaan ze nog niet, in vrijheid geboren worden, dat zij nooit hoeven te vechten tegen vooroordelen.

Vanavond zal hij Andromeda niet meer zien. In plaats daarvan treft hij Felix, nog wakker maar al soezend op zijn stromat.

'Is er wat?' vraagt Felix, half geïnteresseerd.

Hoe moet hij dit vertellen? Hoe moet hij vertellen dat hem iets in het vooruitzicht is gesteld waar Felix alleen maar van kan dromen? Hem inlichten over de brief staat gelijk aan het in gevaar brengen van de familie en het verraden van zijn meesteres. Aan hoogverraad zelfs. Maar niets zeggen, is dat niet nog erger – is dat geen bloedverraad? Felix is niet zijn echte broer, maar het lijkt erop dat hij de enige is die dat nog weet, alsof het zijn geheim is en niet een geheim van hen beiden. Felix is het vergeten, of misschien heeft hij het verdrongen. Of doet hij alsof.

'Ik moet weer weg, morgen al.'

Hij is kortaf, hij wil zich zo snel mogelijk terugtrekken, slapen, gebruik maken van wat er nog van de nacht over is. Felix vraagt gelukkig niet door. Het is ook niet ongewoon, hij gaat met enige regelmaat op reis, meestal naar Antonia's villa in Misenum, of naar een van de andere buitenverblijven. Een paar weken terug ging hij nog naar de villa in Antium, waar Antonia's kleindochter Agrippina haar intrek heeft genomen.

'Wanneer kom je terug?'

'Ik weet het niet. Snel. Over een week, misschien twee.'

Hij zegt er niet bij dat het afhankelijk is van de wind. Dat het een zeereis wordt.

Het blijft even stil. Felix draait zich op zijn zij, geeuwt en mompelt: 'Als je te lang wegblijft zal ik me genoodzaakt voelen me over

Andromeda te ontfermen. Dat begrijp je natuurlijk wel.'

Hij glimlacht terwijl Felix al bijna in slaap valt. Hij zal morgen voor zonsopgang opstaan, dan Abascantus, zijn *vicarius*, opzoeken en vragen om een stevige leren reistas klaar te maken. Ondertussen zal hij zelf het reisgeld verzamelen en Andromeda bezoeken, afscheid van haar nemen en daarna naar de haven van Ostia vertrekken. Hij zal uitvaren naar het paradijselijke eiland in het zuiden. Hij zal Tiberius persoonlijk de brief overhandigen in dat beroemde paleis van hem. Hij zal de familie redden. Hij zal zijn vrijheid winnen.

# 4
# Capri

*Oktober 31 n.Chr.*

Over land en zee kun je tegenwoordig in heel het rijk snel en veilig reizen. Hij profiteert, net als iedereen, van de Vrede van Augustus, de grote grondlegger die van de Rijn tot aan de Eufraat als de vergoddelijkte vereerd wordt. Tiberius waarborgt angstvallig de vrede die zijn positie legitimeert. Onder zijn leiding zijn de grenzen van het rijk en de fundamenten van de monarchie bestendigd. De macht van de senaat lijkt voorgoed gebroken, al heeft Tiberius de oude raadsmannen vanaf het begin van zijn regering mondjesmaat meer macht teruggegeven dan zijn voorganger ooit goedgekeurd zou hebben.

Tiberius is bejaard en houdt pensioen op het eiland Capri. De vuige roddels over de keizer vieren hoogtij aan de oevers van de Tiber. Tiberius is bij het volk altijd ongeliefd geweest, maar Pallas had hem van dichtbij meegemaakt en zag vooral een capabele generaal en een degelijk bestuurder. Waarschijnlijk zijn de verhalen over zijn wilde seksfeesten inderdaad niet meer dan roddels. Toch is hij er niet zeker van wat hij aan zal treffen op het eiland.

Ze zijn al vier dagen onderweg. De dag na de vergadering op de Palatijn zijn Pallas en Abascantus voor zonsopkomst naar de haven van Ostia vertrokken, waar ze geluk hadden en met een vrachtschip mee konden dat op het punt stond naar de kaap van Surrentum te varen om wijn en aardewerk op te halen. De wind was gunstig, ze gingen aan boord, de brief van Antonia zat stevig in een lus van zijn gordel geklemd, onzichtbaar maar voelbaar op zijn huid. Ze zeilden langs de kust zuidwaarts, passeerden alle havenplaatsen, en terwijl Abascantus' maaginhoud als een fontein bijna onophoudelijk over de reling spoot, had Pallas zijn ogen uitgekeken. Hij zag de beroemde Tempel van Jupiter bij Tarracina, de hoge kademuren van Formiae, de goudgele gloed van de uitgestrekte wijngaarden in de achterlanden van Sinuessa. De hemel was helder toen het eiland in zicht kwam. Capri leek, vanuit de verte, een onneembare vesting, een hoge, ruige rotspartij. Ze keken elkaar aan: is dit nu het beroemde paradijseiland? Maar toen ze dichterbij kwamen, werden de contouren zachter en duidelijker, en zagen ze hoe lieflijk het was, hoe exotisch de vegetatie, hoe schitterend diepblauw de baai.

In Surrentum gaan ze van boord en schiet hij een tandeloze visser aan. Het is een stevig, robuust en weinig spraakzaam type, dat gretig het buideltje munten aanneemt dat hij hem voorhoudt en met hen de zee-engte tussen de kaap en het eiland oversteekt in zijn gammele bootje dat stinkt naar nat hout en rotte vis. Pallas heeft de schipper, die zich voorstelt als Hermes, genoeg betaald om af te dwingen dat hij hen niet alleen zal brengen, maar ook op Capri zal blijven wachten tot ze klaar zijn voor de terugreis. Maar hij zag de angst in Hermes' ogen, toen ze zo-even langs het keizerlijk paleis op de rotsbergen voeren en eromheen navigeerden om een fatsoenlijke plek te zoeken om aan te meren. Hij is niet eens verrast als hij zich, eenmaal aan land, omkeert en alleen nog de brede rug in het bootje ziet, haastig op weg terug naar het vasteland.

'Die zien we niet meer terug.'

Pallas leest paniek in Abascantus' ogen. 'Rustig maar, het komt wel goed. Geef hem eens ongelijk. Dit eiland is grotendeels privébezit van de keizer, hier ronddwalen of voor anker dobberen zou hem verdacht maken.'

Abascantus kijkt bedachtzaam omhoog, naar de met groen bezaaide torenhoge klippen.

'Vind je het niks? Kom op, kijk om je heen en geniet van de schoonheid! We zijn op het mooiste eiland ter wereld!'

Pallas neemt alles in zich op. 'Augustus noemde dit Apragòpolis, de plek van het zoete nietsdoen. Hij was het die Capri ontdekte. En meteen kocht. Ze zeggen dat hij zwaarmoedig werd als hij er niet ten minste één keer in de zomer heen ging. Ik begin te begrijpen waarom.'

Net als Abascantus zijn mond open wil doen, hoort hij het rinkelen van wapentuig en het ruisen van tunieken, gecombineerd met het onmiskenbare geluid van synchroon gezette, naderende voetstappen. Ze vallen tegelijk stil, richten hun blik op waar het geluid vandaan komt.

'Hé, jullie daar!'

Nu ziet hij de gezichten, de ogen vol wantrouwen. Rode pluimen dansen op hun hoofden. Pretorianen, soldaten van de keizerlijke lijfwacht. Hij beseft ineens dat ze er armzalig uit moeten zien, dat ze stinken naar pekel en vis.

Voor hij iets uit kan brengen, hebben de pretorianen hen al bij de armen gegrepen. 'Een stelletje schaamteloze mietjes, hmm?'

Hij vermant zich. 'Ik kom uit Rome. Ik breng nieuws voor Caesar, rechtstreeks van de Palatijn. Julia Antonia, de schoonzus van de keizer, heeft me gezonden.'

De pretorianen kijken naar elkaar, en dan naar Abascantus. 'En hij?'

'Hij hoort bij mij. Hij is mijn vicarius. Laat me los, dan zal ik het document en het zegel aan u tonen.'

Nu beginnen de mannen smalend te lachen. 'Hoor je dat, Quintus? Het zijn geen mietjes, maar arme stakkers. Een weggelopen slaaf en zijn loopjongen, speciaal voor de keizer.'

'Wat een eer! We moeten Caesar waarschuwen, zodat hij zijn avondtenue aan kan trekken. Hoog bezoek!'

'We vieren de Saturnaliën vroeg dit jaar!'

Synchroon als hun soldatenpassen beginnen de pretorianen te bulderen, een daverend gelach als bij een klucht. Als ze uitgehinnikt zijn, draait de man die Quintus wordt genoemd zich naar hem toe, legt behoedzaam zijn hand op het lemmet van zijn zwaard en kijkt hem indringend aan: 'Wie denk je dat je voor je hebt, slaaf?'

Dan pas bedenkt hij dat Antonia dit heeft voorzien en hem iets heeft meegegeven. Haastig duwt hij zijn vinger met de zegelring voor de neus van de pretoriaan. Alle ogen richten zich op het kostbare sieraad. Je hoeft geen goudsmid te zijn om te zien dat de gouden zegelring, met een diepblauwe toplaag waarin fijntjes het portret van de grote Germanicus is gegraveerd, alleen rechtstreeks aan de keizerlijke familie kan toebehoren.

Hij ziet twijfel in de ogen van de pretoriaan, die zijn grip om het zwaard laat verslappen.

'Hoe kom je daaraan? Toch niet gestolen?'

Hij voelt dat hij zich moet vastklampen aan het draadje geloofwaardigheid dat hij heeft gesponnen. Hij haalt de koker met de brief tevoorschijn, toont het keizerlijke zegel.

'Breng me naar Tiberius, er is belangrijk nieuws uit de hoofdstad. Ik hoor bij de familie. Caesar zal me herkennen. Breng me bij hem. Je zult er spijt van krijgen als je me niet goed behandelt.'

Grommend en morrend pakken de pretorianen hem en Abascantus bij de arm, zonder hun agressiviteit te verminderen. Ze worden meegesleurd een lange, smalle trap op die in de steile rotsen is uitgehakt. In zijn ooghoek ziet hij dat Abascantus binnensmonds de goden om bescherming vraagt.

✦

Na aankomst in het paleis dragen de pretorianen hen over aan de huismeester, Pausanias, die hem heeft herkend. Alhoewel Pausanias hem dwingend adviseert zich eerst op te frissen, dringt hij erop aan direct naar de keizer begeleid te worden. Hij weigert een bad, hij weigert eten en drinken, al doen zijn spieren pijn en verlangt zijn maag naar iets warms. Abascantus blijft achter, terwijl hij door Pausanias door minstens tien kamers wordt begeleid, steeds verder het labyrintachtige bolwerk in. Hij passeert een ronde zaal met een prachtig beschilderd plafond, een rechthoekige ruimte die vol staat met houten aanligbanken waarvan de poten wel sculpturen lijken, en een pinacotheek vol prachtige schilderijen. Door de brede ramen en openslaande deuren ziet hij steeds het felle blauw van de zee. Frisse buitenlucht stroomt van alle kanten het zonverwarmde paleis binnen.

Ze houden halt bij een gesloten gordijn van zware, mosgroene stof. Pausanias fluistert iets in het oor van de *velarius* die er de wacht houdt, waarop het slaafje knikt en tussen de gordijnen verdwijnt.

'De keizer verwacht geen bezoek.'

Pallas knikt. Het blijft even stil.

'Is het in Rome ook nog zo heet?'

'Minstens,' zegt Pallas.

'Het is lang geleden dat ik op de Palatijn was.'

'Je wordt nog altijd gemist, Pausanias. Maar het lijkt me dat je deze pensionering net zo verdient als de keizer zelf.'

'De keizer is oud geworden, Pallas.' Pausanias kijkt ernstig.

'Je hebt er zelf anders ook een paar grijze haren bij.'

De velarius komt terug, houdt de gordijnen voor hen open om doorgang te bieden. De deuropening blijkt uit te komen op een overdekte galerij, waarachter een prachtig, schaduwrijk paviljoen verscholen ligt. Tegen de muur, onder de galerij, leunt een donkere gestalte met een lange puntige baard, een scharlaken tuniek tot aan zijn enkels en een zwarte doek om zijn hoofd gewikkeld, waarvan de knoop in zijn nek lijkt op de knotjes die deftige dames dragen. In het midden van het paviljoen prijkt een lieflijk visvijvertje, aan de waterrand zit een grijze, kalende man op een bankje, achter hem een jongetje dat een gelig zonnescherm omhooghoudt. Pas als ze richting de vijver lopen, realiseert hij dat het Tiberius is.

Pausanias leidt hem naar de keizer. Als ze dichtbij komen, is hij even van zijn stuk gebracht. Hij herinnert zich vaag de norse ogen onder de zware Claudische wenkbrauwen. Tiberius is niet alleen oud, hij ziet er verbitterd uit. Hij woont al ruim vijf jaar op het eiland, blijkbaar is de betoverende uitwerking ervan vervaagd. De tragiek van deze man kent geen einde. Nu hij alles aan zijn omgeving heeft aangepast om zijn zware gemoed te verlichten, wordt nog pijnlijker duidelijk dat hij gedoemd is zichzelf overal mee naartoe te nemen.

Hij knielt. De keizer strekt zijn arm naar hem uit, Pallas kust de bleke, rimpelige hand vol vlekken.

'Sta toch op, mijn jongen. Laat me je eens bekijken.' De stem van de keizer is onverwacht levendig, zelfs opgewekt.

Het is jaren geleden dat ze elkaar voor het laatst zagen, Pallas is opgelucht dat Tiberius niet te oud is om hem nog te herkennen. De keizer bekijkt hem langzaam van top tot teen, hij voelt zich ongemakkelijk.

'Je ziet er nog steeds uit als een sluwe vos. Weet je nog dat ik je voor de grap Odysseus noemde? Ach, wat vliegt de tijd...'

Als Pallas zijn mond wil openen – niet hij, maar Felix was degene die altijd Odysseus werd genoemd door Tiberius – haalt de keizer zijn neus op. 'Je verzorging laat wel wat te wensen over. Maar goed, daarvoor hadden ze me al gewaarschuwd. Vertel me, mijn jongen, wat is het laatste nieuws uit Rome? En wat kan er in hemelsnaam zo'n haast hebben dat je je niet even gefatsoeneerd hebt voor je ontmoeting met de keizer?'

Pallas verontschuldigt zich, begint te vertellen. Dat hij door Antonia is gestuurd en een brief meebrengt, een brief waarin dringende zaken aan de orde worden gesteld.

'Ach, die Antonia,' onderbreekt de keizer. 'Ze is me een taaie. Ze heeft het eeuwige leven, als een godin. Ze overleeft ons allemaal!'

Pallas ergert zich aan het geklets. Hij vormt met zijn vlakke handen een dienblad waarop hij de brief aan de keizer presenteert, alsof hij een zilveren schaal vol zoete gebakjes aanbiedt. Tiberius veert op. Iedere afleiding is welkom. De keizer grist de brief uit zijn handen.

'Thrasyllus!'

De man met de zwarte tulband komt bedachtzaam op hen af lopen, lijkt als een oosterse geest over de grond te zweven in zijn lange gewaad. Tiberius geeft de brief aan hem.

Pallas denkt aan wat hem gezegd is, stamelt wat bezwaren. 'Sire, het betreft zeer vertrouwelijke informatie.'

'Er is niets wat Thrasyllus hier niet allang weet, Pallas. Hij heeft zelfs jouw komst naar het eiland voorspeld. De man leest de sterren alsof het nachtelijke hemelgewelf een boek is. Ik kan zelf trouwens niet meer lezen, vrees ik. Mijn arme oude ogen, ze kunnen nog maar weinig aan.'

Hij kan de lichamelijke zwaktes van de oude man bijna niet aanzien. Thrasyllus leest voor, door zijn Latijnse uitspraak klinkt een zwaar Grieks accent.

*'Caesars vertrouwen in Sejanus is geschonden.'*

Sejanus is de rechterhand van Tiberius, zijn pretoriaanse prefect, de aanvoerder van de keizerlijke lijfwacht. En zijn beste vriend en vertrouweling. Sinds zijn vertrek naar Capri is Sejanus zijn plaatsvervangend regent in Rome, via wie Tiberius het keizerlijke bewind op afstand voert, per schriftelijke decreten. Thrasyllus' woorden denderen door, gevoelloos en monotoon, terwijl zeemeeuwen kermend overvliegen. Af en toe ziet hij de keizer huiveren.

*'Bloeddorstige agenten.'*

*'Valse beschuldigingen.'*

*'Tweedracht in de senaat.'*

Nu Pallas oog in oog staat met de man die door dit verraad het meest is getroffen, dringt de ernst van alles ook pas echt tot hem door. Hij is tot nu toe alleen bezig geweest met zichzelf, met zijn toekomst. Hij hoort Antonia's onrust klinken.

Thrasyllus pauzeert en richt zijn donkere ogen op de keizer. 'U weet toch nog wat ik u gezegd heb, Sire?'

Tiberius kijkt schuldbewust. 'Je hebt me voor hem gewaarschuwd...'

'De druppel holt de steen uit, niet met geweld, maar door keer op keer te vallen,' zegt Thrasyllus plechtig, alsof hij aan een offertafel staat en een rituele formule voordraagt.

'Zie je nu, Pallas, zie je het nu zelf? We moeten de woorden van deze man zwaar wegen!'

Wat een vertoning. Die zelfingenomen charlatan spreekt in belachelijke algemeenheden, zo kan hij zelf ook de toekomst wel voorspellen. 'U heeft volkomen gelijk, Sire, maar laten we ons voor nu weer richten op de brief. Het is van groot belang dat u alles te horen krijgt.'

Thrasyllus glimlacht even naar hem, en leest dan verder. *'Hij heeft eerst Vipsania laten vermoorden, daarna haar oudste, onze Nero. Drusus leeft, maar wie weet hoelang nog. Hij kwijnt weg in een van Sejanus' kerkers. Gaius is bij mij, maar ik kan zijn veiligheid niet langer garanderen. Hij is het laatste obstakel, de enige die nu nog tussen Sejanus en de troon staat.'*

De andere documenten die Pallas heeft meegenomen, vormen het bewijsmateriaal. Een aantal brieven, geheime instructies en bevelschriften, door Gaius' spionnen onderschept, waarin Sejanus met samenzweerders en zijn agenten communiceert. Over het elimineren van zijn tegenstanders in de senaat, over het laten verbannen, het veroordelen, het moeten verdwijnen van die-en-die. Afluisterpraktijken, omkoping, vergiftiging, het staat er allemaal in. Sejanus voelt zich heel wat, nu hij zo dicht bij zijn doel is. De coup is nabij, hij hoeft alleen nog maar achter het handjevol overgebleven leden van de keizerlijke familie aan te gaan. De aangewezen troonopvolger voorop. Sejanus' schuld staat vast, er is wettelijk bewijs.

'Gaius...'

Tiberius fluistert nu bijna, staart naar het kabbelende water. Hij mag dan seniel ogen, maar de oude keizer heeft haarfijn in de gaten dat directe actie noodzakelijk is.

'Ach, ach, ons Caligulaatje, hij moet in veiligheid worden gebracht.'

Dan toont hij zich de geoefende legeraanvoerder die hij zijn hele leven is geweest. De keizer begint orders te schreeuwen en mensen bij zich te roepen. Adviseurs worden samengebracht, een plan wordt uitgestippeld. Pallas wordt verzocht te vertrekken, hij mag hier als slaaf niet bij aanwezig zijn. Samen met Abascantus wordt hij naar de villa van senator Lucius Vitellius gebracht. Antonia heeft hem een brief meegegeven voor haar gewiekste vriend Vitellius, die een buitenverblijf op het eiland kocht zodra hij had vernomen dat de keizer zich daar zou vestigen. In de weelderige villa worden ze ontvangen door de huismeester, en zonder de senator te ontmoeten naar de luxe slavenverblijven gebracht. In het badhuis geeft Pallas zich over aan de warmte van het water, die zijn spieren en gemoed versoepelen. Hij krijgt wijn en een vleesmaaltijd geserveerd en valt daarna in een diepe slaap.

Na de omwenteling van de sterren maken ze zich al snel weer op voor de terugreis. Tiberius krijgt hij niet meer te zien. Halverwege de dag zitten hij en Abascantus op een zeilschip, met een tas vol documenten van de keizer en een hoofd vol instructies, die hem door Thrasyllus zijn overgebracht. De terugreis, noordwaarts, gaat tergend langzaam, op halve wind. Het schip moet zo vaak tegen de wind in kruisen dat hij er misselijk van wordt. Het duurt een week voor ze weer voet aan wal zetten in Ostia, nog een halve dag voor hij het antwoord van Tiberius aan Antonia overhandigt. Vanaf dat moment komt alles in beweging.

Een week later staat hij toe te kijken als de beul het nog soepele lijk van Sejanus, die hij net in de kerker heeft gewurgd, het daglicht in sleept om het over te laten aan het volksoordeel. Vooraan staan de dieven, de moordenaars, de waanzinnige eunuch-priesters, de doodskistenmakers. Grimmige lui wier enige talent is dat ze een menigte in korte tijd tot uitzinnigheid weten te voeren. Pallas staat op een veilige afstand. Hij wil zijn ogen afwenden maar het lukt niet, hij moet blijven kijken. Het is alsof hun opruiende geschreeuw hen, als de roes van de Corybanten, naar een andere wereld voert. Dan vloeit het nog warme bloed al. Ze scheuren hem aan stukken, ze trekken zijn tong en darmen eruit en pikken zijn ogen tot moes als kwaadaardige raven. In de steeds dikkere, dichtere lucht overheerst een weeïge geur van zweet en ijzer. Als ze klaar zijn, hijgen ze na en tonen elkaar hun met bloed bespatte kleren als trotse krijgers. Ze laten de mensenresten achter als voer voor de gieren. De menigte bedaart en valt uiteen, maar hij blijft staan.

Pas als iedereen is vertrokken, komt de man met de haak. Plichtsgetrouw veegt hij bij elkaar wat er over is van de grote Lucius Aelius Sejanus. Hij verzamelt alles in een lap. Het hoofd, met twee bloederige zwarte gaten waar de ogen even geleden nog zaten, een afgestompte neus en nog maar één oor dat net niet helemaal is afgescheurd, legt hij boven op de macabere stapel. Dan knoopt hij de lap dicht en hangt het pakketje aan zijn haak. Hij sloft op zijn gemak naar de rivier, de stok rust als een knapzak op zijn schouder. Zonder na te denken wandelt Pallas achter hem aan. Aan de oever van de Tiber houdt hij het gelynchte lichaam van Sejanus nog even omhoog, als om de verrader nog eenmaal aan de goden te tonen voordat hij hem aan de rivier offert. Dan smijt hij het hele pakket met een grote zwaai de Tiber in.

# 5
# Wedergeboorte

*Voorjaar 32 n.Chr.*

De dag begint als alle andere. Hij staat als een van de eersten in huis op, nog voor de dageraad. Hij trekt een tuniek over zijn onderkleed aan en sloft slaperig naar zijn waskom, die hij de avond tevoren met water heeft gevuld. Als hij de slaap uit zijn ogen heeft gewassen, wandelt hij naar de keuken, waar een groepje keukenpersoneel al is begonnen met de voorbereidingen voor het diner van die avond. Koks, banket- en suikerbakkers. Gekruid klein gevogelte wordt aan spiezen geregen, ovens worden opgestookt. Hij dompelt een beker onder in een grote voorraadkan die tot de hals toe gevuld is met water en drinkt het staand in de hoek op, terwijl hij de slaven gadeslaat. Normaal eet hij nauwelijks bij het opstaan, vandaag is hij al helemaal veel te gespannen om iets naar binnen te werken. De geur van het gedroogde haardhout waarmee de *fornicarii* de ovens aansteken, dringt zijn neus binnen. Hij laat de broodbakkers, die wit zien van het meel en geconcentreerd hun duimen in het deeg duwen, achter zich.

Op de Palatijn is er altijd voorraad. Daar doen graanprijzen er niet toe, maar op straat gaat het nergens anders over. De mensen praten niet over politiek, maar over het misgrijpen bij de graanuitdelingen. Ze roddelen en klagen op het Forum, zoals ze dat nu eenmaal doen. Over de Palatijnbewoners die zich volproppen terwijl zij verhongeren, over de *aedielen* die samenspannen met de bakkers van het gilde en zich verrijken over hun lege magen. Pallas heeft van zulke zorgen geen last. Hij weet niet wat het is om in de rij te moeten staan en zijn handen op te houden, om met lege handen naar een hongerig gezin terug te keren. Van de nog altijd sluimerende spanningen tussen Tiberius en de senaat heeft de gewone, hongerige man geen weet, maar Pallas des te meer.

Toen het gevaar van een coup al was afgewend, na de val van Sejanus, liet Tiberius alsnog een heksenjacht losbarsten. Iedereen van wie de trouw aan de keizer in twijfel kon worden gebracht, werd uitgeschakeld. Zelfs Sejanus' jongste kinderen, twee volkomen onschuldige zieltjes, hadden niet aan de beul kunnen ontsnappen. Tiberius liet zich al die tijd niet in Rome zien, hij is koppig op zijn eiland gebleven. 'Typisch Claudische hooghartigheid,' zeggen ze op straat. Precies zoals ze zeiden toen Livia stierf en hij weigerde haar begrafenis bij te komen wonen. Dat herinnert Pallas zich nog goed, omdat hij niet begreep hoe Tiberius zo stom, zo arrogant kon zijn. Het volk mist hem niet – hij zal het niet toegeven, maar dat is de reden waarom Tiberius ooit is vertrokken.

De openbare executies zijn gestopt, maar het wantrouwen en de angst onder de senatoren zijn onverminderd hevig. Ze hebben zich verplaatst naar waar ze zich het meest thuis voelen: achter de schermen. Antonia's neefje Gnaeus Domitius Ahenobarbus, die dit jaar is aangetreden als consul, heeft er zijn handen vol aan.

Vandaag doet het er allemaal niet toe, het is een feestdag. De gangen en kamers om Pallas heen vullen zich langzaam met de zoemende klanken van een huishouden dat ontwaakt: stemmen, geschuifel door de gangen, gordijnen die met een ruk opzijgeschoven worden, de schoonmakers die al vroeg in de weer zijn met hun emmers, hun lange stokken met borstels eraan. Omdat er geen heer des huizes is vindt er ook geen ceremoniële ochtendbegroeting plaats. Ondanks Antonia's status staat er geen dagelijkse schare klaplopers en armoedzaaiers voor de deur te wachten, smekend om een zakje munten of een paar minuten tijd van de *patronus*, om hun grieven met hem te delen. Beter zo, wat hem betreft. Hij heeft meer dan genoeg aan zijn boekhoudkundige werkzaamheden. Natuurlijk komt er weleens een smekeling langs, maar dat zijn bijna allemaal aan lagerwal geraakte vrouwen, die zich door huismeester Philetus gemakkelijk de deur laten wijzen.

Antonia's overvolle dagen van sociale verplichtingen liggen ver achter haar. Behalve familieleden, vrienden en speciale genodigden ontvangt ze tegenwoordig nauwelijks bezoekers in haar vrouwenhuis. Toch bruist het binnen gewoonlijk van de activiteit. Niet alleen vanwege alle kinderen, kleinkinderen, hovelingen, oosterse prinsen en prinsessen die permanent of tijdelijk onder haar dak leven, maar ook omdat zich in dit huis het beroemdste kledingatelier van Rome bevindt. De schare slaven die er in dienst is bestaat, naast Antonia's persoonlijke staf van secretaressen, kamermeisjes, kapsters, masseuses, kleedsters, koks, schenksters, proefsters, draagsters en wat al niet meer, voor een groot deel uit gespecialiseerde handarbeiders.

Er zijn er die niets anders doen dan wol kammen, spinnen of weven. Er zijn naaisters, textielverfsters, parelzetters. Er zijn slaven die elk deel van het productieproces zorgvuldig overzien, anderen die op luxestoffenjacht gaan en weer anderen die de prachtigste kleuren verf op de kop tikken. Huisgemaakte kleding is sinds de regering van Augustus een handelsmerk van de familie, en Antonia staat aan het hoofd van dit alles. Fel als Cerberus bewaakt ze het zorgvuldig georkestreerde publieke imago van de familie. Misschien wel als laatste, want de nieuwe generatie Palatijnse vrouwen lijkt niets om de oer-Romeinse huisgestikte kleding te geven en laat zich door een beroemde kleermaker maar wat graag de meest exotische stoffen aanmeten.

Het is deze vrolijke, overwegend vrouwelijke bedrijvigheid die Pallas elke ochtend hoort ontwaken. Om Andromeda te zien moet hij wachten tot de dame des huizes haar vertrekken uit komt. Afhankelijk van wat er die dag op het programma staat, kan dat lang of extreem lang duren. Andromeda is een van de kamermeisjes die Antonia helpen met het ritueel van aankleden, kappen en opmaken. Pas als de meesteres eindeloos aan zich heeft laten sjorren, plukken en poederen, en ze zuinig maar goedkeurend in de spiegels heeft geknikt, toont ze zich aan de buitenwereld. Haar leven lang is Antonia om twee dingen bejubeld: haar deugd en haar schoonheid. Het eerste is tijdloos en onaangetast, van het tweede zijn nu enkel wat restanten over. Maar die wil ze, ook nu ze oud is, aan de wereld tonen. Het vergankelijke en voorbijgaande van de schoonheid laat zich niet verhullen, maar verraadt tegelijkertijd hoe mooi ze eens was.

Pallas heeft een eigen werkruimte en wordt bij zijn werkzaamheden bijgestaan door een flink aantal klerken. Zijn domein is de mannenafdeling van het huis, onder wie Felix, die met zijn charmes en prachtige gelaatstrekken ruimschoots goedmaakt dat hij niet zo intelligent is als zijn broer. En zijn vicarius, de zachtaardige, trouwe, Abascantus, een stille maar harde werker die zijn donkere huid van zijn vader heeft geërfd, een slaaf uit de voormalige koningsstad Seleucië aan de Tigris.

Vandaag zullen er echter maar weinig brieven geopend worden, vandaag blijven de boeken liggen. Over een paar uur wordt Pallas bij de rechtbank van de stadspraetor verwacht, in de exedra van het Forum van Augustus. Antonia heeft, zoals ze beloofd had, een gloednieuwe, roomwitte toga voor hem laten klaarleggen, waar hij zijn hand over laat glijden zonder de stof aan te raken, alsof het een heilig voorwerp in een tempel is. In zekere zin is het dat ook. In een stad die krioelt van slaven, denkt hij, heeft het burgerschap een bijna goddelijke status.

'Pas je op dat je geen vlekken maakt.'

Hij schrikt, hij heeft niemand aan horen komen.

Felix klopt hem gemoedelijk tussen de schouders. 'Nou, waar

wacht je nog op? Trek 'm aan, dan zullen we eens zien of je voor een echte Romein door kunt gaan.'

Als Felix al het kleinste beetje afgunst koestert, dan laat hij er niets van merken.

'Hoe?'

'Wat bedoel je?'

'Hoe moet je dit aantrekken, moet je kijken wat een belachelijke hoeveelheid stof.' Hij houdt de toga onhandig omhoog.

Felix schiet in de lach maar herstelt zich snel, trekt een serieus gezicht en zegt: 'Dit lijkt me meer een vrouwentaakje.' Hij stuurt een knaapje, dat blijkbaar bij de deuropening stond te wachten, eropuit om een paar kleedsters aan te schieten.

'Zal ik je even alleen laten?'

'Ik wacht liever in jouw gezelschap, als je het niet erg vindt.'

Hij houdt van Felix' aanwezigheid, net als iedereen. Zijn broer kan een onderaardse spelonk nog oplichten met zijn goedlachsheid, zijn stralende humeur dat hem nooit in de steek laat. Zelfs vandaag niet.

'Ben je zenuwachtig?'

Zenuwachtig is het verkeerde woord. Hij voelt eerder een soort ingehouden euforie, alsof hij een stille vulkaan is vlak voor een uitbarsting. Maar tegenover zijn broer, die de volgende ochtend weer als een gewone huisslaaf wakker zal worden, wil hij dat niet toegeven.

'Een beetje. Ach, we hebben alles voorbereid en geoefend, ik denk dat het wel goed zal gaan. Ik maak me meer zorgen om de veiligheid van Antonia.'

'Vanwege de hongersnood? Ben je bang voor opstootjes?'

'Het volk is ontevreden. En geef ze eens ongelijk. De graanprijzen zijn zelden zo hoog geweest. Niet dat Antonia daar iets aan kan doen natuurlijk. Maar als het volk honger heeft staat Hannibal aan de poorten.'

'Ik hoor dat ze zelfs een delegatie uitgemergelde armoedzaaiers op een schip naar Capri hebben gezet, om een smeekbede voor de keizer te houden.'

Hij ziet het voor zich en huivert.

'Geloof mij, als het om het plebs gaat, heeft die man een hart van marmer. Het zal hem koud laten. Als die arme zielen het trouwens al overleven, ik betwijfel of zulke verzwakte lijven de zeereis aankunnen.'

'Jij kan het weten.'

Hij weet hoe graag zijn broer Rome uit zou gaan, om meer van de wereld te zien. Hij legt een hand op Felix' schouder en kijkt hem aan. 'Jouw tijd komt nog, broer. Ik beloof je dat het zo zal zijn,' zegt hij terwijl de kleedsters de witte wollen doek zorgvuldig om hem heen draperen. Vanaf de eerste aanraking voelt de stof zwaar, warm en ongemakkelijk, maar tegelijk ook goddelijk. De meisjes laten hun ogen over zijn lijf glijden, knikken instemmend. Dan trekken ze hem de stof over het hoofd en verdwijnen ermee het paleis in. De toga zal voor hem naar de rechtbank worden gedragen, zodat hij zich er zelf geen zorgen over hoeft te maken. Alsof hij een heer van stand is.

Aan de andere kant van het huis zijn ze ongetwijfeld al even bezig met het kleden en kappen van Antonia, die met hem meegaat, mee moet, naar de speciale zitting. Voor de ceremoniële gelegenheid wordt ze geacht een formele stola te dragen. Antonia kennende zal ze zich, zoals ze voor elk publiek optreden in haar bijna zeventigjarige leven heeft gedaan, laten omtoveren tot het summum van een deugdelijke Romeinse matrone, een huisvrouw zoals Augustus ze heeft gedroomd, zoals hij ze zelfs bij wet heeft willen kneden. Sinds keizerin Livia er niet meer is lijkt Antonia meer waarde aan dat traditionele uiterlijk te hechten.

✦

Tegen het derde uur vertrekt een indrukwekkende stoet vanaf de Palatijn. Pallas met Felix en Abascantus aan zijn zijde, Caenis met een groepje vrouwelijke slaven, de *lecticarii* die Antonia, onttrokken aan het zicht van het straatvolk, in haar weelderige draagbed vervoeren, een aantal van haar dienstmeisjes, onder wie Andromeda, en natuurlijk Antonia's persoonlijke bewakers. Een sliert nevel glinstert in de lucht boven het Forum, het is nog onverwacht fris buiten. Aan de voet van de paleisheuvel nemen ze de Vicus Tuscus, waarna ze laveren tussen het straatgeweld, de luid kletsende barbiers, de schreeuwende worstverkopers met hun slordige stoppelbaarden, de waarzeggers met hun uilen in kooien en slangen in manden, de smerige straatventers met hun vette huid en bezwete hoofden. Ze trekken zoals verwacht veel bekijks en onderweg breidt hun gevolg zich uit. Een bonte staart van bewonderaars, roddelaars en nieuwsgierige voorbijgangers slingert achter hen aan. Ze naderen de imposante Basilica Julia, links doemt het marktplein op waar hij ooit voor het eerst kennismaakte met Rome.

Abascantus, die al de hele weg onophoudelijk tegen hem kletst, vraagt, alsof hij zijn gedachten leest: 'Ik heb nooit helemaal begrepen hoe jij eigenlijk in Rome terecht bent gekomen.'

Natuurlijk heeft hij dat nooit begrepen – hij heeft het hem nooit verteld.

'Of eigenlijk, hoe júllie er terechtkwamen. Ik neem aan dat jij en Felix samen zijn gekomen? Ik hoorde gister iemand zeggen dat jullie van een of andere koning afstammen.'

Hij twijfelt. Het is waar dat hij nu, vlak voor zijn officiële manumissio, veel meer dan gewoonlijk heeft gesproken over zijn afkomst, het verleden dat hij zo zorgvuldig had weggestopt. De omstandigheden dwongen hem ertoe, omdat hem een verhaal over de afstamming van de legendarische koning Evander werd aangesmeerd. Omdat de Romeinen nu eenmaal een onverzadigbare honger naar voorouderverhalen hebben moest hij een stamboom fingeren, die zijn bloedlijn zo lang terug zou leiden dat die koninklijk werd. Hij en zijn broer moesten zich voortaan presenteren als afstammelingen van de zoon van Evander, de legendarische koning van Arcadië die door Vergilius wordt bezongen.

'Het lot verandert de afkomst niet,' had hij tegen zijn meesteres gezegd, waarop ze had geantwoord: 'Neem nou maar van mij aan dat het zal passen bij de status die je straks krijgt.'

Hij wist niets over de Arcadische geschiedenis, maar een geleerde hoveling vertelde hem dat er ooit, in de mythische tijden, een vorst heerste met de naam Evander, wiens zoon Pallas heette. Dat is beter dan het alternatief: een vaag Grieks slavenverleden dat hij niet eens na kan vertellen. Hij schaamt zich ervoor hoe weinig herinneringen hij heeft aan zijn vroegste jeugd, aan zijn thuisland. Als hij probeert zich meer te herinneren, is het alsof dat bejubelde geheugen van hem de poorten sluit. Af en toe weten er flarden van herinneringen door kieren te dringen, fragmenten die hij maar niet aan elkaar kan passen. Soms weten ze vanzelf een geheel te vormen en dan draait zijn maag zich om.

Hij antwoordt Abascantus kortaf, om ervanaf te zijn. 'Dat moet dan wel een heel goed bewaard geheim zijn geweest. Of denk je dat koningszonen wel vaker met een bordje om de nek op een podium eindigen, naakt als bij het baden en uitgestald als ordinaire koopwaar?'

Felix schudt zijn hoofd bij het horen van die woorden, ongetwijfeld huiverend bij de gedachte aan die vernedering. 'Laat je niets wijsmaken, Abascantus,' zegt hij, 'een blinde kan zien dat wij van koninklijken bloede zijn.'

Hij trekt een afkeurend gezicht. 'We zijn op de Griekse markt voor een paar drachmen verkocht aan zo'n snelle jongen. Je weet wel, zo'n sjacheraar van het ergste soort.'

Felix zegt, luchtig en tegen niemand in het bijzonder: 'Alle goden, wat moet die man een winst op ons hebben gemaakt.'

Pallas lacht. 'Zo heb ik het eigenlijk nooit bekeken. Denk je dat we hem nog kunnen opsporen, om ons deel van de winst op te strijken? Misschien dat ik daar morgen maar mee begin.'

Abascantus lijkt de draad van het gesprek te verliezen. 'Dus jullie weten helemaal niet waar jullie vandaan komen?'

Voor hun neus hobbelt het draagbed van Antonia het Forum Romanum op.

'Wij zijn samen met haar kinderen in haar huis opgegroeid. Rome is ons vaderland, en zij heeft ons verzorgd en gevoed. Zoals de wolvin deed met Romulus en Remus. Als je me vraagt: wie zijn je ouders?, dan antwoord ik: mijn moeder is Antonia, Rome is mijn vader.'

Hij kijkt naar het kleurrijke plein dat zich voor zijn ogen uitstrekt. Antonia's bewakers maken een smalle weg vrij in de zee van straatventers en klerken, van senatoren en bedelaars. Een straathond wordt opzij geschopt en laat een hoge piep horen. Welgestelde dames, met hun haren in precies hetzelfde knotje als Antonia altijd draagt, fluisteren in elkaars oren vanonder hun parasolletjes en wijzen.

Hij zegt, deels tegen zichzelf: 'Wat doet het er ook eigenlijk nog toe waar we vandaan komen? Ik richt me liever op waar we naartoe gaan.'

De stoet nadert het senaatshuis, de Curia Julia, waar ze langs lopen om het Forum Julium te betreden. Antonia komt hier niet vaak meer, weet hij. Vroeger raakte ze altijd van trots vervuld wanneer ze het monumentale erfgoed van haar familie met eigen ogen aanschouwde. De Tempel van Venus Genetrix, goddelijke stammoeder van haar familie, is haar favoriet. Ze is vaak vergeleken met Venus en liet zich graag als de mooiste der godinnen vereeuwigen. Vandaag zal ook de oude meesteres goeddoen, denkt hij. Hij is tevreden.

Zwaluwen walsen in een onafgebroken metamorfose van vormen boven hun hoofden. Het is nog vroeg als ze tussen de saffraankleurige zuilen door op Augustus' forum komen, richting de porticus in de westelijke exedra. De zaak is al door de *praeco* aangekondigd, een kleine meute staat te wachten in de schaduw van de overdekte zuilengang. Op de werkloze rondhangers, de luistervinken, de armoedzaaiers en ander voetvolk kan gerekend worden, zelfs in de ochtenduren, wanneer de meeste mensen gewoon aan het werk zijn. Als een lid van de keizerlijke familie de heuvel afdaalt en zich tussen de mensen begeeft, levert dat nog extra bekijks op. Als het een van de vrouwen uit het paleis betreft, komen zelfs de schaars geklede hoertjes hun donkere bordelen uit om zich te vergapen.

Als iedereen zit en de nieuwsgierige toeschouwers teruggedrongen zijn, neemt de stadspraetor plaats op een houten podium – Pallas moet omhoogkijken om hem te zien. Zijn gedachten dwalen af, daarna ook zijn blik. Langs het gezicht van de praetor, naar wat er zich achter het podium bevindt: een ontzagwekkend en tegelijk vertederend beeld van Aeneas die uit het brandende Troje vlucht, zijn zoontje aan zijn rechterhand, zijn oude vader op zijn linkerschouder. Hij slikt en haalt diep adem om de opwellende tranen te blokkeren. De gedachte dat hij hier, vandaag, zijn vrijheid zal aanvaarden ten overstaande van de stamvader van de Romeinen overweldigt hem. Arcadië is mijlen ver weg. De zeereis, de slavenmarkt, het lijkt in een andere wereld, een ander leven te hebben plaatsgevonden. Zijn verleden wordt gewist, hij voelt zich losgeweekt worden van zijn Griekse voorouders. Een golf van warmte overspoelt hem. Met mij zal een nieuw geslacht beginnen, denkt hij.

Hij voelt een kneepje in zijn arm, dat hem weer naar het hier en nu brengt. Antonia staat op, de sleep van haar sjaal zweeft op een briesje achter haar aan. Pallas gaat naast haar staan. Ze heft haar oude hand, laat hem langs zijn arm naar zijn schouder glijden. Een rilling kruipt langs zijn rug omhoog, als bij een plotselinge koude windvlaag. Na jaren onder hetzelfde dak te hebben geleefd is hun band sterk en op een bepaalde manier intiem te noemen, maar de momenten dat ze lichamelijk contact hebben, elkaar hebben aangeraakt, zijn zeldzaam. Nu pas voelt hij wat haar triomfantelijke houding en hooghartige uitstraling nooit zullen weggeven – hoe beverig de ouderdom haar heeft gemaakt. Op zijn andere schouder rust de staf van de stadspraetor, gehuld in zijn met purper afgezette toga, die nu voor hen is gaan staan en hem aankijkt, terwijl hij de voorgeschreven woorden spreekt:

'Hunc ego hominem ex iure Quiritium liberum esse aio.'

*Ik verklaar van rechtswege dat deze man een vrije Romein is.*

De praetor richt zijn blik op Antonia, Pallas volgt.

Antonia's huid is dun en rimpelig geworden. Ze is beheerst, toont zichzelf aan de wereld op een manier die ze zorgvuldig uitkiest. Gevoelens openlijk uiten, zoals sommige vrouwen dat doen, is haar altijd vreemd geweest. Maar kortgeleden is er iets in haar veranderd. De dood van Livilla, haar enige dochter, lijkt in al haar trekken door te schemeren, in de groeven van haar huid geschreven. Livilla's overlijden heeft het uiterste van Antonia gevraagd. Ze komt uit een andere tijd, het losbandige gedrag van haar dochter had haar altijd al in verlegenheid gebracht. Maar Livilla's overspel met Sejanus, Romes grootste landverrader sinds Coriolanus, was de druppel. Toen dat openbaar werd gemaakt, kon Antonia niets anders dan de ergste straf toekennen. Sejanus' ex-vrouw Apicata was ermee naar buiten getreden. Die bittere vrouw loste met haar beschuldigingen een acht jaar oude moordzaak op: die van Drusus de Jongere, de zoon van keizer Tiberius. Sejanus had hem samen met zijn minnares Livilla vergiftigd. Apicata's verhaal was natuurlijk verdacht, want ze was een vrouw en bovendien een bedrogen vrouw, maar een onderzoek werd ingesteld. De verhoorde getuigen verklaarden stuk voor stuk dat Apicata de waarheid sprak. Het was haar laatste genoegdoening, een schamele troost nadat ze de executie van al haar kinderen had moeten meemaken. Daarna benam Apicata zich het leven. 'Het overspel kan ik mijn dochter nog vergeven,' zei Antonia tegen Pallas toen ze het net had gehoord, 'maar de moord niet. Met de moord heeft ze zich van haar familie afgekeerd. Je moest eens weten hoe ze tegen me tekeerging. Geen berouw, alleen een vuile, brutale mond.' Toen wendde Antonia haar ogen af en zei: 'Ze is mijn dochter niet meer.' Het was het ultieme offer, haar bloedeigen kind voor Rome, voor de eer van de familie. De mooie, eeuwig jaloerse Livilla, hij moest haar onder toeziend oog van haar moeder in een van de kerkers opsluiten. 'We zijn precies hetzelfde, jij en ik,' schreeuwde ze tegen haar onbewogen moeder toen hij het hek sloot. 'Compromisloos en trouw aan onze mannen, tot het uiterste.' Hij zag hoe hard Antonia door die woorden geraakt werd, misschien omdat ze een kern van waarheid bevatten. Hij is niet meer teruggekeerd naar de kerkers en Livilla is een eenzame, pijnlijke hongerdood gestorven. Sindsdien is Antonia niet alleen droeviger, maar ook matter. Het doet hem goed dat haar ogen vandaag weer even de grandeur uitstralen die past bij een dochter van de grote Marcus Antonius.

Antonia's gezicht is uitgestreken en haar stem klinkt krachtig door de hoge, koele galerij als ze spreekt. Hij sluit zijn ogen.

'Hunc hominem liberum volo.'

*Ik wil dat deze man vrij is.*

Het contrast is groot: hij viert een persoonlijke overwinning terwijl zijn Palatijnse familie in crisis verkeert. Nu Livilla dood is, is alleen Claudius nog over, Antonia's oudste zoon, voor wie ze zich meer dan ooit schaamt. Hij is na zijn mislukte huwelijk met Plautia opnieuw getrouwd, maar onlangs is hij ook van zijn tweede echtgenote gescheiden. Antonia's kleindochters zijn getrouwd en het huis uit, en van de zonen van Germanicus leeft alleen Gaius nog, die Rome ontvlucht is en op Capri bij de keizer verblijft onder constante bewaking. Zijn gedachten dwalen af naar zijn eigen onvergetelijke zeereis naar Capri, zijn missie, het zout in de wind, zijn zeebenen, de oogverblindende zon, de schitterende kliffen van het eiland, het wonderlijke paleis van de keizer, als een burcht in de hoogte.

Hij spreekt zichzelf in gedachten toe, dwingt zich te concentreren op het hier en nu. Alleen dit moment doet ertoe, het moment dat Antonia hem officieel zijn vrijheid schenkt en hij een van hen wordt, van het volk dat over de wereld heerst. Het volk dat zichzelf de 'togadragers' noemt. Als hij zijn ogen weer opent, ziet hij in het publiek Felix met een grote glimlach naar hem kijken. Nooit heeft hij hem oprechtere blijdschap zien uitstralen. De weg die ze samen hebben afgelegd is ongelofelijk geweest. Hij belooft zichzelf, in stilte, dat hij zich elke dag zal inzetten om ook zijn broer vrijgelaten te krijgen.

Alles lijkt te schitteren. De statige marmeren beelden op hun sokkels die hem omringen, de ivoren scepter van de praetor, de verschijning van de illustere weduwe Antonia. Hij wordt omgeven door het legendarische verleden van haar familie, van de stad, met als middelpunt de stamvader van de Juliërs, van alle Romeinen, Aeneas die Troje ontvlucht. Nooit eerder heeft hij zo in het middelpunt van de belangstelling gestaan, nooit eerder is hij het centrum van een bijeenkomst geweest. Het duizelt hem. Als de zwaluwen in de lucht ondergaat hij, voor het oog bijna ongemerkt, een metamorfose. Van een Griekse slaaf zonder naam zal hij straks veranderen in de Romeinse burger Marcus Antonius Pallas.

Als hij ooit zijn vrijheid zou krijgen, zo fantaseerde hij in zijn jonge jaren op de Palatijn, zou hij voor een simpel boerenbestaan kiezen, precies zoals hij zijn naam- en gezichtloze Griekse voorouders in zijn dromen voor zich zag. Een landelijk leven gevuld met eerlijke arbeid, boeken en rust. Wat dat betreft zit zijn broer heel anders in elkaar dan hij. Felix droomde er altijd al van om de wijde wereld te verkennen. Van de twee zonen van Antonia die hij en zijn broertje van jongs af aan leerden kennen, bewonderde Felix vooral de avontuurlijke Germanicus, maar hijzelf kon veel meer uit de voeten met de onopvallende en behoedzame boekenwurm Claudius. Hij bedacht dat zijn voorouders boeren waren geweest en maakte hun ultieme, landelijke vrijheid levensgroot. Maar de jaren gingen voorbij en hij wende eraan zijn leven te leiden in rijkdom. Hij leerde nooit iets anders kennen dan de onweerstaanbare chaos van de stad en de luxe van de Palatijn. Het platteland kende hij, net als elke stadse Romein, in werkelijkheid alleen uit Cato's *De agri cultura* en Vergilius' *Bucolica*. Naarmate hij ouder werd, leken de dromen te vervagen, totdat hij er zelf van overtuigd raakte dat het onzinnige, kinderlijke verzinsels waren. Toen de leeftijd waarop vrijlating gangbaar was meer in het zicht kwam, had hij er zich ten slotte bij neergelegd dat hij op een dag misschien vrij zou zijn om te gaan en staan waar hij wilde, maar dat hij zich nooit los zou kunnen maken, niet van de stad en niet van de Julisch-Claudische familie, van het machtscentrum van de wereld.

Nu het moment eindelijk daar is liggen zijn dromen en ambities hier, op de fora van Rome, op de Palatijn.

De staf wordt weer van zijn schouder getild. Antonia draait in één zekere, stevige duw zijn hele lichaam om, met de hand die ze nog altijd dwingend op hem laat rusten. Heel even pauzeert ze, en hij hoort, nee voelt een diepe ademhaling in zijn nek.

Pallas weet niet precies hoe oud hij is, hij kan het ook niet weten. Maar toen hij volgens zijn eigen schatting zijn dertigste levensjaar naderde, begon het hem op te vallen dat Antonia oud werd. Ze spraken vertrouwelijk met elkaar, maar het onderwerp van zijn vrijlating had hij niet op durven brengen. Het was niet gepast voor zijn positie, en bovendien wist hij niet eens of ze wel van plan was om het te bewerkstelligen. Vanzelfsprekend was het niet. Hij had de hoop zelfs al een beetje opgegeven, raakte er langzaam maar zeker van overtuigd dat hij zou moeten wachten tot hij aan haar sterfbed stond en ze hem bij testament zijn vrijheid zou schenken. Als ze het al zou doen.

En toen was ze, die bewuste avond in het tablinum, voor de ogen van Argus en Io, met dat verzoek gekomen. Hij had de zeetocht gemaakt, zijn ogen uitgekeken in het van luxe vergeven paleis op dat paradijseiland in de azuurblauwe Golf van Napels. Hij deed wat hem was gevraagd, discreet en snel. In de brief die hij mee terugkreeg stond het verzoek om Gaius zo snel mogelijk naar Capri te sturen. Na de executie van Sejanus waren er nog talloze gevolgd. Voor Pallas veranderde juist in die bloedige periode alles. Hij had zijn waarde en loyaliteit getoond. Antonia had haar belofte gehouden en liet de juridische procedure voor zijn vrijlating in gang zetten. Ook Caenis kreeg die beloning voor haar verdiensten in de zaak-Sejanus. Antonia liet hem bovendien weten dat ze hem en Caenis niet van hun spaargeld en andere bezittingen zou beroven. Zelfs de belasting die ze voor hun vrijlating verschuldigd waren aan de staat, betaalde ze daar niet uit. 'Je hebt er hard genoeg voor gewerkt, Pallas,' had ze hem moederlijk gezegd. Ze zou haar dierbaarste vrijgelatene niet bezitloos het vrije leven in sturen.

Een moment staat hij met zijn rug naar Antonia toegekeerd. Hij voelt hoe haar hand hem loslaat, zelfs een beetje van haar af duwt, richting de lege ruimte voor hem. De praetor verheft zijn stem, herhaalt de formule voor de laatste keer.

'Hunc ego hominem ex iure Quiritium liberum esse aio.'

Nu pas opent hij zijn ogen weer. Een klerk overhandigt hem de toga, die hij diezelfde ochtend al even aan heeft gehad. Voor zich, tussen de zuilen door, ziet hij Mars' tempel, de gezichten van vreemden die nieuwsgierig vanachter een touwtje naar het tafereel kijken, en vaag de drukte van het in het voorjaarslicht badende plein erachter. Langzaam zet hij een stap, en het voelt alsof hij opnieuw leert lopen. Alsof hij is herboren, zoals Pythagoras het zegt, in een ander lichaam.

✦

Pas laat in de middag ziet hij Antonia weer, als iedereen terug is van het dagelijkse bad en het middagmaal. Er is een groot, feestelijk diner in de maak. Familie en huisvrienden zullen vanavond aanwezig zijn om deze heugelijke dag te vieren.

'Vanaf nu wordt alles anders, Pallas,' zegt Antonia als hij haar vlak na binnenkomst in het atrium treft, terwijl haar mantel wordt afgedaan door twee dames. 'Ik zal je vanaf nu openlijk beschouwen als een zoon in iedere zin behalve de natuurlijke. Te beginnen met je onderkomen. Het spreekt vanzelf dat je de slavenvertrekken mag verlaten.'

'U heeft mij al zo goed behandeld...'

'Ik was nog niet uitgesproken, Pallas. Ik wil je een geschenk aanbieden. Het is mij, als vrouw en als moeder, natuurlijk niet ontgaan dat je een bijzondere... Hoe zal ik het zeggen... Een liefdevolle band hebt opgebouwd met een van mijn kamermeisjes. Andromeda, nietwaar?' Antonia geeft hem de warmste glimlach die ze in huis heeft.

Hij krijgt geen tijd om te antwoorden, ze laat zich haar moment van ultieme vrijgevigheid niet afpakken.

'Het is mij een groot genoegen om haar aan jou te schenken.'

Het ergert hem dat Andromeda hem cadeau wordt gedaan alsof ze een zilveren schaal of kandelaar is, een soort prestigeobject dat zijn glans vooral op de gulle gever moet afstralen, maar hij realiseert zich in een oogwenk dat dit meer is dan hij had durven hopen. Hij wil met Andromeda trouwen, maar liet zich tot nog toe tegenhouden door de strikte regels van de Romeinse wet. Als hij, als vrijgelatene, zeggenschap krijgt over haar, dan kan hij Andromeda op zijn beurt als zijn beoogd echtgenote vrijlaten. Hij zal de gerechtelijke procedures zo snel mogelijk in gang zetten.

Hij slikt zijn verontwaardiging in, voor het eerst niet uit onderdanigheid, maar uit eigenbelang. 'Mijn dank is eindeloos. Het zal u, hoop ik, deugd doen te horen dat wij voornemens zijn in het huwelijk te treden.'

Antonia trekt haar neus op, alsof ze een hap van een zure appel heeft genomen. 'Ik gun jullie een vruchtbaar huwelijk. Ze is nog niet zo oud, toch?'

'Ze is nog jong. We willen graag een gezin stichten. Ik droom van een gezegend huis vol kinderen, zoals het uwe. Precies daarom...'

Hij twijfelt. Het is de eerste keer in zijn leven dat hij zijn meesteres zal tegenspreken. Of een aanbod van haar vriendelijk zal afslaan, wat in de ogen van iemand als Antonia op hetzelfde neerkomt. Hij neemt nog een teug lucht. 'Om die reden hoopte ik een bescheiden onderkomen voor onszelf te kunnen zoeken in de stad.'

Zodra hij het gezegd heeft, is het alsof de woorden als een zware mantel om zijn schouders hingen, een mantel die hij nu heeft afgelegd. Die ochtend, tijdens de officiële procedure, verwachtte hij een groots gevoel van bevrijding, maar het kwam niet. Het komt nu, na de eerste woorden die hij als vrijgelatene tegen zijn oude meesteres zegt. Hij voelt zich licht en moet de neiging onderdrukken om al zijn schroom opzij te zetten, om alles te zeggen wat hij ooit dacht, vond of voelde, maar er niet toe deed. Hij kijkt naar haar en ziet dat ze perplex is. Even denkt hij dat hij het moet afzwakken, haar wat opties moet laten. Maar hij beseft dat de magie van dit moment dan verloren zal gaan, samen met zijn hervonden zelfvertrouwen. Hij zal niet weer een stap zetten, hij blijft zelfverzekerd naar haar kijken en wacht. Dan gebeurt het wonder waar hij op hoopte: niet hij, maar Antonia herstelt zich. Berusting en begrip verzachten haar strenge gezicht, als een sluier.

'Natuurlijk, hoe kon ik zo dom zijn. Wat is vrijheid tenslotte, behalve de mogelijkheid om zelf te kiezen hoe en waar je je leven leidt. We zullen je helpen.'

'Eigenlijk heb ik al iets op het oog.'

'Nou, je hebt er wel over nagedacht. Kun je niet wachten om bij me weg te gaan?'

Hij wil iets zeggen ter verdediging, maar ze heeft gelijk, dus zwijgt hij.

'Het is toch niet te ver weg, hoop ik?'

'De Esquilijnse heuvel.'

'Je zult dagelijks hier moeten zijn, in verband met je financiële taken. Je verplichtingen jegens mij blijven, dat hoef ik je niet uit te leggen?'

Ze is ook op haar oude dag nog wars van sentimenteel gezever. Nee, zijn dagelijkse leven zal niet echt veranderen. Hij blijft in dienst en onder patronage van Antonia, hij blijft haar zaken waarnemen en haar vermogen beheren, hij blijft haar van alles verschuldigd. Er is na de vrijlating alleen maar iets aan de eindeloze lijst toegevoegd: eeuwige dank voor haar ultieme daad van vrijgevigheid. In feite zullen zijn verplichtingen tegenover haar vanaf nu alleen maar groter zijn. Maar hun onderlinge, persoonlijke relatie is wel opnieuw gedefinieerd. Er staat geen boete meer op weglopen, hij kan een eigen huis bezitten en er gaan wonen. Antonia kan hopen dat hij iets in de buurt zal kiezen – ze kan het niet eisen. Alles is hetzelfde en tegelijk compleet veranderd.

'U zult me hier elke dag op tijd treffen, mevrouw. Vanzelfsprekend.'

'Goed dan. We zullen je aan een stuk grond en een fatsoenlijk huis op de Esquilijn helpen, al mogen de goden weten waarom je daar zo graag wilt wonen. Maar eerst moeten we voor mij een nieuw kamermeisje zoeken.'

# 6

# Tiberius in de Tiber

*Maart 37 n.Chr.*

Er is een beraad in een van de werkkamers op de Palatijn. Gaius komt, na vijf jaar op Capri te hebben gewoond, als keizer terug naar Rome, en Antonia heeft haar zoon Claudius en haar adviseurs bij zich geroepen om de ontvangst te regelen. Ze wil haar kleinzoon op het Forum opwachten.

'Het is niet veilig. Te veel mensen, te weinig overzicht,' zegt Caenis.

'Uw gezondheid laat het niet toe,' zegt Florus, haar lijfarts, die aanwezig is omdat Antonia de laatste dagen veel hoest. Claudius, zesenveertig en weer vrijgezel, knikt instemmend. Hij is altijd voorzichtig van aard geweest.

'De keizer is dood. Het zal geen goede indruk maken zijn lijk feestelijk te ontvangen,' zegt Felix.

Antonia is eraan gewend omringd te zijn door meningen, adviezen. Ze weegt ieders bijdrage, als een kruidenier zijn waren. En doet dan wat ze toch al besloten had. Pallas weet dat ze zal gaan.

'Iedereen juicht voor Gaius,' zegt hij. 'De Latijnen richten overal waar de stoet passeert altaren op, ze brengen offers en ontsteken hun fakkels. Een slinger van vreugdevuren achtervolgt de lijkwagen, als een brandende staart. Behalve Gemellus treurt er niemand om Tiberius, ze eren hun nieuwe keizer. Het is de vrolijkste rouwstoet in de geschiedenis.'

Tiberius heeft woord gehouden: hij is nooit meer levend teruggekomen naar Rome. Antonia heeft op haar oude dag plotseling de rol gekregen waar ze jaren tevergeefs voor had geoefend. Toen Tiberius keizer werd, moest hij een vernederende prijs betalen. Augustus had bepaald dat hij Germanicus als zoon moest aannemen en hem voorrang moest geven boven zijn eigen Drusus. Germanicus werd de kroonprins en Antonia bereidde zich al voor op zijn troonsbestijging, die nooit zou komen. Ze was toen nog geen vijftig. Nu is Gaius keizer en zij, op haar tweeënzeventigste, toch nog eerste dame van Rome geworden. Grootmoeder van de keizer, de sterke vrouw achter een heerser die moeder noch vrouw heeft om haar te overschaduwen.

Tiberius stierf in bittere ouderdom. In zijn testament heeft hij zijn erfenis eerlijk verdeeld onder Gaius, vierentwintig jaar oud, en zijn achttienjarige biologische kleinzoon Tiberius Gemellus. Maar de pretorianen spraken voor hun beurt en riepen Gaius, in de legerkampen nog altijd hardnekkig Caligula genoemd, uit tot imperator alsof zij daar het mandaat toe hebben. De doodgemanoeuvreerde senaat, lam van de permanente angst die Tiberius met zijn onophoudelijke dagvaardingen vanaf Capri zaaide, zal ze niet berispen. Ze beven voor de pretorianen. Ze zullen onderschrijven, ze zullen juichen voor de zoon van Germanicus.

'Sinds wanneer maken we ons hier druk om de provincialen?' zegt Claudius. Hij gelooft dat de stadsmuren van Rome de grenzen van de beschaafde wereld zijn. Misschien dat niet eens, misschien de muren van het paleis al. Zijn leven is in veel opzichten beperkter dan dat van de slaven in huis.

'Rome haat hem nog het meest,' zegt Pallas. 'Hebben jullie niet gehoord van de wake die ze vannacht willen houden? De vergoddelijkte schimmen en Moeder Aarde worden verzocht om de poorten van het dodenrijk te sluiten.'

'Wilden ze hem niet in de rivier gooien? "Tiberius in de Tiber"?' De creativiteit van het volk amuseert Felix.

'Tiberius Julius Caesar Augustus,' Antonia is kalm, fel en overheersend, snoert Felix de mond alsof hij een schooljongen is, 'zal een eervolle begrafenis krijgen. Het is in het belang van de familie.'

Het is 17 maart, het festival van de Liberalia. De amuletten – van opzichtig goud bij de rijkeluisjeugd, van geurig leer bij de soldatenkinderen – die gister nog de halzen van de vrijgeboren tienerjongens sierden, liggen nu als vergeten speelgoed op Romes huisaltaren. De kindertijd is geofferd aan Vader Vrijheid en de jongens zijn nu mannen met kale, kettingloze halzen, klaar om de eerste ambtelijke ring om hun vingers te schuiven en de *toga virilis* om te slaan. Als Gaius in Rome aankomt, zal hij worden opgewacht door een juichende nieuwe generatie, kersverse volwassenen in hun pas verworven mannentoga's, die nog melkwit en ongekreukt zijn, als het imago van de nieuwe keizer.

'Hoe voelt u zich vandaag?' vraagt Florus, alsof hij zijn dagelijkse ronde aan het doen is.

'Een verkoudheidje, meer is het niet,' zegt Antonia geërgerd. 'Ik laat Chia vanavond die wonderbalsem van je smeren, dan ben ik zo weer de oude. Gaius is nog wel even onderweg.'

Pallas kent de beroemde zalf van Florus, die hem als jongen een keer is opgesmeerd toen hij een zware griep te pakken had. Hij herinnert zich de scherpe muntgeur, de vreemde sensatie van de koude balsem die op zijn rillerige lijf steeds warmer werd en zijn spieren verlichting bood. Antonia gebruikt de zalf op haar oude dag niet bij ernstige griep, waar hij voor bedoeld is, maar bij ieder kuchje.

'Ik ga met u mee,' zegt Pallas.

'Ik denk dat mevrouw meer heeft aan haar *lictoren* dan aan haar boekhouder.' Caenis maakt een notitie. 'Ik zorg ervoor dat er voldoende begeleiders klaarstaan om uw veiligheid te garanderen,' zegt ze zakelijk.

'Desalniettemin, met uw toestemming, meesteres, een extra arm om op te leunen is nooit weg, toch?'

✦

Geen moment wijkt hij van haar zijde. Ze wachten op het Forum, terwijl Gaius, op 28 maart, met zijn gevolg door de Porta Capena Rome binnenkomt. Als bij een triomftocht is de stad uitgelopen om hem te ontvangen. Schouder aan schouder staan ze hem op te wachten langs de Via Sacra. Mannen juichen en meisjes zwijmelen als ze Gaius zien. Gemellus rijdt direct achter hem en wordt nauwelijks herkend. Straatjochies gooien rotte druiven, bruine appels en harde broodkorsten met blauwwitte schimmel naar de draagbaar die, achter aan de stoet, het lichaam van de dode keizer vervoert. Tot op het sprekerspodium op het Forum, waar Pallas met Antonia wacht, zijn de kreten van het publiek hoorbaar.

'Heil Caesar!'

'Tiberius in de Tiber!'

Antonia staart voor zich uit, onbewogen, waardig in haar witte jurk en sluier, geen enkel sieraad om haar hals, polsen of vingers. De ongeverfde, pure eenvoud van het verdriet. Daar zit ze dan, denkt hij. De eerste dame van Rome, de rijkste vrouw ter wereld. Voor de zoveelste keer in haar leven heeft ze vanochtend haar rouwtenue laten klaarleggen. Bijna haar hele familie is te gronde gericht, maar zij is er nog, onverwoestbaar als Sisyphus' rots. Nu, aan het einde van haar leven, zal er uit de puinhoop iets goeds verrijzen. Gaius zal de nieuwe generatie, waar zij zichzelf zo vervreemd van voelt, aanspreken. Hij is de reïncarnatie van Germanicus, de zoon die haar werd ontnomen door het noodlot. De gouden tijd van Augustus zal terugkeren, heeft ze tegen Pallas gezegd. 'Gaius wordt de meest verlichte vorst die Rome ooit heeft gekend.'

Als de stoet nadert, zien ze het allebei.

'Ach, wat lijkt hij op hem,' zegt Antonia.

Gaius is vijf jaar weg geweest, maar in die tijd is hij in zijn vader veranderd. Geen wonder dat het volk juicht. Als hij het podium op klimt zwelt het applaus nog een keer aan. Antonia staat op, strekt haar armen naar hem uit. Maar Gaius doet iets volkomen onverwachts. Hij knielt voor haar, pakt haar hand en kust die. Antonia is van haar stuk gebracht, Pallas ziet het aan de manier waarop haar ogen zenuwachtig heen en weer schieten. Als Gaius weer opstaat, omhelst hij zijn grootmoeder. 'Ik maak een vorstin van u.' Hij praat zacht, bij haar oor, maar vol trots.

'Gedraag je toch, jongen,' zegt ze ongemakkelijk. 'Spreek wat gematigder.'

Gaius lacht, en in de lach zit zoveel eigendunk verborgen dat Pallas ervoor terugdeinst.

Hij buigt voor de nieuwe keizer, die naar voren treedt en zijn onderdanen begint toe te spreken, graf- en inauguratierede kunstig in elkaar vervlechtend. Gaius doet beloftes zoals alleen een jeugdige keizer dat kan doen. Hij zegt premies toe aan de soldaten, aan de pretorianen, aan de troepen die nabij de stad gelegerd zijn en aan de legioenen in het buitenland. Hij belooft dat hij alle lopende aanklachten van hoogverraad nietig zal verklaren, hij zweert dat de processen voor majesteitsschennis voortaan tot het verleden behoren. Hij belooft de omzetbelasting af te schaffen. Hij belooft Spelen. Hij belooft, ten slotte, dat hij allereerst de botten van zijn vermoorde moeder en broers naar Rome terug zal halen, om ze bij te zetten in het familiemausoleum aan de Tiber.

Als hij uitgesproken is, verdwijnt Gaius de Curia Julia in, waar de senaat Tiberius' testament nietig zal verklaren. Ze zullen Gemellus buitenspel zetten en niet alleen de hele erfenis, maar ook alle bestuurlijke bevoegdheden van Tiberius aan Gaius overdragen. Gaius Julius Caesar Caligula wordt door het Huis officieel aangewezen als de derde keizer van Rome, en niet eerder zijn de verwachtingen bij aanvang van een principaat zo hoog geweest.

✦

De keizer heeft hem voor de eerste keer ontboden. Het was onwennig en kort. Pallas maakte een buiging, nam een briefje en de woorden 'Breng dit naar mijn grootmoeder, wil je, Pallas?' in ontvangst en stond alweer buiten. Gaius had het hem afwezig toegestopt, ondertussen gesprekken gaande houdend met zo'n beetje alle secretarissen die hij in dienst heeft.

Nu is hij, als een ordinaire loopjongen, onderweg naar Antonia met een bericht van de keizer.

'Ik verwacht slecht nieuws,' zegt Antonia treurig als ze het briefje aanneemt.

'Dat zal toch wel meevallen.'

'Jij hebt hem niet gezien, Pallas... Ik heb gister uitgebreid met hem gesproken. Hij heeft mijn verzoek ingewilligd om die belachelijke, door Tiberius opgelegde gevangenisstraf van Herodes Agrippa terug te draaien, maar wat hij daarna allemaal nog tegen me gezegd heeft...' Ze pauzeert om de brief te lezen en slaat haar ogen neer.

'Is het wat u verwachtte?'

'De keizer laat me weten dat hij mij voortaan alleen nog in het bijzijn van Macro zal ontvangen. Het privilege van een persoonlijke audiëntie wordt mij ontzegd.'

Macro is Gaius' pretoriaanse prefect, de hoofdagent van de keizerlijke lijfwacht. Zegt de keizer nu dat hij zijn eigen grootmoeder niet vertrouwt? De vrouw die voor hem heeft gezorgd als een moeder, aan wie hij zijn leven te danken heeft?

'Als je het mij vraagt is het hem naar het hoofd gestegen, Pallas, ik maak me grote zorgen. Hij heeft titels en eerbetonen voor me geregeld en paradeert ermee alsof ik hem op mijn knieën zou moeten danken. En het gaat allemaal buiten mij om. Hogepriesteres van de vergoddelijkte Augustus, privileges van een Vestaalse Maagd, het is te veel. De senaat heeft er zelfs mee ingestemd om mij de titel

Augusta toe te kennen. Augusta! Dat gaat me gewoon te ver, Pallas, veel te ver. Mijn kleinzoon gedraagt zich als een oosters despoot en sleept mij er als een hellenistische vorstin in mee. Ik wil het niet, ik keur het af. Niet in mijn Rome. Niet tijdens mijn leven. Ik heb die titel geweigerd, en toen... verloor hij zijn geduld.'

Pallas probeert zich de jongen woedend voor te stellen, maar het lukt hem niet.

'Staat u in uw recht? Om te weigeren, bedoel ik.'

'Hier bestaan geen wetten voor, mijn zoon. De Romeinse wet is niet geschreven voor tirannie.' Antonia schrikt van zichzelf, van haar woordkeuze.

'Gaius is jong en ongeremd. Hij zal wel weer bijdraaien.'

'Wat hij zei, Pallas, vlak voordat ik hem achterliet... De woorden blijven maar door mijn hoofd spoken... Toen ik zei dat hij me niet kon dwingen, en dat ik het verstandig zou vinden als hij zich gematigder zou tonen, staarde hij me een tijdje onbewogen aan, en het was alsof ik de ijzige, rimpelloze diepte van de Styx in keek. Hij zei: "Luister goed naar wat ik u nu ga zeggen. Ik ben de keizer van Rome. Ik kan doen wat ik wil, met wie ik wil."'

Hij zwijgt, een slaaf kondigt Caenis aan. Ze buigt het hoofd voor Antonia, knikt naar hem. Ze zijn in dezelfde werkkamer als jaren geleden, toen Gaius nog amper volwassen was en Pallas naar Capri gestuurd werd.

'Waar wilde u mij over spreken?'

Hij verwacht dat hij hetzelfde verhaal nogmaals moet aanhoren, maar hij vergist zich.

'Ik wil het met jullie over mijn testament hebben,' zegt Antonia.

Pallas schrikt van haar woorden. Neemt ze al voorzorgsmaatregelen? Moet hij zich zorgen maken over Antonia?

'Het is niet wat je denkt, Pallas. Ik ben een oude dame, de weg des doods moet eenmaal betreden worden. Ik wil dat jullie weten wat je te wachten staat, meer niet.'

Caenis kijkt hen verward aan, ze volgt het gesprek niet. 'Wat ons te wachten staat, mevrouw?'

'Ik ben voornemens jullie beiden met een aanzienlijk deel van mijn erfenis achter te laten. Een geldbedrag, ten eerste, dat staat al in mijn testament. En ik waarschuw jullie: zie erop toe dat je er geen erfbelasting over betaalt, de familieleden van de keizer zijn daarvan vrijgesteld. Neem desnoods een advocaat in de arm, of win advies in bij Gaius' vrijgelatene Callistus, die jongen heeft veel kennis van zaken.'

Caenis noteert wat, Pallas volgt haar voorbeeld.

'Daarnaast heb ik voor elk van jullie een mooi Egyptisch landgoed in gedachten.'

Pallas probeert zich er een voorstelling bij te maken, een landgoed in Egypte. Hij heeft erover horen spreken, over de palmen en de piramides.

'De details nemen jullie maar tot je als het zover is. Voor nu is het zaak mijn testament op te vragen en te openen. Ik wil een aantal laatste wijzigingen doorvoeren. Pallas, jij hebt het destijds in bewaring gebracht in het archief van de Vestaalse Maagden, is het niet?'

Een paar maanden eerder hadden ze al met elkaar gesproken over het testament, toen op initiatief van Pallas.

'Dat klopt. Los van deze wijzigingen blijft het testament verder... intact, mevrouw?' vraagt hij.

'Je broer zal zijn vrijheid krijgen. En ik zal hem wat extra's meegeven. Voor een vliegende start. Alsof hij dat nodig heeft.' Ze lacht er een beetje opgelaten bij, zoals alle vrouwen blozen en lachen als het over Felix gaat. Pallas knikt, maakt nog een notitie.

Een dag later gaat hij naar het Huis van de Vestaalsen, om het testament op te halen. Hij is zenuwachtig, hij heeft zich door Antonia's onrust laten ophitsen. Hij stopt het document niet in een tas, maar onder zijn tuniek. Pas als hij het testament in de avondschemer, aangepast en opnieuw verzegeld, weer veilig terug heeft gebracht, kalmeren zijn hart en zijn adem. Terwijl hij naar huis wandelt, probeert hij zichzelf voor te stellen als een landheer aan de Nijl.

✦

De maand april verdrinkt in feestgedruis op straat en bloedvergieten in de arena. De nieuwe keizer trakteert zijn volk, en zijn volk laat het zich smaken. De familie van de keizer zit steevast op de eerste rij, evenals een groot deel van de huishouding. Maar Pallas is wars van bloed en geweld en heeft niet eerder een gladiatorengevecht bijgewoond. Hij schrijft het toe aan zijn Griekse afkomst, dat hij een man van de pen is en niet, zoals de Romeinen, van het zwaard. Hij werkt onverminderd hard door, maar laat zich informeren. Zijn bedienden – hij heeft er inmiddels vele – spelen de sterke verhalen uit de kroegen en de roddels van de markt aan hem door. Gaius smijt met staatsgeld, Gaius houdt veilingen met gladiatoren, verkoopt ze aan de hoogste bieder. Hij begint te vermoeden dat Antonia gelijk heeft.

Op de eerste dag van mei, zes weken in het principaat van Gaius, is Pallas nog thuis als de huismeester bezoek aankondigt. Hij ziet een zwarte toga, verwilderde haren. Hij herkent Florus, Antonia's lijfarts, nauwelijks terug. Ze wisselen een blik, Pallas begrijpt wat de ogen van Florus vertellen.

'Ze heeft het zelf gedaan,' zegt Florus.

'Wie heeft haar gevonden?'

'Ik.' Florus laat een diepe zucht volgen, alsof hij het lijk weer voor zich ziet.

'Hoe...?'

'Een dolk. Recht in het hart.'

Andromeda komt hun tegemoet, ze draagt hun tweejarige zoontje, Marcus Antonius Pallantis, op haar linkerarm. Pallas kijkt haar meewarig aan. Ze ziet de zwartgeklede figuur. 'Antonia?' Pallas knikt, Andromeda's ogen worden groot.

'Ik laat jullie maar,' zegt Florus. 'Vergeef me dat ik dit slechte nieuws moet brengen. Je wordt verwacht, Pallas, wanneer je er klaar voor bent. Om de zaken op te maken, dossiers te sluiten en wat testamentaire aangelegenheden te regelen. Neem je tijd.'

Verslagen staan ze allebei in het atrium van hun eigen huis, terwijl Florus vertrekt en zijn zwarte schim nog even in de ruimte blijft hangen. Gaia, de slavin die helpt met de huishouding, neemt de kleine Marcus over. Andromeda loopt op hem af, doet wat ze weet dat haar echtgenoot niet zal doen: ze omhelst hem. Als hij zijn hoofd in haar nek legt, geeft hij zich over. Zijn tranen stromen eerst rustig, dan in golven haar karmozijnrode sluier in.

In het bijzijn van familie, vrienden en vrijgelatenen wordt een dag later het testament geopend en voorgedragen. Tot zijn verrassing heeft ze niet alleen hem maar ook Andromeda erin opgenomen. Ze heeft overal aan gedacht. Ook voor haar eigen uitbundige staatsbegrafenis is geld apart gezet.

Zijn verdriet is nog vers als Gaius later die dag, op hetzelfde sprekerspodium als zes weken geleden, de grafrede voor Antonia uitspreekt. Pallas voelt met iedere zin die de jongen uitspreekt zijn woede stijgen. Zonder uitzondering gebruikt Gaius niet haar naam, maar de titel die ze zo stellig had geweigerd. Augusta.

Als ze het lichaam naar de brandstapel begeleiden, zwelt het luide gejoel van de klaagzangers aan. Ze wandelen naar het Marsveld, waar de crematie en bijzetting zullen plaatsvinden. Gaius is nergens meer te bekennen. De brandstapel staat klaar op de oever van de Tiber, die donkerder lijkt dan gewoonlijk. Pas als het vuur is aangestoken, voelt Pallas het prikken van opwellende tranen. Met glanzende ogen staart hij naar de oranjegele vlammen. Zijn wangen gloeien van de hitte die zijn kant op waait. Het is alsof het lichaam van zijn eigen moeder door dit hellevuur wordt verzwolgen. Hij huilt om de moeders die hij wel en niet heeft gekend, de moeders van wie hij nu voorgoed afscheid neemt.

Als de vuurzee tot bedaren komt, maakt hij zijn plannen. Hij zal zo snel mogelijk met zijn gezin uit Rome vertrekken. Zijn toekomst is te onzeker, Gaius te onberekenbaar. De bestemming zal Hermopolis zijn, op de linkeroever van de Nijl, waar zijn landgoed zich moet bevinden. Ze zullen verdwijnen, zo lang als nodig is.

## *Mijn leven en de lotgevallen van mijn familie*

### FRAGMENT II

*Dierbaar zijn mij de herinneringen aan ons huis op de Palatijn, en dan vooral aan de tijd dat het nog het Huis van Germanicus werd genoemd. Het is nu moeilijk voor te stellen, maar in die dagen vond je daar een soort keten van huizen, pas later klonterden al onze villa's samen tot één groot paleis met keizerlijke allure. Ons huis was steeds voller geraakt, het vulde zich onophoudelijk met nieuwe gezichten. Mijn moeder had zoveel kinderen gebaard dat alleen zij en Antonia ons nog uit elkaar konden houden. Twee zusjes en één broertje moesten we in die jaren begraven.*

*De dood van mijn vader trof mijn moeder, maar ook Antonia. Germanicus was haar trots, in veel opzichten haar levenswerk. Het was een vreemde tijd. Er was rouw om de dood van mijn vader, maar tegelijkertijd schonk mijn tante Livilla, die getrouwd was met Tiberius' zoon Drusus, het leven aan een gezonde tweeling, twee jongens. Geen offerdier, geen heilig bloed had de hemelse goden nog verzoend, of Tiberius was al in een jubelstemming. Terwijl wij meeliepen in de zwarte stoet voor mijn vader, vlak achter onze moeder die plechtig de urn met de stoffelijke resten door Rome droeg, vierde hij de geboorte van de mannelijke tweeling, zeldzamer dan een witte raaf. Een van de tweelingjongens werd, volkomen ongepast, Germanicus genoemd. In de hele stad vloeiden onophoudelijke tranen uit bedroefde ogen, maar Tiberius heeft om de dood van mijn vader nooit gerouwd. Hij was zo dol op zijn kleinzoontjes dat hij te pas en te onpas langskwam om ze op te zoeken. Ik vond het walgelijk, zoals hij ze kirrend van plezier in de armen nam.*

*Antonia werd nooit meer helemaal de oude. Misschien is het zoiets als wanneer een beeldhouwer zijn meesterwerk ziet verpulveren, het beste wat hij aan de wereld heeft kunnen laten zien en het bewijs van de zin van zijn bestaan. Hoe dan ook ging mijn oma na vaders dood een steeds meer teruggetrokken leven leiden, een leven van stille observatie. Ze nam de taken op zich die mijn moeder liet liggen en hield zich verre van politieke zaken. Een verstandige houding voor een vrouw, dacht ik in die tijd nog. Ik weet nog hoe ik het zorgvuldig in mijn geheugen prentte, voor het geval ik zelf ook ooit tussen familieleden moest laveren.*

*Wat herinneren vrouwen van een zekere leeftijd zich van hun tienerjaren? Het is allemaal vager geworden, het zijn beelden zonder logische volgorde. Het was de tijd waarin ik, zoals alle meisjes van die leeftijd en een zekere status, een echtgenote leerde te zijn. Al leefden wij meer gescheiden dan samen, Gnaeus en ik. We waren nog maar net getrouwd en terwijl hij zijn zaken deed in Rome, genoot ik van onze villa in Antium, met de zee en de rest van mijn leven voor me. Die vrijheid, dat gevoel van eindeloze mogelijkheden; je kunt het alleen op jonge leeftijd ervaren, maar pas veel later, als ze je onherroepelijk zijn ontglipt, ontwikkel je de wijsheid om ze op waarde te schatten.*

*De zee bracht me de rust die ik nodig had. Nadat ik aan de oevers van de Rijn ter wereld kwam te midden van Germanen en legerlaarzen, was ik de eerste jaren van mijn leven altijd maar op reis geweest, in het kielzog van mijn ouders. Toen mijn ouders naar Syrië vertrokken werden we ondergebracht bij Antonia, waar we, vanwege de plotselinge dood van mijn vader, nooit meer weg zijn gegaan. In Antium voelde ik me voor het eerst thuis, verlost van de verstikkende bemoeienissen van mijn oma. Ik voelde me volwassen en vrij. De villa in Antium was een paradijs zonder toezicht, waar ik eindelijk kon doen en laten wat ik wilde.*

*Misschien was het, achteraf, de meest zorgeloze tijd van mijn leven. Het duurde echter maar kort. De bodes uit Rome brachten me steeds verontrustender nieuws. De senaat veranderde onder de zwakke leiding van de keizer ver weg en zijn ratachtige rechterhand in een moeras van achterdocht en verdachtmakingen. Dat mijn tante Livilla, getrouwd nota bene, zich in het geheim aan Sejanus verbond, dreef Antonia, toen ze er eenmaal achter kwam, over de dunne rand die rouw scheidt van verharding. Mijn moeder en mijn twee oudste broers, met wie ik sinds mijn huwelijk veel minder contact had, werden opgepakt door de bloedhonden van Sejanus, en ze verdwenen in kerkers en afgelegen ballingsoorden. Mijn moeder betaalde de ultieme prijs voor haar pogingen om de ware afstammelingen van de vergoddelijkte Augustus, mijn broers, op de troon te krijgen, en ik weet nog dat ik meer trots dan verdriet voelde. Nu was alleen Gaius er nog, hij werd samen met Tiberius' kleinzoon Gemellus naar Capri ontboden, waar ze veiliger waren. Gemellus was nog een kind, en ook Gaius leek te jong om zich om de troonopvolging te bekommeren. Aan de vruchten herkent men de boom, zeggen ze, maar Gaius was heel anders dan mijn oudere broers, die zich oprecht druk maakten om wat er op het Forum en in de senaat speelde. Zij ambieerden al een politieke carrière voordat hun de eerste baard was afgeschoren. Gaius leek zich er aanvankelijk niet erg voor te interesseren, niet voor de politiek en niet voor de macht. Schijn bedriegt, zoals ze ook vaak zeggen.*

*Achteraf kan ik alleen maar zeggen dat ik net op tijd van de Palatijn ben weggevlucht. Gered door het huwelijk met een onaangename man die mijn vader had kunnen zijn, maar die de juiste naam, de juiste connecties bracht. Ik was een meisje van dertien toen we trouwden, Gnaeus moet een jaar of dertig geweest zijn. Maar ik was evengoed zijn echtgenote geworden als hij drie, vier keer zo oud was als ik. Wat deed zijn leeftijd ertoe? Gnaeus was veelbelovend, dat inzicht had ik toen al. Ik stimuleerde zijn ambities en hij bereikte, met mij aan zijn zijde, al snel de top van zijn carrière.*

*Vanaf de aanvang van Gnaeus' termijn als consul, in het jaar 32, bracht ik meer en meer tijd door in Rome. Overdag vervulde ik de speciale plichten die bij de rol van de vrouw van een consul horen, in de nacht die van elke echtgenote. Want als iets me nog helder voor de geest staat, is het dat in die tijd een vurig verlangen in mij is aangewakkerd. Ter ere van mijn vader en in navolging van mijn moeder, wilde ik een rijke schare kinderen voortbrengen, de vruchtbare trots van mijn noodlijdende familie worden en onze toekomst voorgoed zeker stellen. En het stond in de sterren geschreven, zo had de Sybille van Cumae mij verzekerd toen ik een reis naar Napels onderbrak om haar te bezoeken, dat in mijn schoot de verlossing van Rome geboren zou worden. Mijn levenslicht, mij nog dierbaarder dan ikzelf.*

# 7
# Een dodelijk wachtwoord

*Januari 41 n.Chr.*

Het is eind januari, de jaarlijkse zaaioffers aan Tellus en Ceres zijn al gebracht. Er is een vertelling, een openbare voordracht, zoals die dagelijks in zo'n beetje elke zuilengalerij wel te vinden is. De stad leeft op verhalen, als je goed luistert zweven ze je overal tegemoet, de lezingen, de kluchten, de tragedies, de gedichten.

Hij is net terug uit Egypte, Pallas heeft Rome jaren niet gezien. Hij heeft zich door zijn broer mee laten slepen naar een porticus vlak bij de promenade van Pompejus Magnus, waar de voordracht op het punt staat te beginnen. Felix is, in zijn afwezigheid, meer en meer thuis geraakt in het Romeinse roddelcircuit. Hij weet wat er op straat speelt, welke verhalen er in de kroegen over de tong gaan. Hij weet het zo goed dat het Pallas zorgen baart. Zorgen over waar Felix zijn tijd doorbrengt. Maar er was geen tijd om bij te praten, Felix heeft hem meteen na thuiskomst een pamflet onder ogen geduwd, het pamflet van een voordracht getiteld 'Het monster is dood'. 'Ik wilde je zelf bijpraten, maar dit gaat sneller.' Hij wilde verder niet zeggen waar het over ging, ze moesten opschieten. Pallas' nieuwsgierigheid heeft hem hier gebracht.

De man die de lezing zal houden ziet eruit als iemand die vaker aan de toog hangt dan op de kansel staat. Een enorme buik ingesnoerd in een doffe, nooit gewassen tuniek met gaten, een platvloerse kop met kleine ogen, dunne haren die in zijn zweterige nek plakken. Mateloos Tibervolk, hoort Pallas zichzelf met afkeer denken. Hij is gewend geraakt aan het leven langs de Nijl, waar zulke volgevroten types zeldzaam zijn. De man beklimt onhandig zijn geïmproviseerde houten podium. Felix zegt: 'Hij is de beste leerlooier van deze wijk, gespecialiseerd in schoenen en wijnzakken.'

'Een handwerker die de Muzenzusters bemint?' vraagt hij ongelovig.

Felix haalt zijn schouders op. 'Een gevoelsmens. Hoe dan ook, ik heb begrepen dat hij te vertrouwen is, hij maakt schoenen voor zo'n beetje de hele keizerlijke lijfwacht. Er worden nog wel tien van dit soort voordrachten gehouden vandaag. Weten waar je moet zijn, dat is de kunst.'

De man klimt op een houten podium en begint te spreken. Het is aandoenlijk om te zien hoe hij zijn best doet zijn mooiste Latijn eruit te persen dat hij in huis heeft.

'Volk van Rome, hoor dit ongelofelijke verhaal! Wat volgt heb ik uit zeer betrouwbare bron vernomen. Een bron zo dicht op het paleis, dat ik de gebeurtenissen van de afgelopen dagen tot in de kleinste details voor jullie uit de doeken zal kunnen doen.'

Is het monster de keizer, is Gaius dood? Dat zou verklaren waarom hij Rome in rep en roer aantrof. Hij heeft bijna een maand op zee gezeten.

'Wie van jullie is er niet bekend met de tirannie van de Gekke Keizer?'

Gejoel vanuit de menigte, armen gaan omhoog.

'Het zal dan niemand verbazen dat zelfs zijn eigen mannen zich tegen hem keerden. Mannen als de dappere Cassius Chaerea!'

De mensen juichen bij het horen van die naam. Hij heeft geen idee wie het is.

'Chaerea, de trotse centurion, die alom bewonderde legeraanvoerder. De cohort waaraan hij leiding geeft, is een van de pretoriaanse! En de pretorianen, zijn dat niet de bewakers van onze keizer, de bewakers van Rome?'

Pallas bekijkt de forse armspieren van de spreker, ziet voor zich hoe hij met gebogen rug zijn huiden schraapt. Dan denkt hij aan de voeten van Chaerea, geschoeid in zware sandalen met duimdikke lagen runderhuid.

'De roem van Chaerea reikt tot in de Germaanse bossen... Bewonderd, geliefd, vriendelijk, vergevingsgezind. Kwaliteiten die een waanzinnige jaloezie losmaakten in de Gekke Keizer. Chaerea werd door hem getreiterd en vernederd. We weten allemaal dat je het gerust aan de Gekke Keizer kon overlaten om zwakke plekken uit te buiten. Hij heeft zijn hele leven geoefend op ome Claudius!'

De man draait zich zijwaarts naar het publiek, kromt zijn rug, trekt zijn schouders overdreven omhoog, zet een paar stappen en sleept zijn rechtervoet een stukje over het podium. Een lachsalvo golft door het publiek, dat de manke Claudius meteen herkent in de slechte imitatie. Verkeerde been, denkt Pallas. Hij begint zich ongemakkelijk te voelen, hij is er niet gerust op. Claudius is degene die hem heeft teruggeroepen. Hij kon niet weigeren, volgens de Romeinse wet is Claudius, als oudste zoon van Antonia, zijn patronus. Pallas is hem respect en loyaliteit verschuldigd, in ruil voor levenslange bescherming en patronage. Zo te horen is de goede oude Claudius nog altijd het mikpunt van spot. Is hij wel veilig, nu Gaius dood is? Is zijn familie veilig?

'Zelfs nu hij keizer is...' fluistert Felix hem toe.

'Keizer? Claudius?'

'Wie anders? De familie is uitgestorven.'

Felix heeft gelijk, er is niemand meer. Terwijl hij met zijn gezin op zee zat, is de man die hem per brief naar de hoofdstad heeft ontboden tot het purper verheven. De lach van de menigte sterft weg.

'Zoals gebruikelijk bepaalde de keizer elke avond wat het nieuwe wachtwoord van zijn pretorianen zou worden. Telkens wanneer het Chaerea's beurt was om het wachtwoord op te halen, bedacht

Gaius een of ander obsceen zinnetje, iets wat hem, bij het doorgeven, in verlegenheid zou brengen. En als Chaerea het wachtwoord aan zijn soldaten overbracht, barstte er een geproest en gelach uit dat tot aan de overkant van de Tiber te horen was.'

Waar is Claudius? Moet hij naar hem toe? Of moet hij wachten, nu Claudius keizer is? Wachten tot hem een persoonlijke audiëntie wordt gegund?

'En als er iemand gemarteld moest worden, liet de Gekke Keizer dat met genoegen over aan Chaerea, wetende dat het tegen zijn aard inging. Is het vreemd dat Chaerea er genoeg van had? Vastberaden, de risico's van het beramen van een keizermoord voor lief nemend, benaderde hij onder zijn mannen diegenen van wie hij zeker wist dat zij net zo uitkeken naar het einde van de tirannie als hijzelf.'

Zijn gedachten ordenen zich. Hij is op het juiste moment teruggekomen, Fortuna heeft het bepaald. Het is niet voorbij, het gaat allemaal pas beginnen.

'In het diepste geheim bespraken de samenzweerders hoe ze het beste konden toeslaan. Toen hoorden ze dat Caesar op reis zou gaan en drie dagen van festiviteiten wilde houden. Er werd unaniem besloten dat de moord tijdens die dagen moest plaatsvinden. Toen na twee feestdagen nog geen consensus was bereikt, belegde Chaerea een geheime vergadering. Men was het eens dat verder uitstel enkel gevaar voor henzelf zou opleveren. De moord moest nog dezelfde dag plaatsvinden.'

Het publiek is stil geworden, iedereen wacht met spanning op de ontknoping die al bij iedereen bekend is. Pallas kijkt om zich heen en ziet hoe ze smachten naar een bloedig einde.

'Terwijl ze vergaderden, ging Caesar op een ongewoon vroeg tijdstip naar het theater. Zijn lievelingsstuk werd opgevoerd, het verhaal van de incestueuze Myrrha en Cinyras. De Gekke Keizer genoot van het perverse drama dat hem op een lege maag werd voorgeschoteld. Toen brak het uur aan waarop hij zich altijd even terugtrok om zich in het badhuis op te frissen en wat te eten.'

Zijn eigen lijfwachten. Pallas kan het niet geloven. Dat Gaius zich zo gehaat heeft gemaakt dat zijn pretorianen zich tegen hem keerden is bijna ondenkbaar. Het is de derde keer dat Pallas een keizerdood meemaakt, maar de eerste keer dat het een moord is. Een moord op de Palatijn nota bene.

'Gaius stond op en liet zich begeleiden naar de ondergrondse gang die leidde naar zijn paleis. Daar stond Chaerea hem stijf van de zenuwen op te wachten, de handen bezweet maar stevig om zijn zwaard geklemd...'

De spreker grijpt naar zijn riem alsof het publiek zich daar een zwaard moeten inbeelden, en tuurt overdreven argwanend om zich heen. 'Maar Gaius liet zich tegenhouden door kletskousen die zulke lange gesprekken aanknoopten dat de keizer weer ging zitten en te kennen gaf zich niet meer terug te trekken! Een van de samenzweerders kon zijn zenuwen niet bedwingen, hij wilde Chaerea waarschuwen. Toen hij aanstalten maakte om op te staan, legde de keizer kalm zijn hand op zijn schoot en zei: Blijf toch rustig zitten, mijn vriend.'

Nu imiteert hij Gaius, met hoge stem en samengeknepen ogen. De slechtste imitatie tot nu toe. 'Alsof hij voorvoelde wat de man van plan was! De samenzweerders wisselden gespannen blikken, begonnen op de Gekke Keizer in te praten. Ze slaagden erin hem te overtuigen en gingen de keizer voor. Onder hen was ook Claudius, die al die tijd achter de keizer op de tribune had gezeten, verdiept in zijn manuscripten.'

Claudius was erbij! Pallas moet hem zo snel mogelijk te spreken krijgen.

'Plotseling stuitte Caesar op Chaerea. De centurion ging tegenover hem staan, vroeg om het wachtwoord en Gaius deed wat hij altijd deed. Maar dit keer boog Chaerea zijn hoofd niet. Hij trok zijn zwaard. Chaerea stak de keizer, genadeloos en met de kracht van jaren opgekropte woede, in zijn buik. Caesar zakte door zijn benen, waarna de andere mannen hun wapens grepen en als wilden op de keizer in begonnen te hakken. Gaius schreeuwde en kreunde terwijl de vloer rood kleurde van zijn vergoten bloed. Claudius stond, zo zweren de getuigen, verlamd toe te kijken. De grootste hoeveelheid bloed die hij ooit had gezien was bij de geboorte van zijn dochter!'

Claudia Antonia. Ze was bij hen in huis komen wonen toen haar ouders scheidden, Claudius zorgde sindsdien zelf voor haar. Ze had het uiterlijk van haar vader, geen familie had interesse in haar hand getoond. Pallas stelt zich haar nu als kroonprinses voor, het lijkt bijna onmogelijk.

'Claudius maakte zich uit de voeten en verstopte zich... achter een gordijn! Toen ze op het lichaam van Gaius waren uitgeraasd, raasden de mannen als bezetenen door het paleis, op zoek naar keizerin Milonia en haar dochter. En al die tijd stond Claudius te beven achter zijn gordijn...'

De spreker laat zijn blik over het publiek glijden, ziet tevreden hoe hij de aandacht vasthoudt.

'Weet je zeker dat hij een schoenmaker is, en geen acteur?'

Felix antwoordt niet.

'Toen de pretorianen hem vonden, bood Claudius zijn ontblote, dikke nek al aan. Maar de soldaten knielden en begroetten hem met de gebruikelijke kreten. Heil Caesar!'

'Heil Caesar!' weerklinkt het in het publiek. De woorden galmen door de zuilengalerij. Een korte pauze hangt in de lucht, totdat de echo is weggestorven. Dan volgt de slotakte.

'De bewakers vermoordden de oude keizer. De bewakers benoemden de nieuwe keizer. De vraag die wij ons allen nu moeten stellen, Romeinen, is: wie bewaakt de bewakers?'

# 8
# Nieuw leven

*Februari 41 n.Chr.*

Er komt iemand door de deuropening op hem aflopen. Pas als hij dichterbij komt en het ruisen van zijn tuniek kan horen, ziet hij wie het is. Tiberius Claudius Narcissus. Claudius' onkreukbare hofsecretaris. Hij is niets veranderd. Mager, lang, een spitse neus – een gezicht dat zowel iets vogel- als iets ratachtigs heeft. Donkere ogen van oosterse afkomst, net als die van hemzelf. De secretaris kijkt wantrouwend. Sinds wanneer is hij terug in Rome? Pallas hoort het hem denken.

'Pallas, je bent er weer. De goden hebben je nogal wat in de handen gespeeld.'

'Je mag zelf ook niet klagen.'

'Er hoefde niemand voor naar de woonplaats der twaalf goden gehaald te worden, in mijn geval.'

Even is hij van zijn stuk gebracht, maar hij weet zijn kalmte te bewaren. 'Laag, Narcissus, zelfs voor jouw standaard. Antonia is al jaren dood.'

'Volgens mij kon je niet wachten haar ten grave te dragen. Je was nog slechter af geweest als je een schat had gevonden.'

Narcissus daagt hem uit. Ze dienden beiden als jonge slaven op de Palatijn. Narcissus is een paar jaar ouder dan hij en heeft zich altijd afstandelijk opgesteld. Hij werd door Claudius persoonlijk aangeschaft en vrijgelaten, is zijn vertrouweling. Hij doet zijn beroemde naamgenoot eer aan, voelt zich boven iedereen verheven. Nu is hij, van de ene op de andere dag, de meest invloedrijke man in Rome geworden. Met alle achterdocht die daarbij komt kijken.

'Je gaat me toch niet vertellen dat ik een bedreiging voor je ben. Ben je bang voor me, Narcissus?'

'Zoals een gezond mens bang is voor iedereen die meer dan drie jaar in Egypte heeft doorgebracht.'

'Drie jaar en negen maanden, om precies te zijn.'

'Dat bedoel ik. Genoeg tijd om je ziel te bederven. En het spel van de Egyptenaar in de vingers te krijgen.'

Ze hebben geen idee, denkt hij. Egyptenaren worden hier gezien als schimmige types die in het donker onderhandse dealtjes sluiten. Rome en haar vooroordelen, haar arrogantie. Ze moesten eens weten hoe er in het buitenland over ze gesproken werd.

'De keizer kan er zijn voordeel mee doen, allicht.'

Hoe minder serieus Narcissus genomen wordt, hoe roder zijn bloeddoorlopen ogen worden. 'Heb je tenminste wat Africaanse vijgen voor hem meegenomen?'

Hij kijkt Narcissus niet-begrijpend aan.

'Nee? Weet je dan niet dat hij daar verzot op is? Nou, het treft dat ik Caesar in zo'n goede bui heb achtergelaten.'

Narcissus vertrekt zonder te groeten. Met verbazing kijkt Pallas hem na, haalt zijn schouders op en wacht tot hij wordt aangekondigd. Dan stapt hij onder begeleiding van een slaaf de kamer binnen, waar Claudius hem met een warme glimlach ontvangt.

'Pallas, mijn oude vriend. Welkom thuis.'

Hij ziet de grote oren van de keizer, die als hij zo voorovergebogen zit wel wat weg hebben van de twee handvaten van een mengvat. Hij vergeet iets terug te zeggen, maar een Claudiër is gewend om door te praten, om niet onderbroken te worden. Claudius schuift zijn papieren opzij, zijn indrukwekkende, brede schouders rijzen op als een rotsachtige berg. Ondanks zijn lichamelijke gebreken heeft hij een gewichtig, majesteitelijk uiterlijk, maar nu ziet hij er slecht uit. Vermagerd, grauw.

'Het spijt me dat ik je niet eerder heb kunnen ontvangen. Er is nogal wat gebeurd sinds ik mijn brief aan jou stuurde.'

Hij realiseert zich dat hij had moeten knielen. Hij laat zich naar de grond zakken.

'Sire, ik...'

'Ah, sta toch op mijn jongen, laten we het decorum voor openbare aangelegenheden bewaren. We kennen elkaar al zo lang. Geloof me, ik ben zelf nog het meest verbaasd dat ze mijn oude hoofd nog een kroon hebben gegeven.'

'Zoals u wenst, Sire.'

'Pallas, je weet neem ik aan nog wel hoezeer ik op je gesteld was, en nog steeds ben. Onze gesprekken heb ik altijd zeer gewaardeerd, ik ben ze niet vergeten. En in al je dienstjaren bij Antonia heb je mij met veel respect bejegend, alsof ik je meester was, zou ik bijna zeggen. In zekere zin ben ik dat natuurlijk ook, sinds ze er niet meer is. Of nou ja, misschien niet je meester, zo'n term zul jij niet waarderen. Dat deed je volgens mij al niet toen je nog slaaf was.'

Achter zijn woorden gaat iets van bewondering, of in elk geval waardering schuil. 'Maar dan toch: je broodheer. Wel, je broodheer heeft een nieuwe taak voor je op het oog. Zoals je je wellicht kunt voorstellen is de behoefte aan een goede boekhouder onlangs urgenter geworden. En de boeken zijn complexer. Ik zal je navenant belonen voor je werk. Je kunt niet eeuwig van de erfenis van een weduwe blijven leven, neem ik aan?'

'Mevrouw is meer dan vrijgevig voor mij geweest, Caesar.' Het is het enig mogelijke antwoord.

'Ach, mijn oude moeder, als ze me nu toch eens zou kunnen zien...' Claudius is haar tegenpool. Hij verhult zijn sentimentele kant niet, dompelt zich gewillig onder in het verleden.

Misschien is het beter dat ze je nu niet kan zien, denkt hij.

‘Zelfs tegen haar keerde Gaius zich. Zijn grootmoeder, zijn familie, de goden mogen weten tegen wie nog meer – tegen de goden zelf, als je de verhalen mag geloven. Hij werd langzaam waanzinnig, weet je dat? Je was er niet bij, je hebt hem niet gezien zoals ik hem gezien heb. De hele hofhouding was bang de volgende te zijn. Ze kwamen zelfs bij mij om bescherming vragen, terwijl ze me vroeger meden alsof ik een stinkende bedelaar met luizen was. Je kent mijn moeder, standvastig, zich schikkend in haar lot… Waarom benam ze zich het leven, Pallas?’

Hij zou Claudius willen aanspreken zoals hij vroeger deed, als kleine jongen, zonder beperkingen. Hij zou hem willen zeggen dat hij zich niet zo moet aanstellen. Dat hij niet zo moet dwepen. Maar dat kan niet meer.

‘Het wantrouwen van de keizer was haar ten deel gevallen, en ze was intelligent genoeg om de onvermijdelijke conclusie daaraan te verbinden, Caesar. Dat is althans hoe ik het zie.’

Wat hij ook voor zich houdt, is dat Antonia in haar laatste jaren somber was geworden. Ze spraken elkaar in de winterdagen van haar leven steeds minder. Misschien had ze genoeg gehad en vond ze het, toen na Tiberius ook Gaius een grote teleurstelling bleek, tijd om te gaan. Misschien wilde ze niet langer getuige zijn van de totale ontmanteling van alles waar zij voor stond. Zoals alle oude mensen was ze melancholisch, geloofde ze dat het vroeger allemaal beter was. Hij moet net als iedereen gissen naar de ware toedracht van haar dood, maar hij vermoedt dat die donkere mist haar de doodsteek heeft toegebracht.

‘Caenis lijkt dat verhaal van Antonia’s zelfmoord niet te geloven. Ze zei iets tegen me dat me maar niet loslaat. “Het is beneden haar waardigheid om zichzelf van het leven te beroven.” Niemand kende mijn moeder zo goed als Caenis, toch, Pallas? Zou ze gelijk kunnen hebben? Zou Gaius…’

‘Ik acht hem er niet toe in staat, Sire.’

‘Je bent niet hier geweest, je weet niet wat hij was geworden. Hij verloor zijn realiteitszin. Heb je gehoord dat hij zichzelf heeft vergoddelijkt?'

Hij was er niet bij omdat hij het al wist, hij had het voorzien. Toen hij uit Rome vertrok, volgde hij zijn gevoel. Gaius' afwezigheid bij de crematie van Antonia, de mensen fluisterden nog voor het einde van de ceremonie hun roddels door de menigte, dat de keizer liever vanuit zijn eetzaal in het paleis naar de brandstapel keek, om te kunnen genieten van het spektakel. Als de ziekte die Gaius trof al ergens de schuld van kon krijgen, dan hoogstens van het verergeren van iets wat zich al diep in de keizer had genesteld.

'Dat vonden de Egyptenaren nog het minst schokkend, Sire.'

Pallas glimlacht. Hij ziet in Claudius' ogen dat hij opvrolijkt.

'Allicht, allicht. Ze zijn wat gewend daar. Ik hoor dat ze in Mauretanië leeuwen vangen met hun blote handen. Vertel me eens, is het een mooi stuk grond?'

Zou de keizer niet weten hoe ver Mauretanië van Egypte is? Weet hij dan niet hoe groot Africa, hoe groot het rijk is?

'Het is schitterend.'

'Zoals je mag verwachten, de vorige eigenaar was een levende legende.'

'De vorige eigenaar was een vrouw, Gallia Polla.' Hij kan het niet laten Claudius te verbeteren. 'Haar vader kreeg het van de levende legende, als u daarmee Marcus Antonius bedoelt, als dank voor zijn onvoorwaardelijke steun. De oude Polla stierf vlak voor Antonia zonder erfgenamen, zo kwam het weer in familiebezit.'

Gallia Polla, zo had Pallas in een oogopslag vast kunnen stellen bij aankomst in Hermopolis, had van haar druivenstokken en olijfbomen gehouden alsof het haar kinderen waren, en het vruchtbare slib uit de Nijl had de rest gedaan. Polla had de zorg voor haar kinderen – de wijngaarden, de olijfbomen, de rietplantages, de moestuinen en de vijgenbomen – op haar sterfbed overgedragen aan haar opzichter Asclepiades, een vriendelijke man die hem ter plekke met open armen tegemoet kwam lopen vanuit de grote, centrale boerderij. Het duurde weken voor Pallas begreep hoeveel mensen hij in dienst had, wat er allemaal verbouwd werd, wat het landgoed opbracht, wat het aan de staat moest afstaan en wat hij zelf mocht houden. Zijn eerste missie was om simpelweg zichtbaar zijn. De landbewerkers, huisslaven en gespecialiseerde arbeiders moesten een gezicht bij hun nieuwe landheer krijgen.

'Je bent het toch met me eens dat je veel te jong bent om met pensioen te gaan, Pallas? Rome heeft je nog nodig. Ik heb je nodig.'

Is de man gek geworden? Hij wil helemaal niet met pensioen. Hij wil een aanstelling, een positie die hem in staat stelt zijn jarenlange ervaring in te zetten, en dit keer niet om het vermogen van een rijke weduwe of de opbrengsten van de Egyptische oogst te beheren, maar het vermogen en de inkomsten van de staat, van de keizer van Rome. Dit is zijn kans om mee te gaan spelen. Is het onmogelijk, hoogmoedig? Kijk naar Narcissus. Is de keizer voor hulp bij zijn bestuurlijke taken niet overgeleverd aan zijn meest loyale, capabele slaven en vrijgelatenen? Lieden van hoge komaf, de senatoren, de aristocraten en de ridders, ze hebben het allemaal veel te druk met hun maatschappelijke carrière. Bovendien: de oude republikeinse adel waant zich nog altijd op de troon, die zal zich nooit verlagen tot een dienende functie aan het hof van de keizer. De vrijgelatenen profiteren ervan, ze worden ambtenaren en zijn onmisbare schakels in het systeem.

Claudius verandert van houding. 'Weet je, Pallas, wat het lot is van een keizer?' Weer laat hij geen ruimte voor een antwoord. 'Het is het ongelukkige noodlot van een keizer dat niemand ooit in een samenzwering gelooft die hij meent te hebben ontdekt en ontmanteld, tenzij het een samenzwering betreft die in zijn eigen dood eindigt.'

Is het waar wat ze zeggen op straat, is de nieuwe keizer onzeker?

'Gaius had zich niet geliefd gemaakt, Caesar, ik meen te hebben gehoord dat zo'n beetje iedereen tegen hem begon samen te zweren.'

'Hmm. En je wilt beweren dat ik wel geliefd ben? Ik, een kreupele oude man die zich zijn leven lang met niets anders dan studie heeft beziggehouden, met amper een publiek ambt op zijn conto, laat staan een militaire overwinning?' Een bijna onhoorbaar lachje ontsnapt uit de mond van de keizer. 'En zelfs dan: denk je dat een keizer ooit écht geliefd is? Houden de mensen van mij? Houden de mensen van de keizer, of houden ze van de mogelijkheden die hij representeert? De rijkdommen die hij verdeelt, de ambten die hij te vergeven heeft? Ik zal je het antwoord vast geven, Pallas. Niemand heeft de keizer lief, net zomin als iemand hem echt vreest. Ze vrezen alleen waar hij toe gevolmachtigd is: beslaglegging, vervolging, executie, verbanning.'

Hij raakt de koers van het gesprek kwijt. Claudius is een geleerd man met een bijna obsessieve onderzoeksdrift; hij heeft tijdens zijn jaren van eenzame opsluiting zoveel gelezen en geschreven dat hij over willekeurig welk onderwerp onvoorbereid een betoog zou kunnen houden. Is dit een filosofische beschouwing over het keizerschap? Of is het een test? Wil de keizer weten of hij met dit soort conversatie te vertrouwen is? Of hij, als hij tot de keizerlijke kring wordt toegelaten, hem alleen maar naar de mond zal praten? Zal hij het zich permitteren buiten de gewoonlijke paden van vleierij te treden? Aan het hof is de weg van taal en woordkeuze een smal en gevaarlijk bergpad. Hij denkt aan Andromeda, die de te voeden monden altijd vooropstelt en hem nu zou adviseren de veilige weg te kiezen. Maar hij bedenkt zich en zegt: 'Een almachtige heerser zal weliswaar nooit helemaal zeker weten of een ondergeschikte daadwerkelijk eerlijk tegen hem is en diens vleiende woorden oprecht zijn. Maar daar staat tegenover dat diezelfde ondergeschikte niet over de middelen beschikt om de heerser aan zijn woord jegens hem te houden.'

Claudius kijkt hem tevreden aan. 'Dat heb je mooi samengevat, Pallas. Delicaat. Wat mij betreft kunnen we onderling vrij en vertrouwelijk praten, precies zoals je deed met Antonia.'

Het was dus toch een test.

'Je reputatie is onberispelijk, ze zeggen dat je scherpzinnig en vindingrijk bent en een geheugen hebt dat zo groot is als Onze Zee. Ik wil je vragen om mij bij te staan in een aantal van de vele zaken die de aandacht van een keizer opeisen.'

'Het is mij een eer u te dienen, Caesar.'

'Het gaat om het boekhoudkundige beheer van enkele projecten. Allereerst mijn aquaducten, de Aqua Claudia en de Aqua Anio Novus. Ze zijn nu al een paar jaar bezig en mijn curator vertelt me dat de bouwkosten dreigen te escaleren. Bovendien moeten we bedenken hoe we de illegale watertap tegen kunnen gaan, want het loopt uit de hand. Ze zeggen dat je een tovenaar met getallen bent, denk je dat je deze zaken voor mij kunt waarnemen? En kunt nagaan of we de kosten kunnen beteugelen, en zo niet, hoe we ze dan toch creatief kunnen wegschrijven?'

Hij ziet ze voor zich, de prestigieuze hoofdstedelijke waterleidingen. Hij denkt aan hoeveel indruk ze op hem hadden gemaakt, bogen als gigantische stenen spinnenpoten door het landschap tot ver buiten de stad. Hij antwoordt bevestigend voordat hij ook maar heeft nagedacht.

'Ik wist dat ik op je kon rekenen. Uiteraard zal ik je naar behoren belonen.'

Er valt een stilte. Hij denkt twijfel te zien in de ogen van Claudius, alsof hij nu in een oogwenk door de keizer op waarde wordt geschat. En zwaar genoeg bevonden.

'Ik ben wel bang dat er meer nodig is, Pallas. Om mijn machtspositie te stabiliseren, bedoel ik. Er dreigen weer behoorlijke graantekorten te ontstaan dit jaar. Generositeit is niet genoeg om de vrede te handhaven, vrees ik.'

Claudius, constateert hij, is niet een beetje onzeker; hij lijdt aan een volkomen gebrek aan zelfvertrouwen. Een zwakke keizer is voordelig, voor hem.

'Mag ik vrijuit spreken?'

'Dat lijkt mij een verademing.'

'Als u het mij vraagt is een gevulde maag het beste medicijn tegen opstandigheid. Maar het probleem van het graantekort wordt veel te eenzijdig benaderd, terwijl het vele kanten heeft. De logistiek, bijvoorbeeld, wordt vaak over het hoofd gezien. Vergeef mij, Caesar, maar ik ben in Ostia geweest en heb vastgesteld dat de haven uitpuilt. De voorzieningen zijn niet toereikend, schepen kunnen niet veilig aanmeren en voedsel kan niet meer droog en beschermd worden opgeslagen omdat de warenhuizen tot aan de hanenbalken vol zitten. Uitbreiding is noodzakelijk. Of een nieuwe haven.'

'Ha, een nieuwe haven, welja! En als we dan toch bezig zijn, kan ik ook een hele nieuwe vloot aanleggen!'

Hij negeert de honende toon van de keizer. 'Het zou niet alleen de nodige extra ruimte verschaffen, het biedt u ook de mogelijkheid om uit te blinken als bouwheer. U kunt een haven bouwen die om zijn vernuft en om zijn schoonheid bewonderd zal worden.'

'Mijn schatkist is minder rijk gevuld dan jouw fantasie, Pallas. Gaius heeft alles verbrast, er is niets meer. We zullen eerst belastingmaatregelen moeten nemen. Of land veroveren.'

'Oorlog voeren is duurder dan een haven bouwen. Stelt u zich voor: met zo'n project dient u de publieke zaak op een manier die u het prestige verschaft dat u verdient. En trouwens, door extra kanalen te graven naar een nieuwe zeehaven wordt het risico op overstroming van de Tiber ook sterk verminderd.'

'Lees je me de les, Pallas?'

Hij antwoordt niet. In stilte wacht hij af.

'Claudius de bouwheer...' De keizer fluistert het bijna, het is alsof hij alvast een grote, hem toejuichende menigte voor zich ziet.

'Het is een kans om uzelf te laten zien.'

'Te lang heb ik in de schaduw van mijn familieleden geleefd.' Claudius slaat zijn ogen neer. Een zware zucht lijkt alle pijn om zijn verloren jaren samen te vatten. 'Ach Pallas, hoe treurig mijn lot, dat ik pas nu het grootste deel van mijn leven er al op zit uit het duister naar voren mag treden.'

'Maar nu is het moment eindelijk daar, Sire, nu heeft u de macht in handen.'

'Ik waardeer je optimisme. Maar niets is vanzelfsprekend, ook onze monarchie niet. Je weet dat ik een tobber ben. Ik geef toe dat ik bang ben, dat ik het lot van Gaius vrees, en erger. Niet alleen de persoon van de keizer, maar de hele dynastie kan vernietigd worden. Ik ben niet door mijn voorganger benoemd, de pretorianen hebben mij op de troon gezet. Is het dan vreemd dat de adel denkt: als hij keizer kan worden, dan kan ik het ook? Nu de monarchie in Rome tot wasdom is gekomen, kan het toch net zo goed weer uit onze handen glippen? Een jong dier verlaat het nest als het groot is geworden. Vandaag ben ik keizer, morgen kan het allemaal over zijn.'

De zware zinnen galmen na. Hun gewicht lijkt plotseling ook tot Claudius door te dringen.

'U heeft gelijk, Caesar. Daarom is het des te belangrijker uw macht te stabiliseren door middel van een aantal prestigieuze projecten.'

Het is goed om Claudius te laten geloven dat het zijn eigen idee is. Het is duidelijk dat hij zojuist in dienst van de keizer is getreden. Vanaf nu moet hij het zijn prioriteit maken hem een goed gevoel te bezorgen.

'Goed, je hebt mijn toestemming om de mogelijkheden te onderzoeken. Zorg ervoor dat het financieel sluitend is, eerder hoef je niet bij me te komen. Ik zal het ondertussen bespreken met Narcissus. Je weet dat ik geen beslissing neem zonder eerst zijn advies in te winnen.'

Pallas knikt. 'Ik beschouw het als mijn voorrecht u te mogen dienen op elke manier die u geschikt acht.'

'Zo zal het zijn. Ik geef je de tijd om je plannen uit te werken.' De keizer maakt aanstalten om het gesprek te beëindigen.

'Sire, is het mij toegestaan mijn eigen klerken aan te stellen om mij bij te staan? Ik heb een aantal zeer capabele mensen in dienst.'

Hij is het toonbeeld van beleefdheid, maar als hij iets heeft geleerd van leven tussen de aristocraten dan is het wel hoe ver een uitgestreken smoelwerk, zorgvuldig gekozen woorden en een goede timing je kunnen brengen.

'Ah, daar spreekt de vrijgelatene! Je bent bijna niet meer van een Romeinse heer te onderscheiden, Pallas.'

Bijna.

'Ik zal je eerst voorstellen aan Sextus Afranius Burrus, hij beheert het familiekapitaal. Hij zal je wegwijs maken op het bureau. Ik denk dat je het wel met hem zult kunnen vinden, jullie zijn ongeveer even oud. Maar het doet me plezier dat je je eigen personeel mee wilt laten profiteren, nu je over hen beschikt. Vrijgevigheid is een belangrijke deugd.'

Meteen denkt hij aan Abascantus, wiens werklust hem van pas zal komen, en aan Andromeda. Ze zal een gilletje geven en in haar handen klappen wanneer ze dit nieuws hoort, zoals ze doet op momenten van euforische blijdschap, en zoals hij voor het eerst had meegemaakt vlak na zijn vrijlating, toen hij haar vertelde dat hij door Antonia in staat was gesteld om haar persoonlijk haar vrijheid te verlenen en met haar te trouwen.

Claudius lijkt verlicht en wil ineens zo snel mogelijk van hem af. Als hij in beweging komt spelen zijn lichamelijke stoornissen hem parten, maar dat lijkt hij nu even vergeten. Claudius begeleidt hem met een zachtjes schuddend hoofd richting de uitgang.

'Dan moet ik je nu vragen mij te verlaten. Bouwprojecten zijn belangrijk, maar nog veel belangrijker voor de positie van een keizer is zijn nageslacht.'

Pallas kijkt hem een beetje reddeloos aan, maar de keizer tovert al snel een gulle glimlach tevoorschijn. 'Vlak voor jouw komst werd mij het beste nieuws in tijden gebracht, Pallas. Messalina heeft deze ochtend het leven geschonken aan een gezonde zoon. Over de macht van onze familie gesproken.'

Waarom heeft de keizer dit niet meteen gezegd? Hij feliciteert Claudius op de meest uitbundige wijze en neemt afscheid terwijl hij zijn gelukwensen uit.

'De jongen biedt hoop voor de toekomst, maar het is nog maar de vraag of hij niet te laat is gekomen. Onze dynastieke belangen hangen volledig af van hoeveel tijd de goden mij nog gunnen op deze aarde.'

Bij het uitspreken van zijn zorgen keert meteen de bedrukte uitdrukking weer terug op het gezicht van de keizer.

'Pallas?' zegt Claudius nog als hij al bijna weg is. 'Ik kijk ernaar uit vaker met je van gedachten te wisselen. Heb je kinderen?'

Hij knikt.

'Ook jij en je familie kunnen een mooie toekomst tegemoet zien, als je respectvol bent en je verplichtingen naar mij blijft nakomen.'

Hij buigt. 'Moge ik eeuwig leven om u en uw kroon te dienen.'

✦

Pallas is zo in gedachten verzonken dat hij zich eenmaal thuis niet eens meer kan herinneren welke route hij heeft genomen. Hoewel hij zich inmiddels een draagstoel kan permitteren, houdt hij ervan om te wandelen. Het maakt zijn hoofd leeg en hij schept er plezier in steeds een andere route te kiezen. Mensen storen zich aan de onaangename vermenging van stadse geuren, de zwartgeblakerde, gebraden worsten met de zoete, kruidige geuren van de parfumerieën, de zure lucht van rondslingerend afval met de onweerstaanbare geur uit de ovens van de bakkers. Ze zijn bang dat iemand zijn troep van vijfhoog naar buiten smijt, er zijn er genoeg die dat niet na kunnen vertellen. Of om beroofd te worden, zelfs overdag, of in een straatgevecht terecht te komen en een messteek op te vangen die voor een ander bedoeld was. Als het even kan verschuilen mensen zich achter de gordijnen van een draagstoel, maar hij niet. Hij vindt die onophoudelijke ruis van het stadsleven om de een of andere reden juist geruststellend. De route van de Palatijnse heuvel naar zijn stadsvilla op de Esquilijn is doorgaans net lang genoeg om zijn gedachten op een rijtje te zetten, maar kort genoeg om zich er niet helemaal in te verliezen.

Als hij binnenkomt ziet hij dat Andromeda op het punt staat met een klein vrouwengevolg het huis te verlaten. Een slavin wikkelt haar een grijswitte wollen sjaal om, die ze over haar hoofd wipt. Ze knikt, hij geeft haar een klopje op de schouder.

'Je gaat toch wel naar de thermen, hè?'

Het komt er ernstiger uit dan hij bedoelt, als een bevel. Ze moet zelf weten waar ze zich dagelijks opfrist, al begrijpt hij werkelijk niet waarom je naar een aftandse roddelhut zou gaan als er verderop, op de Campus Martius, een prachtig badhuis is waar vrouwen ook mogen komen.

'Is dat alles wat je te zeggen hebt?' zegt ze beledigd.

Hij glimlacht, bij wijze van verontschuldiging. 'Ik ben nu eenmaal kort van stof, dat weet je toch.'

Ze buigt haar hoofd en vertrekt zonder nog iets te zeggen.

Zijn echtgenote heeft er lang, veel langer dan hij, over gedaan om te wennen aan het leven in vrijheid. De gerespecteerde, getrouwde, vrije Romeinse burger Antonia Andromeda heeft de schuwe Palatijnse lijfslavin nooit helemaal kunnen verdrijven. Ze blijft binnenshuis, bezoekt alleen af en toe de Esquilijnse markt, een tempel als de gelegenheid erom vraagt en, bijna dagelijks, het badhuis in de buurt. Het is hem om het even, als ze hem maar kinderen schenkt. En dat deed ze. Toen het eerste kind kwam – een vrijgeboren Romein, precies zoals hij het had gewild – en de baby in haar armen was gelegd, had Andromeda hem week toegefluisterd: 'Je had weer eens gelijk, koppige man. Het was het wachten waard.'

Maar van hun eerstgeborene hadden ze na een korte, koude wintermaand alweer afscheid moeten nemen. De rauwe, duistere pijn om dit verlies had Andromeda volledig uit het veld geslagen, maar ook hem hard geraakt. Het wiegje waarin het winterkindje zijn laatste adem had uitgeblazen, zonder dat iemand het in de gaten had, stond nog weken naast het bed van zijn vrouw, in al zijn droevige leegheid. De min vroeg uiteindelijk aan hém of ze het niet beter weg zou halen, want Andromeda gaf steeds geen antwoord, en zonder toestemming van de meesteres durfde geen slavin zich ermee te bemoeien. Achteraf bedacht hij wat het meeste pijn had gedaan: dat met de dood van de baby ook zijn gedroomde, pasgeboren vaderschap plotseling was gestorven.

Hun naïeve zorgeloosheid waren ze voorgoed kwijtgeraakt, dachten ze, maar een jaar later diende Marcus zich aan. De gangen vulden zich opnieuw met gekerm, dat van een flinke en gezonde jongen dit keer. Marcus leerde hen weer vrolijk te zijn, te lachen in elkaars gezelschap. Andromeda stortte zich vol overgave op haar zorgtaken, zelf wachtte hij geduldig zijn tijd af – een kind, vindt hij, is in zijn eerste levensjaren het domein van de moeder.

Vlak na de dood van Antonia volgde Andromeda hem met weemoed naar Egypte, Marcus stevig in de armen geklemd. Aan de oever van de Nijl werd de tweede geboren, een meisje dat ze de naam Julia Antonia Postuma gaven, kortweg Antonia. Het Egyptische huispersoneel bracht amuletten en beeldjes van Bes en Tawaret naar de kraamkamer, maar hij zag direct dat de goden dit meisje hun zegen hadden gegeven, dat ze sterk genoeg was om de precaire zuigelingendagen te overleven. En hoewel hij zich bij Marcus afzijdig had gehouden, voelde hij bij Antonia vanaf haar geboorte een sterke band. Als baby nam hij haar in de armen en wandelde langs de meest kleurrijke schilderingen in huis, waar ze verrukt naar keek, en toen ze kon lopen – veel eerder dan Marcus – struinde hij met haar de tuin af, op zoek naar bloemen om te plukken of insecten om te bewonderen. Zijn zoon was traag en zachtaardig, een moederskindje; Antonia was gedreven en gretig, met haar pientere ogen verslond ze de wereld.

Zes en vier jaar oud zijn Antonia en Marcus inmiddels. Ze schieten vanachter Gaia, de gouvernante, tevoorschijn, en rennen op hem af. 'Vader!' Hij gaat door zijn knieën, spreidt zijn armen zo wijd mogelijk. Terwijl hij de haren van zijn dochter uit zijn mondhoek veegt, zegt hij tegen Andromeda: 'Kan ik je nog even onder vier ogen spreken, voordat je weggaat?'

Hij wil haar voor vertrek vertellen wat hij van de keizer heeft gehoord, wat hem is aangeboden. Hij gunt het haar om straks, tijdens het baden, tegen haar vriendinnen op te kunnen scheppen over de nieuwe aanstelling van haar echtgenoot aan het hof van Rome.

✦

De rest van de middag is hij in een kinderlijk blije stemming. Andromeda is met haar dienstmeisjes verdwenen, nadat ze precies heeft gereageerd zoals hij had gehoopt. Hij heeft een onzinnig maar geamuseerd gesprek met Eumolpus, zijn kok, bij wie hij altijd terecht kan. Die duwt hem een wastabletje in handen met het menu voor die avond.

Pallas knikt instemmend. 'Een verzoekje nog. Kun je de peperige vissaus maken waar Andromeda zo gek op is? Het is een bijzondere dag.'

Hij wandelt naar zijn huisaltaar, het staat er nog altijd, het godenbeeldje dat hij uit Griekenland meenam, en dat Phoebus Apollo voorstelt. Niemand in huis weet dat dit beeldje uit zijn geboortestreek komt, het valt niet op tussen de andere huisgoden. Er brandt een lampje bij het altaar, zoals altijd. Hij neemt Apollo in zijn hand, kust het koude aardewerk en dankt de god voor zijn bescherming. Dan stelt hij hem in gedachten de vraag die hij is blijven stellen sinds de dag dat hij in Rome is aangekomen. Het is een kinderlijk ritueel, maar hij kan het niet laten. 'Als ik werkelijk uw zoon ben, Apollo,' vraagt hij in zichzelf, 'geef me daarvoor dan het onomstotelijke bewijs.' Maar er komt ook dit keer geen antwoord, geen teken, het blijft stil in het atrium. Heimwee overvalt hem, zoals vaak gebeurt bij zijn huisaltaar. Heimwee naar de tijd dat Apollo niet minder echt voor hem was dan zijn andere huisgenoten in Arcadië. Naar de tijd dat hij schaamteloos zijn imaginaire gesprekken voerde met de god, meer met hem besprak dan hij ooit deed met mensen van vlees en bloed. Hij lacht en schudt zijn hoofd, alsof hij zichzelf berispt. Hij mompelt: 'Stel je toch niet zo aan'.

Andromeda ziet hij pas weer aan het begin van de avond, bij het diner. Felix en Abascantus zijn ook gekomen, hij heeft aangekondigd nieuws te hebben. Als iedereen aanligt en een voorgerechtje voor zijn neus heeft, zegt hij: 'Vandaag heb ik met de keizer gesproken. Hij heeft werk voor me.' Ze kijken hem ongelovig aan.

'Ik kan me die man met de beste wil van de wereld niet in het purper voorstellen,' zegt Felix. 'Maar ik gun het je natuurlijk als geen ander, broer.' En dan: 'Dat mag gevierd worden!'

Pallas laat zijn voorraad Falernische wijn, die hij eigenlijk als investering heeft gekocht, aanbreken. De lievelingsgerechten van Andromeda – naast de vissaus ook klein gevogelte onder een laagje van honing en papaver, schaaltjes met granaatappelpitten en met sesam en honing overgoten noten, een taartje gevuld met Syrische pruimen en dadels – komen op dienbladen voorbij. Als de zoveelste gang binnengebracht wordt, ziet hij haar blozen van ongemak.

'We mogen het goede nieuws toch wel vieren?'

Hij begint te geloven dat geld nooit meer een zorg zal zijn, dat ze voor altijd in luxe zullen leven. Maar terwijl zijn gasten zich het overdadige banket laten smaken en er een toneelstukje wordt opgevoerd, lijkt Andromeda afwezig. Hij legt zijn hand op haar schouder.

'Wat is er toch met je? Ben je niet blij? Je hebt bijna niets gegeten.'

Ze draait zich naar hem toe en kijkt hem dromerig aan. Even blijft ze stil, alsof haar gedachten eerst langzaam moeten terugzweven, heen en weer wiegend als een veertje, voordat ze hem antwoord kan geven.

'Morgen vangen de Parentalia aan,' zegt ze bijna binnensmonds. 'Het ging natuurlijk nergens anders over, tijdens het bad. Iedereen is bezig met de voorbereidingen, ze gaan samen naar de markt en kopen hun kruiden en gedroogde vruchten voor de offers.'

'Je zou de goden kunnen danken dat jou al dat werk bespaard blijft. Het lijkt me een Herculesopgave.'

Ze vindt het niet grappig. 'Hoe krijg jij het toch voor elkaar om altijd zo onaangedaan te blijven? Steekt het je niet, dat de hele stad straks dagenlang zijn overleden voorouders eert, en wij tot in de eeuwigheid voorouderloos zijn?'

'Ach, die obsessie met het verleden... Het is een geluk dat wij al die geesten en voorouders niet kunnen zien, we zouden geen stap meer kunnen zetten zonder tegen hen op te botsen.' Hij lacht haar toe. 'Wat maak je je toch druk? Wij hebben onze eigen viering deze dagen. En bovendien: wie wil er zo in het verleden leven? Ik bouw aan iets veel groters, aan onze toekomst.'

Hij legt zijn hand op haar wang, warm van de halve beker verdunde wijn die ze opheeft.

'Denk aan onze kinderen. Aan onze kleinkinderen, en de kinderen van onze kleinkinderen, zij zullen tot in de eeuwigheid hun kransen, kruiden en vruchten bij onze graven leggen. Met die gedachte loop ik de komende dagen door de stad, terwijl de zielen van Romes voorouders me om de oren vliegen. Ik zie ze niet. Ik zie mijn nageslacht.'

Andromeda's gezicht verzacht, haar ogen klaren wat op. Dan beweegt ze haar arm naar beneden en trekt de stof van haar bovenkleed strak met haar hand, zodat er een bescheiden maar duidelijke welving zichtbaar wordt, die hem nog niet eerder is opgevallen. 'Maar goed dat we er nog eentje bij krijgen dan, of niet soms?'

✦

Hij werkt elke dag aan het hof, tot 's avonds laat, bij het licht van een olielamp, en maakt zich zo snel wegwijs in de rekeningen en inventarissen van de aquaducten. Narcissus geeft Etruscus, een van de andere vrijgelatenen, de taak om hem te helpen, maar de jongen brengt hem alleen maar van de wijs door steeds met nieuwe dossiers aan te komen. Ondertussen probeert hij zijn ogen en oren open te houden en kennis te maken met alle vrijgelatenen en slaven in het paleis – een bijna onmogelijke taak. Hij reist een paar keer naar Ostia, om met de gildes en opzichters te spreken en te peilen welke prijsafspraken hij zou kunnen maken. Maar de meeste tijd brengt hij door op de Palatijn.

Om Antonia te begrijpen, dat wil zeggen, om haar zo goed te kennen dat hij haar innigste verlangens bijna nog beter wist te verwoorden dan zijzelf, had hij haar altijd nauwlettend in de gaten gehouden. Wie er kwam, wie er ging, hoe ze zich gedroeg na bezoeken en gesprekken die achter gesloten deuren plaatsvonden. Wat hij zelf niet kon invullen wist hij bij de dienstmeisjes meestal wel te achterhalen, vooral bij de jonge, verlegen types die al begonnen te blozen als je ze alleen maar aansprak.

Precies op die manier, met haviksogen en een vriendelijk woord voor iedereen die zijn pad kruist, loopt hij die eerste weken door het paleis. Zijn takenpakket blijkt breder dan hij aanvankelijk had gedacht. Claudius prijst hem, indirect maar regelmatig, om zijn diplomatieke talenten, en vertrouwt hem zo nu en dan als boodschapper vertrouwelijke informatie toe.

Nu is hij in alle vroegte op weg naar de stadsvilla van Gaius Sallustius Passienus Crispus en zijn vrouw Domitia de Oudere, vlak bij de Tempel van Spes aan de Vicus Longus. Domitia kent hij van vroeger. Ze is een nichtje van Antonia en kwam in die tijd weleens langs, maar hij heeft haar nooit gesproken, of zelfs maar horen spreken. Ook deze ochtend komt hij niet voor haar. Sterker nog, het is de bedoeling dat hij Crispus alleen te spreken krijgt.

Hij kent deze buurt slecht en doet zijn best niet te verdwalen. Als hij de straat in loopt waar de grote patricische domus zich zou moeten bevinden, haalt hij opgelucht adem. Het is in een oogopslag duidelijk waar hij moet zijn. Een gigantische toegangspoort, geflankeerd door Korinthische zuilen die minstens twee keer zo hoog zijn als hijzelf. Crispus laat er geen misverstand over bestaan wie er in deze wijk het meeste geld heeft. Hij loopt tussen de twee zuilen door, die een architraaf omhooghouden. Het is alsof hij een tempel betreedt. De tempel van de onmetelijke rijkdom. Aan de grote houten voordeur zitten bronzen deurkloppers in de vorm van leeuwenkoppen, naast de deurpost hangt een houten bordje met de tekst: GEEN SLAAF DE DEUR UIT ZONDER BEVEL VAN DE MEESTER. BOETE: 250 ZWEEPSLAGEN. De deur staat open, hij wandelt naar binnen.

'Je bent nog net op tijd. Naam?' De huismeester heeft hem zien aankomen. Hij kijkt hem aan alsof hij een schooljongetje is dat straf verdient en houdt ongeduldig een wastablet vast waarop een lijst met namen staat. Hij gebaart hem om mee te lopen.

'Marcus Antonius Pallas.'

Eenmaal in het atrium kijkt hij om zich heen, hij ziet hoe rond het impluvium een zwart-witte mozaïekvloer met een ingewikkeld geometrisch patroon is gelegd, dat hier en daar onderbroken wordt door witte vlakken waarin wilde dieren zijn afgebeeld. De vloer doet de ruimte groter lijken dan hij werkelijk is. Datzelfde effect creëren de felgekleurde muurschilderingen, met naast de gebruikelijke maskers van de voorouders overal nagemaakte ramen die doorkijkjes geven op weelderige landerijen met olijfbomen en exotische vogeltjes, uitzichten die duidelijk niet op de stad Rome zijn geïnspireerd. Griekenland, denkt hij, maar hij realiseert zich meteen dat hij geen idee meer heeft hoe dat eruitziet, Griekenland. Dan merkt hij de gezichten op die bij de lijst met namen horen, tegen de muren geleund, sommigen zittend op de grond. Het licht dat via het dakraam naar binnen valt is zwak, hij kan niet uitmaken of hij er een bekende tussen ziet.

'Reden van bezoek?' zegt de huismeester op luide toon.

Hij zou willen dat de man wat discreter was. Pallas schraapt geergerd zijn keel, als om zijn fluistertoon tegelijk aan te kondigen en te verklaren. 'Ik kom van de Palatijn. Caesar heeft een speciaal verzoek voor uw meester.'

Eén dikke, donkere linkerwenkbrauw van de huismeester gaat omhoog. Met een hoofdschuddend gebaar lijkt hij zich te verontschuldigen voor zijn gedrag, voor het feit dat hij de vrijgelatene van de keizer niet heeft herkend. De naam die boven aan de lijst staat wordt resoluut uitgeveegd, en vervangen door die van hem. 'Loopt u alstublieft met mij mee,' spreekt de huismeester onverminderd hard.

De wachtenden die ze passeren werpen hem blikken van ergernis toe. Hij ziet zichzelf nog steeds als een van hen, maar wordt heel anders gezien, in zijn fijngeweven mantel en met zijn netjes gekapte haren, met zijn trotse houding, zijn ongegeneerde opdringerigheid, zijn aristocratische taalgebruik, zijn privileges. De hele situatie geeft hem een onwennig goed gevoel.

'Marcus Antonius Pallas voor meester Gaius Sallustius Passienus Crispus. Libertus Augusti. Vrijgelatene van zijne hoogheid Claudius Caesar Augustus.'

Na een korte buiging is de huismeester verdwenen, en staat hij in de ontvangstkamer tegenover Crispus, die hem vanaf zijn zetel aankijkt. Achter hem staat een tengere man met *stilus* in de aanslag, Crispus' persoonlijke secretaris. In de hoek brandt een houtkacheltje, zodat de kamer vervuld is van een aangename geur. De warmte drijft de vroege voorjaarskou de kamer uit.

'Pallas, Pallas... Ik heb je naam eerder gehoord, meen ik. Via mijn echtgenote?'

'Dat zou kunnen. Uw echtgenote bezocht weleens het huis van wijlen Antonia, haar tante, mijn voormalige meesteres.'

'Ah, jij was die ene gezegende man in dat huis vol vrouwen. Je ziet er vrij ongeschonden uit. Vertel eens, hoe heb je die slangenkuil weten te overleven?'

'Door vooruit te kijken, heer Crispus.'

'Vooruit te kijken?'

'Ze gaf me uiteindelijk mijn vrijheid, niet?'

Crispus laat een bulderende lach horen. Pallas glimlacht vriendelijk terug. Het stelt hem gerust, want het nieuws dat hij brengt is niet gemakkelijk te noemen.

'En nu ben je in dienst van haar zoon, de nieuwe keizer. Dat lijkt me een mooie promotie voor je. Je hebt toch geen aanstoot genomen aan het bord voor mijn deur, hoop ik?'

'Dat bord voor uw slaven?'

'Het is een grap, dat begrijp je. Veel van mijn slaven kunnen niet eens lezen.'

'Ik begrijp het.'

'Gelukkig. Mijn gevoel voor humor wordt soms verkeerd opgevat.'

'Uw reputatie reikt tot aan de Palatijn.' Hij heeft wilde verhalen gehoord over de feestjes die in dit huis gegeven worden.

'Is dat zo?'

'U schijnt bomen te omhelzen. En ze wijn te geven.'

Crispus lacht nu zo hard dat er een traan in zijn ooghoek glinstert. 'Dat was een van mijn betere optredens! Mijn gasten dachten werkelijk dat ik verliefd was geworden op die mooie moerbeiboom. Wel zonde van de dure wijn. Ach, ik had er zelf ongetwijfeld te veel van op. Vertel eens, beste Pallas, waarom heeft de keizer je vandaag naar mij gestuurd?'

Hij trekt zijn gezicht in de plooi. Zonder pauzes, bang om onderbroken te worden, leest hij Crispus de brief van de keizer voor. Nu zit de man die net nog zo vrolijk zat te schateren een beetje voorovergebogen zijn hoofd te schudden, de handen in zijn volle haarbos. Pallas zwijgt.

'Ik... Ik begrijp het niet. Waarom zou Caesar me vragen mijn huwelijk te verbreken? Ik ben nota bene getrouwd met zijn bloedeigen nicht, en Domitia is Messalina's tante. Inniger banden met het keizerlijk paleis zijn nauwelijks denkbaar.'

'Er zijn omstandigheden, Crispus...'

'Omstandigheden?' Hij onderbreekt hem. 'Wat mogen dat dan voor omstandigheden zijn? En waarom doet Caesar die niet uit de doeken?' En dan, bezorgd en zachtjes, alsof hij bang is dat ze aan de deur staat te luisteren: 'Wat moet er van Domitia worden? Ze is al bijna vijftig, wie zal haar nog nemen?'

'Caesar zal voor haar zorgen, daar kunt u van op aan.'

'Zoals Caesar voor zijn nichtjes heeft gezorgd, bedoel je?'

Crispus heeft gelijk. Agrippina en Julia Livilla, de nog levende dochters van Germanicus en zussen van wijlen keizer Gaius, kwijnen al jarenlang weg in ballingschap, op desolate eilandjes niet veel groter dan de Subura.

'O nee, zo moet u niet denken. Er zijn geen aanklachten, geen straffen.'

'Wat is er dan wel aan de hand? Caesar kan toch niet serieus van me verwachten van Domitia te scheiden zonder opgaaf van reden?'

'Het zal snel duidelijk worden. Caesar vraagt u om uw voorbereidingen te treffen, dat is alles. Uw administratie op orde te hebben zodat uw financiële... Nou ja, zodat uw comfortabele situatie na de scheiding even comfortabel zal blijven.'

Crispus kijkt hem ongelovig aan. 'Keer terug naar de keizer, Pallas, en breng hem mijn nadrukkelijke verzoek over om hem zo snel mogelijk te spreken te krijgen.'

✦

Nog voor het middaguur is aangebroken is hij terug in het paleis, en brengt de keizer het antwoord van Crispus. Daarna wijdt hij zich, uit noodzaak en ter afleiding, met overgave aan zijn werk voor die dag. Hij hoort niets meer over de zaak Crispus, maar in de dagen die volgen stijgt de spanning aan het hof. De keizer is opgewonden, de juridische staf is oververhit, hij ziet de klerken bijna om het uur bij Narcissus naar binnen lopen. Keizerin Messalina ijsbeert ondertussen somber door de gangen, geërgerd afgevend op de slavinnen die haar bij de dagelijkse zaken bijstaan.

Een week of wat later wordt duidelijk wat er aan de hand is. De verklaring van alle gebeurtenissen vaart de haven van Ostia binnen. Claudius heeft in het diepste geheim, ongetwijfeld met de hulp van Narcissus, de ballingschap van zijn nichtjes ongedaan gemaakt. Per schip zijn Agrippina en Julia Livilla terug naar Rome vervoerd, waar ze als prinsessen worden onthaald. Bij de ontvangst op de Palatijn staat hij samen met Abascantus en Felix plichtmatig met al het personeel mee te klappen.

'Hoe doorzichtig,' zegt hij zachtjes in het oor van Felix, die onmiddellijk begrijpt wat hij bedoelt. Dit is een poging van Claudius om de hofhouding, en meteen ook alle inwoners van Rome, en misschien zelfs wel de goden, te laten zien dat de eendracht en de rust binnen de keizerlijke familie zijn teruggekeerd. Gaius' waanideeën hadden Agrippina en Julia Livilla naar de Pontijnse eilanden verdreven, maar onder Claudius' bewind is er geen plaats voor samenzweringen, onder zijn bewind zijn alle Julisch-Claudische vrouwen in Rome. De tijd van de Gekke Keizer wordt nu voorgoed begraven.

Zijn ogen blijven onwillekeurig rusten op Agrippina, die in haar jaren van ballingschap volwassen is geworden. Ze is mooi, maar bijna op een mannelijke manier. Net als haar moeder, denkt hij. Een intrigerende vrouw, dat kan iedereen zien, maar hij is meer dan onder de indruk. Een onweerstaanbare aantrekkingskracht houdt zijn ogen vast. Nu is het Felix, die zijn fascinatie heeft opgemerkt, die hem toefluistert: 'Ze is niet voor niets zo zelfverzekerd, weet je. Ze wordt straks herenigd met haar zoon en stapt daarna regelrecht in een vooraanstaand en wel heel erg voordelig huwelijk.'

Zijn gedachten worden abrupt onderbroken. Hij was vergeten dat Agrippina tijdens haar ballingschap weduwe is geworden. Haar echtgenoot, Gnaeus Domitius Ahenobarbus, is al een tijd geleden overleden.

'Wie is de gelukkige?' zegt hij, zo onbewogen mogelijk.

'Die steenrijke vent, die onlangs gescheiden is. Gaius Sallustius Passienus Crispus. Weet je nog dat Domitia terug naar de Palatijn is gestuurd? Ze huilt al weken uit in de enige troostende armen die ze hier nog kon vinden – die van haar nichtje Messalina.'

# 9
# Spes

*Zomer 41 n.Chr.*

Na het wankele begin verkeert het paleis steeds meer in een staat van triomf. Herenigd, aangevuld, onoverwinnelijk, klaar voor de toekomst. In de aanloop naar de zomer is Claudius bijna onafgebroken in Rome om orde op zaken te stellen en zo veel mogelijk kwaad van zijn ontspoorde voorganger ongedaan te maken. Hij wordt vrolijker en hoopvoller, en permitteert het zich om een uitstapje naar Napels te maken om daar volkomen ontspannen wat theatervoorstellingen bij te wonen. Volgens Narcissus heeft hij het over gebiedsuitbreiding, over de draad oppakken waar Gaius gebleven was. Dat verrast zelfs Pallas: expansie van het rijk is iets waar geen keizer zich sinds Augustus meer mee bezig heeft gehouden. Maar juist aan hem, de gevierde Augustus, wil Claudius zich spiegelen.

Pallas krijgt hem nog maar zelden persoonlijk te spreken. Hij moet zich tevredenstellen met Narcissus die hem, wanneer nodig, de wensen van de keizer doorspeelt, en blijft op de hoogte via de vrijgelatenen die al langer in zijn dienst zijn – Polybius, Callistus. Keizerin Messalina deelt niet in het optimisme van haar man, ze is haar eeuwige ontevreden zelf. De geboorte van haar zoon, die de veelbelovende naam Germanicus draagt, heeft haar dagen kortstondig verlicht omdat ze er zelf meer door aanbeden werd, maar ze besteedde de zorg voor de baby al snel zo veel mogelijk uit, zodat ze zich nu uit verveling maar weer stort op het vrouwengekonkel achter de schermen. En ongetwijfeld ook op al haar minnaars. Ze doet het met iedereen, zelfs Andromeda wist hem dat te vertellen.

'Ze wordt regelmatig in de Subura gesignaleerd. Ze schijnt haar eigen kamertje te hebben daar.' Andromeda is bezig een tuniek van Marcus te vermaken als ze de roddel met hem deelt. Ze zit erbij als een dienstmeid. Hij heeft haar al tientallen keren gezegd dat ze te klein geworden kleding gewoon weg moet doen, maar Andromeda wil niet luisteren. Ze zegt het niet hardop, maar hij is ervan overtuigd dat ze hem overmoedig vindt. Alleen zij ziet nog steeds de onzekere ex-slaaf in hem, de kleine, nederige, jongen.

Hij weet niet wat hij van deze geruchten moet denken, maar de vrouwen hebben vaak gelijk. Ze vormen een soort geheimzinnig genootschap dat elkaar nauwlettend in de gaten houdt en bij het minste of geringste verraadt. Is het waar, is de keizerin een prostituee? Het enige wat hij van haar weet is dat ze de hele dag met haar uiterlijk bezig is. Ze heeft slaafjes om zich heen dartelen die steeds weer een plukje haar schikken, een stuk stof rechttrekken, of een sieraad goed draaien.

Claudius heeft zijn eigen maîtresses, vrouwen die Pallas persoonlijk kent omdat hij ze geld moet toeschuiven, of sieraden, hele huizen soms. Claudius is, in tegenstelling tot zijn vrouw, eindeloos verguld met de kleine Germanicus. Pallas heeft hem in al zijn paleisjaren nog nooit zoveel zien lachen. Midden in de zomer, als de periode aanbreekt van de jaarlijkse Spelen van Apollo, raakt Claudius in de ban van het idee om zijn pasgeboren troonopvolger aan het volk te tonen. Na de openingsceremonie, de processie die van het Capitool naar het Circus Maximus voert en waarin de beeltenis van de nieuwe kroonprins wordt meegedragen, neemt hij op de tribune zijn zoontje uit de armen van Messalina en houdt hem omhoog, als een olympische trofee, waarna een daverend applaus losbarst.

Pallas zit naast zijn broer in de loge van Valerius Asiaticus, een vriend van de keizerlijke familie en de eerste Galliër die het tot consul heeft weten te schoppen. De hitte prikt in straaltjes door het witte doek dat boven hen gespannen is om de felle zomerzon te temperen, maar in plaats daarvan voor een extra doffe warmte zorgt. Ze kijken elkaar aan, worden meegevoerd door het aanstekelijke optimisme van Claudius. Het geluk van de keizerlijke familie straalt af op hen, op iedereen die onder patronage van de keizer valt.

Als hij die avond in bed stapt, overdreven voorzichtig om zijn vrouw niet te wekken, kan hij de slaap door alle opwinding niet vatten. Het is waarschijnlijk de onrust van zijn geest, niet eens die van zijn lichaam, die Andromeda wekt.

Hij verontschuldigt zich. 'Het was grandioos,' fluistert hij. 'Heel Rome heeft voor ons gejuicht.'

'Voor de keizer, Pallas,' verbetert ze hem in haar halfslaap, 'voor de keizer. Niet vergeten.'

✦

In augustus wordt onder Pallas' persoonlijke toezicht en op bevel van de keizer een sestertius geslagen met diens majesteitelijke beeltenis aan de ene zijde, en aan de andere de bijnaam van de kersverse kroonprins, *spes augusta*. De hoop van de familie. Hij heeft Felix erbij betrokken, om hem enthousiast te maken voor het werk op het Palatijnse bureau. Maar zijn broer, die veel vrije tijd en bewegingsvrijheid heeft, lijkt zich meer te interesseren voor de vrouwen in het paleis, zowel de vrijen als de onvrijen. Ook in de stad is hij een graag geziene gast. Felix bezat zich met vrienden, rotzooit met bakkersdochters en marktvrouwen en schept na afloop op over hoe ruw en schaamteloos ze zijn onder de dekens. 'Mooie vrouwen en wijn zijn zoet venijn,' volgens Felix. Hij voelt tegelijk afkeer en bewondering voor zijn broer. Felix lijkt zijn vrijheid veel meer te belichamen dan hijzelf ooit heeft gedaan. Het maakt hem afgunstig, ook al weet hij dat hijzelf nooit zo zou kunnen of willen leven.

Die jaloezie verdwijnt als hij halverwege de maand door Polybius, bibliothecaris en goede vriend van Claudius, apart wordt genomen.

'Pallas, ik mag je graag, en ik vertel je dit als vriend. Ik wil je op de hoogte stellen voordat ik naar de keizer stap.' Polybius pauzeert en kijkt hem vol medelijden aan. 'Hij brengt de vrouwen het hoofd op hol, Pallas, zoals we allemaal weten. Het is mijn zaak niet, en zolang dat binnen het acceptabele blijft is er niets aan de hand. Maar je broer heeft die grens overschreden.'

'Wat heeft hij gedaan?' Hij vraagt het zo oprecht mogelijk, maar zijn hele lichaam neemt onwillekeurig een verdedigende houding aan.

'Ik heb hem gezien, in mijn bibliotheek, met hare majesteit Drusilla van Mauretanië. Ze waren niet aan het studeren, zoals je wel kunt raden.'

Hoe kan zijn broer zo stom zijn, zo achteloos? Alsof het allemaal maar een spelletje is, zijn vrijheid.

'Laat me met hem praten, Polybius,' zegt hij met ingehouden woede. 'Voordat je naar Claudius stapt, laat me hem tot de orde roepen.'

Zonder iets te zeggen loopt hij weg. Hij zoekt, maar Felix is nergens te bekennen, zodat hij geërgerd terugkeert naar zijn bureau. De eerste slaaf die hem wat vraagt, krijgt de volle laag. Maar naarmate de middag vordert wordt de woede langzaam verdrongen door een onweerstaanbare drang, als een diepgeworteld instinct, om zijn broer te beschermen.

✦

Felix is een dag of wat onvindbaar. Als hij zich niet meer in kan houden, trekt Pallas zijn mantel aan en wandelt richting de Subura. Hij weet dat zich daar een bordeel bevindt waar Felix graag naartoe gaat. Hij kent de weg niet in de wijk, hij vraagt een herbergier en straatverkoper hoe hij het snelst bij het beruchte hoerenhuis van Settius komt. Een mollige vrouw met een loshangende tuniek zit op een stoeprandje en leunt voorover, zodat haar enorme, roze boezem in volle glorie naar voren tuimelt.

'Zoek je soms iemand, schatje? Je mag hier wel even je neus in steken, volgens mij heb ik meer dan genoeg van wat je zoekt!'

De vrouw, of eerder haar boezem, trekt zijn aandacht, maar hij loopt door en ziet tot zijn opluchting verderop de ingang, weinig subtiel gemarkeerd door een uithangbord in de vorm van een grote zwevende fallus. Even is hij bang dat hij daarbinnen alle gordijntjes zal moeten opentrekken, maar tot zijn opluchting ziet hij Felix meteen aan de toog zitten.

'Alle goden, Felix, waar heb je uitgehangen?'

'Hier,' antwoordt Felix op een toon die een kwade dronk verraadt.

'Hoelang ben je hier al?'

'Dat moet je aan Lesbia daar vragen.' Hij wijst naar een aantrekkelijk meisje dat in de hoek zit te kletsen met een andere man.

Het hoertje knikt naar Pallas, alsof ze wil zeggen: 'Ik draag hem nu aan jouw zorg over.' Hij accepteert het met een knikje.

'Ik moet wat met je bespreken, Felix. Laten we hier weggaan.'

'Wat is er mis met deze bar? Settius hier,' Felix zwaait zijn arm richting de barman, als om hem op een podium te verwelkomen, 'heeft de meest gerespecteerde zaak aan deze kant van de Tiber.' Dan, nog altijd zo hard dat iedereen het kan horen: 'Je moet hem niet beledigen, broer, de man heeft een mes zo groot als een zeis daar onder de bar verstopt.'

Settius schenkt onverstoord een gast bij. Pallas trekt Felix van zijn kruk af en dwingt hem op een bankje in de hoek van de ruimte te gaan zitten.

De grijns verdwijnt van Felix' gezicht. Hij kijkt Pallas ernstig aan en zegt: 'We gaan trouwen.'

'Wát zeg je?' Hoe haalt Felix het in zijn hoofd om met een hoer te trouwen?

Felix lacht. 'Niet met haar. Kom nou zeg. Met Drusilla.'

'De Mauretaanse prinses?'

Dat Polybius, terwijl Felix zijn roes lag uit te slapen in de stad, intussen de keizer op de hoogte had gesteld, daar twijfelt Pallas niet aan, maar dat er buiten hem om met Felix is overlegd en er is besloten over te gaan tot een huwelijk, lijkt hem ondenkbaar.

'Als je het mij vraagt wil Messalina haar een hak zetten,' zegt Felix. 'Door haar met een voormalig slaaf te laten trouwen, begrijp je? Ze wisten volgens mij sowieso niet goed meer wat ze met Drusilla aan moesten, sinds haar broer dood is. Het officiële verhaal was natuurlijk anders, geschonden eer, je weet wel.'

'Ik weet blijkbaar helemaal niks.' Hij kijkt naar zijn broer, die een blik laat zien die hij alleen maar als samenzweerderig kan omschrijven. Kan hij dit expres hebben gedaan? Een vrijgelatene worstelt altijd met een vreemde mengeling van gevoelens tegenover de voormalige meester. Er is dankbaarheid, maar ook, bijna altijd, haat. Je moet een balans vinden, en de gedragsregels, die je uit pure overlevingsdrang gedwee hebt te volgen, schrijven hoe dan ook respect voor. Bij Felix is dat respect en die dankbaarheid niets dan een masker waarachter haat en geldingsdrang schuilen.

'Je realiseert je toch wel hoeveel geluk je hebt, Felix? Ik bedoel, een huwelijk met een buitenlandse prinses, dat is meer dan waarop je ooit had mogen hopen.'

'Het getrouwde leven trekt me niet bijzonder. En zij bij nader inzien eigenlijk ook niet.'

Hoe durft zijn broer zoiets te zeggen? Hij zou hem een klap willen verkopen, door elkaar willen schudden en als een kind aan zijn oor de zaak uit willen sleuren. Maar hij weet dat hij het in een gevecht zou verliezen van Felix, zelfs als die ladderzat is.

Hij beheerst zich en zegt: 'Als ik jou was, zou ik haar op handen dragen en de almachtige Jupiter smeken dat het standsverschil voor haar zal vervagen. En je gelukkig prijzen dat je na je gerommel in de bibliotheek gewoon in het paleis kunt blijven werken, bij mij.'

Felix kijkt stuurs als een klein kind, de armen over elkaar in stil protest.

'Zul je getuigen? Op het huwelijk, bedoel ik.' Felix kijkt hem gepijnigd aan, zodat Pallas' woede wegebt. Wilde hij hem net nog tegen de vlakte slaan, nu voelt hij een onweerstaanbare drang om hem te omhelzen. Maar ook daar geeft hij niet aan toe.

'Natuurlijk zal ik getuigen. En we zullen het vieren. Ik ben blij voor je, broer.' Pallas legt zijn hand op Felix' schouder en klopt er een paar keer op. 'Beloof me dat je je vanaf nu gepaster zult gedragen.'

Hij weet wat hij uitstraalt: dat hij de vergeefsheid van zijn waarschuwing als een sportieve verliezer aanvaardt. Alsof Felix dat net hardop heeft gezegd, antwoordt hij: 'Je tart haar, Fortuna. Als je niet uitkijkt, zal ze zich op een dag tegen je keren.'

✦

Rond de Vulcanalia, aan het einde van de zomer, draait hij meer overuren dan ooit. Soldij, materieel, wapenrusting: de uitgaven van de staat gaan gelijk op met het stijgende zelfvertrouwen van Claudius. De schatkist van de staat en het privévermogen van de keizer, het bureau waar hij werkzaam is, het lijkt in niets op de boekhouding van een rijke weduwe. Het broeit aan de frontlinies in het noorden, rebelse Germaanse stammen zaaien terreur onder de lokale bevolking en het legioen treedt met harde hand op. Zijn vingers glijden over namen en aantallen, die sereen en bloedeloos onder zijn vermoeide, samengeknepen ogen komen. Nergens doen ze vermoeden, al die tekentjes, welke verraderlijke Germaanse moerassen en bossen achter hun kilheid schuilgaan, welke woeste, koude, grijsblauwe zeeën. Hoeveel buiken, ogen, harten zouden worden doorstoken, opengereten, hoeveel bloed druppelt er per letter het slagveld op? Hij denkt er bij vlagen over na. Felix en Abascantus staan hem bij. Ze weerhouden hem ervan 's nachts door te werken. Ze zorgen ervoor dat hij nog eet, slaapt, in bad gaat en nog af en toe thuiskomt.

De oogst komt in het najaar, zwaar bevochten maar in veelvoud: niet alleen het land, ook de linies brengen veel op, zodat de hele hofhouding zich ontspant. De goden hebben hun zegen op Claudius' keizerschap laten neerdalen en schenken hem overwinningen. Sulpicius Galba, een generaal zo succesvol en vooraanstaand dat hijzelf een gooi naar de troon had kunnen doen toen Caligula stierf, maar daarvan heeft afgezien, boekt voor Claudius in Germanië successen tegen de opstandige Chatti. Publius Gabinius weet ondertussen de gevaarlijke Chauci, die aan zee wonen en allianties sluiten met de Frisi, eronder te krijgen. Pallas voorziet een positieve balans in de boeken aan het einde van dit jaar.

De vrouwen vechten hun eigen oorlogen, op veel dichter bij huis gelegen terrein. Hij beweegt zich steeds makkelijker tussen Claudius' meest prominente vrijgelatenen, maar de keizerin, Messalina, is wispelturig en ongrijpbaar. Ze kijkt hem niet aan, laat haar hooghartige blik achteloos langs hem glijden, op zoek naar iets wat haar meer interesseert. Claudius beschouwt een aantal van zijn vrijgelatenen als zijn meest intieme vrienden, maar voor haar is Pallas niets dan een betekenisloze ex-slaaf van middelbare leeftijd. Ze heeft hem nooit nodig gehad. Zijn verkenner in de afgesloten wereld van de hooggeplaatste vrouwen aan het hof is zonder twijfel zijn broer, die zich met zijn overmoed elke kamer in weet te praten.

'Julia Livilla gaat eraan, ik zeg het je.' Felix heeft er al meerdere keren op gewezen, hoe ze met haar schoonheid pronkt en mannen van haar gezelschap laat genieten, alleen maar om Messalina dwars te zitten.

'Nog niet één keer sinds ze terug is gekeerd uit haar ballingschap heeft ze voor de nieuwe keizerin geknield, of ook maar haar hoofd gebogen.'

In oktober keert een eindeloze stroom soldaten terug naar Rome voor de winter. Je herkent ze meteen, met een overspannen blik in hun ogen, hun onafgebroken dronkenschap, hun belachelijk korte tunieken, hun te kleine mantels als vodden om hun gespierde lijven. Moe en gepijnigd in hun ledematen en gebroken in hun geest, maar ondanks zichzelf steeds op zoek naar ruzie. De oogsten in de provincies zijn goed geweest, dat merkte Pallas ook zelf toen de afrekeningen van zijn eigen landgoed in Egypte hem bereikten. Er is drank en graan in overvloed in de hoofdstad, genoeg om de verkrampte soldatenmagen te vullen. Met veel enthousiasme wordt een prachtig oktoberpaard in stukken gehakt, na een vurige maar weinig spannende race. De inwoners van de Subura hebben dit keer gewonnen, het hoofd van het heilige beest hangt als een macabere trofee vol gestold bloed nog aan de Mamilia-toren.

Vlak na het jaarlijkse festival ter ere van Mars is er een senaatsvergadering geweest en sindsdien is Claudius bedrukt, Narcissus is continu bij hem en ziet somber van de zorgen. Pallas weet niet wat de keizer en zijn adviseur zo verontrust, totdat hij een bekend gezicht ziet in het atrium van het paleis. Crispus, Agrippina's nieuwe echtgenoot, die hem thuis zo vriendelijk ontvangen had. Hij waagt het erop, dit is de enige senator die hem niet behandeld heeft als een laag-bij-de-gronds type, een derderangsburger. De sprekende ogen van Crispus staan dof en donker van bezorgdheid, zijn hele gezicht in een frons vertrokken.

Pallas schiet hem aan, klunzig. Hij wenkt de slaaf die met Crispus meeloopt, voegt zich bij hen en zegt tegen de senator: 'Het is nogal wat, hè?'

'Pallas! Ik ben op zoek naar Polybius.'

'Hij is vermoedelijk in de bibliotheek, ik begeleid u graag.'

Al wandelend begint Crispus te tieren. 'Het is een schande, die hele rechtszaak. Mijn collega's staan om het hardst te wijzen als er een uit eigen kring uit de gratie raakt, en ze lachen en proosten bij zijn executie. De senaat! Zij die Rome moeten vertellen wat goed en fout is.'

'Om wie gaat het?'

'Weet je dat dan niet? Het is mijn goede vriend, Polybius' goede vriend. En blijkbaar geen vriend van het hof. Seneca.'

Lucius Annaeus Seneca is een van de bekendste senatoren van Rome, een zo begiftigd redenaar dat hij zich de jaloezie van de Gekke Keizer nog op de hals heeft gehaald. Is hij ter dood veroordeeld? Als Pallas het niet uit de mond van een senator had gehoord, zou hij het niet hebben geloofd.

Plotseling houdt Crispus stil, alsof hem iets te binnen schiet. Hij kijkt hem aan. 'Hoe goed ken je de keizerin eigenlijk, Pallas?'

Hij schrikt. Hij voelt het bloed naar zijn hoofd stijgen en is bang dat hij nu rood aanloopt. 'Ik weet het niet. Tamelijk goed. Nou ja, goed. Hare majesteit is...'

Hij krijgt geen kans zijn haperige antwoord af te maken. Crispus loopt teleurgesteld weer door. Hij holt erachteraan.

'Sinds mijn echtgenote niet meer aan het hof is, weet niemand bij mij thuis meer wat er speelt. Is er iets voorgevallen tussen de keizerin en Julia Livilla?'

Hij denkt aan Felix, aan zijn vrouwenroddels.

'Niet eh... Niet dat ik weet, nee, nee er is niets voorgevallen.'

Hij heeft de situatie te snel moeten beoordelen om open kaart te spelen tegenover deze man, die hij feitelijk niet kent, en die nu tegen het hele hof lijkt te tieren. Als hij iets heeft geleerd, dan is het wel dat je in deze gangen pas het achterste van je tong moet laten zien als het echt niet anders kan.

'Ik bedoel, Seneca had haar vader kunnen zijn! Wie gelooft nu zo'n absurde roddel!'

Bij de paleisbibliotheek loopt de oude Polybius hun tegemoet, hij kijkt afkeurend naar Pallas. Crispus zou in normale omstandigheden, als iedere andere bezoeker, door een slaaf of een van de huismeesters gebracht zijn.

'De heer Passienus Crispus voor Polybius.' Hij zegt het met overdreven netheid, als was hij een van de loopjongens.

‘Dank, Pallas. Je kunt gaan.’

Polybius maakt een wegwuivend gebaar, wacht opzichtig totdat hij helemaal uit beeld is verdwenen. Verward knikt Crispus hem gedag. Waarna de informatie, die hij zo graag had vernomen, achter gesloten deuren uitgewisseld wordt.

✦

Het is Felix die hem bijpraat. Zoals altijd blijkt het instinct van zijn broer feilloos, tenminste als het op vrouwen aankomt. Kennis is macht, denkt hij. Maar dan vooral het soort kennis waar Felix over beschikt. Dat geldt in Griekenland, in Egypte, zelfs in Germanië, maar nergens zozeer als in de kringen waarin hij zich beweegt. De laatste tijd vraagt hij zich steeds vaker af of hij alles in spiegelbeeld heeft gezien. Hij denkt dat hij zijn broer hogerop heeft geholpen, maar hoeveel heeft híj eigenlijk wel niet aan Felix te danken? De gedachte zit hem dwars.

Seneca is voor het Huis geleid en aangevallen door zijn eigen soort. Hij heeft de doodstraf gekregen van zijn collega’s. De aanklacht is overspel, met niemand minder dan prinses Julia Livilla, wat de hele kwestie naar hoogverraad doet ruiken. Felix vertelt het met zichtbare opwinding, maar Pallas is geschokt. Hoe kan ze, zo kort na haar terugkeer uit ballingschap, alles weer op het spel zetten? Felix lacht om zijn naïeve reactie. Hij weet hem te verzekeren dat het aangezet, zo niet ronduit gelogen is, en dat Messalina erachter zit.

‘Livilla is wat, twintig, vijfentwintig? De beste man is bijna vijftig. En een filosoof, van de stoïcijnse school nota bene.’

‘Zelfs stoïcijnen zijn mensen.’

‘Als ze dat als stelling in hun leerboeken op zouden nemen, zou het aantal aanhangers aanzienlijk stijgen.’

‘Crispus was hier om de zaak te redden, hij is goed bevriend met Seneca. Valt er nog wat te redden, denk je?’

'Ik hoop het. Ik hoop dat ze alles ongedaan maken. Het zou eeuwig zonde zijn als ze Livilla wegsturen.'

Hij heeft er nog niet eens aan gedacht, dat dit natuurlijk ook voor de prinses gevolgen heeft.

'Ik bedoel, zoveel schoonheid... Als de keizer haar nu weer wegstuurt is ze oud en verkreukeld tegen de tijd dat ze weer een keer terug mag komen.'

Bij het horen van het woord 'schoonheid' is het alsof zijn gedachten verhelderen en hij alles beter kan zien. Messalina, wier honger naar mannelijke aandacht ondanks haar eindeloze schare minnaars en bewonderaars niet te stillen is, is jaloers op de mooie Julia Livilla, die onbeschaamd rond paradeert in het paleis en openlijk rivaliseert met de keizerin. Agrippina, Livilla's zus, is maar een paar lentes ouder en wordt zo mogelijk nog meer gehaat door Messalina, omdat zij schoonheid combineert met ambitie en intelligentie. En zij, Agrippina, is nu getrouwd met Crispus, een van Seneca's beste vrienden. Via Seneca kan Messalina beide zussen raken.

'Wie heeft Seneca eigenlijk aangeklaagd?' vraagt hij.

'Dat is het 'm nu juist. Het was Marcus Valerius Messala Barbatus.'

Messalina's vader. Seneca heeft geen schijn van kans.

✦

De volgende ochtend heeft zich bij dageraad al een bezoeker aangekondigd op de Esquilijn.

Abascantus heeft de man niet herkend. 'Hij draagt een kap, maar ik heb de indruk dat het om een hooggeplaatst iemand gaat.'

'Heb je hem niet naar zijn naam gevraagd?'

'Die wil hij niet prijsgeven. Hij zegt dat hij gevaar loopt en zijn identiteit alleen aan jou onthult.'

'Laat hem bij me komen.'

De man, van middelbare leeftijd, heeft de kap van zijn mantel nog over het hoofd als hij, gevolgd door een slaaf, de hal in stapt met een kalme tred en een statige houding.

Een senator. Als hij er zeker van is dat niemand hem het huis in heeft zien gaan, doet de man behoedzaam zijn kap af. Pallas is gewend aan die voorzichtigheid. Gerespecteerde senatoren die op bezoek gaan bij vrijgelatenen worden maar al te vaak het mikpunt van spot in het Huis.

Hij herkent hem direct. Seneca, met zijn lange smalle neus, zijn kleine zuinige mondje, zijn vierkante voorhoofd bedekt met golvende grijze lokken, zijn opvallende baard. Alleen de zorgelijke blik in zijn ogen staat hem vreemd, die lijkt ongepast voor de man die normaal zo kalm en onbewogen is.

'Senator, het is mij een eer u te ontvangen.'

'Pallas, het genoegen is geheel aan mij. Je reputatie reikt tot in de Curia, kan ik je vertellen. En ik zeg je maar meteen eerlijk: ik heb niets tegen voormalige slaven, of slaven, wat dat betreft.' Seneca laat een korte stilte vallen en legt zijn hand op Pallas' schouder. 'Ik geloof in de vrijheid van elke geest, of het lichaam volgens de wereldlijke wet nu tot hemzelf of tot een ander behoort.'

Bedoelt hij dat als compliment?

'Wat brengt u op dit vroege uur naar mijn nederige huis, senator?'

'Je hebt gelijk, Pallas, ik moet er niet verder omheen draaien. Ik heb je hulp nodig. Ik neem aan dat je op de hoogte bent?'

'Van de veroordeling? Een schande, senator. Crispus heeft me erover verteld.'

'Crispus, juist ja. Dus je gelooft me als ik zeg dat de aantijgingen verzonnen zijn?'

'Uiteraard.'

'Ach, Pallas, wie zich bewust is van de waarheid, lacht om de leugens van het gerucht. Maar er valt weinig meer te lachen voor mij. Ik geloof ook dat Crispus mijn laatste vriend is in deze stad. In het

Huis maak ik geen kans meer, ze hebben zich tegen me gekeerd. Maar ik kan hun oordeel niet accepteren, het is mijn tijd niet. Mijn vrouw is in verwachting, snap je? Ze kan elk moment bevallen. Willen ze een kind zijn vader ontnemen nog voordat hij geboren wordt? Dat mag niet gebeuren, of in elk geval zal ik niet opgeven zonder voor hem te vechten. Caesar is mijn laatste hoop, hij moet me gratie verlenen.'

Seneca verliest zijn reserves, hij ziet er wanhopig uit. Het is fascinerend, niet eerder keek hij recht in het gezicht van een man in doodsangst. Het is pijnlijk, denkt hij, om een senator zo te zien smeken. Maar ik kan er ongetwijfeld iets uit halen. Dat denkt hij, maar hij zegt het uiteraard niet.

Hij stelt Seneca gerust: 'De keizer is een redelijk man, voor zover ik in staat ben over zoiets te oordelen. Hij zal u vast en zeker steunen.'

'Je begrijpt me niet, Pallas. Ik kan zelf niet naar Claudius stappen, althans niet openlijk, want mijn tegenstanders bevinden zich in zijn nabijheid...' Seneca blijft even stil. Dan zegt hij zacht: 'Ze zal mijn pogingen hem te spreken saboteren of haar invloed aanwenden om hem te bespelen.'

Ineens begrijpt Pallas wat Seneca van hem verwacht. Maar hij kan hem niet helpen, al zou hij het willen. 'Met alle respect, senator, waarom bent u niet naar Narcissus gegaan?'

'Dat heb ik gedaan.' Seneca kijkt weg, hij trekt een gezicht alsof hij een slok bedorven wijn neemt. 'Hij stond niet open voor mijn verzoek.'

Dus Narcissus weigert hem te helpen. Misschien moet hij, bij nader inzien, zijn nek uitsteken voor deze man. Wie in vrede wil leven, moet horen, zien en zwijgen, zeggen ze. Maar hij heeft er genoeg van altijd maar af te wachten. Narcissus durft zijn handen er niet aan te branden, maar hij wel. Wat heeft hij te verliezen?

'Narcissus staat niet bekend om zijn openheid, senator. Uw zaak gaat mij aan het hart. Ik zal het, voor zover dat binnen mijn mogelijkheden ligt, graag onder de aandacht van Caesar brengen.'

'Het doet me genoegen dat te horen, Pallas, ik zal uiteraard voor een passende beloning zorgen als je slaagt. Ik geef niets om rijkdommen, maar ik bezit ze wel. Doe het snel, vandaag nog. Ik heb geen tijd te verliezen. En houd me op de hoogte.' Seneca trekt met licht trillende handen de kap weer over zijn hoofd en maakt aanstalten het huis te verlaten, waarop Abascantus toeschiet om de deur voor hem te openen. Dan draait de senator zijn hoofd naar hem om: 'Ik zal dit niet vergeten, Pallas.'

Voordat hij een gepaste reactie kan bedenken, is Seneca alweer verdwenen, en met hem zijn slaaf, de secretaris die half onzichtbaar op de achtergrond met een stilus aantekeningen heeft staan maken van het gesprek.

De stilte blijft even hangen in het atrium, Abascantus kijkt alsof hij zojuist een geest heeft gezien. Als om hem uit zijn trance te halen, klapt Pallas twee keer in zijn handen en zegt: 'Kom op, laten we gaan, het is al laat.'

✦

Nadat hij de ochtend heeft besteed aan het sorteren van financiële overzichten en verzoekschriften uit de rijksprovincies, nadert het uur waarop Claudius zich meestal terugtrekt voor zijn bad en middagmaal. Hij heeft afgewacht, gehoopt dat zich een moment zou aandienen, maar dat is niet gebeurd. Hij moet zelf het initiatief nemen, het kan niet anders. Hij staat op, pakt een stapel papieren, vermant zich, stapt op Narcissus af en zegt hem dat hij de keizer nog moet spreken, om hem een aantal belangrijke verzoekschriften voor te leggen die snelle afhandeling vereisen.

Narcissus kijkt hem geërgerd aan. 'Nu nog? Had je dat niet wat eerder kunnen bedenken?' Gelukkig staat hij zonder verdere vragen op om de keizer op de hoogte te stellen van Pallas' verzoek.

Een paar minuten later staat hij tegenover Claudius en begint zijn verslag uit te brengen. Als hij het einde van de lijst heeft bereikt, vraagt de keizer verbaasd: 'Was dat het? Mooi, mijn maag rammelt.'

'Er is nog een kwestie die ik niet onder uw aandacht heb gebracht, Caesar.'

Claudius zucht, zijn hoofd schudt heen en weer uit ergernis, of is het zijn oude kwaal? 'Er is nog iets, altijd nog wel weer iets... Jij bent té grondig, Pallas, heeft iemand je dat weleens verteld?'

'Het is geen financiële kwestie, Sire. Het gaat om... bepaalde zorgen die ik heb.'

'Een bezorgde secretaris van de schatkist is wel het laatste wat we kunnen gebruiken in het paleis. Lucht je hart, jongen.'

'Als ik vrij mag spreken. Het gaat om de veroordeling van Seneca. De hele hofhouding heeft het nergens anders meer over. Een senator die ter dood veroordeeld wordt...'

'Ach, die goede Seneca, bedoel je? Het is zeer spijtig, maar zijn vergrijp is ernstig en de senaat heeft geoordeeld.'

'Desalniettemin... Het is niet goed voor de sociale orde, zulk nieuws, en de gemoederen lopen alweer hoog op vanwege de mogelijke graantekorten zo kort na de zware winter. De executie van een senator is... onrustbarend. Sommigen beweren al dat we teruggaan naar het tijdperk van de Gekke Keizer. Dronkaards, allicht, maar toch...'

Even schiet de angst door Claudius' ogen. Er is voor hem nog altijd niets ergers denkbaar dan vergeleken te worden met Caligula.

'Wat stel je voor, Pallas?'

'U kunt een wet laten passeren om de strafmaat aan te passen?'

'Verbanning in plaats van executie? Gelijke straffen voor gelijke misdaden. Ze zullen me om mijn rechtvaardigheid prijzen...'

Hij had op meer gehoopt, maar een verbanning is beter dan een zekere dood. Blijkbaar hangt Livilla dat lot boven het hoofd.

'Een prachtig idee, Sire. Geen mens zal iets tegen zo'n wijs besluit in kunnen brengen.'

‘Mijn echtgenote zal er niet blij mee zijn, ze heeft nogal aangedrongen. Ik weet het niet, Pallas. Ik zal erover nadenken.’

‘Wist u dat de senator net vader is geworden, Sire? Wellicht dat dat de keizerin milder stemt. Ik laat u aan uw maaltijd, ik heb genoeg van uw kostbare tijd opgeëist.’

Als hij het vertrek verlaat realiseert hij zich voor het eerst hoe dicht hij bij de keizer is komen te staan. Er is geen inwijding geweest, geen initiatieritueel, maar hij is doorgedrongen tot de binnenste kring. Hij is bijna veertig. Als de goden hem tijd van leven gunnen, is het niet te voorspellen wat hij allemaal nog kan bereiken.

## *Mijn leven en de lotgevallen van mijn familie*

### FRAGMENT III

*We zaten allebei op een ander eiland in die door de goden vergeten archipel, mijn zuster Livilla en ik. De ballingschap was niet genoeg voor Gaius, zelfs de troost van elkaars gezelschap gunde hij ons niet. Het was alsof hij een ander persoon was geworden, iemand die nog wel leek op mijn broer, maar vanbinnen iemand anders was. O godinnen, waarom schonken jullie mij zoveel tijd om zijn bloedverraad te overdenken? Ik deed niets anders dan piekeren. Hoe kon hij ons van de ene op de andere dag zo haten? We waren de meest hechte familie, na alles wat we samen hadden moeten doorstaan.*

*De dood van ons zusje, Julia Drusilla, heeft hem over de rand van de waanzin geduwd, dat denk ik nog steeds. Hij hield onnatuurlijk veel van haar. De haat die zich in hem nestelde na haar dood, maakte hem blind. Hij raakte ervan overtuigd dat Lepidus uit was op de troon, en dat wij, zijn bloedeigen zussen, in het complot zaten. Wij werden voor onze veronderstelde misdaden gestraft met verbanningen. Wij verloren onze vrijheid, Lepidus zijn hoofd. Nadat zijn resten op het Marsveld waren verbrand, dwong Gaius mij zijn urn in handen te nemen en ermee door de straten van Rome te paraderen. Het was een bittere en macabere parodie op de vrome processie van mijn moeder die – zo stond nog helder op ieders netvlies – ooit de as van haar echtgenoot eigenhandig terug naar Rome droeg. Ik zal nooit vergeten hoe warm de urn aanvoelde, hoe mijn armen trilden, hoe de vaas meerdere malen bijna uit mijn handen glipte. Ik huilde de hele route lang, de pijn die hij me aandeed verscheurde me. Toen ik eindelijk verlost werd van mijn vervloekte taak, werd ik naar de haven gebracht en op een schip naar de Pontijnse archipel gezet.*

*Op mijn eiland was ik niet alleen verstoken van de gemakken en de genoegens waaraan een meisje van stand nu eenmaal gewend is, maar ook van het belangrijkste, van het meest essentiële in het leven: van goed gezelschap, iemand met wie ik op mijn eigen niveau kon converseren. Wat nam ik dat alles eerder voor lief! De conversaties die ik had, de literatuur, de wijze lessen van bevriende filosofen, de nieuwtjes, belangrijk en onbelangrijk, uit binnen- en buitenland. Alles had hij mij ontnomen, dat lot moest ik dragen, en ik bleef me maar afvragen waarom Gaius mij zo wilde pijnigen. Want boven alles was er het immense verdriet dat alleen een moeder kent die ooit tegen haar wil van haar kind gescheiden is. Ik begon alles als een grote hemelse beproeving te zien. Ik moest mij vermannen, dat was de wil der goden. Zij alleen konden uiteindelijk mijn kwelling wegnemen.*

*Ik verloor me in het schrijven en dat hield me op de been. Brief na brief schreef ik, aan mijn broer, aan de keizer, aan familieleden, aan vriendinnen, aan bevriende senatoren en aan hun echtgenotes, en zelfs, toen hij nog in leven was, aan mijn hork van een echtgenoot. Ik schreef en schreef en zo bracht ik, om met de grote dichter te spreken die eenzelfde lot onderging, mijn dagen door en misleidde de tijd. Vaak dacht ik aan mijn moeder, die op datzelfde eiland de laatste jaren van haar leven door moest brengen. Ik was nog een kind toen ze stierf en kon niet begrijpen dat ze de dood verkoos boven haar kinderen. Dat ze ons als wezen achterliet. Pas toen ik zelf naar het eiland was gestuurd kon ik haar pijn voelen en de keuze die ze maakte begrijpen. Misschien was ik, als de verlossing niet was gekomen, ook uiteindelijk gestopt met eten, omdat het in die barre omstandigheden en de sluimerende verwachting van de dood een kleine stap lijkt, en omdat het nu eenmaal beter is te sterven in eerzaam protest dan in ellendige vergetelheid.*

*Een stortvloed aan tranen vergoot ik bij het schrijven van mijn brie-*

*ven aan het huis van Domitia Lepida, waar mijn zoon werd ondergebracht na de plotselinge dood van Gnaeus. De botterik stierf aan waterzucht. Een verdiende dood, hij had een koud hart en verhulde nauwelijks hoezeer hij me haatte. Ik had geen idee of mijn brieven aankwamen en aan mijn zoon voorgelezen werden, mijn enige zekerheid was dat er nooit een antwoord kwam. Op de muur van mijn slaapvertrek telde ik de dagen. Ik telde ze niet als de dagen van mijn ballingschap, maar als de dagen van zijn leven die verstreken zonder mij, zijn moeder. Ik stelde me voor hoe hij gegroeid was, welke nieuwe vaardigheden hij geleerd had. Ik droeg mijn gebeden aan hem op en offerde wekelijks koeken aan Juno Lucina voor zijn gezondheid. Ik denk, nu, dat het in die laatste dagen van mijn ballingschap was dat ik de ware metamorfose van het moederschap doormaakte, dat ik voor hem begon te leven, in plaats van voor mijzelf.*

*De dag dat ik in de verte een schip aan zag komen varen, staat me nog zo helder voor de geest als de* dies lustricus *van mijn zoon (en die herinner ik me, vooral vanwege Gaius' ongepaste grappen, maar al te goed). Nooit eerder was een zus zo verheugd om het nieuws te vernemen van de dood van haar broer. De goden, eindelijk hadden ze mij mijn loon gegeven. De details hoorde ik later, toen ik weer in Rome was. Hoe ze ook Milonia Caesonia hadden gedood, die hoerendochter die mijn broer op het laatst in zijn waanzinnige wanhoop tot vrouw had genomen. Hoe zelfs het eenjarige meisje, dat hij liefkozend Julia Drusilla had genoemd, naar ons zusje dat de liefde van zijn leven was, niet had kunnen ontsnappen aan de handen van de pretorianen. Een bloedbad in het paleis. Het hele gezin was uitgemoord, en met elke dolk die ze in het lichaam van mijn broer staken, was mijn verlossing dichterbij gekomen.*

*Zo kwam de regering van mijn broer, die het in zich had gehad grootser te worden dan Augustus, ten einde, na nog geen vier jaar. Jaren van terreur en spilzucht, van familieschande die snel vergeten moet worden. De samenzwering was meer dan een tirannenmoord. Een aantal van de moordenaars was aanhanger van de vrije republiek. Zij wilden met de moord op Gaius niet alleen een einde brengen aan het despotisme van een individu, maar ook aan de alleenheerschappij in Rome. Ze wilden de senaat in ere herstellen, de macht teruggeven. Als er in Rome enkel de senaat was geweest om rekening mee te houden, was het ze waarschijnlijk gelukt. Maar er waren altijd nog de pretorianen.*

*In die tijd verafschuwde ik zulke republikeinse sentimenten. Hoe kon ik ook anders? Ze waren een bedreiging voor mij en mijn familie. Maar nu het leven mij meer jaren en wijsheid heeft geschonken, twijfel ik. Wie bepaalt de grootsheid van Rome, de keizer, of het volk? Eens was het dat laatste. Eens had het volk van Rome macht, de macht zelfs om leiders ten val te brengen, om wetten te schrijven. Nu is het mijn zoon die zijn zeventienjarige ervaring aanwendt om voor eenieder te besluiten over vrede en oorlog. Zal het rijk zijn grootsheid behouden? Was het niet het volk dat hun vaderland, uit liefde, onoverwinnelijk maakte?*

*Toen het nieuws van mijn broers dood zich verspreidde en de chaos uitbrak in Rome, moesten de consuls optreden om de orde te herstellen. De senaat belegde een spoedvergadering in de Curia, maar de pretorianen verzamelden zich sneller in hun kamp aan de rand van de stad. Na een kort beraad besloten de soldaten zich unaniem te scharen achter mijn oom Claudius. Niet omdat ze van hem hielden, hij was toen al minstens vijftig en had in zijn leven nog geen cohort aangevoerd. Ze kozen hem omdat hij voorhanden was, omdat ze een keizer nodig hadden om te beschermen. Claudius was het laatste familielid van mijn vader Germanicus. Hij was hun laatste kans, de enige, schamele troef die ze in handen hadden om hun eigen invloed te behouden.*

*Claudius, zeggen ze, was al die tijd in het paleis op de Palatijn gebleven. Zelf vertelde hij me jaren later dat hij in alle rust zijn onzekere lot had afgewacht, niet wetend of hij de volgende was die door het zwaard getroffen zou worden. De pretorianen zeggen dat ze hem vonden achter een gordijn, trillend als een blaadje in de wind. Ze begroetten hem als de nieuwe keizer en brachten hem naar het kamp, waar de begroeting door de cohorten in het groot herhaald werd. Toen was het gebeurd, moest de senaat ook wel toegeven. Voor de laatste keer vervloog de oude mannendroom van een herstelde republiek. Ze zwoeren hun trouw aan de nieuwe Caesar, die zich voortaan Tiberius Claudius Caesar Augustus Germanicus zou noemen, alhoewel hij officieel geen directe familieband met Augustus had en zelfs niet per adoptie aan hem verbonden was.*

*Laat ik dit zeggen over mijn oom Claudius, al zal het verbazing wekken. Ik heb hem altijd zeer bewonderd. Het is niet verstandig alles te geloven wat de mensen zeggen. Geruchten zijn luchtig, maar ze vertroebelen velen. Dus laat me het nog eens herhalen: ik heb Claudius altijd bewonderd. Niet alleen vanwege zijn intellectuele vermogens, die groter waren dan de meeste mensen vermoedden, maar ook vanwege zijn vermogen zich aan te passen. Zijn moeder, mijn oma Antonia, was hard voor hem. Hoe vaak hoorde ik haar niet zuchten als het over hem ging. Claudius, het misbaksel. Claudius, het onvoltooide product van Moeder Natuur. Het was natuurlijk niet voor Claudius bedoeld, maar met zoveel oren in één huis waren er altijd wel een paar gespitst. Het is me bijgebleven. Hoe ze dweepte met haar Pallas, die ze liefkozend 'mijn zoon' noemde, en haar echte zoon over het hoofd zag. Als Claudius' mankementen al bij zijn geboorte zichtbaar waren geweest, was hij ongetwijfeld ergens op straat gedumpt, op een van de vele vuilnishopen in de stad, waar zieke en misvormde baby's worden achtergelaten nog voor ze een naam hebben gekregen om een eenzame dood te sterven of, in het beste geval, door een onvruchtbare wanhopeling te worden opgepakt. Maar Claudius had zijn gebreken pas in de loop van zijn jeugd ontwikkeld, toen allang duidelijk was dat hij gezond van geest was. Als haar Perzische waarzeggers Antonia hadden voorspeld dat de stotterende Claudius, met zijn gênante maniertjes, op een dag keizer zou worden, dan had ze haar beroemde waardigheid vast even laten varen om ze recht in het gezicht uit te lachen.*

*Zodra de macht was overgedragen aan Claudius, werd mijn verbanning opgeheven. Ik kon eindelijk terugkeren naar Rome, en naar mijn kind. Geen zoon was ooit geliefder en ik brandde van verlangen hem in mijn armen te sluiten. Nog voordat ik aan boord ging van het schip dat me terug zou brengen, had ik Claudius per brief om een nieuwe huwelijkse verbintenis gevraagd. Er was iemand in het bijzonder, die ik op het oog had.*

# 10

# Naar Ostia

*Najaar 48 n.Chr.*

In de herfst ziet Pallas de keizer met een klein gevolg van lijfslaven en persoonlijke bewakers naar Ostia vertrekken. Claudius moet het eerste offer brengen bij de inwijding van een tempel. In Ostia is het altijd druk en er wordt volop gebouwd. Op advies van Pallas is er begonnen met de bouw van grotere publieke warenhuizen, de werkzaamheden zijn nog in volle gang. Maar de problemen van Ostia zijn er niet mee opgelost. De haven van Rome trekt steeds grotere zeeschepen aan, schepen die met geen mogelijkheid bij de oevers van de Tiber kunnen komen, waar de aanlegplaatsen zich bevinden en ze gelost kunnen worden met rivierschepen. In plaats daarvan moeten ze voor de kust voor anker, wat het overslaan op de kleinere schepen flink bemoeilijkt. Pallas is blijven aandringen, net zo lang tot de keizer hem gelijk gaf, en in de afgelopen jaren is er gewerkt aan de aanleg van een compleet nieuwe, bredere en diepere haven, Portus, zo groot dat er ruimte zal zijn voor meer dan tweehonderd schepen. Door middel van twee nieuw gegraven kanalen is Portus met de Tiber verbonden, en zijn voorspellingen zijn uitgekomen: met die kanalen zijn de overstromingen in Rome al teruggedrongen.

Afgeleid door deze en andere projecten had hij niet de scherpte van geest gehad om te zien wat er, onder de oppervlakte, borrelde in het paleis. Het is de keizerin, Messalina. Ze is ontspoord.

'Ze is de beroemdste hoer van Rome!' 'Ze trekt er in het donker op uit met een asblonde pruik gemaakt van Germaanse vrouwenharen.' 'Ze zoekt een bordeel uit en kiest haar kamertje, ze laat zich Lycisca noemen, of welke vulgaire schuilnaam ze maar kan verzinnen, en wedijvert met de andere hoeren om haar legendarische uithoudingsvermogen.'

Hij heeft de wilde verhalen die over haar zedeloosheid de ronde doen, door Felix levendig aan hem doorverteld, nooit echt geloofd. Dat ze het in de stad met iedere betalende smeerlap doet, betwijfelt hij, maar hij weet wel dat ze altijd minnaars in haar paleisbed heeft toegelaten. Heel het hof weet natuurlijk van Messalina's pleziertjes. Ook Claudius is op de hoogte, in zekere mate, en hij geeft er sinds de geboorte van zijn kleine spes augusta, Germanicus, nooit meer zijn mening over, zodat iedereen eraan gewend is geraakt. Hij houdt er zelf tenslotte ook meerdere minnaressen op na.

Maar nu is ze te ver gegaan. Mnester was niemand, een armzalige acteur, op wie haar man zelf ook gek was bovendien. Pallas sluit niet uit dat ze het bed weleens met z'n drieën delen. Haar nieuwste aanwinst is anders. Gaius Silius is geen niemand. Hij is een van de meest veelbelovende senatoren van het moment. Onder de senatorenvrouwen staat hij bekend als de mooiste man van Rome.

Van iedereen die is achtergebleven in het paleis, is Narcissus het meest bezorgd, zijn smalle gezicht is gerimpeld van spanning. Hij heeft met de keizerin gesproken. 'Ze wuift alle beschuldigingen weg,' zegt hij. 'Ze zegt dat niemand het haar kwalijk kan nemen dat ze verliefd is geworden op zo'n nobele en intelligente man, ze zegt dat hij gezegend is met Griekse schoonheid...'

'Als je het mij vraagt zit ze wat te veel met haar hoofd in de Griekse literatuur,' zegt Callistus.

'Weet je wat ze tegen me zei? "Niemand heeft het recht mijn hart te beteugelen." Wie zegt zoiets? Keizerin of niet, als je het mij vraagt is ze langzaam krankzinnig aan het worden. Ze rooft hier het hele paleis leeg en alle kostbaarheden die ze kan vinden schenkt ze aan haar minnaar.'

Narcissus werpt zich op als de leider van deze geïmproviseerde bijeenkomst, die plaatsvindt in Claudius' werkkamer, in afwezigheid van de keizer zelf. 'Stel je voor! Tafelzilver waar Augustus nog van heeft gegeten, juwelen die ooit Octavia's nek sierden, sculpturen die als teken van vrede en vriendschap aan het keizerlijk huis van Rome zijn geschonken door buitenlandse vorsten... Paleisschatten die nu allemaal die ordinaire stadsvilla van Messalina's minnaar sieren.'

Narcissus kijkt hem aan, en vervolgens Callistus, die zwijgend met zijn hoofd schudt. 'Horen jullie wel wat ik zeg? Hij is de aangewezen consul voor het komende jaar!'

'Wat bezielt die man, waarom laat hij zich vrijwillig in gevaar brengen?' Callistus is niet gewend op te treden als Claudius' adviseur in huwelijkse zaken. 'Is hij niet getrouwd met Junia Silana?'

'Aan de andere kant,' zegt Pallas, 'hoe had hij de keizerin kunnen weigeren? Hij heeft de schijn tegen, dat geef ik toe, maar feitelijk weten we niet of hij handelt uit ambitie of uit een of ander vurig verlangen. Ik stel voor dat we ons nog even op de achtergrond houden.'

'Wat ben je toch een lafaard, Pallas. Ik verzeker je: dit keer zal het je niet helpen om je kop in het zand te steken. Wat denk je? Dat Claudius vanzelf een onderzoekscommissie aanstelt om zich over deze kwestie te buigen? Hij weet van niks.' Narcissus begraaft zijn voorhoofd in zijn rechterhand. 'Natuurlijk is het ambitie,' zegt hij. 'We moeten...' het is alsof hij tegen zichzelf spreekt. 'We moeten iets doen.'

'Waarom ga je niet terug naar de keizerin?' zegt Callistus. 'Dring erop aan dat ze stopt met deze affaire. Zet haar onder druk, zeg dat we het bekendmaken.'

'Chantage? Callistus, heb je Messalina weleens persoonlijk gesproken? Ze laat zich niets vertellen. Denk je nu echt dat ze naar een vrijgelatene zal luisteren? Bovendien lekken de slaven in het paleis de laatste tijd iets te vaak lege rook. Wie gelooft ze nog?'

Lege rook, zo worden de lucratieve geruchten genoemd die op het Forum aan de hoogste bieder worden verkocht. Ze verdienen er tassen vol munten mee.

'Ze is trouwens niet eens bang voor het roddelcircuit, Callistus. Ze verhult haar wandaden nauwelijks.'

Nu weet niemand meer iets tegen Narcissus in te brengen.

'Wat denk je dat ze zal doen zodra Claudius terug is in Rome? Ze kruipt met haar sluwe vrouwenverzinsels weer in zijn bed en in zijn kop en praat hem aan dat hij ons niet meer kan vertrouwen, terwijl ze ondertussen samen met haar minnaar haar coup voorbereidt. Het is uitgesloten dat ik terugga naar Messalina, ik zou mijn doodvonnis tekenen. En dat van jullie.'

Heeft Gaius Silius wat hem betreft zijn eigen doodvonnis al getekend? Misschien schat Narcissus de situatie dit keer wel goed in.

'Geloof me, collega's, als Messalina haar zin krijgt overleven wij dat niet,' besluit Narcissus zijn betoog plechtig, als een advocaat voor de balie.

Ze horen stemmen bij de deur, een loopjongen komt rood aangelopen en overstuur binnenvallen. Als hij op adem is gekomen, begint de jongen te vertellen.

'Meester, ik kom van Messalina's buitenverblijf op de Pincio-heuvel. De keizerin is getrouwd. Ik zag het met mijn eigen ogen. Ze heeft zichzelf eerst gescheiden verklaard en is daarna in het huwelijk getreden met haar geliefde, met Gaius Silius. Ze hebben een huwelijksceremonie gehouden, in het bijzijn van een priester, van getuigen, vrienden. Compleet met de gebruikelijke tradities, een offer, alles.'

Narcissus hapt naar adem en legt zijn hand op de hoge driepoot die naast hem staat, alsof hij zonder die steunpilaar niet overeind zou blijven. Zijn ergste vermoedens zijn bevestigd, en hij ziet eruit alsof hij het zelf niet kan geloven.

'Heb je de keizerin laten bespioneren?' vraagt Pallas.

'Hebben jullie hem niet gehoord? Wat doet dat ertoe! Heb ik gelijk of niet? Een keizerin die in het huwelijk treedt met haar geliefde... Het bestaat niet!'

'En publiekelijk, meester,' voegt de jongen er gretig aan toe. 'Er was niets geheims aan, ik kon het landgoed zo betreden, en velen deden dat met mij. Mensen wilden de voormalige Tuinen van Lucullus weleens met eigen ogen zien...'

Op de Mons Pincius, aan de noordkant van de stad, heeft de keizerin twee jaar geleden het meest beruchte en luxueuze landgoed van Rome geconfisqueerd.

Hij kan het, net als Narcissus, bijna niet geloven. Messalina is getrouwd met haar minnaar, alsof het de normaalste zaak van de wereld is. Alsof het geen probleem is dat een getrouwde vrouw nogmaals trouwt. Aristocraten verschillen van elkaar op veel vlakken, behalve op dat ene: dat ze er diep vanbinnen van overtuigd zijn dat ze kunnen doen en laten wat ze willen.

'Hoeveel bewijs hebben jullie nog nodig, naïeve collega's?' Narcissus staat weer stevig op zijn benen en kijkt vastberaden naar Callistus, en dan naar hem. 'Messalina heeft aan haar hartstocht toegegeven en denkt nu onze keizer wel even opzij te kunnen schuiven, om haar nieuwe man op de troon te zetten. In zijn afwezigheid, bovendien. Zo laaghartig kunnen alleen vrouwen zijn. Voor je het weet worden wijzelf ook aan de kant geschoven. We moeten deze brand nu blussen. Het is aan ons, heren secretarissen, om Claudius zo snel mogelijk op de hoogte te stellen.'

Narcissus staat van alle vrijgelatenen het dichtst bij Caesar. Hij deelt met Pallas en Callistus zijn plan van aanpak, niet om hun mening te vragen, maar om hun assistentie te eisen. De geslepenheid van die man; Pallas mag hem niet, maar voelt toch bewondering voor hem. Als geen ander weet Narcissus hoe te handelen in zijn eigen belang, onder de pretentie van het landsbelang. Cleopatra en Calpurnia worden bij de zaak betrokken. Pallas kent ze goed, de twee favoriete concubines van de keizer, voor beiden heeft hij een mooi onderkomen in de stad moeten zoeken. Ze zijn nu bij Claudius, in Ostia. Narcissus, Pallas en Callistus stellen een brief op met instructies. Het is aan de dames om de keizer in te lichten over wat er in Rome gaande is. Dat is veiliger, als het uit de zoete mondjes van zijn concubines komt zal Claudius geen moment twijfelen of het waar is. Ze krijgen geen details, maar genoeg om hem bang te maken. En om hem zover te krijgen dat hij Narcissus naar Ostia laat komen om hem van advies te voorzien, zonder dat die zichzelf hoeft op te dringen.

✦

Ze vertrekken haastig. Narcissus heeft hem op het laatste moment gevraagd om mee te gaan. Ze treffen Claudius nog voor de rode zon in de Tyrreense Zee is gezakt. De keizer is in alle staten. Claudius loopt paniekerig heen en weer in de ontvangsthal van de residentie, het schudden van zijn hoofd is heviger dan ooit. Hij vuurt onophoudelijk vragen af op zijn net aangekomen vrijgelatenen, het is een regen van pijlen. Pallas neemt het woord niet, het is niet zijn plaats, niet wanneer Narcissus er ook is. Hij kijkt naar Claudius, ziet hoe breekbaar hij is. Deze man vreest al voor zijn troon vanaf het moment dat hij erop is gaan zitten.

Narcissus sust de keizer. Nee, het zijn niet Messalina's avontuurtjes die hen zorgen baren. 'Triviale zaken zijn niet uw zorg,' zegt hij. 'De crisis, Caesar, het nieuws waarmee we geen bode in onze plaats durfden te vertrouwen, is dat u officieel een gescheiden man bent.'

Het is de eerste keer dat Pallas bij een keizerlijke kwestie betrokken wordt die zo privé en zo ernstig is, en mijlenver buiten zijn financiële ambtsgebied ligt. Hij ziet hoe het gezicht van de keizer verbleekt, hoe zijn ogen groter worden. Claudius klinkt onverstaanbaar.

'Het spijt me, Caesar. Het is ernstig. Haast is geboden.'

‘In naam van de goden, Narcissus, spreek! Wat is er gebeurd?’

‘Het is een onwettige en ongehoorde aangelegenheid, een schande... Ze hebben een ceremonie gehouden, met alles erop en eraan. Ze lappen de conventies aan hun laars. Er waren getuigen, de haren van Messalina waren bedekt met een geel-rode bruidssluier en een uitbundige bloemenkrans. En het contract, het huwelijkscontract, dat sleuren ze nu door heel Rome met zich mee en laten het zien aan wie maar wil! De senaat, Sire, de senaat heeft het al onder ogen gehad. En alsof dat niet erg genoeg is: volgens de laatste berichten hebben inmiddels ook de soldaten het te zien gekregen.’

‘De pretorianen...’ Claudius staart naar de grond. En dan, nog net hoorbaar: ‘Een coup...’

Al sinds de regering van Tiberius ligt de werkelijke macht niet meer bij degene die op de troon zit, maar bij degenen aan wie de pretorianen hun bewaking, hun gewapende steun gunnen. Onbehouwen types die van een bende bewakers zijn veranderd in de officiële keizerlijke lijfwacht, met hun rijkelijk versierde helmen en ovale schilden vol eretekenen. Tot aan de nek bewapend en permanent gelegerd bij de stadsmuren, waar ze dreigend als haviken hun cirkels draaien en volgen wat er in de hoofdstad, en vooral op de Palatijn, speelt.

‘Als de pretorianen ervan overtuigd zijn dat ik buitenspel ben gezet, dan...’

De keizer maakt zijn zinnen niet meer af, hij hoeft ze niet af te maken. Pallas denkt aan de samenzwering tegen Gaius en ziet levendig voor zich welke gevolgen zoiets kan hebben. Claudius krimpt en Pallas ziet de onzekere jongen van jaren geleden.

✦

De stoet vertrekt de volgende dag al vroeg in de ochtend. Het keizerlijk gezelschap verlaat de havenstad Ostia. De wagens hobbelen, de weg wordt aan beide zijden geflankeerd door de uitbundige graven van Ostia's illustere doden. Zelfs hier vechten de voorouders om aandacht. Pallas rijdt samen met Narcissus en Claudius in de keizerlijke wagon, om Caesar gezelschap te houden. Om hem rustig te houden. Maar Claudius, die gisteravond zwaar heeft getafeld, is in een mum van tijd in slaap gedommeld. Pallas en Narcissus staren zwijgzaam voor zich uit. Ze zijn maar een paar dagen weg geweest. Zou Messalina die tijd hebben gebruikt om de pretorianen aan haar zijde, en aan die van Silius, te krijgen? Het kan dat ze daar te onbezonnen voor is, of misschien wel te verblind door haar verliefdheid. Callistus is in Rome achtergebleven, hij heeft beloofd Messalina niet uit het oog te verliezen.

Enkele ongemakkelijke uren later schrikt hij op. Ze stoppen, plotseling. Narcissus gluurt paniekerig door het gordijn en probeert vanaf zijn plek te zien wat er aan de hand is. Als dat niet lukt, maakt hij aanstalten om uit te stappen.

'Blijf jij maar bij Caesar, ik ga kijken wat er is gebeurd.'

Het rumoer buiten wordt steeds duidelijker. Hoort hij nu ook een vrouwenstem? Hij kijkt naar de keizer, die nog slaapt, de luidruchtige slaap van een zwaarlijvige dronkaard. Pallas klimt uit de wagen, knippert met zijn ogen, kijkt tegen de oktoberzon in. In de verte ziet hij haar op de stoffige weg lopen, omringd door een aantal van haar slaven nadert ze het konvooi met de welgeplaatste, rustige stappen van een keizerin.

Hoe Messalina hier terecht is gekomen, horen ze van Callistus. Een van Narcissus' slaven had opdracht gekregen Messalina te bespioneren, en direct Callistus te waarschuwen wanneer de keizerin het paleis zou verlaten. Nog geen dag later was de jonge, onzekere slaaf al komen aankloppen: Messalina leek zich klaar te maken voor een feest, waar en wanneer wist hij niet, maar ze liet ze haar haren kappen en aromatische oliën over haar hals sprenkelen. In de vroege middag verliet ze het paleis. Callistus liet haar volgen, en kreeg al snel gedetailleerde verslagen. Bloemenkransen, exotische dansers, Griekse zangers, luitspelers en wijn, eindeloze stromen honingwijn. Beschonken als Bacchus vierden Messalina en Gaius Silius hun verbintenis met vrienden en kennissen. Pas toen ze, midden in de feestelijkheden, door iemand werd gewaarschuwd, kwam ze langzaam bij zinnen en realiseerde zich hoe onvoorzichtig, hoe incompetent ze waren geweest. De keizer was op de hoogte gebracht, en was onderweg naar Rome om hen te straffen. In een ultieme daad van wanhoop besloot ze direct de stad te verlaten, in de hoop Claudius te treffen nog voordat hij Rome bereikte. En al snel was ze op de keizerlijke entourage gestuit, waar ze zich nu trots en zonder enig gevoel van schaamte aan presenteert.

'Laat me erdoor,' beveelt Messalina de voorste ruiters, de pretorianen die ze maar al te goed kent. Ze is een bijzondere verschijning, met haar kleurrijke feestjapon en modieuze haren, gekruld en torenhoog opgespeld. Vulgaire aandachttrekkerij, zou Antonia over dit uiterlijk gezegd hebben, maar op Pallas maakt de keizerin indruk. Messalina laat haar ogen, die angst proberen te verbergen, over de stoet paarden, dragers en wagens glijden, speurend naar de keizerlijke wagen.

'Claudius!' roept ze zo hard en stellig als ze kan. 'Ze houden me tegen, Claudius, doe iets!'

De soldaten zijn van hun paarden gekomen en versperren haar de weg door hun lange wapens te kruisen. Pallas ziet hoe Narcissus in alle rust naar haar toe wandelt, zelf blijft hij bij de wagen staan. Iedereen zwijgt, Pallas kan het ruisen van de wind horen, het geritsel en getjirp van insecten, gekraak van steentjes onder voeten.

'Het is te laat, Messalina.'

'Let op je woorden, Narcissus. Ken je plaats. Mijn man laat zich door jou adviseren, maar ik ben nog altijd de keizerin van Rome. De moeder van zijn kinderen. Vroeg of laat zal hij alleen met me zijn, en naar mij luisteren.'

'Caesar heeft geen behoefte meer aan uw verklaring, hij weet voldoende. Keer terug naar huis. De schande die u veroorzaakte is al groot genoeg.'

Messalina's ogen spuwen vuur, ze spreekt beheerst en scherp: 'Onthoud dit moment, *libertus*. Als je je straks, vlak voordat je kop van je romp zal worden gescheiden, afvraagt waar je te ver ging, waar je de verkeerde weg hebt gekozen: het was hier en nu. Jouw carrière is over. Je kunt me niet eeuwig uit de buurt van de keizer houden.'

Narcissus' lippen krullen op tot een flauwe glimlach. 'Niet eeuwig. Maar wel precies lang genoeg.'

Met een knikje beveelt hij een paar soldaten om haar terug te escorteren, negeert Messalina's protestkreten. Langzaam komt de hele stoet weer in beweging. Claudius zit nog altijd ronkend met zijn kin op de borst.

Vlak voor de poorten van Rome, Cestius' piramide is al in zicht, schrikt de keizer wakker. Narcissus gunt hem geen moment. 'Goed dat u op tijd ontwaakt, Caesar. We gaan zo snel mogelijk naar het pretoriaanse kamp, maar we maken eerst een stop bij het huis van Gaius Silius. Met uw welbevinden, Caesar.'

Claudius stemt toe. Zijn woede komt weer vurig tot leven als ze bij Silius' herenhuis naar binnen gaan. Pallas ziet hem denken: hoe vaak pronkte Gaius Silius hiermee, hoe vaak is de keizer van Rome hier voor schut gezet? Hoeveel vrienden, hoeveel senatoren hebben gezien dat Messalina keizerlijke bezittingen aan haar liefje heeft gegeven? Claudius kijkt om zich heen, ziet in elke hoek weer iets schitteren dat hem maar al te bekend voorkomt.

'Narcissus, breng me onmiddellijk naar het kamp van de pretorianen. Ik zweer je bij de almachtige Jupiter: Silius zal het ochtendlicht niet meer zien.'

✦

Gaius Silius, de getuigen van het huwelijk, gasten – adel of geen adel – die op het huwelijksfeest aanwezig zijn geweest; allemaal worden ze opgepakt. Zelfs Mnester, die de keizer nooit eerder als een dreiging heeft gezien, wordt voor alle zekerheid ter dood gebracht. Ze sterven een voor een in het donker van de kerkers. De drie sterkste stadsbeulen klemmen hun grote handen om zoveel nekken dat ze naar verluidt twee keer moesten pauzeren vanwege kramp. Het moet verdwijnen, de hele kwestie. Opsluiten, executeren, verbannen. Dat laatste hangt de keizerin boven het hoofd. Of niet?

Narcissus heeft aan alles gedacht, heeft zelfs na de executies nog iets achter de hand. Want in een melancholische bui kan Claudius zijn echtgenote het onvergeeflijke nog vergeven. Dat kan Narcissus zich niet meer veroorloven, niet nu Messalina zich zo tegen hem heeft gekeerd. Zijn slaaf Myron heeft hij gevraagd om Messalina's meest dierbare slavinnetjes, degenen die niet van haar zijde wijken, uit te horen. Zo is hij erachter gekomen dat de keizerin samen met Silius juridische specialisten heeft geraadpleegd, om te polsen of het wettelijk mogelijk is dat haar minnaar de kleine Germanicus, die inmiddels door iedereen Britannicus genoemd wordt, zou adopteren. Hij heeft deze informatie voor zich gehouden, gewacht tot het juiste moment.

'Ik ken Messalina beter dan wie dan ook,' zegt Narcissus op zo'n ernstige toon dat Pallas hem wel serieus moet nemen. 'De enige manier waarop wij dit overleven, is als zij dat niet doet.'

Wat Narcissus betreft is Messalina al verleden tijd en komt Aelia Paetina, Claudius' vorige echtgenote, met wie Narcissus altijd een warm contact heeft gehouden, zo snel mogelijk terug naar de Palatijn.

De avond valt, Claudius is nog niet naar bed en zit, gerustgesteld door de terechtstellingen en door zijn bezoek aan de pretorianen, die hem gewoon nog als keizer hadden begroet, onderuitgezakt op een bankje voor zich uit te staren. Narcissus heeft een van de schenkers wat toegestopt en opdracht gegeven Claudius' beker ook ongevraagd aan te vullen. Narcissus, Pallas en Callistus treffen de keizer bedwelmd aan. Met zijn aangeboren talent de waarheid wat geweld aan te doen, vertelt Narcissus dat Messalina en Gaius Silius van plan waren geweest om Britannicus van hem af te pakken, hem te vermoorden en een coup te plegen. Hij heeft het bewijs in zijn eigen paleis gevonden, er zijn getuigen. 'Moet ik ze er even bij halen?' vraagt hij dramatisch. 'Ze hebben u aan de kant willen schuiven. Ik heb maar net kunnen voorkomen dat Gaius Silius keizer van Rome werd, Sire, maar we hebben gelukkig afgerekend met die troonpretendent.' Dan laat hij even een stilte vallen. 'Nu moet u doorzetten.'

Claudius staart voor zich uit. 'Messalina kan niet meer vertrouwd worden, het is beter als ze nooit meer een voet in dit huis zet.'

Pallas wisselt een blik met Callistus naast hem. De keizer is met stomheid geslagen en de drie secretarissen gissen naar zijn gedachten. Claudius heeft met eigen ogen gezien hoe Gaius in de onderaardse gangen van de Palatijn werd getroffen door de dolken, ziedend in zijn lijf gepriemd door handen die hadden gezworen hem te beschermen. De beelden komen steeds terug, regelmatig brengen de slaven die bij de drempel van zijn slaapkamer nachtdienst houden verslag van de nachtmerries van de keizer. Midden in de nacht schrikt hij wakker, zijn onderkleed nat van het zweet. Hij roept om zijn bedienden, die al klaarzitten met linnen doeken. Soms kalmeert hij pas als een van zijn minnaressen erbij is gehaald en hem moederlijk in de armen neemt.

Afwezig, verslagen en bedwelmd door de wijn kijkt Claudius zijn secretaris plotseling met onverwacht heldere, dwingende ogen aan en zegt: 'Regel het voor me, Narcissus.'

✦

De volgende avond ligt Claudius aan zijn maaltijd alsof er niets gebeurd is. Het lijkt een gewone avond, zonder bijzonderheden, zonder uitbundig banket. Toch zijn er wat gasten aanwezig en ook Pallas eet samen met de andere secretarissen mee. Als een jongen, na de voorafjes, rondgaat met een mand warme broodjes, die hij zenuwachtig – hij is nieuw – aan iedereen uitdeelt, komt een van de lijfwachten binnen, onder begeleiding van de huismeester, die hem nog half lijkt tegen te houden. Iedereen kijkt op van de verschijning van een pretoriaan in de eetzaal. Normaal gesproken duiken er tijdens het diner alleen danseressen en komieken vanachter de gordijnen op. De pretoriaan loopt vastberaden op de keizer af. Halotus, Claudius' voorproever, schiet opzij. De pretoriaan bukt, fluistert Claudius wat in het oor. *Messalina is dood*. Wat kan het anders zijn? De keizer geeft alleen een flauw knikje, vraagt niets. Wil hij dan niet weten hoe het is gegaan? Heeft ze het zelf gedaan? Hebben de pretorianen haar een handje moeten helpen? In plaats daarvan vraagt hij, hardop en geïrriteerd, of zijn beker opnieuw gevuld kan worden, waarna zijn schenker het rood op de wangen krijgt, toeschiet. De keizer eet rustig verder. Alle dinergasten zijn stil, slaven staren naar hun tenen of naar de fresco's of naar de glimmende schalen op tafel, niemand durft Claudius aan te kijken. De pretoriaan die het nieuws heeft gebracht blijft ongemakkelijk staan, niet wetend of hij moet blijven of juist maken dat hij wegkomt.

Kortaf wenkt Claudius een van de jongens, laat zijn mondhoeken droogdeppen, schraapt zijn keel en verbreekt dan bedachtzaam de ongemakkelijke stilte. Op vastberaden toon, alsof hij een vergaderzaal vol senatoren toespreekt: 'Mijn vrouw is dood.'

Dan lispelt hij, met een dubbele tong van de drank en meer tegen zichzelf dan tegen de aanwezigen: 'Ze was mijn derde... Bij Juno, ik heb evenveel echtgenotes als kinderen gehad! Mijn huwelijken lopen niet goed af...'

Alsof hij uit zijn mijmeringen wakker schrikt, kijkt hij om zich heen en zegt dan, met de stem van een commandant: 'Jullie, iedereen die aanwezig is, jullie zijn mijn getuigen. Ik leg een gelofte af tegen een nieuwe huwelijksgelofte. Ik trouw niet nog een keer! Vanaf dit moment zal ik, tot aan het einde van mijn dagen, weduwnaar blijven.' Dan wendt hij zich tot de pretoriaan. 'Jullie mogen me komen halen als ik mijn belofte breek. In het holst van de nacht een dolk in mijn hart steken, of een van die andere smerige methodes die jullie erop na houden.'

Claudius grinnikt, maakt een wegwuivend gebaar naar de soldaat.

Natuurlijk is het onzin, dronkemanspraat. Claudius is niet meer zo goed in alleen zijn als hij eens was. Hij is oud geworden, wie zal erop toezien dat het huishouden en vooral de opvoeding van de kinderen in goede banen wordt geleid? Er is personeel te over, maar de kinderen zijn nog jong, ze hebben een moeder nodig. Het staat vast dat Claudius ook op zijn oude dag nog moet hertrouwen, zijn positie en de Romeinse gebruiken laten hem geen keuze. Zelfs niet als het met tegenzin moet.

'Mijn dierbare gasten, ik smeek u, laat de gangen die u nog wachten u niet minder smaken door deze onverwachte onderbreking. Drink en eet toch gerust verder!'

Het klinkt als een bevel, dus iedereen gehoorzaamt, maar de sfeer blijft gespannen. Het is niet moeilijk te raden waar al het geroezemoes over gaat, de rest van de maaltijd en de daaropvolgende dagen. Pallas denkt aan de kinderen en hoopt dat ze de verhalen nog niet zullen horen, Britannicus en Octavia adoreren hun moeder. De roddels over hoe ze aan haar einde is gekomen zullen, naarmate ze van keuken- op kamerslaaf worden doorverteld, de meest idiote vormen aannemen.

Vlak voordat de pretoriaan weer op zijn paard klimt, schiet Pallas hem aan. Claudius wil misschien geen details weten over de dood van zijn echtgenote, maar de rest van het huis des te meer. Op een dag zal de keizer hem er dankbaar voor zijn. Als Claudius hem er later nog eens naar vraagt, zal hij blij zijn dat Pallas het hem kan vertellen. Hoe de pretoriaan Messalina aantrof in de armen van haar moeder, Domitia Lepida, die van haar dochter vervreemd geraakt was maar naar de villa op de Pincio was geroepen. De moeder bood de dochter een scherp mes aan en sprak haar streng toe.

Messalina had getrild van angst en het mes op haar borst gehouden terwijl ze probeerde te luisteren naar haar moeder. Lepida sprak dapper de woorden die geen enkele moeder ooit tegen haar kinderen wil spreken. 'Kies toch voor de eerbare weg, mijn kind, denk aan het nageslacht.' Als Messalina de dolk zelf in haar hart zou duwen, behield ze het recht op een fatsoenlijke begrafenis, behielden haar kinderen hun erfdelen. Op papier, voor de letter van de wet, is zelfmoord te verkiezen boven executie. Maar de wet geldt de levenden, niet de doden. Waar een vrouw die ten dode is opgeschreven wel en niet toe in staat is, weet ze pas als het zover is. Messalina had om nog een paar minuten gevraagd. Ze wilde een laatste gebed zeggen. Maar de pretoriaan verloor zijn geduld en deelde haastig de dodelijke stoot uit. Het lijk liet hij, in een vlaag van medelijden, aan de moeder.

In de dagen die volgen groeit het ego van Narcissus, dat door de keizer flink wordt opgeblazen. 'Geen eer is te groot voor wie de kroon zo trouw is als mijn vriend Narcissus,' zegt Claudius. Pallas heeft altijd gedacht dat hij te intelligent is om naïef te zijn en zich met jaknikkers te omringen, zoals de meeste heersers, maar hij vergist zich. In een speciale senaatsvergadering regelt de keizer dat zijn trouwe secretaris een buitensporige beloning ontvangt voor zijn rol in de ontmanteling van Messalina. Hij krijgt de onderscheidingstekenen van de quaestuur toegekend, op voorspraak van de keizer. Het is een ongekende eer voor een vrijgelatene, die nooit eerder is vertoond, maar de arrogante Narcissus doet er lacherig over.

'De quaestoriale insignia,' zegt hij tegen Abascantus, die de ophef niet helemaal begrijpt, 'dat zijn toeters en bellen die jou weinig zeggen. Maar je denkt toch niet dat alle vrijgelatenen daar zomaar mee rond mogen paraderen? Hij heeft eerst de ijzeren ring af moeten leggen en de gouden ring van de ridders omgeschoven gekregen. Alleen de keizer kan je het recht schenken om die te dragen, als een persoonlijke gunst. Het is één ding om als slaaf je vrijheid terug te krijgen, Abascantus, maar om vervolgens op te klimmen tot de ridderstand... Ik geloof niet dat zoiets ooit eerder is gebeurd.'

✦

Een dag later doet ze haar intrede in zijn werkkamer, en in zekere zin ook in zijn leven.

Agrippina.

Ze is een van Antonia's kleindochters, ze kennen elkaar van vroeger. Maar ze zijn niet vaak samen geweest en hebben eerder een formele dan een vriendschappelijke relatie. Agrippina heeft weleens een van haar dienaren op hem afgestuurd, die hem dan had aangeschoten als hij onderweg was van de Palatijn naar het Forum, of onderweg naar huis, een enkele keer zelfs tijdens het baden. Hij stond haar slaven altijd te woord en volgde Agrippina's bevelen op. Het waren steeds kleine gunsten die ze vroeg, een goed woordje bij de keizer voor iemand die voor de rechtbank moest verschijnen of een roddel die de keizer ter ore moest komen. Met Narcissus kan Agrippina niets, Pallas weet dat hij haar niet mag en zij hem evenmin. Hij weet dat het haar enkel om die ingang naar de keizer te doen is, maar hij kan haar niets weigeren. Ze is als een vuur waar je je ogen niet van af kunt houden. Hij zou de vlammen willen aanraken, maar weet dat hij zich zal branden als hij te dichtbij komt.

Nu komt ze hem opzoeken, en hij kan niets doen om het tegen te houden. Ze treedt binnen en vult ondanks haar tengere gestalte meteen de hele kamer. Haar scharlakenrode jurk hangt losjes van haar schouders. Zijn lippen voelen droog en de smaak in zijn mond is bitter als nieskruid, terwijl haar geur, zoet als ambrozijn, zijn neus bereikt. Het is een geur die hem week maakt.

'Mijn dierbare Pallas,' begint ze. Het ligt niet in haar aard tijd te verspillen aan al te formele begroetingen, maar zo vrijpostig is ze niet eerder geweest. Zelfverzekerd, altijd, maar het valt hem op dat ze hem nu aanspreekt zonder haar gewoonlijke hooghartigheid, een trekje dat hardnekkig in haar familie rondgaat. Zelfs de oude Antonia had een arrogant voorkomen als ze zich in het openbaar begaf.

'Wat een verschrikkelijk nieuws werd mij ingefluisterd door mijn meisjes. En dan die arme kinderen! Stel je voor, een moeder die heel Rome in haar bed uitnodigt, continu bedwelmd door de satyrion, een prijskaartje aan haar slaapkamerdeur. Ach, over de doden niets dan goeds. Rome rouwt om haar keizerin en de familie des te meer. Breng alsjeblieft mijn innige deelneming over aan mijn oom, aan zijn arme kinderen. En neem ze ook persoonlijk in ontvangst, Pallas, jij zult niet minder rouwen om haar dood.'

Wat ze zegt verwart hem, maar hij knikt en vraagt zich af hoelang hij kan blijven kijken voordat het onbetamelijk wordt. Nu ze zo dichtbij is, ziet hij pas goed hoe ze aan haar majesteitelijke uitstraling komt, uit welke deeltjes die is opgebouwd. Haar brede voorhoofd, grote ronde ogen onder dunne wenkbrauwen, smalle, rechte neus, rechthoekige kaken en een kleine kin, een licht uitstekende bovenlip. Onmiskenbaar een zus van Gaius, denkt hij terwijl zij haar ogen neerslaat. Agrippina's geur wikkelt zich om hem heen en voert hem naar het huis van Antonia waar, in een van de binnentuinen, een *Kuise Venus* stond, een levensgroot beeld dat hem als jongen vanzelfsprekend had aangetrokken. De beeldhouwer had de godin niets geschonken om haar schitterende lijf mee te bedekken, zodat ze haar schoonheid – tevergeefs – met haar handen probeerde te verhullen. Het is alsof dat Venusbeeld vlees en bloed geworden is, en zojuist zijn werkkamer binnen is gestapt om hem te verleiden.

Ze komt nog een stap dichterbij. Haar parfum van rozen en saffraan, haar bleekgemaakte huid, haar glinsterende, golvende haren, alles van haar kan hij ruiken. Ze kijkt hem aan. Hij denkt zich te vergissen als hij een hand op zijn arm voelt, kijkt opzij en ziet dat het haar aanraking is. Agrippina streelt zijn arm en komt met haar mond zo dicht bij zijn gezicht dat hij het warm krijgt, een tinteling trekt door zijn wangen en hij voelt hoe zijn gezicht rood kleurt.

Er lijken ineens veel meer redenen mogelijk voor Agrippina's persoonlijke bezoek. Het maakt hem niets meer uit, hij heeft alleen nog maar verre, sluimerende gedachten, bedolven onder begeerte.

'Laat me je troosten,' fluistert ze.

Hij kan niets zeggen, zelfs niet bewegen. De godin bepaalt, hij gehoorzaamt. Ze sluit hem in haar armen, hij voelt de koele huid van haar blote schouder tegen zijn blozende hals. Dan duwt ze haar lippen in zijn nek en kust hem, net onder zijn oor. Even is hij bang dat hij in zal storten, dat zijn benen in smeltende was zijn veranderd en hem niet langer staande kunnen houden. Moet hij haar kus beantwoorden? Mag hij dat wel? Er zijn duizend ongeschreven regels over de omgang tussen vrijgelatenen en hun meerderen, maar voor deze situatie heeft hij geen voorschrift paraat. Beledigt hij Agrippina als hij haar terug kust, of juist als hij dat niet doet? Felix zou geen moment twijfelen, denkt hij. Hij waagt het erop en geeft toe aan een impuls, in plaats van de berekening.

Precies op dat moment trekt Agrippina zich terug. Hij zucht, van opluchting of opwinding, hij weet het niet meer.

'Hoe moeten we nu verder?' zegt ze gepijnigd.

Zei ze 'we'?

'De keizer van Rome kan toch niet zonder echtgenote door het leven gaan, Pallas?'

Via slimme omwegen bewegen haar woorden zich soepel en gestaag, als was ze Cicero ten overstaan van de senaat, naar het werkelijke onderwerp en de reden van haar komst naar zijn nederige werkvertrek. Terwijl ze een langdradig verhaal houdt over de beklagenswaardige situatie waar haar arme oom in terecht is gekomen, nestelt de rede zich weer in zijn hoofd. Hij schaamt zich. Dacht hij nu werkelijk dat ze in hem geïnteresseerd was? Waar haalde hij het idee vandaan dat hij zomaar een Julische kon kussen? Hoe kon hij zo dom zijn? Hij weet inmiddels exact waar dit naartoe gaat, al kan hij het nauwelijks geloven. Als hij zijn plaats eventjes was vergeten, heeft ze hem daar met haar hele houding weer haarfijn aan herinnerd. Hij schraapt zijn keel, maar hij durft haar niet te onderbreken.

'Ik ben de erfgename van Augustus,' gaat Agrippina op kalme toon verder. Nergens blijkt dat zij ook maar een klein beetje aangedaan is door wat zich zojuist tussen hen heeft afgespeeld, zodat hij zich een aansteller begint te voelen. Agrippina zegt dat ze een pure Juliër is via moederskant. Dat zij, net als haar vader, net als haar moeder en net als haar grootmoeder, van nature een bepaalde voornaamheid bezit, door de goden gegeven. Ze heeft gelijk, denkt hij. Het illustere verleden van haar familie is als een zichtbare, fysieke erfenis aan haar doorgegeven.

Agrippina beweegt haar mond weer naar zijn oor, maar ze raakt hem dit keer niet aan. De flinterdunne leegte tussen haar huid en de zijne wordt warm en zwaar, de belofte van aanraking doet hem nog meer wankelen dan de kus net deed.

'Wie ga jij bij hem aanbevelen?' Ze lispelt het in zijn oor als een slang. Zijn hoofd is heet, hij is weerloos. Altijd is hij naar binnen gekeerd, maar nu wil alles juist naar buiten. Hij voelt de aandrang om uit te schreeuwen dat hij alles voor haar zou willen doen. Dat hij haar op handen draagt. Dat hij van haar een keizerin zal maken. Maar hoe zal hij dat waar kunnen maken? Even voelt hij zich weer de kleine jongen op de slavenschool, die ene keer dat hij het antwoord op een vraag van de meester niet wist. Na een ongemakkelijke stilte komt zijn antwoord er eindelijk uit, veel zachter dan hij van plan was: 'Ik voel me gevleid, hoogheid, maar ik... ik vermoed dat de keizer bij het kiezen van zijn nieuwe bruid geen advies in zal winnen bij zijn boekhouder.'

Ze kijkt hem aan alsof ze geen idee heeft waar hij het over heeft. Misschien heeft ze dat ook niet, weet ze helemaal niet wat hij precies doet. Of is ze het vergeten. Van een vrijgelatene hoef je dat soort zaken niet te onthouden. Rustig en onverstoorbaar, alsof hij niets heeft gezegd, of eigenlijk, alsof hij al heeft toegezegd zegt ze: 'Narcissus zal zijn uiterste best doen om je te dwarsbomen, Pallas, om mij te dwarsbomen, dat weet je toch wel? Daarom heb ik ook iemand nodig die mijn belangen behartigt.'

Ze heeft gelijk, Narcissus heeft zich al uitgesproken. Hij is voor een huwelijk met Aelia Paetina. Wat als Narcissus zijn zin bij de keizer doordrijft? Kan hij, Pallas, wel overleven aan een hof waar Narcissus via zowel de keizer als de keizerin aan de touwtjes trekt?

'Jij en ik hebben meer gemeen dan je denkt,' zegt Agrippina, alsof ze zijn gedachten kan lezen.

Haar belangen kunnen zijn belangen zijn.

'Omdat de natuur en de wetten hebben bepaald dat wij de macht nooit zelf kunnen bezitten, kunnen we niets anders dan proberen er zo dicht mogelijk bij in de buurt te komen.' Ze peilt zijn reactie. 'Uiteindelijk draait het niet eens om macht, maar om veiligheid. Mijn familie is pas veilig, ík ben pas veilig, als een van de onzen op de troon zit. Als een of andere buitenstaander nu het paleis binnen weet te dringen, is dat mijn einde, Pallas. We zijn familie, jij en ik. Jij bent mijn familie. Ik denk ook aan jouw veiligheid. Je hebt zelf meegemaakt hoe het afliep met Antonia.'

Complimenten en dreigementen kronkelen door elkaar.

'En we weten allemaal dat Narcissus erop aan zal dringen dat Claudius met Aelia Paetina trouwt. Maar heb je je weleens voorgesteld wat er gebeurt als de keizer zijn advies negeert? Is het niet denkbaar dat de positie van de hofsecretaris vrijkomt? Niet zijn werkzaamheden, maar zijn positie?'

Ze benadrukt het woord 'positie' opzichtig. De rechterhand, de eerste minister, degene die het oor van de keizer heeft. De woorden maken iets in hem los, een hunkering zoals hij voelde toen hij nog een slaaf was. Die onvrije, jonge versie van hemzelf verlangde naar onafhankelijkheid, maar hij heeft zijn ambities bijgesteld. Hij wil meer, een beter leven. Minstens wat Narcissus heeft. Hij voelt een vurig verlangen om ja te zeggen op alles wat deze hemelse vrouw hem voorstelt, maar iets houdt hem tegen, alsof iemand hem influistert dat hij niets moet toezeggen terwijl hij onder de betovering van het lied van de Sirene is. Hij aarzelt en zoekt naar woorden.

'Is dat niet goed genoeg?'

'Het is... Ik kan het allicht proberen.' Hij stamelt en schaamt zich voor zijn gebrekkige antwoord. Ze is voorbereid, voordat hij zijn vaste stem heeft hervonden tovert ze haar volgende lokkertje alweer tevoorschijn.

'Ik heb trouwens via een van mijn vlindertjes vernomen dat er op de Esquilijn een flink stuk grond te koop staat. Je kent het vast, het ligt vlak bij jouw huis.'

Vlindertjes, zo noemt ze haar spionnen, de kleintjes onder de slaven die voor haar op pad gaan, zich op zolders en achter struiken verschuilen en meeluisteren. Het moet het landgoed zijn dat bekendstaat als de horti Calyclani, en dat zo'n beetje de hele wijk tussen de oude stadsmuur en de Porta Tiburtina beslaat. De eigenaar zit in geldnood, hij heeft al meerdere malen bij hem aangeklopt voor een lening.

'Het is een unieke kans, je bent te intelligent om dat niet in te zien. Ik heb al laten weten dat we interesse hebben, dus als er kapers op de kust waren, dan zullen ze snel verdwijnen. Ik wilde de inspectie ter plaatse en de onderhandeling over de prijs en voorwaarden aan jou laten. Jij bent tenslotte de kenner.'

Agrippina kan alleen groot denken. Voor het kleinzielige en onbeduidende is geen plaats in haar hoofd, dat is een van de redenen waarom je je al gevleid voelt als ze je alleen maar opmerkt, waarom je direct begint te blozen als ze tegen je praat. Met die gave van overdrijving schetst ze zijn toekomst. Een toekomst die hij zelf niet bij elkaar had kunnen fantaseren, maar nu net zo helder voor zich ziet als zij. Zo duidelijk en kleurrijk dat hij het niet meer uit zijn hoofd krijgt. Waarom zou hij genoegen nemen met de welvaart en positie van een middenstander? Waarom zou hij, als hij ook een heer van stand kan worden? De eigenaar van een villa met uitgestrekte tuinen op de Esquilijn, een huis waar iedereen tegen opkijkt. De patroon van zijn wijk. Zijn kinderen zullen het beste onderwijs kunnen volgen.

'Met jouw capaciteiten en mijn invloed zul je tot de top van de Olympus komen. Je zult het in rijkdom winnen van koning Croesus. Als rechterhand wachten je gouden bergen, Pallas. Ik zal er persoonlijk op toezien dat je het nodige onroerend goed van de staat kunt onderverhuren, binnen en buiten de stad.'

Ze praat snel, maar haar woorden komen langzaam binnen. Ze zegt dat de keizer buitenspel gezet kan worden. Dat hij, samen met haar, de koers van de staat zal bepalen. Agrippina praat maar door, zijn gehemelte begint steeds droger aan te voelen. Ze is even overtuigd van zichzelf als van zijn gretige ambities. Hij weet niet wat hem meer aantrekt: het idee de staat te besturen, of het idee om vaker in haar nabijheid te mogen zijn. Ze stippelt voor hem uit wat hij moet doen.

Hij zal de keizer moeten overtuigen om met haar te trouwen. Hij schrikt als ze de naam van haar zoon noemt. Lucius. Is de jongen het geheime wapen waarmee hij Claudius moet overtuigen?

'Zeg hem zoiets, zeg hem: welke andere vrouw brengt zulk illuster nageslacht mee naar de Palatijnse heuvel? Mijn jongen is de enige nog levende nakomeling van de grote Germanicus.'

Lucius Domitius Ahenobarbus, hij is elf jaar oud en moet van zijn moeder nu al de beloftes van zijn grootvader waarmaken. Hij hoort in het paleis, zegt ze, hij hoort in de nabijheid van de keizer van Rome te zijn. Die trouwens gevaarlijk oud is, inmiddels. Dat woord gebruikt ze, 'gevaarlijk'.

'Pallas, ik ben een zeer vermogende en aantrekkelijke weduwe. Dat moet je toch met me eens zijn. Een nieuwe echtgenoot vind ik hoe dan ook snel.'

Hij verzwijgt dat hij er niet aan moet denken.

'Is het voor de rust in de straten van Rome, in de senaat en in de barakken van de pretorianen niet beter als ik met mijn jonge Caesar mijn intrek neem in het keizerlijk paleis, waar wij thuishoren, in plaats van in het huis van een andere man?'

Gewillig laaft hij zich aan de gedachte dat deze goddelijke vrouw naar de Palatijn verhuist, voor altijd in zijn nabijheid. Het zal een verstandshuwelijk worden met haar bejaarde oom Claudius. Het nageslacht is er, ze is al bij voorbaat ontslagen van de huwelijkse vrouwenplicht. Ze zal niet zijn bedpartner, maar zijn regeringspartner worden. Kan de onzekere keizer niet alle hulp gebruiken? Claudius' positie is zwak. Hij regeert, maar op basis waarvan? Noch via zijn vader, noch via zijn moeder claimt hij directe afstamming van de bron, van Augustus. Angst, denkt hij, regeert nog steeds in Claudius' breekbare geest. Agrippina is zijn tegenpool, het heil waarop de staat Rome wacht. Overdag zal ze een keizerin zijn zoals er nooit een heeft bestaan, en 's nachts? Ze is nog jong. En ze is voorzichtiger dan Messalina. Ze zal een minnaar alleen in haar bed uitnodigen als ze zeker weet dat hij discreet en betrouwbaar is. En was er ooit een betrouwbaarder dienaar van de kroon dan de man die het staatsvermogen eigenhandig beheert?

Als ze hem alleen heeft gelaten, is er geen twijfel meer, alleen die ene opdracht die nu als een dringend keizerlijk mandaat zijn gedachten beheerst: Claudius moet met Agrippina trouwen voordat iemand anders het doet.

✦

Als hij later die middag Felix treft, heeft zijn broer onverwachte reserves.

'Maar dit is mijn grote kans. Hier heb ik op gewacht.'

'Agrippina is onbetrouwbaar.'

'En onweerstaanbaar, dat moet jij toch toegeven.'

'Je hebt een lieve en dienstbare vrouw thuis zitten.'

'Het spijt me zeer, Felix, maar ik heb er een beetje moeite mee om je serieus te nemen als adviseur in huwelijkse zaken. Luister, als ik Claudius zover krijg, zal ze bij mij in het krijt staan. Narcissus is de rechterhand van de keizer, ik kan die van hem én de keizerin worden.'

'Waarom zie ik dan aan je dat je zelf ook niet helemaal overtuigd bent?'

'Dat zie je verkeerd, broer.'

'Als ik niet beter wist zou ik denken dat je verliefd op haar bent.'

Hij schrikt, hij wil zo koel mogelijk reageren maar geeft daarmee juist weg dat Felix als altijd dwars door hem heen kijkt. 'Hoe kom je daar nu bij,' zegt hij uiteindelijk, maar het klinkt veel te verontwaardigd.

'Pallas... Hoe krijg je het voor elkaar! Luister, ik gun je de mooiste vrouwen die je je maar kunt wensen, maar Agrippina... Je moet bij haar uit de buurt blijven. Er is iets met haar, iets wat niet klopt. Ze is aantrekkelijk, maar er zijn zoveel mooie vrouwen. Zij heeft iets... Of eigenlijk heeft ze iets níét, medemenselijkheid. Haar ogen doen me altijd denken aan die van een roofdier, klaar om aan te vallen.'

'Dat ze nooit voor jouw charmes is gevallen, maakt haar nog niet kil.' Hij kan het niet geloven. Hoelang hoort hij al onvermoeibaar de sterke verhalen van zijn broer aan? Al diens veroveringen worden in geuren en kleuren beschreven en bejubeld, of het nu een dame van adel is of een hoer van de straat.

'Je denkt dat ik beledigd ben? Kom nou zeg!' Nu verheft Felix zijn stem. 'Ik wil je verdomme alleen maar waarschuwen.'

'Bedankt, ik red me prima.'

Felix kalmeert. 'Toe, broertje, ik meen het. Neem een keer iets van mij aan. Waarom zou ik liegen?'

Uit jaloezie? Kan Felix het simpelweg niet uitstaan dat Agrippina hém heeft gekozen?

'Ze is gevaarlijk. Ben je Messalina al vergeten? Weet je nog, dat ze zich afvroeg of Agrippina het lot een handje had geholpen? In die zaak met Crispus bedoel ik...'

'O ja, nu wil je zeker ook nog beweren dat Agrippina haar echtgenoot heeft vermoord? Dat waren nijdige kletspraatjes van jaloerse vrouwen, daar zou jij als geen ander doorheen moeten prikken. Je bent toch zo'n vrouwenkenner?'

Hij heeft dat verhaal over Messalina nooit serieus genomen. Crispus was rijk, charmant, een man van de wereld, met humor bovendien. Dat Messalina en Agrippina het niet met elkaar konden vinden was bovendien bekend. Messalina heeft het nooit goedgekeurd dat Claudius de verbanning van Agrippina heeft opgeheven. Verbitterd heeft ze het geaccepteerd, maar ze ergerde zich mateloos aan het opzichtige gedrag van de uit haar as herrezen prinses, waar ze voorgoed van af dacht te zijn geweest. Vanaf het moment dat Agrippina werd herenigd met haar zoon Lucius, bewoog ze zich naar de voorgrond. Lucius kwam onder de allesomvattende bemoeienis van zijn moeder te staan, terwijl hij tijdens haar ballingschap bij zijn tante Domitia Lepida, de moeder van Messalina, had gewoond. Ze was hem al bijna als haar eigen zoon gaan beschouwen, toen Agrippina hem weer meenam en introk bij Crispus. Het illustere paar gaf de beroemdste etentjes van Rome en toen Crispus naar het oosten moest, vergezelde Agrippina hem. Ze leefde een leven waar Messalina naar hunkerde.

Meer dan een jaar geleden overleed Crispus. De extravagante etentjes voor de Romeinse adel houdt Agrippina sindsdien op persoonlijke titel. Iedereen is in de veronderstelling dat Crispus een natuurlijke dood is gestorven. Het kan niet waar zijn, wat zijn broer ook beweert. Agrippina is eerzuchtig en weet wat ze wil, op het onbetamelijke af naar de maatstaven die voor vrouwen gelden. Maar ze is geen moordenaar.

'Geloof wat je wilt geloven, Pallas, maar je moet toegeven: het komt Agrippina wel erg goed uit dat ze zelf ook onlangs weduwe is geworden. Bovendien is er die enorme erfenis van tweehonderd miljoen sestertiën...'

De erfenis, hij had niet meer aan de erfenis gedacht. Toen ze veroordeeld en verbannen werd, waren al haar bezittingen en die van haar zoon in beslag genomen, maar ze had alles teruggekregen. Toch was ze niet zo rijk dat ze zich geen zorgen hoefde te maken over haar financiële toekomst. Zonder zich meteen gewonnen te geven vraagt hij voorzichtig: 'Dus volgens jou had Messalina gelijk?'

Felix kijkt hem vol medelijden aan, alsof hij wil zeggen: arme naïeveling.

'Dat Agrippina haar echtgenoot heeft vergiftigd om zich te kunnen verrijken en aan een betere toekomst voor haar zoon te kunnen werken? Natuurlijk is dat waar.'

'Ik geloof het niet.'

'Daarom weigerde Messalina ook naar de crematie te komen.'

Maar dat was toch niet meer dan lege rook?

Felix onderbreekt zijn gedachten alsof hij een voor een alle tegenwerpingen zijn hoofd uit wil werken. 'Uiteraard is er officieel nooit sprake geweest van een misdaad en er is nooit een onderzoek ingesteld.'

'Als je dat allemaal zo zeker weet, waarom heb je me hier dan nooit eerder iets over verteld?'

'Ach, wat doet het ertoe! Je kunt zo gevoelig zijn. Ik wilde het je besparen.'

'Besparen?' Hij schreeuwt bijna, maar hij weet niet of het komt door wat zijn broer zegt, of door de herinneringen die zich heel duidelijk aan hem opdringen. Hij weet het weer, ziet Messalina voor zich die honderduit klaagt tegen de keizer. Messalina die zich oprecht zorgen maakt. Niet over haar eigen veiligheid, maar over die van Britannicus. 'Hij is nog zo jong,' zei ze. 'Wie heeft jou, Claudius, eigenlijk ooit serieus genomen als kandidaat?' Ze was niet bang om de waarheid te spreken tegenover haar echtgenoot. Hij heeft zelf meegewerkt aan de val van Messalina. Zijn hoofd duizelt van de beelden die voorbijschieten. Is hij bespeeld? En zo ja, door wie? Agrippina? Narcissus? Beiden? Alle aannames die hij destijds deed, wankelen nu als vlotjes op de golven van zijn eigen herinneringen. Hij houdt het voor zich, gunt het Felix niet om zijn gelijk te halen.

Hij laat zijn woede doorklinken als hij antwoordt. 'Dus je vindt me een slappeling? Het is maar goed dat ik daar nu achter kom.'

'Ik heb je beledigd,' zegt Felix, die Pallas' ergernis alleen maar vergroot door hun vaste rollenpatroon om te draaien en de kalme en verstandige te spelen, terwijl bij hemzelf het bloed al kookt. 'Dat spijt me. Maar ik neem mijn woorden niet terug. Het is de waarheid.'

Het blijft stil, alles is gezegd. Hun gezamenlijke zwijgen kalmeert hem. Claudius is altijd de speelbal van zijn naasten gebleven, hoezeer hij zich er ook tegen verzette. Dat hij een feilloos gevoel voor staatsmanschap heeft laten zien, doet daar niets aan af. De donkere jaren van zijn jeugd blijven zich als een omgekeerde schaduw vooruitwerpen op zijn heden en zijn toekomst. Hij kan zich er zelf wel overheen zetten, dat ze hem zijn leven lang hebben gedwongen zich op de achtergrond te houden en geen publieke carrière te ambiëren, maar zijn familie doet dat niet. In hun hoofden is er nooit iets veranderd en als je goed kijkt, zie je het ze nog steeds denken: jij met je misvormde lijf, met je aangeboren spraakgebrek, wat heb je te zoeken op de troon? Zelfs in het purper wordt hij niet serieus genomen. En kronkelen de leugens zich als slangen om hem heen. Vroeger werd hij beschimpt, maar hield Claudius zich van de domme uit strategische overwegingen. Nu is hij keizer en wettelijk onaantastbaar, maar wordt er achter zijn rug om nog steeds op hem gespuugd.

Dan verbreekt hij de stilte. Nauwelijks hoorbaar, op fluistertoon, vraagt hij: 'En de keizer weet van niets?'

Felix zucht, legt zijn hand op Pallas' schouder. 'Dat spreekt vanzelf.'

✦

In de middag, als het werk klaar is, verlaat hij de Palatijn en wandelt samen met Felix naar het badhuis op het Marsveld. Hij heeft behoefte aan lichaamsbeweging, en aan een schoon lijf. Of een schoon geweten, of misschien beide.

‘Trigon?’ Zo gaat het altijd. Een beetje dollen en alles is weer vergeten. Het is goed zo, als hij zich in de lommerrijke tuinen van de Thermen van Agrippa overgeeft aan het sporten en het baden, is er heel even geen plek voor beslommeringen. Op het *sphaeristerium* zoeken ze een derde persoon, maar ze treffen het sportveld leeg aan, zodat ze besluiten om simpelweg wat over te gooien. ‘Kun je het aan vandaag? Je lijkt er met je hoofd niet bij,’ lacht Felix.

Hij wil het niet meer over Agrippina hebben. Hij heeft geen zin om zich op te winden en ook niet om Felix weer kwaad te maken. Hoeveel hij ook om hem geeft, hij heeft besloten om niet meer alles met hem te delen. Als Agrippina hem weer benadert, zal hij het voor zich houden. Claudius mag Felix graag, hij houdt van dat jongensachtige, dat onverantwoordelijke. ‘Weet je zeker dat jullie bij dezelfde moeder vandaan komen?’ De vraag wordt hem tot vervelens toe gesteld. Het is ongetwijfeld lollig bedoeld, maar hij ergert zich eraan. Wat wil Claudius ermee zeggen? Dat hij ook wat vaker gokspelletjes moet spelen of met hem naar de races moet gaan? Natuurlijk niet. Niemand wil dat zijn boekhouder dobbelt, zuipt en op paarden wedt. De keizer kan zich overgeven aan zijn gokverslaving dánkzij hem. Zo zijn de rollen verdeeld. Met Felix kan Claudius lol maken, maar híj is zijn geweten, de opgeheven vinger die de pret komt bederven.

Even later liggen ze samen in het warmwaterbad, in de stomerige ruimte vol jongetjes die, handdoeken, olieflesjes en schraapijzers in de hand, verveeld tegen de muren leunen, klaar om toe te snellen.

‘Hoe gaat het met Drusilla?’ Hij weet dat het antwoord niet eenvoudig, niet luchtig zal zijn. Het huwelijk van zijn broertje is al vanaf de dag dat ze de gelofte hebben afgelegd een drama. Drusilla is een niet al te aantrekkelijke, eeuwig ontevreden vrouw die zich in Rome niet meer thuis heeft gevoeld sinds haar tweelingbroer in opdracht van Caligula werd vermoord. In een onwaardig huwelijk verbonden aan een ex-slaaf waant ze zich een gevangen oosterse prinses in ballingschap. Het is voor haar een nederlaag en een schande, en dat laat ze Felix elke dag merken. Tot overmaat van ramp is het huwelijk al die tijd ook kinderloos gebleven.

'Ze is geen spat veranderd, als je dat soms bedoelt.'

Hij werpt hem een bezorgde blik toe.

'Als je het echt wilt weten... Ik houd het denk ik niet langer uit in dat huis. Ik wil weg.' Felix' stem klinkt ernstiger dan hij van hem gewend is.

'Weg? Hoe dan? En waar zou je naartoe gaan?'

'Het maakt me niet uit, als ik maar even uit de buurt van haar ben. En van Rome. Van het paleis. Van alles, van mijn saaie, voorspelbare leven.'

'Weet je, mensen noemen dit de meest geweldige stad ter wereld,' probeert hij.

'Jij, niet mensen. Jij noemt het zo.'

Hij ziet in een oogwenk dat er geen ruimte is voor discussie, dat zijn broer zijn besluit allang heeft genomen. Het is ook eigenlijk zo'n slecht idee nog niet: als Felix hier blijft zal het niet minder worden, het gokken, het drinken. Hoelang zal hij er nog mee wegkomen? Zonder tegenwerpingen te geven zegt hij: 'Misschien is dat wel goed...'

Felix kijkt hem verbaasd aan. 'Kun je niet wachten?' Dan weergalmt zijn harde lach in de dikke, vochtige lucht.

Pallas vertrekt geen spier. Hij moet mild blijven, niet opgeven. 'Je weet best wat ik bedoel.'

'Het zou mooi zijn als ik een post in het buitenland kreeg toegewezen.'

'Kan je echtgenote die niet voor je regelen?' vraagt hij.

Misschien kan hijzelf wat voor zijn broer betekenen. Terwijl hij er alleen maar aan denkt, stijgt zijn zelfvertrouwen al. Heeft Agrippina deze kant van hem wakker gekust? Hij voelt zich in elk geval zelfverzekerd genoeg om haar om een gunst te vragen.

'Allicht, maar als het even kan wil ik haar graag hier laten. Dat zal ze niet waarderen.'

Hij geeft zijn broer een knipoog. 'Ik zal Andromeda vragen haar af en toe thuis uit te nodigen.'

'Als ze me maar niet naar Africa sturen. Dan wil ze straks nog echt mee ook. Ik hoor niets anders, dag in dag uit, dan klaagzangen over hoe ze haar thuisland mist.'

Drusilla is een kleindochter van Cleopatra, geboren in de Sahara en samen met haar broer Ptolemaeus op een schip naar Rome gezet toen haar moeder stierf. De Palatijn is een web van internationale dynastieke betrekkingen, een ontmoetingsplek van rijke jongelui van stand. Koningen van over de hele wereld sturen hun kroost naar het hof, en de meesten komen verloofd terug naar huis.

Felix gaat er blijkbaar van uit dat het hem allemaal aan zal komen waaien.

'Nog meer eisen?' Hij klimt uit het bad, voelt zich herboren.

Als hij onder het eerste zwakke maanschijnsel terugkeert, zijn alle lichten al aangestoken. Andromeda zit te lezen – haar haren in een knot, in een lichtpaarse mantel van wol. Het handjevol slavinnen dat ze in dienst heeft, houdt zichzelf ondertussen bezig: water schenken, een schaaltje vijgen aanvullen, om maar niet te lanterfanten, hoewel Andromeda niet het type is dat hen zou berispen. Ze schieten in de houding als hij binnenkomt. Hij maakt er een gewoonte van iedereen die hij in dienst heeft persoonlijk te begroeten, waarbij hij zorgvuldig hun naam uitspreekt.

Andromeda kijkt op. 'Wat ben je vroeg?'

'Wilde je liever dat ik nog even wegbleef?'

'Het valt me op, gaat alles goed?'

'Er zijn ontwikkelingen op de Palatijn. Goede ontwikkelingen. Vandaag heb ik gesproken met Agrippina.'

De slavinnen kijken op bij het horen van die naam. De dames van de Palatijn zijn beroemdheden onder vrouwen van alle standen. Ze volgen hun kledingstijl, ze dragen hun haren op dezelfde manier, ze laten hun juwelen in goedkope materialen nabootsen. Andromeda spitst haar oren, als een waakhond.

Hij wil verder vertellen, maar wordt onderbroken door de binnenkomst van de kinderen. Ze omhelzen hem met hun gebruikelijke enthousiasme, waarna Antonia meteen naar haar moeder loopt en haar gezicht in haar armen begraaft, terwijl de jongens, Marcus van twaalf en Tiberius van zeven jaar oud, wat rond blijven hangen en elkaar duwtjes geven.

'Je vader heeft vandaag Agrippina ontmoet,' zegt Andromeda tegen haar dochter, die meteen een paar grote ogen opzet.

'Echt? Hoe was ze, vader? Was ze aardig? En wat had ze aan?' Antonia friemelt aan haar pop, die ze tegenwoordig overal bij zich draagt. Nieuwsgierig en schaamteloos stelt ze de vragen die allen op de lippen branden.

'Nou, vertel het ons, wat droeg de dame?' Andromeda legt een zweem van wantrouwen in haar woorden.

Denkt ze dat hij dat niet opmerkt? Of is het juist de bedoeling dat hij dat doet? Ze is altijd zo zwijgzaam, maar er ontgaat haar niets. Een houding die ze zichzelf heeft aangeleerd op de Palatijn. Maar ze is geen slavin meer, ze moet zich als een dame leren te gedragen. Was ze maar wat directer. Dan zou hij niet steeds zo in het duister tasten. Was ze maar wat meer als Agrippina. Hij drukt de gedachte weg.

'Jullie vrouwen ook altijd,' verzucht hij terwijl Antonia bij hem op schoot klimt. 'Welke kleding ze droeg, lieve goden, daar let een man toch niet op? Bovendien is het onbehoorlijk van je om zoiets te vragen. Je moet beter op je woorden passen, jongedame.' Lang kan hij de teleurstelling op haar gezichtje echter niet verdragen. 'Goed dan. Ze droeg geloof ik iets roods... Ja, een karmozijnrode stola was het. Afgezet met zilver, of parels. Zoiets.'

'Parels!' Antonia klapt in haar handen, blij met elk kruimeltje dat hij haar toewerpt. 'En haar kapsel? Welke juwelen droeg ze?'

'Ik zal volgende keer beter opletten. Of ik neem een secretaris mee, dan kan hij precies noteren welke ceintuur ze droeg, en hoe hoog die zat.'

Hij geeft zijn dochter een aai over haar hoofd. Ze glimlacht, maar met lichte teleurstelling in haar ogen.

'Kom, nu even verdwijnen, kinderen.'

Hij is gewend alle zaken met zijn vrouw te bespreken. Hij weet dat hem dat een ongebruikelijk soort echtgenoot maakt. 'Waar zou je het ook in hemelsnaam met ze over moeten hebben?' zeggen hoge heren tijdens hun dinertjes tegen elkaar, terwijl ze proesten van het lachen. De laatste tijd voelt hij de behoefte zich te gedragen zoals die mannen, en zijn vrouw in onwetendheid te laten.

Hij wacht tot Gaia de kinderen mee heeft genomen naar het achterhuis. Dan zegt hij kalm, maar op geërgerde toon: 'Wil je nog weten waarom ze me kwam bezoeken?'

Ze ontdooit, laat de wapens zakken, hij ziet het in een oogwenk en voelt hoe ook zijn eigen vijandigheid afneemt. Kan hij het haar kwalijk nemen? Agrippina's schoonheid is geruchtmakend, alle vrouwen praten erover. Onwillekeurig maakt zich een schuldgevoel van hem meester. Niet eens vanwege de kus, zelfs niet vanwege zijn gevoelens. Agrippina is een wereld verwijderd van de vrouw die Andromeda is. Het is alsof hij, doordat zijn verlangen zich uitgerekend op die halfgodin richt, zijn eigen vrouw op wel duizend manieren verloochent.

Hij zwakt zijn verslag af, tot alleen de zakelijke feiten overblijven: 'Ze heeft mijn hulp gevraagd. Ze wil met Claudius trouwen.'

Andromeda trekt haar wenkbrauwen omhoog. 'Waarom zou ze dat willen, met die oude man!'

'Die oude man is de keizer van Rome.'

Hij bedoelt haar niet zo op haar plek te zetten, maar hij wil dat ze het meteen begrijpt.

Hij zucht zijn ongeduld weg en begint het haar uit te leggen op een manier die haar wel moet aanspreken. 'Luister, als dit me lukt, als Claudius op mijn aanraden met haar trouwt, dan betekent dat voor mij een flinke promotie. We zullen het goed hebben, nog veel beter dan nu. De goden zullen het bepalen, maar misschien kunnen we ons binnenkort zelfs een buiten permitteren, iets moois op een dag reizen van Rome.'

Het is een van hun meest terugkerende gespreksonderwerpen: het wel of niet aanschaffen van een buitenhuis. Hij houdt van de stad, maar er is ook dat sluimerende verlangen naar een leven op het land, te midden van het zachte gras en het lover dat hij zich nog vaag van zijn vroege jeugd kan herinneren. Later, zegt hij al jaren tegen zijn vrouw, als het werk klaar is.

'Ze heeft wel lef,' zegt Andromeda. 'De asresten van de brandstapel smeulen nog na op het Marsveld. Ik bid dat Jupiter de Almachtige de blik van Messalina, waar haar geest ook ronddwaalt, zal afwenden als het tot een huwelijk tussen die twee komt.'

Waarom reageert ze niet op wat hij zegt? Snapt ze het niet, of is ze inmiddels zo verwend dat ze er niet meer van opkijkt? Droomt ze eigenlijk nog wel van een oude dag op het platteland met hem, of mag hij zich de moeite ook wel besparen?

'Wat een onzin. De schim van Messalina zal zich in het hiernamaals verheugen dat er een nieuwe moeder voor haar kinderen komt.' Hij zegt het, maar hij weet dat het niet waar is. Als Messalina de Palatijn nog kan gadeslaan, dan is dat ongetwijfeld vanuit de hel: het zou een kwelling voor haar zijn die niet onderdoet voor die van Tantalus of Sisyphus. Ze is er niet meer om Britannicus in bescherming te nemen.

'Nieuwe moeder? Ze heeft zelf toch ook een zoon? Ze zal de kroonprins in een mum van tijd vergeten. Of erger, verwaarlozen. Ik heb met dat arme jong te doen.'

Hij zwijgt. Wat moet hij hier nog op zeggen?

✦

In de weken na de dood van Messalina hangt er een gespannen sfeer in het paleis. Geruchten worden gefluisterd, maar niemand durft Claudius persoonlijk te vragen hoe het nu verder moet. De staf vervult geruisloos en routinematig zijn taken, terwijl de keizer zich in stilte bezint, alleen, in zijn bibliotheek. Hij trekt zich terug en leest, schrijft, leest en schrijft. Hij ontvangt alleen het hoognodige bezoek, onthoudt zich van zijn geliefde drinkgelagen en laat de speelstenen onaangeroerd. Degene die hem het meest ziet is Xenophon, zijn nieuwe bibliothecaris, een ijverige man voor wie de keizer niet zoveel genegenheid voelt als voor Polybius, die is overleden. Hij zoekt ook niet meer naar zo iemand, hij is opgehouden met nieuwe mensen te zoeken, zoals oude mensen ophouden met vooruitkijken en zich wentelen in de weelde van vroeger, dat wat verloren ging, maar vertrouwd is.

Een nieuwe bruid is het laatste waar de keizer behoefte aan heeft, maar als Pallas ernaar vraagt verzekert Narcissus hem dat er snel een vergadering over zal volgen, precies zoals Agrippina heeft aangevoeld.

'Caesar heeft laten vallen dat hij jou er graag bij heeft. Ik zou me goed voorbereiden,' zegt Narcissus. 'Zoveel ervaring heb je niet met dit soort zaken.'

Pallas glimlacht. 'Kunnen we hier niet mee ophouden?'

Narcissus zit alweer met zijn puntige neus in zijn documenten en geeft geen antwoord. Pallas schudt zijn hoofd en laat het gaan. Zijn tijd komt nog wel, en als het zover is zal Narcissus spijt hebben dat hij hem als derderangs slaaf heeft behandeld. Als hij inderdaad de kans krijgt zich tegenover de keizer uit te spreken, zal hij voor Agrippina pleiten alsof zijn leven ervan afhangt.

Felix is bijgedraaid. Misschien ziet hij in dat het voor hemzelf ook voordelig kan zijn, als zijn broer straks echt in de gunst van Agrippina komt.

'Ben je niet bang dat Claudius zo zijn eigen voorkeur heeft?' vraagt hij als ze aan het einde van een werkdag samen de Palatijn af wandelen.

Zijn broer blijft een onverbeterlijke romanticus. 'Het is een zuiver politieke kwestie, Felix. Voor frivoliteiten als de liefde is in zijn leven geen ruimte.'

'Nee, allicht niet. De man is natuurlijk niet om aan te zien, en dan heb ik het niet over zijn rimpels en zijn haargrens... Al dat gestuntel van hem, arme vent. Wie klimt daar nu vrijwillig bij in bed?'

Pallas kijkt om zich heen.

'Ach, maak je niet druk, wat als iemand me hoort? Ik zeg heus niets nieuws.'

'Ik bedoelde: hij heeft het zich nooit kunnen permitteren om zich daarmee bezig te houden,' zegt Pallas. 'En nu is er al helemaal geen reden meer voor.'

'Ik hoop voor jou, en vooral voor die lieve vrouw van je, dat je dat niet echt meent... Maar goed, wie weet waar die oude man aan denkt, als hij 's nachts alleen in bed ligt.'

'Laten we hopen dat hij zich afvraagt uit welke verbintenis hij nu het meeste strategische voordeel kan halen.'

Laat in oktober, als de soldatenwapens al gezuiverd zijn en opgeslagen voor de winter, roept Claudius hem op een ochtend bij zich. Narcissus is er ook, en Callistus. Is dit het moment? Zijn ze hier om de keizer een nieuwe vrouw te bezorgen? Grote gebeurtenissen voltrekken zich altijd op zomaar een dag, zomaar een ochtend, en meestal heb je het pas achteraf in de gaten, zoals bij zijn vrijlating. Staat hij nu, net als toen, op een keerpunt? Narcissus en Callistus hebben al jaren een vaste plek in de heilige adviesraad van de keizer, maar hij is er nog altijd niet doorgedrongen. Destijds met Messalina speelde hij een bijrol. Daarna heeft hij zich steeds tevreden moeten stellen met een gesprekje hier, een uitnodiging daar. Hij heeft nooit een andere keuze gehad dan wachten.

Maar aan de andere kant: heeft hij niet hard genoeg gewerkt om een grotere rol te kunnen spelen, om meer invloed te krijgen? Is het niet vanzelfsprekend dat hem dat dichter bij de keizer heeft gebracht? Hier is hij dan. Hij moet op zijn hoede zijn, hij zal zijn verantwoordelijkheid nemen en zich uitspreken. Het is nog niet te laat. Hij weet niet precies met welke agenda Narcissus en Callistus de kamer zijn binnengetreden, maar wel dat ze van hem weinig te vrezen denken te hebben.

Als Claudius binnenkomt, buigen ze. De keizer heet hen met wat somber gemompel welkom en kondigt de te bespreken agenda aan. Even trekt er een siddering door zijn lijf als zijn vermoedens bevestigd worden. Claudius is er klaar voor om de mogelijkheden van een huwelijk te bespreken, en Callistus krijgt als eerste het woord.

'Het is mij een eer u Lollia Paulina aan te bevelen, Caesar. Het lijkt me een even logische als gepaste keuze.'

Hij had kunnen weten dat Callistus met haar op de proppen zou komen. Ze is een van Gaius' voormalige vrouwen, en hij was Gaius' vrijgelatene.

'Ze is al eens met een keizer getrouwd geweest,' voert Callistus aan, 'dus ze kent haar weg in het paleis en is vertrouwd met alle gebruiken en plichten die er bij die positie komen kijken. En ze is rijk en van goede komaf, ik hoef u niet te vertellen dat ze de dochter is van de gerespecteerde senator en voormalige consul Marcus Lollius. En wat te denken van de moederlijke bloedlijn? Volusia was een volle nicht van Tiberius.'

Pallas ziet aan Claudius' gezicht dat vooral het laatste argument hem aan het denken zet. De keizer is gevoelig voor het afstammingsverhaal.

'Zijn jullie Aelia Paetina nu al vergeten?' zegt Narcissus verontwaardigd. Hij is duidelijk beledigd dat hij, als vertrouweling van de keizer, niet als eerste het woord heeft gekregen. Narcissus is de enige in de ruimte die door Claudius persoonlijk is vrijgelaten. 'Zij is ook al eens met een keizer van Rome getrouwd geweest, maar dan wel met een fatsoenlijke keizer! Zij kent net zo goed als Lollia Paulina haar weg in het paleis. Wat zeg ik, beter. Bovendien is een huwelijk met Gaius nu niet bepaald een aanbeveling te noemen voor een vrouw, of wel?' De vraag blijft hangen terwijl iedereen naar Callistus kijkt.

'Gaius was een groot man, voordat hij in de ban van zijn ziekte raakte. Ik was een van zijn meest loyale vrienden,' zegt Callistus uiteindelijk.

'Was dat vóór of nadat je besloot om hem te vermoorden?'

Callistus lijkt steeds kleiner te worden. Claudius heeft hem vergeven voor zijn aandeel in de samenzwering. Maar de smet is gebleven, en Narcissus maakt er dankbaar gebruik van.

'Aelia Paetina is de moeder van Claudia Antonia, uw oudste dochter, is dat niet al reden genoeg om aan haar de voorkeur te geven? Met oprechte moederliefde kan zij toezien op de verdere opvoeding van Britannicus en Octavia, nu Messalina er niet meer is.'

'Wat een onzin,' zegt Callistus. 'De moeder die geen voorkeur heeft voor haar bloedeigen kinderen moet nog geboren worden. Aelia Paetina zal nooit kunnen verhullen dat Britannicus en Octavia slechts haar stiefkinderen zijn. Lollia Paulina heeft zelf geen kinderen – zij kan haar moederhart zonder voorwaarden schenken aan de kinderen van de keizer. Caesar is destijds toch niet voor niets gescheiden van Aelia Paetina?'

'Hmm.' Er klinkt een grom als van een wild dier. Het is het donkere stemgeluid van de oude keizer, dat zo indrukwekkend is dat ze er alle drie van opschrikken. Pallas is er niet aan gewend de keizer zulk persoonlijk advies te geven. Hij heeft ook geen idee hoe dit soort bijeenkomsten toegaan en hij wil koste wat kost voorkomen Claudius te beledigen.

'Wat zijn jouw gedachten hierover, Pallas?'

'Met alle respect, Sire, hij is niet uw adviseur.' Narcissus.

'Maar ik zou zijn mening graag horen. Waarom denk je anders dat ik hem heb laten komen, mijn beste jongen?'

'En ik ben meer dan bereid u mijn mening te geven, Sire. Want beide vrouwen zijn van goede komaf en hebben al een nauwe band met het keizerlijk huis, maar het komt erop neer u af te vragen welke verbintenis het meeste voordeel brengt, in de breedste zin van het woord.'

Hij pauzeert, schraapt zijn keel – hij weet dat zijn voorstel op z'n minst als ongebruikelijk gezien zal worden, en in het ergste geval als impertinent.

'Mag ik vrijuit spreken, Caesar?' vraagt hij.

'Daarom ben je hier,' antwoordt Claudius kortaf.

'Ik ben van mening dat er nog een derde kandidaat is, die tot nu toe onbesproken is gebleven.'

Hij laat een stilte vallen, probeert de bedenkelijke blikken van Narcissus en Callistus, die hij in zijn ooghoek ziet, te negeren.

'Houd ons toch niet langer in spanning, jongen. Mijn oude hart is zwak. Welke vrouw is volgens jou voornaam genoeg om keizerin te worden?'

'Julia Agrippina, de dochter van Germanicus Julius Caesar.'

Pallas spreekt haar naam zo luid en duidelijk uit dat iedereen half verwacht dat Agrippina nu in eigen persoon binnen komt lopen.

Met opzet noemt hij haar familienaam. Julius Caesar. Narcissus, Callistus, de keizer, ze kijken hem met ontzetting aan. Het lijkt of ze het alle drie niet hadden zien aankomen. Zien ze niet hoe logisch dit is?

'Er is maar één vrouw die illuster nageslacht met zich meebrengt. Door de kleinzoon van Germanicus in huis te halen, zal de keizer zich nog sterker binden aan de Julische familie. Het is een aimabele jongen, en hij is ouder dan Britannicus. De macht van de familie staat op het spel.' Dan zet hij een stap in de richting van de keizer en kijkt hem indringend aan. 'U en ik gaan ver terug, Sire. We hebben het allemaal meegemaakt. Het gouden regime van de vergoddelijkte Augustus, het gestuntel van de ongelukkige Tiberius, de spilzucht van uw waanzinnige neef Gaius. Zij regeerden. Elk op hun eigen manier, maar ze regeerden. Ik kan niet helpen dat deze vraag steeds in mij opkomt: wat bindt deze drie mannen?'

Claudius kijkt weg. 'Ze hebben me altijd aan de kant geschoven. Ik moest toekijken, als iemand die in de coulissen van het theater het schouwspel van de kant van de acteurs beziet, maar er niet aan deelneemt.'

'Uw adviseurs durven u de waarheid niet te vertellen, Sire, dus ik zal het doen. De waarheid is dit: u werd niet geboren met de familienaam van de eerste keizers van Rome, en hij werd u ook niet per adoptie aangeboden. U heeft nog niet eens een aanbevelingsbriefje van een van uw voorgangers.'

Hij peilt de reactie van de keizer. Claudius staart voor zich uit, langs hem heen, alsof hij verwacht dat er elk moment iemand anders binnen kan lopen. Dan kijkt de keizer hem aan en haalt diep adem. Misschien is dit het moment waarop het tot Claudius doordringt dat Agrippina's zoon zijn enige hoop is op een veilige troonswissel binnen zijn familie.

'Moet ik het overduidelijke verduidelijken? Agrippina is de dochter van zijn broer!' Narcissus schreeuwt het bijna en loopt rood aan. 'Caesar zou de nagedachtenis aan Germanicus nooit bezoedelen door met diens dochter te trouwen. En als eergevoel hem niet zou tegenhouden, dan doet de wet dat wel. Ik geef toe dat Rome een smerig zedeloos oord kan zijn, maar gelukkig hebben we nog het morele besef om een huwelijk tussen een oom en zijn nichtje te verbieden.'

Nu moet hij doorzetten.

'De keizer bepaalt de wetten. Agrippina is een vermogende, aantrekkelijke weduwe, hertrouwen zal ze, en snel. We moeten er toch niet aan denken dat zij samen met haar jonge en geliefde zoon haar intrek neemt in het huis van een of andere ambitieuze senator?'

Het zijn bijna letterlijk de woorden van Agrippina.

'Maar de keizer draagt zelf toch al de naam van Julius Caesar,' probeert Callistus nog.

'Je dwingt me om Caesar met de neus op de feiten te drukken, Callistus. We weten allemaal dat er nooit een officiële adoptie heeft plaatsgevonden, dat Caesars positie wankel is geweest vanaf het begin, omdat hij als niet-Julische Claudiër op de troon zit.'

Hij wendt zich triomfantelijk tot de keizer, die zijn hand om zijn kin heeft gelegd. Narcissus en Callistus zijn met stomheid geslagen.

'Misschien heb je gelijk, Pallas. Een huwelijk tussen mij en mijn nicht kan de bloedlijnen zo innig met elkaar verweven dat ze onverwoestbaar worden, en ons bovendien zegenen met een zekere toekomst dankzij onze twee erfgenamen, Lucius en Britannicus. Ik zal snel een besluit nemen.' Hij stuurt zijn adviseurs weg.

'Weet je zeker dat je je niet te veel hebt laten influisteren door Agrippina, Pallas? Hoe goed ken je haar eigenlijk?' De keizer hoort hen niet meer, ze hebben hem peinzend achtergelaten.

'Hoe goed ken jij die slavinnetjes eigenlijk, die jou dit soort achterbakse roddels vertellen?' zegt Pallas.

De ogen van Narcissus zijn rood.

'Het is toch allemaal waar,' gaat hij verder. 'Claudius werd nooit geadopteerd, maar toen de pretorianen hem zijn steun gaven eigende hij zich de familienaam gewoon toe, als titel, als was het een toga die hij zo aan kon trekken. Dat was slim, maar als wij weten dat het slechts een gordijn is, dan weet heel Rome dat. Geadopteerde troonopvolgers, dat zijn de mensen wel gewend, maar een eenzijdige benoeming door de pretorianen is een fragiele basis, feitelijk is het een coup.'

Narcissus zet een stap dichterbij en heft zijn vinger. 'Pas op je woorden, Pallas, als je je schuldig maakt aan majesteitsschennis heb ik geen andere keuze dan je aan te geven.'

Hij is niet onder de indruk. 'Wat ik wil zeggen is dat bloed niet telt. Alleen maar het idee van het keizerschap, van de voortzetting van de lijn. Daar gaat het om. En je moet toegeven dat Agrippina de beste troef in handen heeft. De jongeheer Lucius brengt zekerheid naar de Palatijn.'

Narcissus laat zijn oogleden een beetje zakken en zegt bijtend: 'Wat een zegen voor Caesar, dat hij zo'n feilloos politiek strateeg heeft aangetrokken.'

'We zullen zien, wat hij besluit. Maak je geen zorgen, Narcissus, er is plaats voor ons allebei.'

'Dat betwijfel ik,' antwoordt Narcissus.

✦

Sinds kort is Agrippina weer vaker op de Palatijn te vinden, alsof ze zich vast voorbereidt op haar verhuizing. Daar treft hij haar aan, onder een van de zuilengalerijen, de haren losjes ingevlochten, terwijl ze luistert naar een van haar vrijgelatenen die dramatisch uit Vergilius aan het voorlezen is. '*Vreselijke hartstocht, waartoe drijf je al niet de harten der mensen!*'

Hij wordt aangekondigd, de vrijgelatene onderbreekt de voordracht en de dienstmeisjes rechten hun rug. Agrippina staat op, maakt een handgebaar naar haar gevolg, als waren het hondjes die zich nu even koest moeten houden. Ze loopt op hem af en kijkt hem verwachtingsvol aan, onzeker, zwak. Ze struikelt bijna over haar jurk, die een prachtige kleur heeft, tussen diepblauw en violet in, als ze van een travertijnen trapje loopt. Agrippina heeft op hem zitten wachten en daar is ze niet goed in. De rollen zijn omgedraaid vandaag, en hij geniet van de macht die hem dat geeft. Hij weet het nu zeker, dat die zelfverzekerde kant van hem door haar naar buiten wordt getrokken, dat hij als vanzelf door enkel haar fysieke aanwezigheid verandert in iets waar zij naar verlangt, omdat hij door haar begeerd wil worden.

'En?'

Hij maakt een kleine knik met zijn knieën, ter begroeting. Of eigenlijk om haar nog verder te tarten, nu hij ziet hoe ongeduldig ze is.

'De keizer zal snel instemmen.'

‘Waarom is hij dan nog niet naar me toe gekomen?’ Ze lijkt zelf van haar stemvolume te schrikken.

‘Heb geduld,’ zegt hij opzichtig fluisterend. ‘Hij zal komen. Er moeten regelingen getroffen worden, begrijpt u.’

‘Allicht. Zeg hem dat ik wel eis dat hij me op zijn minst om mijn hand komt vragen. Een schande als ik erom moet zeuren.’

‘Andere maatregelen, bedoel ik. Wettelijk. Ziet u, het huwelijk is onder de huidige wetgeving niet legaal.’

‘Ach, kleinigheden. Claudius is altijd een muggenzifter geweest als het om de wet gaat.’

‘Desalniettemin... Het is van belang de senaat erbij te betrekken.’

Ze kijkt naar haar voeten, dan weer naar hem. ‘Goed, goed. Maar hij heeft ingestemd, dat weet je zeker, toch?’

‘Wellicht is het goed als u de keizer zelf nog eens... opzoekt. Het kan geen kwaad om eventuele sluimerende twijfels weg te nemen.’ Hij staat versteld van zichzelf. Hij was niet van plan geweest haar dit te zeggen, maar voelt dat het bewondering wekt.

‘Je bent sluwer dan de meesten zich realiseren, Pallas.’

Hij hoopt dat ze het als compliment bedoelt, en dat ze nog niet is uitgepraat. Maar dan verbreekt ze de betovering abrupt door zich om te draaien. Hij kijkt naar Philumena, een van de slavinnen die al net zo lang in het paleis werkzaam is als hijzelf, en maakt een gebaar naar haar. Philumena bloost, snelt geruisloos naar hem toe en wandelt dan rustig met hem op richting de deur, als om hem uitgeleide te doen.

‘Philumena, jij hebt als meisje in Antonia’s atelier gewerkt, toch? Kun je me vertellen waar die prachtige jurk van je meesteres van is gemaakt?’

De blos op Philumena’s wangen trekt zich al terug, ze had blijkbaar een spannender gesprek verwacht.

‘O, dat is verschrikkelijk duur, meneer. De kleur is uiterst bijzonder. Er zijn allerlei soorten blauw verkrijgbaar, maar dit resultaat bereik je alleen door het gebruik van kokanjes, kleine bolletjes kleurstof die worden gewonnen uit prachtige wedeplanten uit India.'

Hij neemt zich voor een bestelling te plaatsen in een van de betere ateliers. 'Al het mooie van vrouwen is tegelijk ingewikkeld, is het niet?' Hij geeft haar een knipoog, het roze kruipt in een razend tempo terug op haar wangen.

Ze maakt een buiging, zegt 'Tot uw dienst' en snelt terug naar haar meesteres, waar ze zich als een nimf bij Diana op de grond vlijt.

Hij stuurt Abascantus terug naar Felix, die de zaken vandaag voor hem waarneemt. Zelf loopt hij naar Claudius' ontvangstruimte, waar de hoge gast al is gearriveerd. Als hij binnenkomt, ziet hij Narcissus bij de keizer staan. Vitellius draait zijn hoofd naar hem, neemt hem minachtend op en zegt dan tegen de keizer: 'Is het werkelijk noodzakelijk dat ze erbij zijn, al die ex-slaven van u?'

Vitellius gaat al een aantal keizers mee. Hij kent hem nog als goede vriend van Antonia, en van zijn korte verblijf op Capri. Toen was hij nog vriendelijk, maar Vitellius is arrogant geworden. Hoewel *liberti* altijd bij het hof hebben gehoord, is Claudius de eerste die zijn vrijgelatenen zo schaamteloos, zo prominent aanwezig laat zijn en zo dichtbij laat komen. De oude aristocraten, die de stellige overtuiging hebben dat slaven inferieur bloed door de aderen stroomt, een smet waar zoiets banaals als vrijlating niets aan af kan doen, zullen er waarschijnlijk nooit aan wennen. Lucius Vitellius is niet als aristocraat geboren. Hij is drie keer consul geweest, een buitengewone eer die je slechts door de keizer in eigen persoon gegund kan worden. Dit jaar bekleden zijn twee zonen het ambt van consul. Vitellius is nieuwe adel, en dat is het meest fanatieke soort.

'Ze zullen je niet in de weg zitten, Lucius. Ze zijn op de hoogte. En bovendien vertrouw ik ze als mijn eigen familie.'

De gesoigneerde senator bindt in, te nieuwsgierig naar de reden van zijn bezoek. Claudius knipt met zijn vingers en er komen meteen drie slaven opdraven. De een draagt een speelbord op een tafeltje, de andere twee dragen allebei een krukje.

De keizer nodigt zijn vriend uit om plaats te nemen. 'Laten we spelen.'

'Met genoegen, Sire.'

'Omdat ik in een goede bui ben, mag jij de inzet bepalen,' zegt Claudius met een glimlach.

Vitellius wenkt zijn secretaris, die een zakje munten op het tafeltje leegschudt.

'Hmm.'

'Meer heb ik niet bij me, Sire.'

'Neem volgende keer wat meer mee, wil je? Het moet wel interessant blijven.'

Ze spelen het Spel van de Soldaten, op een speelveld dat verdeeld is in vierkanten. Een van de slaafjes overhandigt twaalf zwarte ronde speelsteentjes van glas aan de keizer, en dan twaalf witte aan Vitellius. 'Geheel in overeenstemming met mijn aard ben ik altijd zwart,' zei Claudius vroeger tegen Pallas, toen hij nog een jonge slaaf was en ze dit spel vaak samen speelden. Beurtelings plaatsen de keizer en Vitellius hun steentjes op het speelveld.

'Lucius, hoe staat het met je onderzoek?' komt Claudius meteen ter zake. Lucius Vitellius is een paar maanden geleden, samen met de keizer zelf, aangewezen als censor. Bij de vijfjaarlijkse census worden de lijsten bijgewerkt van de Romeinse burgers, en hun vermogens worden geschat om een basis te hebben voor de belastingheffing. Maar er is meer dan alleen de administratie. Een van Vitellius' taken is het onder de loep nemen van de morele gedragingen van alle leden van de senaat.

'Geen bijzonderheden tot zover, Caesar.'

'Ach, kom! Een van de hoge heren zal toch wel een lijk in de kast hebben, of niet soms?'

'Niets wat we niet, omwille van de toekomst, beter door de vingers kunnen zien.'

Feitelijk is Vitellius bezig geweest chantagemateriaal voor de keizer te verzamelen. Wetenswaardigheden, zaken die hij achter de hand kan houden.

'Mooi zo.' Claudius is tevreden, hij weet dat ze het nodig zullen hebben. 'Dan kunnen we het over belangrijker zaken hebben.'

Alle steentjes zijn nu over het speelveld verdeeld, de keizer mag de eerste zet doen.

'Welke belangrijke zaak heeft u in gedachten, Sire?'

'Mijn huwelijk, beste Lucius.'

Tik, tik, tik. In een oogwenk verslaat Claudius de eerste witte stenen, drie tegelijk. Zelfgenoegzaam haalt hij ze van het bord. Vitellius overdenkt zowel zijn volgende stap als zijn woorden.

'Als ik zo vrij mag zijn, Sire, het schijnt mij toe dat een huwelijkse verbinding met Agrippina het meest voor de hand ligt.'

Pallas veert op bij het horen van haar naam.

'Je bent niet de eerste die me dat zegt.'

'Omdat het voor de hand ligt, hoogheid. Is er dan nog een andere kandidaat?'

Weer sluiten de zwarte stenen langzaam, zet voor zet, een groepje witte stenen in.

'Wel, Lucius, ze is natuurlijk mijn nichtje, en we hebben wetten...'

Met een harde tik en een overdreven 'Ha!' doet de keizer een genadeloze zet, waarmee hij Vitellius nog vier stenen afhandig maakt.

'Laat mij uw zaak bepleiten in het Huis. Ik help u graag aan de benodigde steun voor een wetswijziging.'

Het kan niet anders of Vitellius is gestuurd door Agrippina. Heeft ze hem omgekocht, buiten zijn medeweten? Of heeft ze hem iets anders in het vooruitzicht gesteld?

'Ik kan u verzekeren, Sire, dat ik de meerderheid ervan kan overtuigen dat er geen onberispelijker en meer illustere dame bestaat. Ze zullen u smeken met haar te trouwen.'

Claudius begint te glunderen. Als een klein kind telt hij zijn veroverde steentjes.

Als ze Claudius alleen laten, schiet Vitellius hem aan. 'Breng me naar Agrippina.' Narcissus, die al vooruit is gelopen, kijkt om. 'Neem mijn aantekeningen even mee, wil je?' vraagt Pallas hem. 'De censor wenst nog een dienst van mij.' Hij kan het malen van de kaken van zijn collega bijna horen. 'Volgt u mij, senator.' Hij loopt terug naar de vrouwenvleugel, laat het bezoek aankondigen en gaat op verzoek van Agrippina ook mee naar binnen.

Vitellius omhelst haar op zo'n innige manier dat hij zijn ogen neerslaat. 'Pallas blijft. Ik sta voor hem in.' Met een blik legt Agrippina hem het zwijgen op, het soort blik dat Claudius niet in huis heeft. Ze lijkt een ander persoon dan het onzekere meisje dat hij vanochtend trof. Of, preciezer: ze lijkt zichzelf weer te hebben gevonden.

'Heb je nog gekeken naar wat ik je heb gevraagd?'

Het was inderdaad Agrippina die hem stuurde.

'Je bedoelt de aanstaande schoonzoon van de keizer?'

Lucius Junius Silanus, senator, is verloofd met de dochter van de keizer, Claudia Octavia, sinds het kind twee jaar oud was.

'Hij is brandschoon.'

'Daar was ik al bang voor.'

Was het de bedoeling Silanus in diskrediet te brengen? Het schiet hem te binnen dat hij, onder de slaven, roddels heeft rond horen gaan.

'Met permissie...'

'Heb je wat toe te voegen, Pallas?'

'Er gaat een pamflet rond in Rome... Ze zeggen dat de dame Junia Calvina door iedereen liefkozend Venus wordt genoemd.'

Zowel Vitellius als Agrippina kijkt hem niet-begrijpend aan.

'Door iedereen, behalve door haar eigen broer Silanus. Hij noemt haar liever Juno...'

Juno, de bevallige godin die de zus én de echtgenote was van de grote Jupiter.

'En, wel, u kent het volk, ze smullen van roddels over de hoge heren. Ze zeggen dat Silanus met zijn zus naar Alexandrië wil verhuizen.'

'Het is een wonder dat er in Rome nog geen gilde bestaat van de kwaadsprekers,' zegt Vitellius. 'En deze vrijgelatene van je, hoe komt die zo slim? Hij is toch geen spion? Vertel eens,' meesmuilend kijkt hij hem aan, 'wat weet een voormalig slaafje van de dynastieke verwikkelingen aan het Egyptische hof?'

'Ach Lucius, doe toch niet zo achterdochtig. Pallas bezit zelf grond in Egypte, hij weet er meer van dan jij. En hij is niet van mij, trouwens.'

Pallas buigt zijn hoofd, hij heeft genoeg gezegd.

'Zie je nu hoe nuttig het is om je met het lagere volk in te laten, Lucius? Ze horen nog eens wat...'

Hij slikt, beledigd.

'Het moet voor iemand met jouw ervaring toch een kleine moeite zijn om die roddels over Silanus' buitensporige affectie voor zijn zus om te vormen tot een officiële aanklacht van incest?'

Het valt van zijn gezicht af te lezen dat Vitellius hiervoor terugdeinst.

'Wat is er, Lucius? Heeft die dame jou ook al in haar macht? Zo mooi is ze nu ook weer niet, toch?'

'Die dame is mijn schoondochter. Althans, dat was ze, tot voor kort. Ze zijn uit elkaar, maar ik onderhoud haar nog altijd.'

'Dan bied ik je hierbij een mooie gelegenheid om daar onderuit te komen.'

'Maar het lustrum voor de senatoriale orde is al afgesloten,' sputtert Vitellius tegen.

'Dan open je het weer, Lucius. Moet ik je alles voorkauwen? Zeg maar dat je nog iets ter ore is gekomen wat om nader onderzoek vraagt.'

Zichtbaar verveeld maakt ze duidelijk dat het gesprek ten einde is. Hij heeft Junia Calvina, Silanus' zus, een paar keer ontmoet. Ze is bevallig, charmant, levendig op een manier die de dames van hoge komaf zelden laten zien. Triest genoeg zal dat nu juist haar ondergang worden, omdat het zo gemakkelijk kan worden aangezien voor losbandigheid.

Hij heeft aan wat touwtjes getrokken en iemands lot bezegeld. En hoe gemakkelijk ging dat! Spaarzame, goed geplaatste woorden waren genoeg, Vitellius zal de rest doen. Er waren niet eens details nodig, slechts een vluchtige impressie van wat er rondgaat in de stad. De angst, denkt hij, het gaat erom dat je de angst weet te herkennen. Iedereen heeft iets te verliezen. Vitellius kan niet uit de gratie vallen bij haar, zij kan het zich niet veroorloven haar momentum te verliezen. Hij ziet het zo helder dat hij het bijna vermakelijk vindt. Als hij de angst van mensen kan zien, dan is dat geen vloek, maar een zegen. Kan het zo eenvoudig zijn? Hij vindt het idee tegelijk verwerpelijk en onweerstaanbaar.

✦

Juist nu hij het idee heeft gekregen zich voor zowel de keizer als de aanstaande keizerin onmisbaar te hebben gemaakt, tast hij weer in het duister. Claudius is als altijd ongrijpbaar, Agrippina des te meer. Waant hij zich de vertrouweling van beiden, dan wordt hij ineens te pas en te onpas weer door anderen te woord gestaan wanneer hij met een van hen wil spreken.

Hij moet ook persoonlijk, of Abascantus namens hem, naar het Forum om de laatste nieuwtjes over de zaak Silanus op te pikken. Vitellius heeft niet stilgezeten. Er circuleert weer een nieuw pamflet, dit keer met een oud maar alom bekend gedicht, dat weer actueel is geworden:

*Wat doet diegene, Gellius, die met zijn zus en moeder rotzooit*
*en hele nachten met hen doorbrengt na de kleren uitgedaan te hebben?*
*Wat doet diegene, die zijn oom geen echtgenoot laat zijn?*
*Weet jij dan niet hoeveel misdadigheid hij op zich laadt?*

*Hij laadt zoveel op zich, o Gellius, als Thetys aan het aardeind*
*noch ook Oceanus, de vader van de nimfen, weg kan wassen:*
*want er is geen verdorvenheid, waartoe hij verder nog kan overgaan.*
*niet als hij met zijn hoofd omlaag zichzelf zou pijpen.*

Iedereen begrijpt over wie die zwierige, brutale woorden van Catullus werkelijk gaan. De roddels nemen een vlucht, het schandaal wordt steeds groter. Maar er is nog veel meer gespreksstof voor het forumcircuit. Nu er voldoende afleiding is, worden de trouwplannen van Claudius en Agrippina naar buiten gebracht. Hij hoort het zelf voor het eerst als hij op het Forum luistert naar de praeco, die het nieuws met luide stem over de menigte doet galmen. Hij haast zich naar de Palatijn, waar hij ontdekt dat het ook rondgaat in de wandelgangen van het paleis. Hij controleert het bij de huismeester en dan nog eens bij een van de kamermeisjes. Iedereen bevestigt. De keizer heeft zijn nieuwe bruid gekozen en hij heeft daarbij het advies van Pallas gevolgd.

Hij heeft gewonnen.

Het dringt nog maar nauwelijks tot hem door. Omdat hij een groot deel van de dag in een soort extase heeft doorgebracht, heeft hij zijn werk niet afgekregen en is hij laat in de avond nog steeds bezig. Hij zal zijn overwinning later wel vieren. Het heeft ook wel iets, zo. In de stilte en afzondering voelt hij de triomf des te beter, in zijn hele lijf. Hij werkt zich met een niet-aflatende energie door zijn stukken. Zijn vreemde, euforische concentratie wordt plotseling onderbroken door het krakende geluid van de deur. Zijn hart klopt in zijn keel. Hij kijkt op en ziet tot zijn verbazing Philumena in de deuropening staan, het hoofd gebogen en de handen op haar buik gevouwen. Ze verdwijnt bijna in het duister. Ze schraapt haar keel en lijkt een stem zonder fysieke aanwezigheid, als ze hem zachtjes aanspreekt: 'Het spijt me dat ik u zo laat stoor, maar... De meesteres heeft om u gevraagd.'

Hij kijkt haar een paar seconden lang volkomen onnozel aan en dan lukt het pas een woord over zijn uitgedroogde lippen te krijgen. 'Je bedoelt dat ze ook nog... aan het werk is?'

Hoe komt hij erbij zoiets belachelijks te zeggen? De avond is al bijna een uur geleden overgegaan in de nacht. Maar de enige andere mogelijke reden dat ze om hem heeft gevraagd, komt hem nog belachelijker voor.

'Ik bedoel dat ze u uitnodigt in haar slaapkamer.'

Philumena lijkt er niets vreemds aan te vinden. Zou ze het gewend zijn, dit soort nachtelijke verzoeken van haar meesteres? Hij wil er niet aan denken. Hij wil ook niets meer zeggen. Hij volgt de slavin door het paleis, zweeft achter haar aan als een geest uit de sprookjes van Perzische waarzeggers. Als ze eindelijk halt houdt, bij een purperen gordijn, begint zijn hart sneller te kloppen. Philumena buigt weer nederig haar hoofd, schuift de zware stof met haar linkerhand een heel klein stukje opzij en gebaart hem met haar andere hand naar binnen.

Agrippina ligt op haar bed, tegen een berg van kussens aan. Een dunne stof bedekt haar lichaam vanaf de heupen naar beneden, maar haar bovenlijf is helemaal ontbloot. Haar licht olijfkleurige huid lijkt bij het matte schijnsel van de kaarsen en olielampjes, die op tafeltjes naast haar bed staan, donkerder. Haar rechterarm kromt zich boven haar hoofd als een maansikkel en rust nonchalant op twee zachte kussens. Door die houding duwt ze haar borsten naar voren en toont ze opzichtig aan hem, als een pauw haar veren. Waar ze hem eerder aan de kuise Venus deed denken, lijkt ze nu meer op de frivole, overspelige Venus, vereeuwigd op de muurschildering die hij eens zag in een van de bordelen waar zijn broer hem mee naartoe had gesleept. Die Venus was niet preuts, maar liet zich juist gewillig door Mars, haar minnaar, betasten. Hij herinnert zich de uitdagende blik die Venus naar de oorlogsgod richtte, precies zoals Agrippina nu naar hem kijkt. 'Kom bij me liggen,' zegt ze zachtjes.

Hij gehoorzaamt, loopt op haar af, maar durft niet te gaan liggen. In plaats daarvan gaat hij, een beetje onhandig, op de rand van het bed zitten. Meteen heeft hij spijt van zijn stuntelige gedrag. Hij lijkt wel een kind. Hoewel het er ongemakkelijk uit moet zien, draait hij zich naar haar toe alsof hij al die tijd al van plan was om zich op deze omslachtige manier naast haar neer te vlijen. Zodra ze haar hand in een vloeiende beweging naar zijn wang heeft bewogen, verliest hij zichzelf en zijn zenuwen. Hij voelt dat ze hem kust, maar hij ervaart het niet echt, niet zoals hij gewend is alles te ervaren, in zijn hoofd. Hij zinkt weg in de zee van de weelderige dekens en haar zachte huid, die naadloos in elkaar overgaan, en neemt dan plotseling, alsof de dominante oorlogsgod Mars bezit van hem heeft genomen, de leiding. Hij draait haar op haar rug en ziet haar zelfgenoegzaam glimlachen, alsof zij het bestaan van deze kant van hem, die hij nu zelf voor het eerst ontmoet, allang heeft vermoed. En ze haar gelijk heeft gehaald door hem met haar toverkrachten uit zijn hol te lokken.

De duisternis maakt zich van de kamer meester terwijl ze als slangen om elkaar heen kronkelen. De lampjes hebben het een voor een opgegeven. Er brandt nog maar een enkele waskaars, een schuw waakvlammetje op zijn laatste krachten. Hij ziet haar bijna niet meer, maar het doet er ook niet meer toe. Als rivieren gaan ze in elkaar op. De ruimte om hem heen vervaagt, totdat hij langzaam maar zeker helemaal oplost. Ze is geen vrouw van vlees en bloed meer, ze is zelfs geen godin meer. Ze is een schim, gemaakt van zinnenprikkels.

Als ze even later als een klein meisje in zijn armen ligt, is hij nog steeds bezig om weer tot zichzelf te komen. Hij denkt dat ze slaapt, maar dan zegt ze plotseling, alsof zij niet, net als hij, zojuist is opgestegen naar de hemelse woonplaats der goden: 'Ik heb een post voor je broer kunnen regelen.' Ze duwt zich een beetje omhoog om hem aan te kijken. 'In het noorden van Judaea, op de *kalendae* van het nieuwe jaar moet hij vertrekken.' Dan gaat ze weer liggen, maar dit keer niet in zijn armen. Ze draait zich van hem af en zucht, slaperig: 'Ik zal morgen iemand naar hem toe sturen om hem het nieuws te brengen.' Ze pauzeert even en zegt dan, alsof ze aan het einde van een bespreking zijn: 'Dat was alles, Pallas.'

Natuurlijk kan hij niet blijven, hoe kon hij zo stom zijn om dat te denken. Het was beter geweest als hij zelf was opgestaan, denkt hij als hij geruisloos haar slaapkamer uit glipt, als een dief. Door de ramen ziet hij dat de nacht al ver over haar hoogtepunt heen is. Even blijft hij stilstaan om naar buiten te kijken en hij ziet hoe Rome baadt in het maanlicht. De stilte van de Palatijnse heuvel overvalt hem, het is een vreemde oase in de stad die nooit slaapt. Hij voelt de neiging om het centrum in te gaan, om een van de meisjes van Felix op te zoeken. Maar hij onderdrukt het. Hij gaat niet naar de stad, en hij zal ook zijn bed niet meer opzoeken. Slaap zal bezoedelen wat hij nu voelt, wie hij nu is. Als hij zich in Morpheus' armen laat zakken, weet hij, dan vervaagt alles. Dan zal hij haar aanraking niet meer voelen op zijn huid, haar geur niet meer ruiken. Hij wil dat moment uitstellen. Lieve goden, laat de dageraad zich snel aandienen.

Hij neemt plaats achter zijn bureau en probeert zich te concentreren. In de stilte van het ochtendgloren lijken de gebeurtenissen al onwerkelijker. Wat overblijft, is het gevoel dat zijn leven is veranderd. Niet alleen hijzelf, maar ook alles om hem heen. Als de zon is opgekomen, dooft de vervoering. Verrukking heeft plaatsgemaakt voor twijfel, en hij heeft het gevoel dat hij Phaëton in de zonnewagen is, dat hij op een racepaard is gaan zitten zonder zich vooraf te informeren over de aard van het beest. Hij staart naar buiten, naar het rode hemelvuur.

# 11

# Saturnaliën

*December 48 n.Chr.*

De vrolijkste tijd van het jaar breekt aan. Op straat loopt iedereen met vilten hoedjes op, de stijve toga's blijven in de kast en zelfs de keizer gaat in loshangende vrijetijdskleding door de paleisgangen. De eerste plechtigheden van de Saturnaliën zijn al achter de rug, de wikkels om Saturnus' ivoren voeten hangen er losjes bij en de magen van zelfs de meest armlastigen zijn goed gevuld na het openbare banket, genoten in het gezelschap van de god van het zaad en het zaaien zelf. Hun lichamen zijn gesterkt door het vlees, hun gemoed verlicht door de warme saamhorigheid, het naderende einde van het jaar, de terugkeer van het licht.

Op de Palatijn is de sfeer uitgelaten. De slaven – er zijn er honderden – dossen zich uit in de gekste tunieken en mantels, in een schamele poging voor meesters door te gaan. Op ieder marmeren trapje of houten tafeltje wordt er gedobbeld en gegokt, soms met niemand minder dan Claudius zelf. De keizer speelt mee, zij het tegen zijn zin. Hij toont zich een goed vorst door zich af en toe in het feestgedruis te storten. Pallas heeft zich op zijn beurt van zijn beste kant laten zien door nog even langs te gaan in het paleis, alhoewel hij al te laat is en ze thuis op hem wachten.

Hij zoekt zijn personeel, de slaven en klerken van het Palatijnse financiële bureau, maar stuit op een groepje jongens dat koninkje aan het spelen is, aan de lauwerkrans op een van de hoofdjes te zien. Het is een variant van het bandeloze *rex bibendi* dat de volwassenen spelen, dat niet zozeer om het plezier van het spel gaat, maar vooral een excuus is om heel veel te drinken. Pas als hij dichterbij komt, ziet hij dat het de jonge Lucius is die de kroon draagt, en als zottenkoning naar hartenlust bevelen uitdeelt. Zijn vriendjes – hij ziet hooggeboren jongens en slaven naast elkaar zitten op de grond, herkent op het eerste gezicht de kleine Otho, Titus, Pythagoras en Phaon – gieren van het lachen.

'Britannicus!'

In het midden staat de zoon van de keizer, een jaar of zeven, de enige die niet meelacht.

'Zing een lied voor je koning!' Lucius kijkt Britannicus met ingehouden lach aan en houdt zijn vinger in de lucht.

Een moment later galmt Britannicus' stem door de galerij. Niet zachtjes, trillerig en onzeker, zoals je van een klein joch zou verwachten, maar vast, mooi, lieflijk zelfs. Britannicus is niet bang en schuchter als zijn vader, hij straalt het zelfvertrouwen uit van zijn moeder, de vrouw wier naam niet meer genoemd mag worden. Terwijl de koning bezorgd en hulpeloos kijkt, zijn tirannie met iedere regel verder af ziet brokkelen, oogst Britannicus eerst bewondering in het gezelschap door de klanken die hij voortbrengt, daarna sympathie door de woorden van zijn lied. Hij zingt, schaamteloos en dapper als een soldaat die zich overgeeft aan zijn laatste gevecht, een vers over hoe er eens een jonge kroonprins was die aan de kant geschoven werd, 'verdreven uit de troon van zijn vader'.

Pallas kijkt een tijdje naar het tafereel, terwijl er links en rechts van hem rondrennend slavengrut langs schiet, en beschonken dienaren, zelfs de meest keurige, tegen zijn schouder aan stoten in het voorbijgaan. Sommigen roepen hem wat na, loze kreten, 'Kom mee!', 'Proost!' of 'We gaan zo beginnen!'. Claudius' voorproever Halotus paradeert rond in een felgekleurde mantel, zijn arm om de schuchtere Philumena. Hij ziet hoe hij het meisje in haar billen knijpt, hoe zij hem gemaakt verontwaardigd een uitbrander geeft. Hij besluit dat hij genoeg heeft gezien en maakt rechtsomkeert.

Thuis wachten niet alleen zijn vrouw en kinderen maar ook Felix en Drusilla, die komen eten. Ze zijn ongetwijfeld al beschonken. Zo snel als de schemer en de drukte op straat het hem toelaten, wandelt hij naar huis.

✦

De verbazing in haar ogen, een combinatie van ongeloof en bewondering, haar hand die gehypnotiseerd over de fijne, donkere, violetblauwe stof glijdt. Zijn stadse villa, de horti Pallantiani, is nogal uitgedijd. Zijn aanzienlijke hoeveelheid personeel doet het huis gonzen van feestgedruis, maar hij ziet alleen de ogen van Andromeda, flikkerend als de tientallen aangestoken waskaarsen om hen heen.

'Dit is te veel...'

Schuilt er argwaan in haar blik? Nee, dat moet hij zich verbeeld hebben. 'Niets is te veel voor jou. Voor ons. Wen er maar aan.'

Andromeda lacht. De eindejaarsstemming verdringt haar bezorgdheid.

'Ik bewaar hem voor een speciale gelegenheid.'

Hij kijkt naar de kinderen, die druk en luidruchtig met nootjes een dobbelspel aan het spelen zijn op de grond.

'Nu zijn jullie aan de beurt!'

Juichend vliegen ze op hem af, nemen uitgelaten hun wassen en aardwerken diertjes in ontvangst en beginnen er direct mee te spelen.

Als hij Felix zijn geschenk overhandigt, moet die zo hard lachen dat hij wijn morst uit zijn kelk. 'Ik dacht dat je me juist van het dobbelen af wilde helpen?'

Felix haalt het deksel van het groen gekleurde ivoren doosje, met daarin twee dobbelstenen, elk opgeborgen in een eigen vakje. Hij bekijkt het cadeau van alle kanten, alsof hij nooit eerder zoiets gezien heeft.

'Je schat me weer eens niet goed in. Ik wil je alleen maar van het *oneerlijk* dobbelen afhelpen.'

'Oneerlijk, ik?'

'Ach kom!' zegt Pallas lachend. 'Jouw geoefende hand weet hoeveel ogen er gerold worden nog voordat de stenen het blad raken. Je denkt dat ik niks weet omdat ik nooit in die kroegen kom waar jij je goedkope trucjes voor een paar munten koopt, maar ik heb zo mijn bronnen.'

'Goed, goed. Ik zal mijn leven beteren in Judaea, ja? Ik neem deze mee. Hier in Rome is mijn reputatie toch al verpest.'

Net als Andromeda en Drusilla, na de cadeaus, aan een spelletje knokkels willen beginnen, komen de andere dinergasten binnen. Abascantus als eerste, gevolgd door Carpus, de vrijgelatene die hij in dienst heeft als paedagogus, met zijn vrouw Fortunata aan zijn zijde. Ganymedes, de veilingmeester die vaak zaken voor hem doet, volgt, dan zijn vaste pandjesbaas, een vette Umbriër genaamd Faustillus, en ten slotte Eurysaces, een vrijgelatene die hij in Egypte heeft ontmoet en die handelt in waar hij zijn handen maar op kan leggen.

Eumolpus, de kok, is de slaaf die voor de duur van de Saturnaliën verkozen is tot koning des huizes. Als een nieuwslezer op het Forum schraapt hij opzichtig zijn keel en kondigt het diner aan. Volgens de oude feesttraditie schenkt Pallas de glazen van zijn huispersoneel in, dat vandaag mee mag eten. Meesters worden slaven, slaven worden meesters. Het is een tijdelijke verlichting van het bestaan, van de strakke regels en rangen van het leven. De regels en rangen waar hij zich met moeite zelf uit heeft weten te vechten. Hij gunt zijn slaven graag hun pleziertjes.

Voordat de maaltijd opgediend wordt luisteren ze naar een zanger die, begeleid door zijn lier, een gedicht over de verwoesting van

Troje reciteert. Als hij klaar is applaudisseren de dames, maar de mannen beginnen pas te joelen als het eten binnenkomt, geserveerd op het mooiste tafelzilver en Korinthische brons dat hij in huis heeft. Zodra ze aan het eerste gerecht beginnen, een varkenspastei met kruiden, begint Eumolpus te brommen over de prijs van varkensvlees. 'Nog even en ik moet zelfs mijn vlees in termijnen betalen.' Hij schudt zijn hoofd. 'We leven in een wereld waarin iedereen alleen nog maar uit is op winst.' Faustillus, de kredietverstrekker, zegt dat hij hem altijd wat geld kan lenen. 'Tegen de juiste rente, natuurlijk,' waarop het gezelschap in lachen uitbarst. Daarna houdt Carpus een betoog over het belang van een goede opleiding en het gebrek aan respect waar zijn collega-leraren in de stad onder lijden. 'Het is de tijdgeest, beste Eumolpus,' zegt hij, 'ook de jeugd is alleen nog maar geïnteresseerd in lucratieve beroepen.' Dan haakt Ganymedes in en zegt: 'Wie kan het ze kwalijk nemen, ze willen allemaal net zo rijk worden als Pallas!' en hij heft zijn glas, alsof hij op zijn fortuin wil proosten. 'Wisten jullie dat onze gastheer eigenhandig het aloude gezegde "rijker zijn dan Croesus" heeft verdrongen in Rome?' Ze kijken hem allemaal aan, en als om Ganymedes' punt te onderstrepen worden er precies op dat moment meer dienbladen vol overdadige gerechten binnengedragen. 'Beste vriend,' antwoordt Pallas luchtig, 'in het aangezicht van de dood zijn we allemaal even arm en even rijk.' Dan pakt hij een kan vermengde wijn aan en zegt: 'Dus laat de wijn rijkelijk vloeien vanavond!'

De roes van de zware, rijpe Falerniër die is geschonken neemt het kort daarna over. Tijdens een muzikaal intermezzo danst Felix uitbundig met Penelope, een prachtig meisje van amper veertien jaar dat onlangs in dienst is gekomen bij Andromeda. Drusilla merkt het niet eens op, zo diep is ze verzonken in gesprek met Fortunata.

In het oor van zijn echtgenote fluistert Pallas: 'Ik trek me terug, blijf gerust.' Ze weet het, hij doet dit elk jaar. Hij zal de meest afgelegen privékamer van het huis opzoeken, een verscholen ruimte waar de stemmen van de slaafjes nooit doordringen. Waar de raamluiken allemaal dicht kunnen en er, desgewenst, in de ochtenduren geen straaltje daglicht binnenkomt. Geluk overspoelt hem als hij in de totale afzondering gaat liggen. Hij bezwijkt er bijna onder, totdat zijn soezen overgaat in een diepe slaap.

✦

De laatste paar dagen van het jaar zijn officieel *dies fasti*, maar meestal glijden ze weg in de roes en de kater. Nu is er plotseling nog een speciale zitting van de senaat, twee dagen voor de jaarwisseling. Abascantus, die op Pallas' verzoek naar de Curia is gelopen, heeft geen enkele moeite om dichtbij te komen en een glimp op te vangen van Vitellius – het is rustig op het Forum en zelfs degenen die bij alle vergaderingen komen opduiken, zijn vandaag hun bed niet uit gekomen.

Met het zelfvertrouwen van iemand die van iedere medesenator meer weet dan hun lief is, is Vitellius het Huis binnengestapt. Van de speech die hij die ochtend heeft gehouden, heeft Pallas een kopie in handen. Het is de speech die, na een langdurige en zorgvuldige beïnvloedingscampagne, de laatste wettelijke obstakels uit de weg moet ruimen voor de verbintenis die door velen als een zondig huwelijk werd bestempeld.

*Zeer gerespecteerde senatoren. Het zal niemand zijn ontgaan dat zeer dringende staatszaken onze aandacht behoeven. Zaken die niet tot het volgende jaar kunnen wachten. Caesar is weduwnaar geworden. Hij kan de last die zijn publieke ambt met zich meebrengt niet lang meer zonder de verlichting van een echtgenote uitoefenen. U zult het allen met mij eens zijn: de keizer moet zo snel mogelijk opnieuw een huwelijk aangaan.*

Dan een witregel – een opzettelijke, korte stilte.

*Natuurlijk moet zijn echtgenote van onberispelijke en bij voorkeur illustere komaf zijn.*

Een witregel.

*Maar het is niet voldoende dat ze nobel is, en goede voorouders heeft, ze moet ook een ervaren moeder zijn. De nieuwe echtgenote van de keizer zal de gewichtige taak op zich krijgen om de opvoeding van kroonprins Britannicus te voltooien. Geen enkel risico is toelaatbaar, alleen een ervaren moederhart kan deze taak worden toevertrouwd.*

Een witregel.

*Maar het is niet voldoende dat ze moeder is. Ze moet ook voldoen aan de hoogste morele standaarden, onberispelijk zijn in alle opzichten.*

Een witregel.

*Om die reden stellen wij voor dat Julia Agrippina, zo snel als de gebruiken het toelaten, in het huwelijk treedt met de keizer.*

'Wat begonnen was als gefluister, werd een hardop gemor toen de naam Agrippina eenmaal was gevallen,' zegt Abascantus. Er zijn genoeg medestanders in de senaat, maar de conservatieven kunnen dit onconventionele voorstel niet zomaar accepteren. Het is te hopen dat ze zich niet hebben gegroepeerd en met een tegenoffensief op de proppen komen.

*Denk u eens in, waarde leden van de senaat, stel u eens voor, hoe de macht, die ons als oudste bestuursorgaan van Rome toekomt, bevestigd wordt wanneer wij dit huwelijk onderschrijven. Welk precedent wordt er geschapen als ónze Caesar nu eens niet een echtgenote oppikt waar hij maar wil, of rooft uit het huwelijksbed van een ander. Als in plaats daarvan de senaat van Rome het keizerlijke huwelijk, en de hele aard ervan, vormgeeft! Ik stel voor dat we dit huwelijk niet goedkeuren, maar erop aandringen dat het plaatsvindt. We zullen het initiatief nemen, opdat het volk van Rome ziet dat het hof in deze zaak de senaat volgt.*

De conservatieven hebben een gemene deler, een gezamenlijke zwakke plek: het ego. Hun verzet breken doe je met vleierij.

'Er werd instemmend geknikt,' vertelt Abascantus, 'maar een van de oudere senatoren, ik weet niet wie het was, hij zat helemaal achteraan, stond op en vroeg het woord. Ik heb opgeschreven wat hij zei.' Abascantus draagt het plechtig voor: 'Niemand hier zou, meen ik, pleiten voor het roven van echtgenotes. Maar het is op z'n minst ongebruikelijk, senator, zo niet onwettelijk, om te huwen met de dochter van een broer, nietwaar? Wij leven hier, mag ik daaraan toevoegen gelukkig, niet in Alexandrië. Waar blijven de eer en de deugdzaamheid, als wij dit soort excessen toelaten, er wet in plaats van uitzondering van maken?'

Daarna kreten van ondersteuning, maar zwakjes. Het benadrukte eigenlijk vooral dat de tegenstand al was gebroken. Vitellius' antwoord was duidelijk verstaanbaar. Hij benadrukte dat de relatie tussen oom en nicht in niets lijkt op die tussen broer en zus. Zo'n huwelijk gaat niet tegen de natuur in, het is hoogstens ongebruikelijk, een nieuwigheid. En een idee simpelweg tenietdoen omdat het nieuw is, brengt de staat geen vooruitgang. De definities van morele waarden veranderen, al naar gelang tijden en samenlevingen veranderen.

'Daarna ben ik weggegaan,' zegt Abascantus. 'Ik kreeg de indruk dat de zaak uitgemaakt was.'

Haast is geboden. Er zijn senatoren en dagloners die hij, op aandringen van Agrippina en in ruil voor een geldelijke beloning, opdracht heeft gegeven om de rest aan te sporen om niet langer geduldig af te wachten, maar de keizer zelf te gaan halen. Goedkeuring is haar niet genoeg. Ze moeten Claudius smeken met haar te trouwen.

Ze laten zich snel naar beneden brengen, waar de menigte zich vormt. Allemaal roepen ze om één ding: de keizer en Agrippina moeten trouwen, waar wachten ze nog op? Claudius, omringd door zijn lijfwachten, heeft zulke spontane lofuitingen van het volk zelden meegemaakt, groet onwennig maar hartelijk de mensen die zich hebben verzameld en samendrommen tussen de zuilengangen, neemt felicitaties in ontvangst. Pallas weet dat Claudius hier niet van houdt, hij zorgt ervoor dat het niet langer duurt dan nodig. De pretorianen banen voor Claudius een weg naar het senaatshuis, waar de vergadering wordt hervat in zijn aanwezigheid. Eenmaal binnen krijgt hij van de senatoren de goedkeuring voor zijn veelbesproken huwelijk met de dochter van zijn overleden broer Germanicus, een besluit dat kracht wordt bijgezet middels een officieel senaatsdecreet.

Later hoort Pallas hoe de vergadering afgesloten werd. Vitellius was vlak voor de sluiting met een speciaal edict op de proppen gekomen, alsof het een kleine formaliteit betrof. Junius Silanus, pas zesentwintig jaar oud, veelbelovend en bovendien nog in functie als praetor, werd per direct uit de senatorenstand ontheven wegens incestueuze verhoudingen met zijn zus. Het is een straf die zelden wordt opgelegd, die gelijkstaat aan ballingschap in een stad die draait op standsverschillen.

'Silanus trok wit weg,' schept Vitellius op tegen Agrippina wanneer hij in het paleis zijn verslag komt uitbrengen. 'Maar niemand leek zich echt om zijn lot te bekommeren. Iedereen is in de ban van uw voorgenomen huwelijk.' Hij voegt er triomfantelijk aan toe: 'We hebben hem gedwongen zijn praetorschap per direct neer te leggen.' Het toppunt van de vernedering, denkt Pallas terwijl hij gefascineerd naar Vitellius' gretige gezicht kijkt. 'We hebben hem ontslagen, op de laatste dag van zijn ambtstermijn.'

✦

Fakkels flikkeren in de luwe wind, het gewaad van de priester wiegt mee, zijn lijf geurend van de rozenolie, zijn hoofd bedekt en zijn ogen gesloten. In het maanverlichte bos schittert het Meer van Nemi, door de omwonenden liefkozend 'Diana's spiegel' genoemd. Zacht prevelend roept de priester Diana van het Woud aan in de schaduw van de nacht, te midden van haar heilige bomen. Hij offert deze nacht in opdracht van de keizer. Rome is verontreinigd. Caesar, de opperpriester, vraagt hem te bidden om zuivering. Zuivering van de zonden van Junius Silanus en Junia Calvina. Achter de priester staat een knoestige boom die iets onheilspellends heeft. Twee dikke, kronkelende takken raken elkaar nog niet maar zullen onvermijdelijk met elkaar vergroeien.

Pallas schrikt wakker met een snelle ademhaling en het beeld van de takken op zijn netvlies. Hij heeft het koud en voelt zich verward. Hij heeft zijn kinderen gisteravond verteld over de Rex Nemorensis, de gedoemde priester van Diana van het Woud, die zijn ambt enkel kan verkrijgen door de bestaande priester te doden, en dan de godin dient totdat hij op een dag ook zelf weer wordt gedood. Hij was bang dat ze er nachtmerries van zouden krijgen, en nu heeft hij er zelf over gedroomd. Een moment later beseft hij welke dag het is. Het is de eerste ochtend van het nieuwe jaar. Vandaag zal het heilige verbond tussen de Claudiërs en de Juliërs voorgoed worden gesmeed. Als hij opstaat en zich aankleedt ziet hij de takken weer voor zich.

De zon is nog maar net op als Felix bij hem langskomt. 'Tijd voor de laatste groet,' zegt hij gemaakt droevig.

'Wat bedoel je? Je gaat toch pas over een paar dagen weg?'

'De plannen zijn gewijzigd, ik vertrek vandaag al.'

Pallas kijkt zijn broer geërgerd aan. 'Waarom uitgerekend vandaag? Vandaag is de bruiloft. Ik kan je niet eens vergezellen naar Ostia.'

'Dat weet ik, daarom ben ik hier. Ach, het is beter zo, scheelt je mooi een dag reizen.'

Hij probeert zich groot te houden en een grap te bedenken, maar het lukt hem niet.

'Wat is er?'

'Niets. Het is gewoon... Ik heb altijd geweten dat je zou gaan, maar of je ook weer terugkomt durf ik niet te zeggen.'

'Als ik nog een keer terugkom, dan is het voor jou. Rome heeft mij niets meer te bieden.'

'Je vergist je, Felix. Rome heeft alles te bieden.'

'Jou misschien. Deze stad past jou beter.'

Waarschijnlijk is dat het grootste verschil tussen hen: hij hoort in Rome, zijn broer voelt zich overal ter wereld thuis, behalve hier.

'Hoewel, ik heb blijkbaar wel vrienden gemaakt in hoge kringen.'

Denkt Felix nu echt dat hij die aanstelling zelf voor elkaar heeft gekregen?

Zijn broer interpreteert zijn vragende blik verkeerd en zegt: 'Ik heb Drusilla uiteindelijk nooit gevraagd om me te helpen. Zoiets vraag je niet aan je echtgenote, dat zou de verhoudingen maar verpesten. Ik ben blij toe, anders had ik me voor altijd haar schoothondje gevoeld. Nu kan ik zeggen dat ik het helemaal aan mijzelf te danken heb.'

Hij ergert zich aan de arrogante toon van zijn broer en voelt dat hij het gesprek moet afkappen. Maar hij kan het niet laten.

'En hoe denk je dat je het hof zover hebt gekregen dat ze je zo'n belangrijke aanstelling hebben gegeven?'

'Gelukkig hoefde ik niet heel het hof te overtuigen, de toekomstige keizerin volstond.'

Hij verstijft als hij die veelbetekenende glimlach ziet verschijnen. Die heeft hij al tientallen keren gezien, als Felix terugkeerde van de stad en hem vertelde over zijn laatste verovering.

'Heb je met haar...' Hij kan zijn vraag niet afmaken, hij krijgt het niet over zijn lippen.

'Ach,' lacht Felix. 'Ik doe wat ik moet doen.'

Hij slaakt een kreet, en als een vulkaan die tot uitbarsting komt schreeuwt hij: 'Eruit!' Felix deinst terug en struikelt bijna. 'Verdwijn, zeg ik! Of ik laat je op straat gooien!'

'Wat bezielt je, Pallas?' stamelt Felix. 'Doe toch rustig!'

Hij snuift. Hij wil de beelden verdringen, maar het lukt niet, hij ziet levendig voor zich hoe Felix zich uitleeft op Agrippina in dat hemelse bed waar hij kortgeleden nog in lag. Hij grijpt de tuniek van zijn broer vast, even onder zijn kin. 'Als jij denkt dat je dit zelf voor elkaar hebt gekregen, dan ben je nog dommer dan ik dacht. Ík heb deze promotie voor jou geregeld! Ik, en niemand anders! Zoals ik altijd alles voor je geregeld heb, mijn leven lang! Heb je er ooit aan gedacht om mij daarvoor te bedanken? Alle goden, de keren dat ik je uit de brand heb geholpen, ik zou ze niet kunnen tellen al zou ik het willen! En dit is hoe je me terugbetaalt?'

Felix trekt zich los uit zijn greep. 'Terugbetalen? Waar heb je het over? Weet je dat je bent veranderd sinds je je met die vrouw hebt ingelaten? En nu laat je haar ook nog tussen ons komen! Als ik bijgelovig was zou ik denken dat ze je betoverd heeft. Waar is de oude Pallas gebleven, de broer met wie ik ben opgegroeid, met wie ik altijd alles heb gedeeld?'

De kalme en belerende toon maakt hem alleen maar kwader. 'Dat zou je wel mooi uitkomen, hè? Als ik gewoon je brave broertje blijf? Ach, Felix heeft zich weer eens misdragen, maar laat hem toch zijn gang gaan, want daar is zijn betrouwbare broer alweer om het goed te maken. Besef je wel hoe treurig dat is? Zonder mij was je allang ergens in een kerker weggerot. Zonder mij ben jij helemaal niets.'

Zijn potige portier komt de kamer binnen.

Beledigd trekt Felix zijn tuniek recht. 'Koest, koest. Laat je mannetje maar in zijn hok, broer. Het lijkt me inderdaad beter als ik nu vertrek.'

Pas als Felix uit het zicht is verdwenen, komt hij weer tot bedaren. Dan ziet hij Abascantus met bezorgde blik verschijnen, en realiseert hij zich dat ze te laat zullen komen.

De bruiloft is al begonnen, de hogepriesters hebben speltbroden aan Tellus geofferd. De auguren hebben de voortekenen geraadpleegd. Natuurlijk hebben ze de keizer vooraf verzekerd dat ze goed zullen uitpakken. Het laatste wat deze twee mensen kunnen gebruiken is een slecht voorteken. In de met guirlandes versierde salon van de plechtigheid wacht een opvallend klein gezelschap, waaronder de getuigen. Het lijkt bijna alsof er in het geheim getrouwd wordt, met wat familieleden, een paar vrijgelatenen, wat bevriende senatoren. Zodra hij haar ziet kan hij zijn ogen niet meer van haar afhouden. Een vermiljoenrode sluier omlijst haar perfecte gezicht, hij zou zijn handen eromheen willen leggen en haar lippen, die in een onweerstaanbare, bijpassende kleur zijn geverfd, naar zich toe willen trekken.

Dan draait ze zich om en staart hij naar haar rug, terwijl de formules worden uitgesproken. Hij woont de ceremonie afwezig bij. In gedachten herhaalt hij wat hij en Felix allemaal tegen elkaar hebben gezegd. Was zijn tirade geoorloofd? Feitelijk heeft zijn broer helemaal niets toegegeven, of wel? Heeft er zich wel iets noemenswaardigs afgespeeld? Als hij aan zijn toga getrokken wordt, weet hij niet hoelang hij al heeft staan staren. Geërgerd ziet hij dat het een van de slaven van het bureau is. Zijn ogen staan ernstig en de jongen fluistert dat hij hem iets dringends moet vertellen. 'Als het iets is wat je zelf kunt oplossen, dan kost deze onderbreking je je baantje, jongen,' zegt hij terwijl hij met hem mee het vertrek uit loopt. 'Wat is er toch zo dringend?' snauwt hij als ze buiten gehoorsafstand staan.

'Er is nieuws dat zich in een razend tempo op het Forum verspreidt. Het leek me dat u ervan op de hoogte gebracht wenste te worden... Junius Silanus heeft zich van het leven beroofd.'

Op de eerste dag van het nieuwe jaar, de dag dat er op de Palatijn een keizerlijke bruiloft wordt gevierd, pleegt een gewezen senator zelfmoord. Heeft de priester zijn nachtelijke offers aan het meer niet goed uitgevoerd? Is Diana van het Woud ontstemd? Voor Silanus' besluit heeft Pallas, gezien de omstandigheden, nog wel begrip, bewondering zelfs, maar een slechter voorteken voor een huwelijk kan hij zich niet voorstellen.

# 12

# De ring van Polykrates

*Voorjaar 49 n.Chr.*

In oeroude tijden was er een koning die alleen maar successen kende. Zijn naam was Polykrates en hij heerste op het eiland Samos. Onder zijn regering kende Samos niets dan voorspoed en groei. Polykrates maakte een grote zeemacht van het eiland, verfraaide de hoofdstad, verbeterde de infrastructuur en zorgde voor een enorme bloei van de kunst en wetenschap. Zijn voorspoed was zo groot, dat zijn vriend Amasis, de farao van Egypte, hem waarschuwde. Het is niemand op aarde gegund, zei de farao, om onafgebroken succes te hebben zonder zich de jaloezie van de goden op de hals te halen. Hij adviseerde zijn vriend om tegenslag in zijn leven uit te nodigen door zijn meest dierbare bezit weg te gooien, en wel op zo'n manier dat het nooit meer onder de mensen zou komen. Polykrates begreep dat hij de bijzondere ring die hij bezat, zijn geluksamulet, weg moest doen en besloot de ring in zee te gooien. Opgelucht wandelde hij terug naar zijn paleis, in de geruststellende wetenschap dat hij de goden nu wel tevreden en mild gestemd moest hebben.

Een dag later kwam er een visser aan bij het paleis, die zijn dagvangst aan de kok overhandigde. De kok maakte de vette vis klaar voor het diner en serveerde hem vol trots. Toen Polykrates zijn mes erin zette, zag hij iets glinsteren in de buik van het beest. De ring had zijn weg teruggevonden naar de oorspronkelijke eigenaar.

Nu wist Polykrates zeker dat hij verdoemd was, dat geen enkele sterveling behoed kon worden voor wat door het lot is bepaald. Amasis verbrak de vriendschap en sneed de banden tussen Samos en Egypte door, zodat Polykrates op zoek moest naar een nieuwe handelspartner. Hij dacht te profiteren van zijn oude vertrouwde geluk toen de Perzen hem uitnodigden voor een overleg. Zij waren weliswaar oude vijanden, maar stelden hem kisten vol goud in het vooruitzicht, en hij werd dusdanig verblind door de schittering van het edelmetaal dat hij het in zijn hebberige geest al voor zich zag. Polykrates zette koers naar de Ionische kust, maar toen hij nog maar net voet aan wal had gezet, werd hij opgepakt en gedood.

Herodotus. In zijn spaarzame vrije uurtjes leest Pallas graag uit het werk van de grote Griekse geschiedschrijver. Hij beschikt nu over een eigen bibliotheek en heeft een hoogopgeleide Griekse slaaf in dienst die de stad door struint, contact legt met de beste boekhandelaren en ervoor zorgt dat hij nu al weet wat er over een week aangeboden wordt. Hij heeft zijn hand meerdere malen op zeldzame uitgaven weten te leggen, en zo groeit Pallas' bibliotheek gestaag. Sommige verhalen, zoals dat van de ring van Polykrates in Herodotus, vertelt hij in verkorte vorm aan zijn kinderen. Dan kruipen ze bij hem, zoals hij ooit als jongetje deed in Arcadië. Zo mooi als de moeder destijds kon vertellen zal hij wel nooit kunnen, maar het is het idee dat telt.

Het is Polykrates aan wie hij denkt, als hij ziet dat er voor zijn neus een gouden ring op tafel ligt.

'Laten we het officieel maken.' Claudius zegt het, maar hij kan de stem van Agrippina bijna door die van hem heen horen. Het tikkende geluid van stilus op wasbord verraadt de notulist, die een beetje verscholen achter de keizer zit.

'Je bent feitelijk nu al jaren mijn hoofd boekhouding en je houdt van nature alles in de gaten, maar ik wil je taken uitbreiden en je positie officieel maken. Je hebt ruimschoots bewezen dat je te vertrouwen bent. Daarom, mijn Pallas, zul je voortaan naast mijn private en militaire uitgaven, ook de kosten van de graanuitdelingen overzien, evenals die van alle infrastructurele projecten en publieke bouwondernemingen. Alles wat we uitgeven. Daarnaast maak ik je hoofdverantwoordelijke voor het bijhouden van de inkomsten van de staat, uit de belastingen, de mijnen, waar dan ook vandaan.'

Hij was in de veronderstelling dat alle rekeningen al vereffend waren, dat Agrippina hem zijn beloning al had geschonken. Hij had er al genoegen mee genomen.

'Je getoonde respect voor mij rechtvaardigt bovendien nog een morele promotie,' gaat Claudius verder. 'Iedere man die werkzaam is bij de fiscus zal in de toekomst aan jou persoonlijk verantwoording moeten afleggen bij frauduleus of moreel verwerpelijk gedrag. Als er klachten zijn, moet men deze voortaan direct aan jou rapporteren.'

Hij voelt zich lichter in zijn hoofd worden. 'Uw goedheid kent geen grenzen, Caesar. Mijn dank evenmin.'

Claudius reikt hem de ring aan. 'Ik schenk je het *ius anuli aurei*, Pallas, het werd hoog tijd dat je de gouden ring om de vinger geschoven kreeg. Je weet: het is de hoogste onderscheiding die de staat aan een vrijgelatene kan schenken.'

Hij neemt de schitterende ring plechtig aan. Als hij hem omdoet, voelt het alsof hij een uniform aantrekt. Hij denkt aan de woorden van zijn broer. Is hij inderdaad veranderd?

'Er zal een apart bureau komen, een eigen plek op het Forum Julium,' zegt Claudius. 'Het wordt morgen voor je ingericht, alle papieren worden overgeplaatst.'

Hij kijkt de keizer ongelovig aan.

'Als je me persoonlijk wilt spreken, kun je altijd op de Palatijn terecht. De deuren staan hier open voor jou.'

Hij knielt, kust de hand van de keizer.

Als hij aanstalten maakt om te vertrekken, buigt Claudius een stukje voorover, alsof hij op het punt staat een groot geheim te onthullen. 'Luister, Pallas, zorg ervoor dat je er zelf voldoende aan overhoudt. Als je begrijpt wat ik bedoel. Zolang het discreet gebeurt, zul je mij niet horen.'

Hij verstaat de geheimtaal. Hij heeft een vrijbrief om met het keizerlijk vermogen te speculeren, leningen te verstrekken, via banken, particulieren, of waar hij ook maar winst in ziet. Te doen wat hem lucratief lijkt. Hij heeft weleens iets in die richting gedaan, maar alleen met zijn eigen vermogen, en nooit op grote schaal. Nu ligt de weg naar echte rijkdom, onvoorstelbare rijkdom, voor hem open. En dat terwijl hij mag blijven doen waar hij goed in is. Werk is voor hem geen dagelijkse beslommering of marteling, zoals voor sommigen. Hij is oprecht begaan met de staat van de keizerlijke schatkist. Maar soms voelt het tegelijk alsof hij, door datzelfde werk, vastzit in knellende banden die eerder bij een slaaf dan bij een vrijgelatene horen. Banden die hij maar niet kan breken, omdat oud werk vanzelf weer nieuw werk creëert, het groeit er simpelweg aan vast of uit voort. Hij is gearriveerd, heeft meer invloed en een hogere status dan hij had durven dromen. De keizer heeft de banden in ketens veranderd, en het heeft er alle schijn van dat hij dit aan Agrippina te danken heeft.

✦

Hij voelt zich snel thuis op het Forum Julium en werkt er nog sneller dan hij voorheen deed, in de rommelige kamers van het paleis. Hier heeft hij zelf alles netjes ingericht. Hij presenteert nieuwe overzichten aan de keizer, die goedkeurend knikt en soms zelfs laat doorschemeren dat hij begrijpt dat Pallas' vernieuwingen waardevol zijn voor de staat. 'Rome had er nog rooskleuriger voor gestaan,' zegt hij in een luchtige bui, 'als ik de schatkist veel eerder aan je had toevertrouwd.'

Als een schim beweegt hij zich tussen het paleis en het Aerarium, de schatkist waar de verschillende staatsinkomsten vanuit het hele rijk als rivieren naartoe stromen. Ze zijn officieel gescheiden van het private eigendom van de keizer, waar bijvoorbeeld alle in beslag genomen erfenissen terechtkomen, en de vijf procent belasting op vrijlatingen, maar in werkelijk is er geen onderscheid en stroomt alles dezelfde kant op. Hij zet alle inkomsten netjes op een rij en beschrijft uitvoerig welke wegen de geldstromen afleggen. Niemand heeft dat eerder op deze schaal gedaan, zelfs niet onder de grote vernieuwer, Augustus. Hij schept orde voor de staat en voor de keizer. De keizer die, aan de andere kant, uitgeeft wat hij maar wil, waaraan hij maar wil. Maar Pallas houdt het in toom, zijn overzichten staan het niet toe dat er, zoals onder Caligula, enorme tekorten ontstaan. Ondertussen krijgt hij regelmatig de kans om zijn nieuwe stand te oefenen; iedereen wil zaken doen en er kloppen steeds hogere rangen aan zijn deur. Hij wordt door al zijn zakenpartners anders bejegend sinds hij de gouden ring draagt.

Het helpt dat hij haar niet meer elke dag tegenkomt, dat hij niet meer dagelijks in het paleis is. Nooit meer heeft de keizerin een woord gesproken over de nacht dat ze hem bij zich heeft geroepen. Hij had anders gehoopt, maar niet verwacht, en zichzelf ingeprent dat hij het voorval moet vergeten. Tot nu toe faalt hij daar jammerlijk in, tot nu toe oogst ze wat ze heeft gezaaid door hem te pas en te onpas op te roepen, en dan laat hij alles uit zijn handen vallen en komt als een mak schaap bij zijn herder opdraven.

'We moeten het over Mammius hebben,' zegt ze op een dag, als ze hem weer eens heeft ontboden en hij haar omringd door klerken aantreft. 'En over de tutor van mijn zoon.'

Sosibius is onlangs bij Pallas thuis op bezoek geweest voor een persoonlijk gesprek. Britannicus is nog maar net begonnen met zijn lessen, maar de man vindt het nu al zijn taak om werkelijk alle vragen van de jongen te beantwoorden. En dus kwam hij langs, heeft hem opzichtig gevleid door te zeggen dat hij 'dacht dat hij beter niet naar Narcissus kon gaan'. Hij had zich gedwongen gevoeld hem aan te horen. 'Britannicus gaat gebukt onder een verschrikkelijk lijden,' vertrouwde Sosibius hem toe. 'Ik bedoel, natúúrlijk,' zei hij met zijn vrouwelijk hoge stemmetje en zijn neiging tot overdrijving, 'was het onvermijdelijk dat zijn vader snel zou hertrouwen, maar toen het gebeurde was het toch als een schók gekomen, zeg. Ik bedoel, zijn vader heeft het voor het uitkiezen gehad! Britannicus kan niet begrijpen waarom hij in hémelsnaam uitgerekend met die slang moest trouwen. Zijn woorden, natuurlijk, zijn woorden. Zoiets zou ik niet durven zeggen. Ik bedoel, ik dien mijn keizerin zoals ik mijn keizer dien.'

'Als de keizer al niet meer het recht heeft om zijn eigen bruid te kiezen...' antwoordde hij geïrriteerd.

'Rechtvaardigheid is een luxe, voorbehouden aan wie zonder angst leeft.'

'Angst wordt gemakkelijk genezen door aanvaarding, Sosibius. En in jouw geval gesust met een miljoen sestertiën.' Dat bedrag heeft Sosibius onlangs van de senaat gekregen, als beloning voor het blootleggen van een ophanden zijnde samenzwering tegen de keizer.

Sosibius droop af en keerde onverrichter zake huiswaarts. Pallas moet toegeven dat het gesprek hem aan het denken heeft gezet. Hij kan zich in zijn positie amper een geweten veroorloven, maar hij bewondert Britannicus. Het is een slim, nieuwsgierig jongetje, dat altijd belangstelling toont voor het paleispersoneel. Met een ontwapenende eerlijkheid – die hem deed denken aan Claudius in zijn jonge jaren – heeft hij Pallas zelfs een keer gewaarschuwd, omdat hij slecht over hem had horen spreken. Een ordinaire, voorouderloze nieuwe rijkdom, zoiets was er gezegd. Het had over elke willekeurige opgeklommen vrijgelatene aan het hof kunnen gaan.

'Zoals u wenst, hoogheid. Ik sprak Sosibius toevallig onlangs nog en hij vroeg naar u, naar de nieuwe moeder van zijn leerling. Britannicus had hem gestuurd, dat werd me al snel duidelijk. Ik heb Sosibius gezegd dat het beter was als er geen vragen meer gesteld zouden worden en gevraagd of hij zijn leerling voortaan een beetje in toom kon houden.'

Agrippina slaat haar ogen geïrriteerd op. 'Moeten we die vervelende oude man nu nog zwijggeld gaan betalen ook? Heeft hij nog niet genoeg uit de schatkist gegraaid? Hoe dan ook, ik bedoelde Sosibius niet. Ik wil je niet beledigen, Pallas, maar je dacht toch niet dat ik de opvoeding van míjn jongen ook aan de eerste de beste Griekse vrijgelatene zou overlaten? Britannicus mag Sosibius houden, ik heb voor mijn Lucius iets in gedachten dat meer past bij zijn status. En bij onze toekomst.'

Niet beledigen? En hoe wenst hare majesteit het dan te noemen? Niet lang geleden lag ze nog in de armen van deze eerste de beste Griekse vrijgelatene. Hij slikt zijn woorden in, vanbuiten is niets zichtbaar van de woede die hij voelt. Kalm zegt hij: 'Dat lijkt me begrijpelijk – ik ben uiteraard niet in de positie me beledigd te voelen. Wie krijgt de eer?'

Dan dringt de werkelijke reden dat ze Sosibius deze taak niet gunt tot hem door: dat hij ooit via Messalina aan het hof terecht is gekomen.

'Dat komt straks. Ik zei dat we het over Mammius Pollio moesten hebben.'

Hij vergeet soms hoe rigide ze is, hoezeer ze eraan hecht dat er naar haar wordt geluisterd, dat men haar bevelen opvolgt nu ze, als keizerin, eindelijk in de positie is om ze te geven.

'De consul?'

'Precies. Ik heb een speciale opdracht voor je. Ik vraag het jou omdat we de schatkist ervoor aan moeten spreken. Uiteraard discreet, met behulp van een van je slimme trucjes. Luister goed: verzamel een som geld die voor Mammius voldoende is om zijn keizer een kleine gunst te verlenen en breng hem een bezoek. Hij moet een motie indienen in de senaat. De motie houdt in dat het Huis Caesar sterk aanbeveelt om zijn dochter Claudia Octavia te verloven met mijn Lucius. Het arme kind is bijna doorgedraaid na die aandachttrekkerij van haar verloofde. Ze wacht al maanden op een nieuwe echtgenoot.'

Hij staart naar haar robijnrode mond en verbaast zich over de hardheid van de woorden die over zulke zachte, glanzende lippen rollen. Noemt ze de zelfmoord van een uitgemanoeuvreerde wanhopeling aandachttrekkerij? En richt ze haar pijlen nu op Britannicus, zoals Andromeda had voorspeld? Als Lucius met Claudia Octavia trouwt, wordt hij de schoonzoon van Claudius. Britannicus en Lucius kunnen elkaar niet uitstaan. Dat was hem tijdens de Saturnaliën, toen hij Lucius koninkje zag spelen, wel duidelijk geworden. Hij wordt overvallen door een vlaag van medelijden voor Britannicus. De jongen is nog maar nauwelijks gewend aan het idee dat zijn moeder dood is, hij denkt ongetwijfeld nog dagelijks aan haar. Hoewel hij nergens meer aan haar wordt herinnerd. De senaat heeft meteen na haar dood bepaald dat al haar beeltenissen vernietigd werden. Zelfs haar naam is overal weggebeiteld; iedere herinnering aan het bestaan van zijn moeder is van de aardbodem geveegd. En nu is er niemand meer om hem te beschermen. Hij ziet dat de keizerin op een antwoord wacht en herstelt zich. Hij zegt niets over Britannicus, hij zegt alleen dat het voor elkaar komt.

'Mooi. Dan nu mijn zoon. Ik heb me altijd afgevraagd hoe het heeft kunnen gebeuren dat Domitia Lepida zijn opvoeding in handen kreeg toen ik weg was. Achterbaks schepsel. Als je het mij vraagt, heeft ze hem zich toegeëigend en daarna met opzet verwaarloosd, zijn slechte neigingen aangemoedigd. Hoe dan ook, hij moet zo snel mogelijk een fatsoenlijke opleiding krijgen. Anicetus en Beryllus hebben hun tijd gehad. Geen spelletjes, lanterfanten en filosoferen meer, maar echt onderwijs, nuttig onderwijs. Gepast voor een toekomstig staatsman en gegeven door een Romein. Door iemand die onze alliantie steunt en idealen voor Rome deelt.'

Hij heeft geen idee waar dit heen gaat, wie ze in gedachten heeft. Wat hij wel weet, is dat er sinds haar komst een onzichtbare lijn door het paleis is getrokken: wie ooit bevriend is geweest met Messalina, is tegen Agrippina. Hij vermoedt dat ze wat meer mankracht aan haar zijde van de lijn nodig heeft, en daarom iemand van buitenaf erbij haalt. Kandidaten zijn er genoeg, het stikt in Rome van de mannen die in de nieuwe keizerin een kans zien.

'Ik heb de keizer verzocht om Seneca terug te halen naar Rome. Wat mij betreft de meest geleerde man van onze tijd. Hij heeft er al mee ingestemd, de verbanning is ongedaan gemaakt.'

Seneca, een prominente naam op Messalina's lijst van vijanden. Hij mag terugkomen naar Rome, zegt ze, maar het is meer dan dat. Hij kan regelrecht naar het paleis verhuizen. Acht jaar lang heeft de man in ballingschap doorgebracht op Corsica. Rome is hem, ondanks die lange afwezigheid, niet vergeten: hij is de stad tot vervelens toe met open brieven en traktaten blijven bestoken, die op elke straathoek werden voorgedragen en die Claudius tot clementie hadden moeten overhalen. Tevergeefs. Maar Agrippina krijgt moeiteloos voor elkaar wat al die zorgvuldig gekozen woorden niet hadden kunnen bewerkstelligen. En meer. Door hem terug naar Rome te halen en aan te stellen als leermeester van Lucius, zal Seneca een belangrijkere positie krijgen dan waar hij ooit om had durven vragen.

'Hij wordt ook meteen aangesteld als praetor,' zegt ze er terloops bij.

Claudius heeft er vermoedelijk niet veel tegen in kunnen of willen brengen, hij heeft het in elk geval noch aan zijn adviesraad, noch aan hem persoonlijk voorgelegd. Een literair talent als Seneca, die politiek gezien aan hun zijde staat, kunnen ze goed gebruiken in het paleis. Als zijn nieuwe vrouw die moralistische filosoof zo nodig uit zijn ballingschap wil halen en als leraar in dienst wil nemen, dan heeft Claudius geen reden om daar moeilijk over te doen. De verbanning was vooral op aandringen van Messalina tot stand gekomen.

De laatste woorden die Seneca tegen hem sprak, jaren geleden. *Ik zal dit niet vergeten.*

'Seneca, een uitstekende keuze. Een groot denker. Ik laat de aanstelling meteen financieel in orde maken.'

Agrippina knikt, tevreden met haar eerste echte wapenfeit in het paleis. Ze gebaart hem ongeduldig dat het gesprek ten einde is.

Als hij weer buiten de paleisdeuren staat, besluit hij af te buigen naar het plein voor de Tempel van Apollo Palatinus. Er is geen ziel te bekennen, het is het tijdstip dat de halve stad ligt te stomen in de thermen. Een warme wind blaast wat zand of aarde omhoog, even danst het in de lucht en dan dwarrelt het neer tussen de zuilen, klaar om straks weer netjes aangeveegd te worden door de tempelslaven. Hij wandelt naar de Gouden Porticus van Phoebus en leunt tegen een van de zuilen. Het zonverlichte marmer verwarmt hem, de aanraking voelt als een moederlijke omarming. Of is het de herinnering? Op deze plek gaf hij Andromeda zijn eerste kus. Het lukt hem niet om die gedachte lang vast te houden, hij wordt afgeleid door Danaïden in een duizelingwekkend aantal marmertinten. Ze hebben starre blikken, hij kijkt in de ogen van de mannenslachters en ziet voor zich hoe ze een grotesk bloedbad aanrichten op hun gezamenlijke huwelijksnacht. Hij kijkt ze in de ogen en ziet zijn eigen angst. Hij ziet ze in de onderwereld hun straf ondergaan en hij ziet zichzelf. Tot in de eeuwigheid vergeefs heen en weer lopend met een bodemloze kan, wegstromend water dragend naar het bad dat de zonde van hen af zou moeten wassen. De gezwinde Liefde is een meedogenloze god, denkt hij. Moge Cupido zijn bitterzoete pijlen nooit meer op hem richten. 'Vergeet haar,' spreekt hij zijn hart toe, 'vergeet haar toch.' Hij blijft het herhalen, als een gebed, totdat hij niet meer mompelt maar zachtjes huilt. Hij wandelt en wandelt, net zo lang tot zijn tranen op zijn, en stapt dan de porticus uit. Hij laat de Danaïden achter met zijn verdriet. Met verlichte, gezuiverde tred daalt hij in de zwoele namiddagzon de heuvel af.

✦

In de zomermaanden heerst niet de keizer maar de koorts in Rome. Sommigen zeggen dat het de toorn van Diana Nemorensis is, de godin van het woud, anderen dat demonen via luchtstromen zijn overgewaaid uit de Pontijnse moerassen, de beruchte poelen des doods even ten zuiden van Rome, en hun zwartgallige adem uitwasemen in de stad. Pallas vindt dat kinderachtige fabeltjes, maar bij hem thuis ontsnappen ze er dan ook allemaal aan. Andromeda klaagt desalniettemin dagelijks over de hitte en de viezigheid op straat. 'Wie weet welke ziektes zich verspreiden vanuit die kruiken vol urine, voor de deuren van de vollers? Of de kamerpotten die op straat worden geleegd? Nog even en ik durf mijn kinderen de straat niet meer op te sturen!' Als in de buurt een vrouw sterft, naar verluidt na drie dagen zweten en hallucineren, is Andromeda's verlangen naar een zomerverblijf groter dan ooit. Het hof en de senatoren hadden ook allang willen vertrekken naar hun geliefde landhuizen en villa's aan zee, maar Claudius heeft nog een zaak af te handelen.

De koorts heeft dit keer het grondigst huisgehouden onder de slavenbevolking. Als de zorgkosten van slaven boven hun marktwaarde uitstijgen, worden ze door de meesters bij bosjes achtergelaten op het eiland in de Tiber. Het is schaamteloos: ze dumpen ze aan de voet van Aesclepius' tempel en haasten zich terug de brug over. In die tempel huizen nu meer zieken dan de goden aankunnen, en net buiten de poorten stapelen de dode lichamen zich op. De lijkverbranders kunnen het niet bijhouden, de wet op het binnen vierentwintig uur verbranden van elke koortsdode kan niet worden nageleefd. Er moet iets gebeuren, de keizer moet handelen. Een lastige kwestie, want de meesters op de vingers tikken staat gelijk aan het tornen aan de relatie tussen een meester en zijn slaaf, en die is heilig in Rome, er iets op afdingen taboe. Het betekent een inbreuk op de meest basale eigendomsrechten, iets waar Romeinse heren wars van zijn. 'Veel, zo niet alles, komt in Rome uiteindelijk neer op eigendomsrechten,' zegt Callistus altijd. Geen keizer brandt daar zijn vingers aan.

Het wordt een ongemakkelijke bijeenkomst in een Curia die in een kookpan is veranderd, evenzeer vanwege de hitte als vanwege het feit dat er onder de senatoren genoeg mannen zijn die onlangs zelf nog wat van hun bedorven waar hebben gedropt. De uitkomst waar Claudius zich uiteindelijk tevreden mee stelt, is voor de slachtoffers een schamele troost. De keizer bepaalt, per senaatsdecreet, dat op het eiland achtergelaten slaven hun vrijheid krijgen en niet meer naar hun meesters terug hoeven te keren. Als ze het overleven, natuurlijk.

Seneca, met wie Pallas af en toe een wandeling in de paleistuinen maakt, doet zijn beklag over de situatie. 'Je kunt onze beschaving afmeten aan de manier waarop we met onze slaven omgaan,' zegt hij geërgerd. 'Ze wanen zich allemaal koningen in de privésfeer van hun huizen en scheppen onderling op over de lijfstraffen die ze uitdelen.'

'Als alle meesters zo wijs waren als u, dan zouden er geen straffen meer nodig zijn.'

'Ach, wat is wijsheid, Pallas. Wijs ben ik slechts in de zin dat ik de goede godin, de natuur, volg.'

Seneca, zelf eigenaar van grote landerijen die hij ongetwijfeld door dwangarbeiders laat bewerken, is van het type hoge moraal, vuige praktijk. Hij predikt soberheid en armoede, maar baadt zelf in weelde. 'Je mág wel rijkdommen bezitten,' verdedigt hij zichzelf altijd vurig maar met zichtbaar ongemak, 'maar je mag je er niet aan hechten.'

Pas als de parasoldennen roestbruin kleuren, keren de hoge heren terug van hun villa's in Tibur, Praeneste, Baiae. Een paar vergeten, bultige lijken liggen nog in de goot, maar zijzelf voelen zich herboren. Volgevroten, gebruind, uitgerust. Mammius Pollio dient zijn verzoek in bij de senaat. De omkoopsom was hem niet genoeg geweest. 'Dat bedrag verdien ik in een slechte maand bij elkaar, Pallas,' had hij arrogant geantwoord. Het heeft de staat uiteindelijk ook een aanstelling als augur gekost. Een schijntje, alles bij elkaar genomen. Mammius loodst het verzoek moeiteloos door het Huis, en kort daarna wordt de weduwe Claudia Octavia openlijk als echtgenote beloofd aan Lucius.

Van Callistus hoort Pallas de rest, zaken waar geen financiën bij betrokken zijn en die Agrippina niet met hem heeft besproken: dat het college van priesters een officieel onderzoek heeft geopend om de adoptie van Lucius door de keizer wettelijk mogelijk te maken. Callistus, die soms eerder een verwarde filosoof lijkt dan een scherpe jurist, stort zich met overgave op het uitpluizen van wettelijke schimmigheden. Pallas begrijpt er de helft van, maar hij snapt in elk geval dat Lucius sinds de dood van zijn vader, Lucius Domitius Ahenobarbus, feitelijk altijd *sui iuris* is gebleven. Dat wil zeggen: hij valt niet meer onder een vaderlijke macht, er is een vacuüm. Claudius zal toch op zijn minst even hebben geaarzeld, denkt hij. Het aannemen van een oudere zoon betekent zijn eigen kind benadelen, zijn oogappel, zijn *spes*. Benadelen, of misschien wel te gronde richten. Volgens Callistus had Agrippina het allemaal met één simpele, krachtige vraag voor elkaar gekregen: 'Dacht je soms, lieve Claudius, dat je voor altijd zou blijven leven?'

✦

Tot zijn verrassing ontvangt hij een brief van Felix. Zijn broer zegt dat het hem spijt dat ze met ruzie uit elkaar zijn gegaan. Hij verontschuldigt zich voor wat hij heeft gezegd en schrijft dat hij bereid is Pallas te vergeven als hij dat ook doet. Dat ze elkaar nodig hebben.

Hij legt de brief weg, maar blijft eraan denken. Zal hij terugschrijven? Hij heeft spijt van zijn harde woorden, dat wil hij wel toegeven. Voordat hij zijn besluit heeft genomen, komen de kinderen zeuren om een verhaal. De winter maakt de dagen kort. Tijdens de lange avonden vertelt hij verhalen bij het licht van waskaarsen en olielampen. Nog liever dan een van de mythen horen ze de verhalen uit het paleis. Van onder een wollen deken luisteren ze aandachtig.

‘Heb ik jullie weleens verteld van het Spel van Troje?’

Ze schudden heftig van nee. Het is een huiselijk ritueel. Hij heeft het al minstens twintig keer verteld. Van de verhalen over hun exotische leeftijdgenoten op de Palatijn kunnen de kinderen geen genoeg krijgen.

‘Lucius was nog maar negen jaar. Hij was niet de oudste die meedeed aan het Spel van Troje, maar hij zag er het meest uit als een echte menner. Veel meer dan alle andere kinderen. Je kon zien dat zelfs Britannicus tegen hem opkeek; die was toen zelf ook nog maar zes jaar oud. Veel te jong om alle ogen op zich gericht te hebben, als je het mij vraagt. Maar dat waren ze wel. Britannicus is de erfgenaam van de troon, dat weten jullie hè? Toch leek het erop dat Lucius, met al zijn zelfvertrouwen en zijn aangeboren talent voor paardrijden, het veel beter zou doen dan Britannicus.

Niet dat het een competitie was. Het Spel van Troje, het eretoernooi waar Vergilius al over schreef, is eerder een soort parade, maar dan wel een heel moeilijke. De jongens hadden allemaal de patronen geoefend en de paarden gedresseerd. De stalmeesters leerden hen om, ondanks hun leeftijd en gebrek aan natuurlijk overwicht, de paarden met harde hand in bedwang te houden en gevaarlijke situaties te voorkomen. Moet je je voorstellen hoe trots en ongerust hun moeders waren! Jullie moeten weten, heel vroeger is er tijdens het Spel van Troje weleens iets misgegaan. De verhalen over lelijke valpartijen werden in detail verteld door de grotere jongens, maar Lucius, zo zag iedereen, was voor niets of niemand bang. En Britannicus, dat kon ook iedereen zien, was verschrikkelijk zenuwachtig.’

‘Vader?’ Marcus stelt een vraag waar hij het antwoord al op weet, maar waar hij niettemin altijd weer van gaat glunderen. ‘Was u er zelf bij die dag?’

‘Natuurlijk. Ik zal het nooit vergeten. Nu hebben we onze eigen plekken, maar die dag sloeg ik alles gade vanaf de keizerlijke loge, die is aangebouwd tegen de Palatijnse heuvel. Alle rijke jongens, die uit de meest vooraanstaande huizen van Rome, deden mee. Een parade van hooggeborenen. Al hun vaders, moeders, ooms en tantes zaten opgedirkt en met hun mooiste mantels om vol verwachting op de eretribunes van het Circus Maximus te wachten, en ze stootten elkaar met de ellebogen aan zodra ze hun kinderen in het oog kregen. Het stadion zat bomvol en het rumoer van de menigte was tot aan de overkant van de Tiber te horen. Dat kwam vooral van de gewone mensen, de bakkers, de smeden, de kappers, acteurs, marktlui en de boeren uit de omgeving. Zij kwamen hier normaal gesproken voor de spectaculaire wagenraces, om te juichen voor hun team en te schreeuwen tegen de tegenstanders, of met ze op de vuist te gaan. Maar op die ene dag was alles anders. Schaamteloos vergaapten de mensen zich aan de rijkeluiskinderen, waartussen zich zelfs de kinderen van de keizerlijke familie bevonden. Heel Rome was uitgelopen.

De stad puilde uit van de bezoekers – de weg naar het circus was bezaaid met oude plattelandsvrouwtjes en gewiekste kooplui die hun waren uitstalden, van stoffen en mantels tot groente en fruit van het land. De keizer had, tegen ieders verwachting en tegen de gewoonlijke berekeningen in, besloten dat het tijd was voor de eeuwfeesten. Het was nog helemaal geen honderdtien jaar geleden dat de vergoddelijkte Augustus zijn beroemde viering had gehouden, maar het was wel de achthonderdste verjaardag van de stad, zo had Claudius zorgvuldig door zijn priesters laten berekenen. Augustus was dus eigenlijk veel te vroeg geweest met zíjn viering, dertig jaar eerder. De keizer had zich wel het nodige geproest en gekuch op de hals gehaald, toen de heraut het volk met de gebruikelijke oude formules uitnodigde voor deze uitzonderlijke spelen, die "niemand ooit had gezien of ooit nog zou zien". In de menigte van toehoorders waren er natuurlijk genoeg die de eeuwfeesten van Augustus nog hadden meegemaakt. Claudius was er zelf nota bene bij geweest!

Iedereen wachtte met spanning af tot het Spel van Troje van start zou gaan, de zorgvuldige nabootsing van scènes uit de legendarische oorlog tussen de Grieken en de Trojanen. Eindelijk gingen de startkooien langzaam en met gekraak open. De kooien die normaal gesproken trilden van schuimbekkende renpaarden die ongeduldig met hun hoeven in het zand trapten en wagenmenners die in opperste concentratie wachtten op het startsignaal. Alles ging geruisloos, met ingehouden adem. Over de hele breedte van het circuit kwamen de ruitertjes in keurige draf het stadion binnen. Meteen richtte Britannicus zijn blik naar de helling van de Palatijn, naar de keizerlijke loge, en zocht de ogen van zijn moeder. Messalina straalde van trots en knikte hem toe. Ook Agrippina's ogen straalden van liefde voor haar zoon. Van de vurige hoop dat Rome net zo van hem zou houden als zij deed. Lucius begon toen al voorzichtig aan een echte jongeman te worden, en hij was veelbelovend. Jullie weten dat hij de nakomeling is van de grote Germanicus, toch?'

Ze knikten.

'Het startsignaal klonk, en alle ruiters stuurden hun paarden in de zorgvuldig geoefende patronen en vertoonden hun kunsten met een concentratie die van de gezichten viel af te lezen. Ik zag hoe Britannicus met een schuin oog naar de handen van Lucius keek, hoe behendig de jongen de teugels vasthield. Een armband danste mee op het ritme van de draf. In die glanzend gouden armband, die hij nog steeds draagt, is een klein, rimpelig stukje slangenhuid verwerkt. Ze zeggen dat het een amulet is, dat de slangenhuid in het wiegje van Lucius heeft gelegen om het kwaad te weren. Maar dat is niet de waarheid. Het is een geheim, maar Agrippina heeft het me verteld: toen Lucius nog een baby was waren er eens mannen zijn kamertje in geslopen, mannen die van plan waren hem kwaad te doen. Maar ze waren teruggeschrokken toen er plotseling een slang onder zijn lakens vandaan was gekropen.'

'Net als bij Hercules!' zegt Antonia, die de Griekse mythen verslindt.

'Net als bij Hercules. En het is de huid van die slang die de armband van Lucius siert. Maar waar was ik gebleven? O ja, de paarden stapten gehoorzaam en synchroon door het zand van het Circus Maximus. Lucius en Britannicus reden naast elkaar. Ik zag hoe Lucius zich lichtjes naar de zoon van de keizer boog en hem iets toefluisterde. Wat hij gezegd heeft weet ik natuurlijk niet, maar het leek erop dat Britannicus er niet blij mee was. Het was vanaf de tribune zichtbaar dat hij schrok. Vanuit de verte moesten we toezien hoe hij steeds minder grip op zijn paard leek te krijgen. Het was zeker misgegaan, als het einde van het eerste deel van de parade niet was genaderd. We haalden opgelucht adem, de paarden kwamen langzaam allemaal tegelijk tot stilstand, gejuich steeg op van de tribunes en galmde na in het dal tussen de Palatijnse en Aventijnse heuvels. En toen gebeurde er iets bijzonders, iets wat ik nooit zal vergeten: Lucius liet zijn paard net even een paar stapjes voorwaarts zetten, zodat hij voor de rij kwam te staan als een legercommandant voor zijn cavalerie. Met een zelfverzekerd gebaar, bijna als van een volwassen man, wierp hij zijn arm de lucht in. Terwijl hij zijn blik over de tribunes liet glijden en enthousiast naar het publiek zwaaide, zwol het applaus aan. Iedereen deed hetzelfde, ook ik ging staan. Alleen Messalina deed niet mee, die bleef roerloos zitten. Ze keek naar haar eigen zoon, en zag hoe zelfs hij bewonderend naar Lucius keek.'

'Wordt Lucius later keizer, vader?'

'De goden zullen het uitmaken, mijn kind. Maar ik durf wel te voorspellen dat de mensen later zullen zeggen dat ze tijdens het Spel van Troje al zagen dat Lucius Domitius Ahenobarbus een stralende toekomst tegemoet ging.'

Drie zachte, ronde gezichten staren hem aan.

'Kom, nu is het bedtijd.'

Als ze slapen, besluit hij zijn broer een brief terug te schrijven. Hoewel hij niets liever wil dan om duidelijkheid vragen, beseft hij dat brieven maar al te vaak onderschept worden, dat het te riskant is om over de keizerin te schrijven. Hij wijdt een paar woorden aan de ruzie, verontschuldigt zich en schrijft dat ze het er nog wel een keer over zullen hebben als ze elkaar weer zien. Dan, denkt hij, zal ik het Felix nog een laatste keer op de man af vragen.

✦

Er is goed nieuws. Het is welkom, want de keizer is gegrepen door een continue angst over opstanden in Britannië. Het is eind februari en de adoptiepapieren zijn in orde gemaakt. Het is een formaliteit die binnenskamers wordt afgehandeld, Pallas is er alleen bij omdat er volgens de wet een getuige aanwezig moet zijn. Een paar handtekeningen en dan is Lucius Domitius Ahenobarbus de zoon van de keizer. Formeel, wettelijk gezien, voortaan de gelijke van Britannicus. Maar Lucius is ouder, dus hij krijgt een voorrangspositie. Hij wordt de nieuwe spes augusta. Wat hij ook krijgt, zijn de beroemde familienamen die bij een adoptie door de keizer horen. Voortaan heet hij Tiberius Claudius Nero Caesar. Maar iedereen noemt hem van het begin af aan kortweg Nero.

Felix schrijft hem sinds hun verzoening de ene na de andere brief, en hij verslindt ze als een banneling die van een verre geliefde. Samaria, het gebied dat Felix onder zijn controle heeft gekregen, broeit van de spanningen. De Samaritanen zijn een arrogant volk, schrijft hij, kosmopolieten die gek zijn op hun eigen stad, geschiedenis en cultuur. Ze zoeken vaak de confrontatie op met orthodoxe joden in de buurt en bovendien zijn de stedelingen zo rijk in verhouding tot de boeren in het ommeland, dat er overal brandhaarden voor conflicten zijn. Dat hij het daar uit weet te houden, wordt voor Pallas met elke zin onbegrijpelijker. Felix spreekt de taal van de soldaten, en dat zal hij zelf nooit kunnen. Maar zijn broer laat duidelijk doorschemeren dat hij er zelf ook wel genoeg van heeft, dat hij hogerop wil. Hij zal het niet meer rechtstreeks aan hem durven vragen, niet na de ruzie die ze gehad hebben, maar als Pallas het goed heeft begrepen, ligt er een verborgen verzoek in de brief.

Hij is er ondertussen nog steeds niet helemaal aan gewend dat Agrippina in de ruimte blijft wanneer er staatszaken besproken worden. Vrouwen, zelfs keizerinnen, horen zich in bepaalde mate op de achtergrond te houden. Maar Agrippina trekt zich, net als haar moeder ooit, van dat soort conventies niets aan. Hij geeft er zijn mening niet over. Op zwakke momenten probeert hij haar soms nog een blik of glimlach te ontlokken, een schamele erkenning voor wat ze samen gedeeld hebben, maar ze geeft hem niets. Zijn verlangen blijft als een waakvlammetje aanwezig, bij het kleinste gebaar van haar kant zal het oplaaien.

Het is bijna niet meer voor te stellen hoe stroef de samenwerking tussen Claudius en de senaat ooit was, in de begindagen van zijn keizerschap. Ze zijn als twee wielen onder een voortdenderende strijdwagen. In een uiterste daad van welwillendheid verleent het Huis Agrippina zelfs officieel het recht om de titel Augusta te voeren. Ze zit sindsdien al in de ochtenduren naast Claudius, tijdens de eerste ontvangsten van de dag, en zorgt ervoor dat ze geen enkele interne beraadslaging mist. Ze heeft een troon voor zichzelf laten neerzetten, op de verhoging, naast die van Claudius.

Vanaf die troon bekijkt ze hem. Narcissus staat naast hem. Claudius' eerste minister is aan hem gewend geraakt, bejegent hem minder argwanend. Narcissus heeft beloofd een goed woordje voor Felix te zullen doen, maar als ze voor Claudius en Agrippina staan, lijkt hij van slag. Realiseert Narcissus zich nu pas dat Agrippina de vergadering bij zal wonen? Hij schudt zijn hoofd, herstelt zich, en vraagt zijn assistent om de berichtgeving uit Germanië erbij te pakken.

'De provincie Germania Inferior. Corbulo laat weten dat het voormalige Oppidium Ubiorum nu officieel Colonia Claudia Ara Agrippinensium is geworden. Uw verzoek om de geboorteplaats van de keizerin tot *colonia* te verheffen is daarmee ingewilligd. Alle inwoners van die stad hebben vanaf nu burgerrecht. Ze eren u en zijn u dankbaar, Caesar.'

Agrippina klapt een paar keer in haar handen en glimlacht. 'Eindelijk,' zegt ze droogjes. Claudius knikt instemmend. Narcissus wacht op een eventueel commentaar van de keizer, maar het blijft stil. Pallas ziet hoe Agrippina wegdroomt en stelt zich voor dat ze met haar hoofd weer even terug is in haar Germaanse geboortestad, samen met haar ouders. Narcissus heeft nieuws uit nog meer gewesten in zijn portfolio en wil Germania Inferior afsluiten. 'De bouw van de fortificaties langs de Rijn vordert goed, verder is er geen nieuws uit deze provincie.'

'En hoe gaat het met Scapula?' vraagt Claudius ongeduldig.

'Ik was juist bezig het nieuws uit Britannië erbij te pakken, Caesar,' zegt Narcissus.

'En Caratacus? Heeft Scapula die verdomde Caratacus nu al een toontje lager doen zingen of niet?'

Publius Ostorius Scapula is gouverneur in het altijd onstuimige Britannië, de tweede gouverneur van dienst in de provincie die door Claudius bij het rijk is gevoegd. Maar ook na de verovering is het onrustig gebleven in Britannië, waar een lokale stam onlangs weer in opstand is gekomen. Dat de opstand wordt geleid door Caratacus verbaast niemand. Jaren geleden, toen Claudius de eerste opdracht gaf tot invasie, was Caratacus al de belangrijkste tegenstander. Hij is het type barbaarse vrijheidsvechter waar ze in Rome stiekem bewondering voor hebben.

'Het spijt me te moeten mededelen, Caesar, dat Caratacus nog niet is verslagen. Maar Scapula laat weten dat hij met harde hand optreedt tegen de rebellen en dat de campagnes tot nu toe voorspoedig verlopen. Schrijven we terug, of zal ik verdergaan met de provincie Judaea?'

Caesar wuift afwezig met zijn mollige hand, waarna Narcissus zijn samenvatting begint voor te dragen. Pallas heeft hem erbij geholpen.

'Het bericht is afkomstig van procurator Ventidius Cumanus. Hij schrijft dat hij de onthoofding van een van zijn eigen mannen, een Romeinse soldaat, heeft verordend.'

'Waarom in hemelsnaam?' onderbreekt Claudius.

Narcissus weet zijn kalmte te bewaren. 'Hij had een delegatie soldaten naar het plaatsje Bethoron gestuurd, nadat een van zijn slaven daar ergens was overvallen. De soldaten hebben zich vervolgens vreselijk misdragen. Ze hebben alle dorpen in de omgeving geplunderd en hun mannen afgeranseld. Toen een van hen een Torah in handen kreeg, nam hij die mee naar buiten en verbrandde hem voor de ogen van de dorpsbewoners, terwijl hij hun god op alle mogelijke manieren beledigde. Verschillende Joden kwamen bij Cumanus verhaal halen, de blasfemische ploert moest gestraft worden. Cumanus heeft, om de vrede te bewaren, gehoor gegeven aan de boze Joden, en de soldaat publiekelijk laten onthoofden.'

Claudius lijkt nog steeds geërgerd. Agrippina ziet het. 'Weet onze beste Cumanus zeker dat de rust weer is hersteld?' vraagt ze. De lokale onrusten in Judaea, waarvan Pallas sinds Felix' aanstelling veel beter op de hoogte is, bezorgen ook Caesar slapeloze nachten. De goden mogen weten hoelang ze zich nu rustig zullen houden.

'Ach, wat mis ik die goede oude Herodes Agrippa, mijn trouwe vriend. Sinds zijn dood brengt die regio ons niets dan zorgen,' verzucht de keizerin.

Pallas denkt aan Messalina, die zich nooit over Judaea, of welke provincie ook, uitsprak. Het is verbazingwekkend hoe snel ze is vergeten, hoe snel Agrippina voor elkaar heeft gekregen dat er nooit meer met een woord over haar voorgangster wordt gerept. Dan bedenkt hij dat dit Narcissus' laatste mogelijkheid is om Felix ter sprake te brengen. Hij doet het niet, en Pallas begrijpt het. Agrippina heeft alle aandacht voor zich weten op te eisen.

Als ze even later met z'n tweeën zijn, schiet Narcissus meteen in de verdediging.

'Je brengt het zelf maar ter sprake bij de keizer. Of anders bij haar, ze mag je toch zo graag?'

Hij wil wat zeggen, maar hij laat het gaan, want hij weet dat Narcissus gelijk heeft. Dat Agrippina zijn beste kans is. Het is tijd dat hij het hele voorval uit zijn hoofd zet, zoals zij heeft gedaan. Misschien zal ze hem nog eens in haar bed uitnodigen, misschien niet, het mag zijn prioriteit niet zijn. Hij hoeft er alleen maar voor te zorgen dat ze hem nodig blijft hebben, dat hij onmisbaar wordt.

## *Mijn leven en de lotgevallen van mijn familie*

### FRAGMENT IV

*Het nieuws verspreidde zich razendsnel. Ik wilde Britannicus graag zelf van de adoptie vertellen en zocht hem bij aanvang van zijn lessen op. Maar ik was al te laat. Lucius was de avond ervoor naar hem toe gekomen en had hem laten weten dat ze nu echt broers werden. Van zijn ronde gezichtje kon ik de teleurstelling aflezen. Ik verwijt hem zijn onbegrip niet, wat kon de jongen eraan doen? Het was de schuld van zijn vader. Claudius had zich veel te veel met de jongen bemoeid. Iedere moeder weet dat het niet goed is voor een kind om alleen maar geprezen te worden. Hoe vaak zag ik hem Britannicus niet meeslepen naar openbare gelegenheden? Bij die beroemde gladiatorenspelen die Silanus organiseerde na zijn overwinning in Brittannië liet Claudius de jongen de hele ochtend op zijn schoot zitten. Ik weet nog goed hoe hij hem, nog voordat de gevechten begonnen, oppakte, zijn armen strekte en het publiek liet applaudisseren. 'Moge zijn toekomst glansrijk zijn!' riep hij uit. En de menigte maar klappen. Voor een peuter! Geen wonder dat de jongen zo'n obsessie ontwikkelde over zijn geboorterecht.*

*Sosibius kwam binnen en hij had Titus bij zich, het zoontje van mijn goede vriend generaal Vespasianus. Titus en Britannicus waren klasgenootjes, vrienden, ze deden alles samen. Sosibius negeerde mijn aanwezigheid en begon zijn geschiedenisles. Het was duidelijk dat hij improviseerde, dat de les niet voor de jongens, maar voor mij bedoeld was. Wat hij precies* zei weet ik niet meer, maar het ging over de gloriedagen van Augustus, toen de broertjes Gaius en Lucius Caesar voorbestemd waren om samen te regeren. Britannicus luisterde aandachtig. Toen ik vertrok, hoorde ik hem nog vragen: 'Wat is er uiteindelijk van Gaius en Lucius geworden, meester?' Het antwoord heb ik niet meer meegekregen.

Ik had allang begrepen welke leugens die jongens aangeleerd kregen van Sosibius. Daarom was ik zo vastberaden om voor mijn zoon een echte geleerde naar het hof te halen. Dankzij mijn inspanningen kon Seneca terugkeren uit de onterechte verbanning waartoe de wraakzuchtige slang, Messalina, de keizer ooit had overgehaald. Dat mijn zoon van nature uitblonk in de schone kunsten was duidelijk. Nu was het tijd hem vertrouwd te maken met de macht.

Nu ik een zo teruggetrokken leven leid, gescheiden van Rome door haar muren en door mijlen van niets dan platteland, is het moeilijk me te verplaatsen in de vrouw die ik toen was. Maar mijn bezorgdheid voor het heil van de staat kende in die dagen geen grenzen. Velen hebben mij gevraagd waarom een vrouw als ik, op alle manieren door Fortuna gezegend, trouwde met een lelijke oude man. Als er ooit omstandigheden waren om zo'n verbintenis te verklaren, dan waren het die van mij. Gezegend met de moed van mijn voorouders stelde ik het publieke belang resoluut boven het persoonlijke. Zij die mij op hatelijke wijze mijn invloed hebben verweten, vergeten al te gemakkelijk mijn verdiensten. De keizer, mijn oom, was door Messalina en Silius voor heel Rome te kijk gezet. Een schande voor hem, voor de familie. Ik deed wat binnen mijn macht lag. Ik gaf mijn invloed, mijn respect, mijn aanzien aan de staat, aan de keizer, opdat het op hem zou afstralen, opdat de staat gered zou worden, en behoed voor nieuwe verdorven samenzweringen.

Het bloed van Germanicus stroomt door mijn aderen. Net als mijn moeder ben ik een vrijdenkende vrouw. Welwillend nam ik het op me mijn nieuwe echtgenoot bij te staan in staatszaken, omdat het regeren hem zwaar viel. Als Augusta was ik even goed in staat om op een verhoogd podium gezantschappen te ontvangen en aan te horen, waarom niet? Zetelt Juno, koningin der goden, niet op een hemelse troon naast haar Jupiter? Is *het overmoedig om je echtgenoot zo bij te staan, om de van deugd stralende Juno op aarde te zijn? Ik zag het als mijn huwelijkse plicht, een eeuwenoud plichtsbesef dat, zo besef ik, in deze verdorven tijden niet meer wordt begrepen. De aantijgingen die mij ten deel vallen, zijn goedkope verzinsels van de straat.*

*Een eeuwenoud spreekwoord zegt dat een vorst zijn onderdanen moet behagen, maar de tijden zijn veranderd. Romulus' nazaten, die tot grootsheid in staat waren in de gloriedagen van de republiek, slijten nu verdoofd hun dagen. Ze raken alleen nog in vervoering als er geld ingezet kan worden of bloed vloeit, gratis vertier waarvoor ze gretig hun kiesrecht verkochten. Ongeïnteresseerd en ontzield volgen ze de meute. Ik vrees de dag dat dit van moraal verstoken volk het handelen van hun leider bepaalt. Die dag is nabij – niemand kent mijn zoon beter dan ik – en ik zal vanuit de krochten der duisternis omhoogkijken en tevreden zien hoe ik gelijk heb gekregen, hoe de demagogie niets oplevert dan verdorven regering.*

*Niet de menigte, maar de goden zullen uiteindelijk oordelen over mijn handelen, en ik ga dat oordeel vol zelfvertrouwen tegemoet, in de wetenschap dat de goden wijzer zijn dan de mensen.*

# 13

# Princeps iuventutis

*Januari 51 n.Chr.*

In het nieuwe jaar aanvaardt Claudius voor de vijfde keer het consulaat, maar hij laat vervolgens al het werk over aan zijn collega-consul, Servius Cornelius. Aan het hof ziet inmiddels zelfs de meest onwetende huisslaaf hoe verregaand de gevolgen zijn van Agrippina's komst naar de Palatijn. Eerst was er het gesleep met meubilair. Messalina's bezittingen werden naar de veiling gebracht. Wie er genoeg op wist te verdienen, mocht een deel van de winst in eigen zak steken. In tegengestelde richting kwamen de houten tafels binnen die nog van Marcus Antonius waren geweest, het zilverwerk dat Agrippina van Germanicus had gekregen, het setje aanligbanken dat haar door een oosterse vorstin cadeau was gedaan. Marmeren portretbusten van Messalina en haar ouders werden stukgesmeten en vervangen door die van Agrippina als Venus, of Agrippina als Magna Mater. Een muurschildering van Leda en de Zwaan in een van de vrouwenvertrekken, die bekendstond als Messalina's favoriet, werd overgeschilderd.

Pallas voelt dat Agrippina hem weer steeds meer naar zich toe trekt. Hun alliantie is geen geheim en voer voor roddels in het paleis. Hoewel hij nooit een ziel heeft verteld over wat er zich tussen hen heeft afgespeeld, gaan er wilde verhalen rond. Die verhalen zullen de reden zijn dat ze hem nooit meer in haar bed heeft uitgenodigd.

Narcissus' relatie met Agrippina is even kil als die van hen intiem is. Hij klaagt dat ze hem niet serieus neemt als eerste minister en dat ze hem beledigt. Ze heeft Narcissus nog maar één enkele keer direct aangesproken, en dat was alleen maar om te achterhalen met wie de keizer volgens zijn adviezen wél had moeten trouwen. Een suggestieve vraag, bedoeld om Narcissus bang te maken, te laten weten dat ze alles wist, ook dat hij haar aanwezigheid in het paleis niet heeft gesteund. Dat ze er nu, niettemin, wel is. Omdat Narcissus aanvoelde dat het beter was om alsnog te proberen aan haar goede kant te komen, had hij eerlijk geantwoord. Dat hij aanvankelijk aan Aelia Paetina had gedacht, maar, zo voegde hij er snel aan toe, dat was alleen omdat hij toen nog niet wist van háár 'beschikbaarheid'. Narcissus was slim genoeg om het daar niet bij te laten; híj was het geweest die Messalina's verraad bij Claudius onder de aandacht had gebracht. Agrippina mocht hem na dit gesprek nog minder dan ze al deed, zei ze.

'U dient mij nog altijd te beschouwen als onder Claudius' bescherming,' had Narcissus ten slotte geprobeerd.

'Ik beschouw hém als onder jouw invloed, en iets te veel als je het mij vraagt,' had Agrippina bits geantwoord.

In maart hoort hij waarom Claudius het consulaat weer naar zich toe heeft getrokken dit jaar. Vóór de gebruikelijke leeftijd – hij is dertien – legt Nero zijn jongenstoga af. Als om de overgang van Lucius naar Nero extra te markeren, is na de adoptie de volwassenwordingsrite versneld in gang gezet. De plechtigheid begint thuis, in het paleis, in het bijzijn van de familie. Pallas kijkt naar Agrippina en ziet hoe opgeblazen haar ego vandaag is. De huisgoden moeten worden aangeroepen. Nero probeert plechtig en elegant te doen, maar zijn lijf, dat veel te mollig is voor zijn leeftijd, werkt niet mee. Als hij zijn amulet af wil doen, ontstaat er commotie: het koord is niet lang genoeg voor zijn hoofd, het blijft bij de nek al steken. Iemand, hij ziet niet wie, waagt het om verschrikt te roepen: 'Een voorteken! De goden geven hun zegen niet!' Pallas voelt een duw van Agrippina's elleboog in zijn zij. 'Doe iets,' sist ze. Hij schiet naar buiten, tikt een slaafje aan. 'Ren zo snel als je kunt naar de keuken, we hebben een mes nodig!'

Als het koord is doorgesneden haalt iedereen opgelucht adem. Een slaaf wordt spartelend afgevoerd, een grijs, rimpelig mannetje dat hij niet eerder heeft gezien. Had nou je mond maar gehouden, denkt hij. De moeder helpt haar zoon uit zijn kindertoga. In andere omstandigheden zou dit een lieflijk tafereel zijn, maar tussen Agrippina en Nero broeit iets vreemds, iets waar hij geen woorden voor kan vinden. Ze is trots, maar die trots lijkt eerder haarzelf dan haar zoon te gelden. Een zoon die dat, op zijn beurt, feilloos aanvoelt en op een dag als vandaag zichtbaar hunkert naar vormen van aandacht en liefde die zijn moeder hem nooit zal kunnen geven. Narcissus stapt naar voren met een toga virilis, de mannentoga, die zo stralend wit is dat hij schittert in de binnenvallende zonnestralen. Hij houdt hem omhoog en toont hem trots aan iedereen, als het vaandel van een verslagen vijand.

Die verschrikkelijk stijve en onhandige toga. Complex, ongemakkelijk, een kledingstuk waar je een hekel aan zou moeten hebben, maar dat je toch een hemels gevoel geeft. De toga is een schild van witte wol, dat afkeuring en hoon afweert. Om het lichaam van een jongen als Nero lijkt de toga een tegengesteld effect te hebben, het maakt hem lachwekkend in plaats van waardig. Maar natuurlijk is er niemand in de kamer die durft te lachen. Nero draait een rondje terwijl hij tevreden naar zijn nieuwe gewaad kijkt. Agrippina zucht, de goden krijgen hun bedankjes. Daarna gaan ze naar het *triclinium*. Nero loopt voorop, regelrecht op de meest prominente bank af. Hij wil gaan aanliggen, maar weet zich geen raad met alle stof om zijn lijf, zodat hij door zijn moeder het aanligbed op moet worden geholpen. Het is een lachwekkend tafereel, maar Pallas weet zich te beheersen. Hij denkt aan de oude slaaf die afgevoerd werd. Misschien had de man gelijk en staan de goden niet aan zijn zijde.

Nero leunt nonchalant op zijn rechterarm en ligt erbij als een volleerd gastheer, maar dat beeld van net, hoe hij als een jochie door zijn moeder op het bed werd getild, staat nog op zijn netvlies. Het is een onheilspellende gebeurtenis, zo vlak na de volwassenwordingsceremonie.

Als de wijn heeft gevloeid, de exquise hapjes zijn geserveerd en de danseresjes zijn afgedropen, eindigt het familiefeest. De officiele ceremonie begint nu echter pas, het deel waarvoor Claudius in eigen persoon het consulaat heeft aanvaard dit jaar. Hiervoor moeten ze naar het Forum; Agrippina gaat mee en Pallas vergezelt haar. In het immense staatsarchief wordt met veel vertoon en onder applaus en bewonderende oh's en ah's de naam van de jonge Nero officieel in het register van Rome bijgeschreven. Zijn publieke leven kan beginnen. Pallas' gedachten dwalen af, naar de tijd dat hij nog een jonge huisslaaf was en Claudius hem over zijn jeugd vertelde. Voor Claudius was er geen applaus. Hem namen ze midden in de nacht mee naar het Forum, zodat niemand het monster kon zien en de zaak snel afgehandeld kon worden. Die rekening wordt nu door Claudius vereffend.

✦

Het volgende feest dient zich aan: de wagenrennen die nog vlak voor de zomer gehouden worden. Iedereen is er vol van. Niet alleen op straat, waar weddenschappen worden gesloten, en op het Marsveld, waar fanatieke supporters rondhangen bij de stallen van de Rode, Witte, Groene en Blauwe teams, maar ook in de gangen van het paleis is de spanning van de aanstaande circusspelen voelbaar. Pallas heeft zich laten meeslepen en, ondanks Andromeda's nadrukkelijke afkeuring, een flink bedrag ingezet op de Groenen.

Abascantus is voor hem met een zak geld bij de teambaas langsgegaan. Als hij terugkomt zegt hij: 'Bij Hercules, het lijkt wel alsof iedereen van zijn geld af moet.'

'De menigte verheugt zich.'

'Verheugd? Ze lijken wel in extase!'

'Vanochtend hebben de herauten nieuws uit het paleis verkondigd. Optimisme maakt de gokkers overmoedig.'

'De volwassenwording was toch al aangekondigd?'

'Dat is niet alles. Nero is meteen ook tot consul verkozen.'

'Consul? Hoe is dat mogelijk? Hij is veel te jong!' Abascantus weet na al die jaren nog steeds niet hoe het werkt, de politiek.

'Niet per direct. Er is vastgelegd dat hij over zes jaar, als hij negentien is, tot consul verkozen wordt.'

'En alle andere ambten?'

Als Pallas' zonen carrière willen maken, moeten ze onder aan de ladder beginnen, net als alle anderen. Eerst de lagere ambten uitoefenen, wat ervaring opdoen in de provincie of aan het front, om uiteindelijk, na een jarenlange, onberispelijke staat van dienst in de gunst van de keizer, tot de hoogste rang, die van consul, door te stoten.

'Die slaat hij natuurlijk over. Hij heeft een titel gekregen, *princeps iuventutis*.'

Pallas weet dat Nero er te pas en te onpas mee zal pronken, vooral wanneer Britannicus op gehoorsafstand is.

'Het is ongekend,' zegt Abascantus ongelovig.

'Niet helemaal. Gaius en Lucius, zeggen die namen je wat?'

Het kan niet anders of Agrippina heeft met haar speciale behandeling van Nero willen nabootsen wat Augustus deed voor zijn kleinzoontjes.

'Augusta treedt in de voetsporen van Augustus?' Abascantus glimlacht, trots op zijn woordspeling.

'Ze gaat nog een stapje verder. Nero krijgt meer dan Gaius en Lucius. *Proconsulair imperium* in heel het rijk, behalve binnen de stadsgrenzen van Rome, en hij wordt erelid van alle belangrijke priestercolleges.'

'En ik maar denken dat we Nero's adoptie vieren tijdens de Spelen...'

'Er zal heel wat meer van de senaat en het volk van Rome verwacht worden dan dat ze Lucius voortaan Nero noemen, Abascantus.'

Bij het ochtendschemeren is hij, op de dag van de races, naar het paleis gegaan. Het is er onrustig, slaven lopen heen en weer met verhitte hoofden en volle handen. Nero en Britannicus bereiden zich allebei al in de vroege uren voor. Agrippina stuurt Pallas direct naar hun vertrekken om poolshoogte te nemen. Nog voor binnenkomst hoort hij, dwars door het geroezemoes van de slaven, duidelijk de zelfverzekerde stem van Nero.

'Met jou zijn ze zo klaar, Britannicus. Voor mij moeten ze extra hun best doen. Ik moet precies de goede kleding hebben, de juiste insignes. Een oorlogsheld. Ik zal eruitzien als Alexander de Grote.'

'Vandaag zul je er mooier uitzien dan ik, maar geen purperen toga kan je ware aard verhullen, *Ahenobarbus*.'

De vaste stem van de tienjarige Britannicus verbaast hem. Niemand durft Nero op die manier van repliek te dienen. Sinds zijn allereerste dag in het paleis probeert Nero hem op alle mogelijke manieren te kleineren. Hij verbergt zijn pogingen niet eens, hij overdrijft, alsof het een toneelstuk is en hij het eigenlijk allemaal voor de toeschouwers doet, voor de wereld die hij als zijn publiek ziet. Britannicus' manier om terug te slaan is verfijnder, veel minder zichtbaar maar des te harder. De minachting waarmee hij de familienaam uitsprak is zo voelbaar dat het Nero de adem beneemt. Heel even is de angst, de onzekerheid zichtbaar in de ogen van Nero. Voor Britannicus zal hij altijd Lucius Domitius Ahenobarbus blijven.

Het voorval doet Pallas denken aan het bezoek dat hij een dag eerder kreeg. Domitia Lepida, Nero's tante die zich sinds de dood van haar dochter op de Pincio-heuvel heeft teruggetrokken en zich gedeisd houdt om uit het wraakzuchtige zicht van de keizerin te blijven, was naar zijn kantoor gekomen op het Forum Julium. Ze had hem met alle egards begroet, zodat hij op zijn hoede was. Hij is er inmiddels aan gewend dat ze bij hem komen, hem vleien, hem proberen om te kopen. Ridders en senatoren, ambitieuze mannen en zelfs alleenstaande vrouwen, ze komen naar hem toe met een enorme verscheidenheid aan kwesties maar allemaal met hetzelfde doel: ze willen dat hij een goed woordje voor hen doet bij de keizerin of de keizer. Domitia Lepida is in die zin een uitzondering. Ze was niet voor zichzelf gekomen, maar voor haar kleinzoon, Britannicus.

'Hij is strijdvaardiger dan u denkt,' probeerde hij haar gerust te stellen.

'De jongen is dapper, en daarom onvoorzichtig.'

Hij vond haar oud geworden. Agrippina en Domitia Lepida werden ooit beiden geroemd om hun schoonheid, maar Lepida was altijd onmiskenbaar meisjesachtiger geweest, met haar halvemaansogen, volle lippen en smachtende blik. Met moeite zag hij die trekken nog terug in haar gezicht. 'Dat is waar. U zou er verstandig aan doen hem te vermanen. Zijn jeugd maakt dat hij vermetel handelt.'

'En u zou er verstandig aan doen uw plaats niet te vergeten. Hoge onderscheidingen zeggen mij niets. Verwar de gunst van een sterveling niet met die van de goden!' Bijna verloor ze haar zelfbeheersing. Terwijl hij haar bekeek besefte hij wat een nederlaag dit voor haar was, dat iemand van koninklijken bloede een vrijgelatene om hulp moest smeken. Hij zag dat ze zich met moeite wist in te houden. 'Britannicus is niet dom... Hij weet dat hij deze race niet meer kan winnen, dat hij alleen nog kan strijden om zijn waardigheid te behouden.'

Hij wist niet wat hij daarop moest zeggen. Ze had gelijk.

'Je moet hem helpen.'

'U vleit me, maar zoveel invloed heb ik niet. Het huwelijk, de adoptie, alles is voltrokken. Wat kan ik nog doen?'

'Neem hem in bescherming. Praat in op de keizer. Houdt de vader niet meer van zijn zoon? Welke redenen voert hij daarvoor aan? Welke misdaden heeft de jongen begaan?'

Ze sloeg haar ogen neer, bedroefd, of droefenis veinzend.

'Houd hem in leven.'

Hij wilde van haar af en beloofde dat hij zou doen wat hij kon.

'U moet me schrijven,' zei ze terwijl ze vertrok. In haar ogen zag hij, als in een zielenspiegel, wat hij zelf dacht. Dat hij zijn belofte niet waar kon maken.

Op gehoorsafstand van de twee zonen van de keizer die elkaar als haantjes bevechten maar hem niet kunnen zien, voelt hij zich bleek worden. Waar is hij mee bezig? Is het gerechtvaardigd, wat hij doet? Dient hij het staatsbelang, de belangen van de keizer, de keizerin, of alleen die van hemzelf? Als hij het zelf al niet meer weet, hoe moet het dan verder? 'De keizer heeft niet het eeuwige leven!' hoort hij Agrippina altijd zeggen. Ze zegt het niet voor hem, maar het is ook zijn waarheid. Het is het scherpe, blinkende zwaard dat dreigend boven hun beider nekken zweeft. Hij stelt zichzelf gerust – alles is geoorloofd in de ultieme strijd van de overleving. Hij moet de ophanden zijnde troonswissel doorstaan, dat is alles wat telt.

✦

De processie gaat op de heilige Capitolijnse heuvel van start. Onder een stralende zon brengen de Arvales-broeders in de tempel hun offers om de goden gunstig te stemmen. Nero is net toegetreden tot dit broederschap, maar hij is een boventallig lid. Hij hoeft niet naast de andere priesters aan het altaar te staan. Hij heeft een veel grotere rol te vervullen: hij is de eregast van dit feest. Pallas is op dagen als deze onzichtbaar. Aan het hof is hij nu belangrijker dan hij ooit is geweest, en hij is inmiddels rijker dan menig senator, maar in Rome vieren tradities hoogtij, en daarmee de starre regels van de standenmaatschappij.

Claudius, Nero en Britannicus gaan voorop richting het circus. De musici in de stoet spelen op hun dunne fluiten en lieren. De dansers zijn strijdlustig uitgedost met zwaarden, speren en uitbundig versierde bronzen helmen, ze gaan op in de hoge klanken. Ze worden op de voet gevolgd door een met geitenhuiden en bloemenkransen versierde groep satyrs en silenen, hun haren wild in plukken omhoog. Niet alleen voor Mars, maar ook voor Bacchus wordt er gedanst. Achteraan worden de beelden van de goden gedragen, afgewisseld met geurende schalen en sierlijke kannen. En niet alleen de beelden van de traditionele, hemelse goden zweven voorbij, ook de vergoddelijkte leden van de Julisch-Claudische familie worden aan het publiek getoond.

De lucht beeft op de tonen van de fluiten en vult zich met de geur van kruiden en de herinnering aan Romes grootse verleden. Divus Augustus eist nog altijd zijn rol op in openbare aangelegenheden, ook al is zijn sterfelijke lichaam al bijna veertig jaar geleden heengegaan. Ook vandaag, als Nero aan het publiek wordt voorgesteld als het nieuwste lid van Augustus' familie.

'En Britannicus?' had hij de keizer gevraagd. 'Rijdt die ook mee?'

'Ik weet dat je je zorgen maakt om mijn zoon, Pallas, maar laat ik je geruststellen. Ik heb een glansrol voor beiden in gedachten. Ze zullen naast elkaar rijden, we zullen een sterke boodschap van harmonie overbrengen aan het volk. Nero en Britannicus. Samen zijn ze de toekomst van Rome.'

Agrippina bracht er niets tegen in. Nu blijkt waarom, en ook waarom ze zoveel haast heeft gemaakt met de volwassenwordingsrite. Britannicus ziet er, aan het hoofd van de processie, in zijn eenvoudige en kleurloze kindertoga uit als een jongetje. Hij is onzichtbaar, een kind als alle andere. Nero rijdt er in vol ornaat naast, als een stralende, bijna goddelijke veldheer die met ogen flikkerend van trots een triomftocht door Rome rijdt. Hij draagt een schitterende, gloednieuwe en op maat gemaakte purperen toga en heeft een bloeiende lauwerkrans op zijn hoofd. Zijn zelfverzekerde gezicht is met rood besmeurd. Hier wordt een kroonprins voorgesteld aan zijn volk. Geen hoveling, geen senator en geen van de mensen die op straat staan te juichen, kan eromheen.

✦

Pallas wordt bij de keizer geroepen. Het gaat om een persoonlijke kwestie. Hij had Callistus of Narcissus erbij verwacht, maar als hij binnenkomt ziet hij dat er niemand anders is. Er bekruipt hem een onprettig gevoel, hetzelfde gevoel dat hem overviel toen de keizer hem opwachtte met de gouden ring op tafel.

'Pallas, wees mijn vertrouwen waardig. Wat ik op het punt sta je te vertellen, moet tussen ons blijven.'

Hij knikt.

'Agrippina is bij me komen klagen.'

Hij voelt zich ongemakkelijk. Klagen? Over hem? Over Narcissus? Wil ze van iemand af? Hij moet kalm blijven. Door afwachtend en berekenend te zijn, heeft hij tot nu toe alle intriges weten te trotseren.

'Het gaat om Britannicus, volgens de keizerin misdraagt hij zich. Ze noemt hem een gevaar voor de orde.'

Hij is opgelucht dat het niet over hem gaat, maar meteen daarna denkt hij aan het bezoek van Domitia Lepida. Had ze dit aan voelen komen? Als Agrippina bij Claudius is gaan klagen, dan is de dreiging voor Britannicus groot aan het worden.

'Ze is furieus. De jongen drijft de spot met haar, met haar waardigheid. Ach, vrouwen, Pallas, je kent hun gevoeligheden. Haar andere aanklacht is serieuzer, ik moet me het wel aantrekken. Ze beschuldigt mijn Britannicus ervan tweespalt binnen de familie te zaaien. Ik weet dat Narcissus de jongen beschermt, daarom heb ik jou gevraagd. Wat is je advies, Pallas? Britannicus is al net zo koppig als zijn moeder! Ik wil de jongen wel vergeven dat hij het moeilijk heeft met de situatie, maar ik kan hem het vaderlijk gezag niet laten ondermijnen...'

Hij weet zich geen raad met de vraag die hem wordt voorgelegd. Er wordt hem een laatste kans geboden om Britannicus van de ondergang te redden. Maar als hij dat doet, moet hij haar verloochenen.

Onhandig stamelt hij iets onzinnigs. 'U kunt Sosibius instrueren, Sire. Het onderwijs van de jongen aanpassen, zodat hij zich beter bewust wordt van zijn plaats, van de publieke rol die hij zal gaan spelen.'

'Ach, Sosibius is te zachtaardig. Als de jongen zich daar nu nog niet van bewust is, verdient de man een ontslag. Nee, de keizerin verwacht een passende straf. Ik heb getuigen nodig om haar beschuldigingen te bevestigen. Kun jij de jongen voortaan niet een beetje in de gaten houden?'

Claudius' zware hoofd rust op zijn rechterhand, de vingers drukken witte kuiltjes in de paarsige huid van zijn dikke wangen. Naast hem, op een houten driepootje, staat een zilveren schaaltje met gesuikerde amandelen, waarvan de keizer tijdens het gesprek al vier keer een handje heeft genomen. Terwijl Claudius voor de vijfde keer zijn hand naar de amandelen laat zakken, denkt hij na. Zijn mond voelt droog. Hij zucht, voelt zijn laatste bezwaren met een teug warme lucht langs zijn tong naar buiten glijden.

'Sire, ik acht hem er niet alleen toe in staat... ik heb het zelf ook gehoord.'

Claudius' malende kaak hapert. 'Wat bedoel je?'

'Hoe Britannicus hem nog steeds bij zijn oude naam aanspreekt. Hij weigert hem Nero te noemen, Sire.'

Het gezicht van de keizer wordt bleek. Hij schudt zijn hoofd en mompelt bij zichzelf: 'Hoe kun je zo dom zijn jongen...'

Dan wuift hij Pallas met een geïrriteerd handgebaar de kamer uit.

Als hij al bijna weg is, zegt de keizer nog: 'Houd hem voor me in de gaten, Pallas.'

✦

Midden in de zomer neemt een beroemdheid zijn intrek in de Mamertijnse Gevangenis. Caratacus, de woeste, halsstarrige Britse rebellenleider. Eindelijk is hij verslagen. Het was een nek-aan-nekrace geweest die via de herauten door alle Romeinen op de voet gevolgd werd, alsof het zich allemaal in het Circus Maximus onder hun eigen ogen afspeelde. Toen de overwinning op de barbaren van het eiland een feit was, leek Caratacus aanvankelijk te zijn ontkomen, terwijl zijn broers, vrouw en kinderen zich al hadden overgegeven. Maar ver kwam hij niet. In het noorden zocht hij asiel bij koningin Cartimandua. De idioot. Koningin Cartimandua is een van Romes meest trouwe bondgenoten op het eiland. Ze leverde hem zonder aarzelen geketend en wel af bij de tent van de Romeinse legerleiding, bij Scapula.

De komst van de woeste barbaar wordt door de hele stad met opwinding verwacht. De kinderen op straat maken elkaar bang door hem na te doen, de marktlui wrijven zich in de handen vanwege de verwachte drukte en overal duiken graffiti's op die zinspelen op Caratacus' aanstaande publieke executie. Bij de kazerne, even buiten de stadsmuren, staan de pretorianen klaar. Tussen de honderdmannen herkent Pallas Sextus Afranius Burrus, zijn voormalige mentor en collega op het bureau, die zich bij de garde heeft aangesloten en nu aan kop loopt. Het volk is uitgelopen. Op de werkloze menigte kan gerekend worden, des te meer als het om exotische barbaren gaat die een zekere dood tegemoet marcheren. Agrippina heeft de benoeming van Burrus als commandant van de pretorianen nog maar net bewerkstelligd en kon onmogelijk op voorhand hebben geweten dat ze hem deze triomftocht als vuurdoop in de schoot zou werpen. Ze schoont terloops de hele pretoriaanse garde op, ze stelt de ene na de andere nieuwe rekruut aan.

Toen het nieuws van de overwinning uit Britannië kwam, was Burrus nog maar net aangesteld. Nu staat hij daar, vlak naast de barbaar wiens naam zo vaak is gevallen in het paleis dat Pallas het gevoel heeft naar een oude bekende te kijken. Caratacus is lang, heeft een volle bos korenblond haar, diepliggende ogen boven uitstekende jukbeenderen. Een onverschrokken gezicht. De trots en waardigheid die hij over zich heeft, worden door de ketens alleen maar benadrukt. Pallas is geen man van het slagveld. Hij voelt zich ongemakkelijk in de nabijheid van deze leider, in de nabijheid van de dood.

Voor een krijgsgevangene die op het punt staat door Rome geparadeerd en vervolgens geëxecuteerd te worden, straalt Caratacus een ongelofelijk zelfvertrouwen uit. Hij lijkt onaantastbaar. De bevende handen en treurige gezichten van zijn vrouw en kinderen doen hem niets. Ze krijgen een duw in hun rug die hun ketens doet rinkelen als ze in beweging moeten komen. Intuïtief trekken vrouw en kinderen zich terug, weigeren mee te gaan in de optocht die in beweging is gekomen, maar ze hebben geen keus. Caratacus, die achter zijn gezin loopt, beveelt zijn vrouw en kroost in een onbegrijpelijke taal om te luisteren en in beweging te komen. Het is duidelijk dat deze barbaar van plan is zijn moed tot het einde toe aan heel Rome te tonen.

Paarsbruine rotte kersen en vijgen vliegen door de lucht. De menigte bestaat voor een groot deel uit bandieten, dagloners en schooiers, die hun kreten van afkeur schaamteloos over straat schreeuwen. De optocht beweegt zich als dikke honing traag door de van mensen uitpuilende stad. Op het Forum Romanum, waar de veroordeelde krijgsgevangenen hun laatste kans krijgen om gehoord te worden, houden ze halt. De wet, altijd is er de letter van de wet, die door Claudius ziekelijk nauwkeurig wordt nageleefd. Als de keizer een kans krijgt een tribunaal voor te zitten, in welke vorm ook, laat hij die niet schieten. In de statige rechtszaal krijgt de misdadiger de mogelijkheid om zich rechtstreeks tot de keizer te richten en te vragen om een laatste gunst, een smeekbede te uiten of de goden te vragen om genade.

Agrippina draagt haar gouden mantel, ze lijkt een veldheer op haar troon. Claudius zit ernaast als een grijze Priamus. De zonen van de keizer zijn er ook, Britannicus staart afwezig, terwijl Nero's ogen bol staan van bewondering. Caratacus ziet ze als zijn gelijken, de adel van Rome, zelfs de keizer en zijn familie. Waar hij vandaan komt, gaat hij zelf door voor adel en verdient hij respect. Als hij het woord krijgt, begint hij daarom niet te jammeren of te smeken. Hij is niet onzeker als een veroordeelde, maar helder en vastbesloten als een krijgsheer. Hij zoekt niet naar woorden, hij beeft niet van angst. Hij zal niet om medelijden vragen. Hij begint als een koning te spreken ten overstaan van het tribunaal, voorgezeten door de keizer en keizerin. In prachtig, zelfs kunstig Latijn.

'Als mijn beleid in voorspoed even groot geweest was als mijn adeldom en positie, dan zou ik eerder als vriend dan als gevangene in deze stad gekomen zijn, en u zou het niet beneden uw waardigheid geacht hebben om met een nazaat van beroemde voorouders, heerser over zeer vele volken, bij verdrag vrede te sluiten.'

Caratacus geeft ruimte aan de stilte. Tevreden ziet hij dat hij de aandacht heeft van allen. De keizer, zijn echtgenote, Nero en Britannicus, de senatoren, de ministers.

'Zo afstotend als mijn lot voor mij is, zo roemrijk is het voor u. Ik bezat paarden, mannen, wapens, rijkdommen: wat is er voor verwonderlijks aan dat ik daarvan tegen mijn zin afstand heb gedaan? Want als jullie willen heersen over allen, betekent dat dan dat allen die slavernij gewillig op zich nemen?'

De tweede stilte is korter. Net lang genoeg om de waarheid van de woorden tot iedereen door te laten dringen.

'Als ik mij meteen overgegeven had, dan had noch mijn lot, noch uw roem geschitterd en op mijn executie zou slechts vergetelheid volgen: maar als u mij nu ongedeerd in leven zult laten, dan zal ik een blijvend voorbeeld van uw barmhartigheid zijn.'

De zaal verstomt. Pallas voelt het ongemak van de keizer, die niet goed weet hoe nu te reageren. Het is duidelijk dat niemand heeft vermoed dat achter dat barbaarse uiterlijk zo'n begaafd en moedig spreker verborgen gaat. Zo waardig, zo... Romeins. Hij hoort gemurmel. De keizer maakt van de gelegenheid gebruik om Narcissus iets in het oor te fluisteren, die vlak achter hem zit. Dan bij Agrippina. De keizerin knikt, neemt het woord. De keizer lijkt even verbaasd als de rest van de zaal. Nero bekijkt alles vol zichtbare opwinding en heeft duidelijk sympathie voor Caratacus. Nero's varkensoogjes stralen als zijn moeder in haar indrukwekkende mantel opstaat, glinsterend als de rijzende zon, en de krijgsgevangene toespreekt.

'Caratacus, met deze woorden heb je niet alleen je moed en waardigheid aan ons getoond, je hebt ook je vrijheid bedongen. Rome schenkt jou, je broers en je gezin, uit naam van Caesar, genade en biedt je de gastvrijheid van de hoofdstad aan. Je zult je hier in vrijheid mogen vestigen.'

Een kreet van ongeloof en opwinding vult de rechtszaal. De ene helft van de aanwezige senatoren kijkt geschokt, de andere verontwaardigd. Pallas ziet hoe de verbazing zelfs van het gezicht van Caratacus af te lezen valt. Voor het eerst sinds hij hem bij de kazerne zag staan lijkt de man zijn zelfbeheersing te verliezen. Caratacus had niet meer op genade gerekend, beseft hij. Alleen wie zichzelf als verloren beschouwt kan zo spreken.

'Burrus, ontdoe deze man van zijn ketens! Hij is niet langer onze gevangene,' beveelt de keizer, als om toch nog zijn eigen stem door de rechtszaal te kunnen horen galmen. Het laatste woord, maar het is een schamele poging.

Burrus gehoorzaamt snel. Nero klapt en joelt opzichtig, anderen vallen hem bij. Het is een volkomen onverwachte wending. Zenuwachtig blijft Burrus Caratacus scherp in de gaten houden, omdat zijn gevangene zich weer vrij kan bewegen. Als hij een stap dichter naar de keizer zet, schiet de prefect in de houding, klaar om zijn eigen lichaam als schild voor de keizer te werpen. Maar het is niet nodig. Nog maar een paar minuten geleden weigerde hij pertinent om te smeken, maar nu valt de trotse Caratacus meer dan gewillig op zijn knieën. In dezelfde fraaie bewoordingen als net uit hij zijn grote dank aan de keizer. Daarna wendt hij zich tot Agrippina, wier gestalte nog groter, alomvattender is geworden, om ook haar te danken. Hij noemt haar Augusta. De genadige. De keizerin straalt. Pallas ziet hoe ze ervan geniet, om in het openbaar als vorstin bejegend te worden. Dit is precies wat ze voor ogen had toen ze, bij de adoptie van Nero, de eretitel Augusta had ontvangen.

Na afloop wacht Pallas tot Burrus naar buiten komt, zoals de keizerin hem had opgedragen. 'Burrus, kom met me mee. De keizerin wil je spreken. Ze heeft een persoonlijk verzoek.'

✦

'Sextus Afranius Burrus,' zegt Agrippina hooghartig als ze terug zijn in het paleis. 'Ik heb er goed aan gedaan je als prefect aan te stellen, je vervult je rol met verve, Galliër. Nu begin ik ook te begrijpen waarom ze dat standbeeld voor je hebben opgericht in Vasio. En waarom mijn familie je zo lang in dienst heeft gehad.'

Daar houdt ze van: precies genoeg vertellen om iemand te laten weten dat niets haar ontgaat.

'Je hebt bestuurlijke ervaring, en volgens de geruchten heeft er nooit een eerlijker procurator in onze provincies rondgelopen. Niet om te kopen, Pallas, stel je voor! De goden mogen weten hoeveel schoften en graaiers je voor zijn gegaan, en hoeveel er nu nog hun hebzucht loslaten op onze buitenlandse onderdanen.'

Er verschijnt verbazing op Burrus' gezicht, gevolgd door opluchting, alsof het plotseling tot hem doordringt dat de keizerin hem met complimenten overgiet. Je kunt aan de toon van Agrippina's stem nooit opmaken of ze op het punt staat je te maken of breken.

De keizerin heeft de blik in zijn ogen meteen gezien. 'Verbaast het je dat ik zo ruimhartig ben, Burrus? Of is het dat ik zo goed op de hoogte ben? Wen er maar aan, Galliër, en vergeet niet dat Rome een keizerin heeft. De keizer regeert niet boven, maar naast mij. En in de toekomst zal mijn zoon de troon bestijgen. Maar pas als de tijd rijp is. En tot die tijd wil ik jou vragen om hem bij te staan als tutor, als rechterhand van Seneca. Van de filosoof en redenaar leert mijn jongen een verlicht vorst te zijn, aan jou vraag ik om van Nero een bekwaam bestuurder te maken.'

Pallas staat erbij als een onnozele derde. Hij denkt aan zijn broer. Hoe graag zou hij nu vluchten in een van zijn gesprekken met Felix. Voordat hij vertrok was zijn broer zijn vertrouwenspersoon. Nu moet hij het doen met brieven, en blijft hij de naam Agrippina vermijden, terwijl dat juist het onderwerp is waarover hij zijn hart zou willen luchten. Na zijn verraad heeft de keizer Sosibius ontslagen en de opleiding van Britannicus tot nader order gestaakt. Volgens de geruchten, die hij nog niet heeft kunnen verifiëren, is Sosibius dood. Hij zou in zijn eigen tuin zijn gevonden met een dolk in zijn rug. Britannicus' dagen zijn leeg, hij kwijnt weg en verdwijnt naar de achtergrond, daar waar Agrippina's onzichtbare handen hem naartoe hebben geduwd. Zij wint elke dag meer invloed. En Pallas met haar. Zou Felix het hem kwalijk nemen, als hij het allemaal wist? Zou hij ooit vermoeden dat hij het was die de jongen te gronde richtte? Iedereen uit het kamp van Britannicus is verdwenen. Gepromoveerd, zoals de keizerin het graag noemt. Naar een mooie post in het buitenland, of direct naar de woonplaats der goden. Er is niemand meer over om hem te beschermen. Niemand, behalve Narcissus. Hoelang zou Narcissus nog hebben?

'Een grote eer, Augusta. In alle nederigheid accepteer ik uw genereuze aanbod.' De stem van Burrus maakt een abrupt einde aan zijn gedachten. De ogen van de prefect glunderen, hij lijkt zich al voor te bereiden op zijn eervolle taak om de kroonprins klaar te stomen voor het keizerschap.

'Goed. Pallas hier zal een passende financiële vergoeding met je overeenkomen.'

Ze wendt zicht tot hem. 'Pallas, stel Burrus meteen voor aan Seneca, en aan mijn zoon, wil je? Ik trek mij voor de rest van de dag terug.'

Hij knikt, denkt aan het papierwerk dat op het bureau op hem wacht en zucht in zichzelf. 'Deze kant op graag,' gebaart hij Burrus. 'We hebben allemaal een hoop werk te doen.'

# 14

# Senatus Consultum Claudianum

*Eind 51 n.Chr.*

De klerk, een brutale maar innemende jongen uit Syrië die hij zelf nog heeft opgeleid, herhaalt wat Pallas zojuist gezegd heeft.

'Dus ik geef de ontwerper opdracht om een ponsoen te maken met de beeltenis van Augusta én Nero?'

Afwezig knikt hij ter bevestiging.

'Ja, precies. Moeder en zoon. Keizerin en princeps iuventutis. Is dat zo gek?'

De klerk blijft even stil en zegt dan begripvol: 'Het is... een nieuwigheid', waarna hij wegloopt en met zijn aantekeningen naar het Aerarium terugkeert.

Zodra hij weer alleen is, herleest hij de brief die hij van zijn broer heeft gekregen. Hij twijfelt. De laatste keer dat hij met een van Felix' berichten uit Judaea naar Agrippina is gegaan, voelde ze zich beledigd. Tijdverspilling, noemde ze het. Hij wil haar tijd niet verspillen, hij wil onmisbaar zijn. En Felix verder helpen. Hij moet nu voorzichtiger zijn, niet te doorzichtig. Met gefronste wenkbrauwen leest hij de regels nog eens, en nog eens. De uit de hand gelopen zaak van de Samaritanen, de belaagde pelgrims uit Galilea. Felix heeft het wel vaker moeilijk gehad, maar dit is voor het eerst dat hij iets van oprechte verontrusting in de zinnen van zijn broer proeft. Hij besluit het erop te wagen.

'Och nee, Pallas, toch niet een stel provincialen dat zich beledigd voelt? Heeft een van onze soldaten zijn broek weer naar beneden getrokken? Een volkomen gebrek aan humor, als je het mij vraagt, maar val de keizerin er niet mee lastig.'

'Nee, Augusta.'

Hij moet haar nu ook met haar nieuwe titel aanspreken, ze staat erop.

'Is er weer zo'n Messias opgedoken?'

'Nee, Augusta. Het is, als ik zo vrij mag zijn mijn eigen inschattingsvermogen serieus te nemen, dit keer ernstiger.'

Hij begint te vertellen wat Felix hem per brief heeft toevertrouwd en citeert passages uit de brief. Een bende uit Samaria, de landstreek waar Felix het militaire gezag voert, heeft een groep pelgrims uit Galilea aangevallen. Ze waren op weg naar Jeruzalem, naar de tempel, en moesten het land van de Samaritanen doorkruisen om er te komen. Wie er ook het eerst geweld heeft gebruikt, er zijn doden gevallen. De Galileeërs zijn woedend verhaal gaan halen bij de procurator van de provincie, Ventidius Cumanus. Ze eisten dat hij de zaak zou onderzoeken en de daders een passende straf zou geven. Volgens de Galileeërs reageerde Cumanus geïrriteerd – hij had wel wat beters te doen dan zich om een paar Samaritaanse bandieten te bekommeren. Hij geloofde ze eigenlijk niet eens – het was hun woord tegen dat van de Samaritanen. De Galileeërs, op hun beurt, verkondigden daarna al snel in het openbaar dat de Romeinse procurator wel omgekocht moest zijn.

Agrippina onderdrukt een geeuw.

'Het nieuws,' gaat hij onverstoorbaar verder, 'bereikte natuurlijk ook snel de toch al licht ontvlambare Judeeërs in Jeruzalem. Ze werden woest; er vormde zich spontaan een bende, een groep rebellen, die noordwaarts besloot te trekken om hun Joodse broeders uit Galilea bij te staan, terwijl die onderweg het ene na het andere Samaritaanse dorp in de as legde en plunderde.'

'En Cumanus deed al die tijd niets?' vraagt de keizerin met licht opgetrokken wenkbrauwen.

'Nu pas, ja. Mijn broer schrijft dat Cumanus, nadat hij van de plunderingen hoorde, vijf cohorten verzamelde en eropuit trok. Het kwam tot een treffen met de Joodse rebellen, hij nam er verscheidene gevangen maar er waren er ook die ontsnapten.'

Nu heeft hij haar aandacht. Agrippina spreekt zich, zelfs nog meer dan Claudius, uit voor het Joodse volk. Hoe kan het ook anders, de banden tussen de Palatijn en de vorstenfamilies van Judaea zijn altijd warm geweest. Ze komen regelmatig bij hen over de vloer. En niet alleen de mannen zien elkaar graag. De oude Antonia was goed bevriend met Berenice, de moeder van koning Herodes Agrippa. Berenice' moeder Salome was een zeer dierbare vriendin van keizerin Livia geweest. Agrippina is opgegroeid met warme genegenheid voor de Joodse vorsten en vindt het de taak van Rome om de kant van de Joden te kiezen, ook al zijn de Herodianen nu niet meer ter plekke om ze in bedwang te houden.

'En waar zijn de Samaritanen ondertussen gebleven, de veroorzakers van al deze ellende?' Met andere woorden: hoe durft Cumanus kant te kiezen van die horken van Samaritanen, op eigen initiatief nota bene.

'Die zochten het hogerop. Ze bezochten de gouverneur, Ummidius Quadratus, in Antiochië. Ze haten ons, maar ze kennen het Romeinse systeem door en door en weten er gebruik van te maken. Strikt genomen is Quadratus natuurlijk hoofdverantwoordelijk voor het militaire bestuur in heel het oosten. De Joodse rebellen volgden in hun voetsporen. Om de gouverneur het hele verhaal te vertellen, dat zij ervan overtuigd waren dat Cumanus was omgekocht.'

'Laat me raden: Quadratus stelde een onderzoek in. Ik zeg al tijden tegen de keizer dat die man niet in staat is onze belangen daar te behartigen. Een *homo novus* aanstellen als gouverneur in zo'n belangrijke provincie, dat is vragen om problemen.'

'Hij is zelfs persoonlijk naar Judaea gegaan om het onderzoek te leiden. Gelukkig was daar mijn broer. Quadratus is het hof nog zo welgezind geweest om Felix te benoemen als jurylid in het tribunaal – hij weet dat het mijn broer is, en dat hij dientengevolge genegen is de keizerin in Rome ten dienste te zijn. En, schrijft Felix, het is hem gelukt om de uitspraak de goede kant op te sturen. Quadratus heeft de Samaritanen schuldig bevonden, op basis van de hoorzitting. Om verdere onrust de kop in te drukken heeft hij de gevangengenomen leiders van zowel de Samaritaanse als de Joodse rebellen laten executeren, maar dat lijkt me een kleinigheid.'

Pallas kijkt omhoog, van de brief naar de keizerin, hij wacht haar reactie af.

'Mooi zo, Pallas, stuur namens mij gepaste woorden van dank naar je broer. Zeg hem dat ik, als hij ons zo goed blijft bijstaan, er persoonlijk op zal toezien dat zijn loopbaan een vlucht zal nemen.'

'De zaak is nog niet afgedaan, vrees ik, Augusta. Er kwam even na deze brief nog een tweede bij mij aan. Felix schrijft dat Quadratus toch nog niet tevreden was, en verder het land in is getrokken om het onderzoek voort te zetten. Hij hield een tweede hoorzitting, in de stad Lydda, buiten bereik van Felix. De bewijzen tegen de Galileeërs waren naar verluidt overweldigend; Quadratus zag zich genoodzaakt er een aantal te laten onthoofden. Ik geloof dat het veilig is te stellen, Augusta, dat deze brief een poging is van Felix om u te waarschuwen.'

Agrippina kijkt geschrokken. 'Dit is ernstig, Pallas, waarom ben je niet eerder bij me gekomen? Weet de keizer ervan?'

De keizer, zo blijkt, is allang op de hoogte gesteld. Als Agrippina er met Claudius over spreekt, vertelt hij dat er inmiddels delegaties uit Judaea onderweg zijn naar Rome. Agrippina brengt vervolgens Pallas op de hoogte. Hij laat het even tot zich doordringen, voelt een stroom van opwinding door zijn lijf trekken en een brok in zijn keel schieten.

Hij zegt: 'Betekent dat...' maar voordat hij zijn vraag af kan maken vult ze hem al aan: 'Felix is onderweg naar Rome, ja.'

✦

Op de kade blaast een harde, gure wind. Hij staat te wachten en geniet van het uitzicht op de open zee. Voor het eerst in weken is hij er even uit. Hij heeft, net als iedereen aan het hof, hard gewerkt aan de voorbereidingen van de hoorzitting. Hij was nauwelijks thuis geweest. Papierwerk moest worden voorbereid, agenda's vrijgemaakt, voorraden aangevuld, onderkomens geregeld en beulen aangewezen. Agrippina overzag persoonlijk de voorbereidingen voor een bijzondere gast, Herodes Agrippa II, familievriend en koning van Chalcis. Ze liet hem eindeloos heen en weer rennen om het haar gast zo veel mogelijk naar de zin te maken. De koning van Chalcis zou speciaal naar Rome reizen om het proces bij te wonen, op onofficiële uitnodiging van de keizerin. Pallas had zich in de spaarzame vrije uren die hij nog kon vinden voorbereid op zijn eigen bezoek uit het oosten. Zijn broer had zijn komst naar Rome per brief bevestigd.

Nu nadert het schip de haven van Ostia, en hij ziet direct de vertrouwde contouren van zijn broer op het dek. Zijn brede schouders, zijn trotse houding. Pas als Felix dichtbij gekomen is, ziet hij dat zijn broer er ouder uitziet. Hij heeft een baard laten groeien, en zijn gezicht is gebruind maar verweerd, op een manier die niet alleen aan de lange zeereis te wijten kan zijn. Hij realiseert zich dat de zorgen, de bureaucratie en zijn gejaagde leven hemzelf ook ouder moeten hebben gemaakt.

Als Felix tegenover hem staat staren ze elkaar even in stilte aan. Het is een korte uitwisseling, een woordeloos moment waarin alles vergeten wordt. Dan stapt Felix naar hem toe en zwaait zijn armen om hem heen. Zijn omhelzing is genereus, warm en onvoorwaardelijk, als die van een moeder. Pas na een tijdje laten ze elkaar los, en dan pakt hij zijn broer bij zijn brede bovenarmen, kijkt hem aan, en omhelst hem nog een keer. Al die tijd hebben ze allebei nog niets gezegd.

'Welkom thuis.' Hij fluistert het bijna, om de betovering van het moment niet te verbreken. Dan trekt hij Felix' reishoed van zijn hoofd en met een vlakke hand woelt hij door de nog altijd weelderige krullen, die stug en vol zout zijn. Als ze even later naar de rijwagen lopen wisselen ze flauwe grappen uit.

'Je hebt er wat rimpels bij gekregen,' zegt hij met een glimlach.

'Dat is de politiek, dat zou jij toch moeten weten,' antwoordt Felix. 'Maar ik ben nog dezelfde, hoor. In het oosten zeggen ze: de jeugd brandt wel op, maar ze wordt niet door de vlammen verteerd.'

Hij trekt zijn wenkbrauwen omhoog. 'In Rome zeggen ze: een baard maakt nog geen filosoof.'

Dan lachen ze allebei. Het is alsof Felix nooit weg is geweest, alsof ze niet schreeuwend en woedend uit elkaar zijn gegaan.

Op de Esquilijn kijkt Felix zijn ogen uit.

'Je hebt niet stilgezeten!'

'Je bent lang weg geweest.'

Andromeda komt hun tegemoet, onberispelijk in de blauwe jurk die ze van hem kreeg, op die avond van de laatste Saturnaliën die ze met z'n allen doorbrachten.

Felix kust haar, neemt haar beide handen in de zijne. 'Nog even mooi als altijd. Geen vrouw draagt de jaren met zoveel gratie als jij, lieve schoonzus.'

Verlegen kijkt ze naar beneden.

'Jij des te minder, broer!'

'Kom verder, Felix, je zult moe zijn van de reis,' zegt Andromeda. 'Laat Myron hier je naar je privévertrek brengen, dan kun je even bijkomen. Hij zal tot je beschikking staan voor de duur van je verblijf.'

Andromeda is in haar element, blij dat ze dit voor hem kunnen doen. Dat ze zich dit soort dingen kunnen veroorloven. Ze is eindelijk in haar rol gegroeid, die van de welgestelde gastvrouw.

'Toe maar,' zegt Felix terwijl hij Myron van top tot teen bekijkt, alsof de jongen een kunstwerk is dat hij inspecteert.

'Het spijt me van Drusilla...' Andromeda buigt haar hoofd.

'Ach welnee, lieve schat. Onze scheiding was even welkom voor haar als voor mij. Ze is veel gelukkiger daar.'

'Nu ben je... alleen?' Ze vraagt het voorzichtig, kijkt een beetje langs Felix heen, alsof er nog een echtgenote achteraan zou kunnen komen.

'Helaas, lieve schoonzus. Ik heb niemand voor je meegenomen.'

'Laat hem nou even,' breekt Pallas in. 'Bewaar je liefdesverhalen maar voor straks, bij het diner.'

✦

Een dag later, op het Forum Romanum, komt Cumanus als eerste aan bij de hoorzitting. Niet als getuige, maar als verdachte treedt de procurator van Judaea de zaal binnen. Gouverneur Quadratus heeft Cumanus met de delegatie meegestuurd naar Rome omdat er aanklachten van wanbestuur zijn gedaan aan zijn adres. Quadratus was zo slim om te erkennen dat de zaak hem boven het hoofd is gegroeid, en dat hij het oordeel beter aan de keizer zelf kan overlaten. Delegaties van beide partijen, de Samaritanen en Galileeërs, zijn de afgelopen dagen in de hoofdstad aangekomen en zullen nu hun zaak persoonlijk bepleiten voor het hoogste hof.

Je pikt de oosterlingen er zo uit en ze vullen bijna de hele zaal – zo op het eerste gezicht lijken er meer donkere, bedekte hoofden dan senatorentoga's aanwezig. Een extra opvallende verschijning zijn de vrome religieuzen die door Quadratus in ketens naar de hoofdstad zijn gestuurd, de hogepriesters Ananias en Jonathan, en Ananus, de opzichter van de tempel in Jeruzalem.

Tijdens de eerste zitting wordt het kamp uit Samaria aangehoord. Claudius zelf zit voor, hij wordt omringd door zijn ministers en hoogste adviseurs. Pallas zit achter de keizer en hoort het eindeloze verhaal nog eens aan. Het derde uur wordt omgeroepen, dan het middaguur, dan het negende uur, en nog steeds zijn ze niet uitgepraat. Hij kijkt verveeld om zich heen, ziet hoe de *scribae* steeds even met hun handen schudden en dan weer onvermoeibaar verder schrijven. Hij weet hoe precies het voelt, een verkrampte schrijfhand. De Samaritanen spreken tot de zon ondergaat en Claudius, de oude man, trekt de aandacht van de hele zaal als zijn koninklijke hoofd plotseling door de hand zakt waar hij het op liet rusten. Hij houdt het niet meer vol.

Als de zittingen de volgende dag worden hervat en eindelijk alle Samaritanen aan het woord zijn geweest, hun getuigenissen hebben afgelegd en overtuigende bewijzen hebben opgevoerd, neigt hij, samen met de andere adviseurs, er meteen naar hun kant te kiezen. Maar als ze zijn mening vragen, zegt hij: 'Ik onthoud me voorlopig van commentaar.' Hij kan de complete raad van advies niet in zijn eentje naar de kant van de Joden praten. Iemand anders is daar beter geschikt voor. Daarom heeft Agrippina koning Herodes van Chalcis naar Rome gehaald. Hij is haar vriend en vertrouweling. Of is hij meer dan dat? Deelt de keizerin het bed met deze jongen? Voordat hij zijn gedachte kan afmaken, vraagt Herodes zelfverzekerd, op het brutale af, het woord aan de keizerin. En als hij begint te spreken, doet hij dat achteloos in het Grieks, alsof hij thuis is. Claudius grijpt niet in, terwijl hij er normaal gesproken op staat dat er aan zijn hof enkel Latijn wordt gesproken. De koning dwingt het af. Er is iets met hem, iets wat hem een enorme aantrekkingskracht geeft. Zijn betoog is vlammend en aanstekelijk. Het is alsof hij niet de koning van Chalcis is, maar van Judaea, zoals zijn vader ooit was. Alsof hij vurig zijn volk verdedigt in het hoogste gerechtshof van het rijk. Wie niet beter weet, zou vandaag denken dat Judaea helemaal geen Romeinse provincie is, maar een vazalstaat onder de bezielende leiding van deze aantrekkelijke jongeman met zijn vurige ogen en zijn volle, wilde baard.

De vader van koning Herodes, Claudius' goede vriend Herodes Agrippa I, is overleden toen de jongen nog amper volwassen was.

Claudius had getwijfeld, maar iedereen om hem heen had hetzelfde advies uitgebracht: Herodes was nog veel te jong om zijn vader op te volgen. Het is niet eerlijk, zeiden ze, om zo'n onervaren jongeman te belasten met het koningschap. Uiteindelijk gaf Claudius hun gelijk, alhoewel hij de jongen graag mocht. Dat was het moment waarop het Joodse land ingericht werd als provincie, tegen de wil van bijna alle inwoners van het voormalige koninkrijk. Herodes Agrippa zelf vertrok, vanzelfsprekend. Claudius kreeg een goedmakertje in de schoot geworpen toen de oude koning van Chalcis, een vazalstaat in een vallei ten noorden van Galilea, een oom van Herodes Agrippa II, overleed. De jongen was nu net oud genoeg en werd in Chalcis alsnog aangesteld als troonopvolger. Maar toen was in Judaea het hek allang van de dam.

Herodes lijkt op zijn vader – hetzelfde robuuste postuur, dezelfde sluwe ogen, dezelfde stugge, donkere baard. Hij spreekt zelfs zoals zijn vader. Dat Claudius naar een kopie van zijn overleden vriend zit te luisteren, mist zijn effect niet. Dit is de kracht van Agrippina: achter de schermen zet ze geruisloos iets in beweging, en vervolgens lijkt ze haar handen ervan af te trekken, als een straatgoochelaar aan het einde van zijn trucje. Op het toneel zie je haar manoeuvres niet, alleen de uitwerking ervan ontvouwt zich voor de ogen van Rome.

Nadat Herodes heeft gesproken, komen ook alle leden van de delegatie van Galileeërs nog aan bod. Pas als iedereen zijn zegje heeft gedaan en niet alleen de recente zaak, maar ook een boel oud zeer op tafel is gelegd, komt de keizer met zijn oordeel: de Samaritanen worden officieel in staat van beschuldiging gesteld. Een overwinning zowel voor Galilea als voor Rome, in het bijzonder voor de keizerin. De trots valt nog dagen van haar gezicht te lezen.

Hij heeft ze allemaal meegemaakt, de keizerinnen die Rome tot nu toe heeft gekend. Zelfs Livia's invloed, die ongekend was, reikte zelden tot in de verre provinciepolitiek. Ook Cumanus, die eerder tevergeefs bij hem, Pallas, om een persoonlijk gesprek met Agrippina Augusta had gesmeekt, heeft zijn zaak verloren. De man was nog dommer dan hij eruitzag: Pallas was hem liever kwijt dan rijk daar in het oosten, hij had Felix allang bij Agrippina voordragen als zijn opvolger. Cumanus wordt van nalatigheid beschuldigd, heeft, aldus de keizer, zijn bestuurlijke taken schandelijk verwaarloosd.

Cumanus' straf is milder dan die van de Samaritaanse leiders, voor wie de beul zijn messen al aan het slijpen is; hij wordt naar een ballingsoord gestuurd. De zwaarste straf is ongetwijfeld voor Celer, de tribuun die zijn broek naar beneden heeft laten zakken bij de tempel in Jeruzalem. Hij wordt zonder genade als zondebok uitgeleverd aan Judaea. Met hoeveel spijt zal de arme man terugdenken aan zijn baldadige gedrag, ongetwijfeld vooral bedoeld om zijn strijdmakkers te imponeren, als hij straks door de straten van Jeruzalem wordt gesleurd. Een publiek spektakel zal het worden, de genoegdoening waar die stad al jaren op zit te wachten. Dat heeft Claudius goed ingeschat. Het hoogtepunt zal het moment zijn waarop Celer zijn hoofd op het hakblok moet plaatsen. De onthoofding van een Romein, dat ze dat nog zullen mogen meemaken in Jeruzalem. In Rome zal men hem, tegen die tijd, allang vergeten zijn.

De dagen na het vonnis verdrinken in achterstallig werk, van het bijwerken van de inventarissen en de belastinginningen tot het bijpraten met de *dispensatores* en *nummulani*, de ambtenaren van de Staatsmunt. Hij zet klerken aan het werk om opgevraagde kopieën te maken, om de *rescripta*, antwoorden op petities van steden en bestuurders, uit te schrijven. En dan is er nog zijn persoonlijke correspondentie: brieven van debiteuren, verzoekschriften. Tussendoor maakt hij tijd om het *mandata* van Felix te bestuderen, het instructiebevel dat hij van het hof meekrijgt. Over een paar dagen moet hij alweer afscheid nemen van Felix, maar eerst zal hij een langgekoesterde wens vervullen. Hij laat een schilderij maken van zijn familie. Een van de hofschilders, Arellius Pictor, is naar de Esquilijn gekomen, waar Andromeda al klaarstaat met de kinderen. Ze zien eruit alsof ze naar een staatsbanket gaan, de moeder in haar mooiste jurk, de kinderen in toga. Marcus, Antonia en Tiberius dragen alle drie hun *bulla* om de nek. De amuletten zijn van goud, maar die van Tiberius is, met een afbeelding van het hoofd van Medusa in reliëf erop aangebracht, het mooiste. Ze zijn gek op hun amuletten, niet omdat ze van goud zijn, maar omdat ze geloven dat de kruiden die erin zitten toverkracht hebben. Voor hem hebben de amuletten een heel andere betekenis. Ze staan niet symbool voor zijn rijkdom, maar voor zijn vrijheid. Alleen vrijgeboren kinderen hebben in Rome het recht om een bulla te dragen.

Felix komt als laatste aan. 'Dus dit is die beroemde schilder die de portretkunst ontheiligt door zijn godinnen de gelaatstrekken van zijn hoertjes te geven?'

Arellius is al op leeftijd, maar hij heeft een jeugdige blik, de fonkelende ogen van een kunstenaar.

'Dat was mijn grootvader. Ik heb hem niet goed gekend, maar ze zeggen dat hij iedereen die hij ooit in zijn bed heeft gehad, heeft vereeuwigd – al weten veel van die vrouwen het zelf niet.' Arellius lacht. 'Ik draag zijn naam met trots.'

'Hoe gaan we te werk?' vraagt Pallas.

'Laten we ons naar de tuin verplaatsen, daar heb ik beter licht.'

'Waar zijn je verfspullen?' wil Antonia weten.

'Opmerkzaam, meisje! Ter plaatse maak ik alleen een schets. Het schilderwerk doe ik in mijn werkplaats.'

In de tuin zet Arellius zijn modellen neer en probeert wat composities uit. Uiteindelijk gaan de drie kinderen voor hun moeder staan, en Pallas en Felix ernaast.

'Ik krijg niet elke dag meer de opdracht om een ouderwetse paneelschildering te maken, Pallas,' zegt Arellius terwijl hij op een krukje gaat zitten.

Het slaafje dat hij heeft meegenomen reikt hem een witgeverfd houten schetsplankje aan, dat hij op zijn knieën plaatst.

'Het is uit de mode je op realistische wijze te laten vereeuwigen.

De mensen willen tegenwoordig niet meer herinnerd worden om wie ze tijdens hun leven waren, maar om wat ze bezaten. Ze laten duur glas of exotisch marmer beschilderen. En ik me maar omscholen.'

'Noem je ons nou ouderwets, Pictor?' zegt Felix.

Arellius lacht. 'Mij hoor je niet. Wie betaalt, bepaalt.'

'Volgens mij is ons gezin allesbehalve ouderwets te noemen,' lacht Andromeda.

'Laten we nu even allemaal serieus blijven,' zegt Pallas. 'Zo kan de beste man toch niet werken?'

Hij wil geen geïdealiseerde portretten, hij heeft niet voor niets de oude Arellius Pictor gevraagd. Het moet een groot, houten paneel worden, het liefst rond, waarop de gezichten van zijn geliefden zo echt zijn afgebeeld dat het is alsof je in een spiegel kijkt. Als het af is, zal hij het in het atrium hangen. Op de plek waar de oude adel van Rome de wassen maskers, zijn iconen van het verleden, bewaart, zal hij het heden en de toekomst van zijn familie eren.

Een uur of twee, drie staan ze buiten te poseren, dan zegt Arellius genoeg schetsen te hebben. Hij heeft nog eens vier weken nodig om het werk af te maken. Felix zal het resultaat niet meer kunnen bewonderen, hij zal morgen vertrekken.

'Daarvoor moet je dan maar snel terugkomen,' zegt Andromeda. 'Je bent hier altijd welkom.'

Hij heeft geen tijd om Felix te vergezellen naar Ostia, zijn broer komt naar de Palatijn om afscheid te nemen.

'Je gedraagt je toch wel hè, nu je het voor het zeggen krijgt daar?' zegt Pallas.

'Of anders?' antwoordt Felix. 'Stuur je iemand om mijn boeken door te laten lichten?'

'Je weet maar nooit.'

'Je mag de keizerin trouwens laten weten dat ik haar op passende wijze zal bedanken.'

Hij schrikt. Waar doelt Felix op? Hij weet nog altijd niet of zijn broer destijds het bed heeft gedeeld met Agrippina. Ze hebben het niet meer over haar gehad. Steeds als hij op het punt stond om over de ruzie te beginnen, was er iets wat hem tegenhield. Alles was vergeven en vergeten. Moest hij het allemaal weer oprakelen?

Felix lacht en knipoogt. 'Rustig maar, broertje. Ik bedoel met een nieuwe munt bij de aanvang van mijn termijn in Judaea. Ik zal haar naam laten vereeuwigen, met een lauwerkrans erbij.'

Hij moet het hem vragen, het is nu of nooit.

'Maar ik ga nog niet naar huis,' zegt Felix met een mysterieuze glimlach.

Weer is hij van zijn stuk gebracht. 'Hoe bedoel je? Al je spullen staan klaar voor vertrek. Waar ga je dan heen?'

'Hij gaat met mij mee,' antwoordt een derde stem, die uit het niets lijkt op te duiken, achter hen. Het is Herodes.

'Ach, wat een zoet tafereel, de gebroeders Antonius nemen afscheid van elkaar. Ik stoor toch niet?'

'In het geheel niet,' antwoordt Felix vrolijk.

'Pallas en ik zien elkaar ongetwijfeld snel weer, ik ben klaar voor vertrek. Geef Andromeda mijn warmste groeten, broer, en bedank haar nog eens duizendmaal voor de gastvrijheid.'

'Ik moet toegeven,' Herodes praat onverstoord verder, 'dat ik bewondering heb voor jullie. Jullie zijn het levende bewijs dat je eindeloos ver kunt komen zonder ook maar één noemenswaardige voorouder.' De koning kijkt hen aan met een verwachtingsvolle blik, maar zowel hij als zijn broer weet niet wat hierop te zeggen. Herodes lacht en doet er nog een schepje bovenop: 'Kun je het geloven, Pallas, dat je kleine broertje is opgeklommen tot procurator van Judaea?'

Hij kijkt minachtend naar Herodes. Of hij het kan geloven? Wie denkt die snotneus dat hij voor zich heeft? Hij heeft dit allemaal zelf voor zijn broer geregeld. Wat zal hij blij zijn als deze man straks weer vertrokken is, maar waarom moet hij zo nodig Felix met zich meenemen?

Hij richt zich weer tot zijn broer. 'Ga je echt met hem mee naar Chalcis?'

Felix knikt.

'De koning heeft me overgehaald om een paar weken vrij te nemen en zijn koninkrijk te bewonderen.'

'Ik sta erop hem als mijn gast te ontvangen,' beaamt de koning.

Ze wandelen gedrieën naar buiten.

'Tijd voor ontspanning moet er ook zijn, Pallas, zeker voor een procurator in spe. Jullie weten niet hoe het is bij ons. Judaea is geen Rome. Er is daar altijd wat aan de hand. En dan heb ik het niet over een paar onschuldige opstootjes op de markt.'

Een voor een bestijgen ze hun paarden.

Vanuit de hoogte zegt Herodes: 'Chalcis, daarentegen, is een vergeten paradijs. En aan mijn hof wemelt het van de vrouwen. Mijn zussen Berenice, Mariamne en Drusilla zullen goed voor hem zorgen, Pallas!'

En weg zijn ze.

✦

Op de eerste dag van het nieuwe jaar aanvaardt Nero's vriend Otho het consulaat, samen met Faustus Cornelius Sulla Felix, de zoon van Domitia Lepida. Faustus is pas dertig, ongebruikelijk jong voor het consulaat, maar hij dankt zijn benoeming aan zijn innige banden met de keizer: hij is getrouwd met Claudius' oudste dochter Claudia Antonia. Pallas heeft de vader van Faustus nog gekend, hij mag zich onder de oudgedienden van het paleis scharen.

Na het vertrek van zijn broer is het aan hem gaan knagen. Terwijl hij zich in zijn werkuren door bergen papieren ploegde, was al zijn vrije tijd opgegaan aan de beïnvloedingscampagne voor Felix, om hem zijn promotie te bezorgen. En wat deed Felix, nu hij het ondenkbare voor hem klaar heeft weten te spelen? Hij hield vakantie in de lusthof van een oosterse monarch. Het ergert hem meer dan hij wil toegeven, niet in de laatste plaats omdat hij steeds voor zich ziet hoe die ploert van een koning zich aan het bezatten is met zijn broer. Hij uit zijn onvrede op de enige manier die hij kent, zijn enige wapen: door zich een nieuw doel te stellen en zich vervolgens te storten op het bereiken daarvan. Als Narcissus de quaestoriale ornaten kan verdienen, moet dat voor hem ook haalbaar zijn. Met hernieuwde energie onderzoekt hij de mogelijkheden om hogerop te komen en Agrippina geeft hem, desgevraagd, de voorzet die hij nodig heeft. Er moet een wetsvoorstel komen, naar aanleiding van een kwestie die in de senaat aan de orde is gesteld. 'De keizer breekt zijn hoofd er al weken over,' zegt de keizerin. Ze dringt er bij haar echtgenoot op aan dat hij Pallas erbij betrekt en meteen daarna wordt hij ontboden, alsof ze alleen maar even met haar vingers heeft geknipt.

'Het toeval wil,' zegt Claudius vermaakt als ze het erover hebben, 'dat het om een wettelijke kwestie rondom slavernij en manumissie gaat.'

Het is Pallas om het even, als hij er maar zijn stempel op kan drukken.

'Waar het om gaat is dat we een regeling moeten treffen voor vrijgeboren vrouwen die het met een slaaf aanleggen. De eigenaren van die slaven worden er te vaak de dupe van, je hebt het zelf ongetwijfeld weleens meegemaakt?'

Even is hij van zijn stuk gebracht. Hij weet waar dit op uit zal draaien: de zoveelste machtsbevordering voor slaveneigenaren. Hij slikt zijn ongemak snel weg, hij moet nu doorzetten. Even denkt hij na en zegt dan: 'Ik geloof het niet, Sire. Ik kan me er wel een voorstelling bij maken. Welke problemen dat oplevert, bedoel ik.'

'Wel, het levert in ieder geval een hoop onduidelijkheid op. Daar moeten we vanaf. Er zijn te veel schaamteloze types die denken dat ze hun slavenliefjes zomaar kunnen huwen en ze dan mee naar huis nemen, en dat ze vanwege hun vrije geboorte dan nog denken de wet aan hun kant te hebben ook. En vergis je niet, het zijn niet de minste types waartoe die vrouwtjes zich aangetrokken voelen. Daar zijn flinke bedragen voor neergeteld.'

'En die slaven storten zich er natuurlijk vol overgave in. Je kunt ze van alles verwijten, maar niet een gebrek aan oog voor persoonlijke promotie.'

Hij heeft de woorden nog niet uitgesproken of het is alsof hij boven in de ruimte zweeft, zichzelf bekijkt en de neiging voelt om op zijn eigen hoofd te spugen.

'Ordinaire diefstal, dat is het. Maar de vraag is: hoe leggen we dit aan banden?'

Als hij nu de twijfel toelaat is hij verloren. Hij zet door.

'Lijfstraffen, Sire?'

'Daar hebben we natuurlijk aan gedacht, maar de moeilijkheid is dat ze ervandoor gaan en bescherming vinden in het huis van hun nieuwe echtgenotes. De meester is kansloos, of hij moet een scène willen maken. Maar los van die bereidheid kost het ook gewoon te veel moeite. Ze lijken bij bosjes te vallen voor elkaar, het is niet te doen om ze op te sporen en te straffen...'

'Tja, we kunnen Cupido moeilijk vragen zijn pijlen voortaan niet meer te trekken,' zegt hij terwijl hij naar een passender advies voor de keizer zoekt.

'En een bezitloze kun je moeilijk iets ontnemen. Zijn lijf en leden neemt hij tenslotte met zich mee.'

'Volkse lui zijn net dieren, Sire. Het lijkt het mij dat we er verstandig aan doen niet alleen het verkeerde gedrag te bestraffen, maar ook het goede te belonen.'

'Jij kent ze beter dan ik. En hoe zie je dat voor je?'

En of hij ze kent, de stumpers. Zowel de miserabele slaven van middenstanders als de wanhopige vrouwen die te lelijk of te arm zijn om aan een fatsoenlijke man te komen. Ze staan dagelijks aan zijn deur te kloppen voor een aalmoes. Hij zegt: 'Ze moeten in de eerste plaats de meester om toestemming vragen.'

'Allicht. Maar waarom zou hij instemmen?'

'Omdat er iets te winnen valt... De vrouw in kwestie wordt dan wettelijk zijn vrijgelatene?' Hij roept het bijna uit, verguld met zijn eigen vondst. Hij stopt niet om te overdenken wat hij zegt, hij gaat volledig op zijn instinct af. Alleen zo, snel en pijnloos, kan hij een voorstel voor degradatie van het vrije burgerschap over zijn lippen krijgen.

'Prachtig!' zegt Claudius verrukt. 'Maar wat als de meester niet instemt?'

'Dan zal ze delen in het lot van haar gekozen echtgenoot, en eigendom van dezelfde meester worden.'

'En ook de kinderen die eruit voortkomen!' vult Claudius enthousiast aan, alsof ze een wedstijdje aan het doen zijn in het verzinnen van de meest verregaande maatregelen. 'Of, nog beter: kinderen sowieso.'

Heel even kijkt hij omhoog, naar zijn zwevende geweten. De slavernij ontvluchten, om je vervolgens tegen de stand te keren waar je met zoveel moeite uit gekropen bent. Als om de geestverschijning weg te jagen schudt hij zijn hoofd. Hij voelt het in zijn hele lijf: dit is mijn kans. Hij stemt er gretig mee in dat Claudius hem tijdens de senaatsvergadering, die een week voor de kalendae van februari zal plaatsvinden, citeert als het brein achter dit wetsvoorstel.

'Ik laat alle inhoudelijke details door de juristen uitpluizen de komende dagen, Pallas. Ze zijn er al even mee bezig. We noemen het het Senatus Consultum Claudianum, maar ik ben niet eerzuchtig, zoals je weet. Ik zal ervoor zorgen dat iedereen weet wie de architect is.'

Mijn reputatie onder senatoren is belangrijker dan die onder mijn huishouding, herhaalt hij als een magische spreuk in gedachten als hij de keizer weer alleen laat.

Een dag na de bewuste senaatsvergadering wordt de keizer aangekondigd in zijn eigen atrium. De pretorianen vormen een kleine haag, en daar doemt zijn brede, licht gebogen verschijning op. Het is onwerkelijk om hem op deze plek te zien.

Hij knielt en stamelt: 'Welkom in mijn nederige huis, Sire.'

Claudius strekt beide armen naar hem uit, glimlacht triomfantelijk en zegt: 'Sta op, mijn jongen. Ik ben gekomen om jou te eren, niet andersom. Het wetsvoorstel is unaniem aangenomen, dat wilde ik je persoonlijk vertellen.'

'Dat is prachtig nieuws, hoogheid.'

'Ze waren vol lof. Het merendeel van de vergadering ging op aan het bespreken van de juiste manier om je te belonen voor je goede werk.'

Hij kijkt de keizer argwanend aan. Is dit een grap?

'Je gelooft me niet? De nieuwe consul, Borea Soranus, suste de menigte en het geroezemoes door het woord te nemen. Hij heeft daarna geopperd dat, en ik citeer, "de meest trouwe hoeder van de keizerlijke middelen de meest passende beloning verdient".'

Borea Soranus is een telg uit de invloedrijke Marcia-familie. En, realiseert hij zich in een oogwenk, de nieuwe handlanger van de keizerin in de senaat. Vitellius, die het huwelijk van Agrippina met Claudius en de adoptie van haar zoon door het Huis heeft geloodst, is vorig jaar plotseling overleden. Borea Soranus is een nieuwkomer en heeft in de keizerin ongetwijfeld zijn kans gezien.

'Nou, kom, Pallas, wil je nog weten wat hij een passende beloning vond of niet?'

Hij moet er een beetje onnozel bij hebben gestaan, herstelt zich. 'Graag, Sire.'

'De senaat stelt uit de schatkist een geldbedrag van 15 miljoen sestertiën beschikbaar. Daarnaast, en dat zal je denk ik wel bekoren, de eretekenen van een praetor.'

Claudius laat een stilte vallen, en in die stilte vinden zijn gedachten ruimte. Het praetorschap is een van oudsher zeer gerespecteerde en machtige functie. De praetor is de op een na hoogste ambtenaar van Rome. Hij staat maar net onder de consul. Toevallig heeft hij een dag eerder nog een van de huidige praetoren in zijn met purper afgezette toga over het Forum zien wandelen te midden van zijn twee lictoren, zijn persoonlijk toegewezen staatsdienaren met hun roedebundels, het aloude symbool van de machtigen, fier omhoog. Hij zal dezelfde ornaten en voorrechten genieten als de man die hij gister zag, en nu weer voor zich ziet. Hij zal precies zo over het Forum wandelen. Het is allemaal even onwerkelijk als het feit dat de keizer in eigen persoon nu tegenover hem staat in het atrium van zijn huis.

'Voordat je denkt dat je het allemaal aan die Soranus te danken hebt, je kreeg ook bijval uit onverwachte hoek: die oude rot Cornelius Scipio is na Soranus opgestaan en heeft gezegd dat je een bijzonder prijzenswaardige onzelfzuchtigheid hebt getoond door je zo voor de publieke zaak in te zetten. Weet je wat hij zei? *Terwijl hij van koningen afstamt.* Hij vindt dat je publiekelijk geëerd moet worden. Ha, zo zie je maar weer dat het nog niet zo'n slecht idee was om die stamboom van jou wat op te krikken. Ik kan natuurlijk niet uitsluiten dat Scipio enkel sprak om mij te plezieren, maar goed, dat doet er ook niet toe.'

Iedereen in Rome, denkt hij, van de goedgelovige klerken tot de geparfumeerde aristocraten, is geobsedeerd door voorouders. Dat kan zo'n man van stand toch niet oprecht geloven, dat hij een nakomeling is van de oude koningen van Arcadië?

De keizer legt zijn hand op zijn schouder en kijkt hem bemoedigend aan. In Claudius' ogen ziet hij, voor een moment, een soort trots die hij alleen maar als vaderlijk kan omschrijven. Hij moet nu iets zeggen, maar wat?

'De eer is te groot, Sire. Brengt u alstublieft mijn eeuwige dank over aan het Huis. Uit respect voor u, voor de staat en voor de senaat kan ik het geldbedrag echter niet aannemen. Ik stel mij tevreden met de voorgestelde ornamenten.'

Hij weet niet waar dat vandaan kwam, maar zijn eigen antwoord bevalt hem. Hij heeft meer rijkdom dan hij ooit kan besteden. De eer is hem alles waard, het geld heeft hij niet nodig. Het laatste weigeren draagt bij aan het eerste.

Dan glijdt de oude keizerlijke hand even snel weer van zijn schouder als hij erop was gelegd. 'Het is veel, mijn jongen, dat begrijp ik. Ik geef je even de tijd.'

'Mijn besluit staat vast, Sire. U kunt het, zo u wenst in uw eigen onfeilbare bewoordingen, aan het Huis laten weten.'

'Je echtgenote zal hier wellicht heel anders over denken, Pallas. En als ik in mijn leven iets heb geleerd is dat je soms naar je vrouw moet luisteren. De kunst is te weten wanneer precies.'

'Het is mijn geluk dan, Sire, dat mijn echtgenote vanochtend vroeg naar de markt is vertrokken.'

De keizer lacht. 'Zoals je wenst, Pallas. Ik laat je alleen. Ik verheug me erop je straks voor het eerst te zien binnenwandelen in de wit-purperen toga.'

Hij knielt nogmaals, zegt: 'Moge ik eeuwig leven om u en uw kroon te dienen', terwijl hij in gedachten de beste ateliers van de stad al afgaat en beslist wie de prestigieuze *toga praetexta* voor hem zal maken.

Nog voordat hij het atrium weer heeft verlaten, wordt er een nieuwe bezoeker aangekondigd. Het is Arellius Pictor, die het schilderij af heeft en het persoonlijk bij hem komt afleveren. De oude man kijkt alsof hij zojuist de hellehond zelf in de ogen heeft gekeken.

'Was dat...?'

Hij lacht, slaat zijn arm om de schilder. 'Ja, hij was het', alsof hij gewend is aan dit soort terloopse keizerlijke bezoekjes.

Pictor schudt zijn hoofd in ongeloof. 'Dat ik dat op mijn oude dag nog mag meemaken.' Dan worden zijn ogen groot en zegt hij: 'Alle goden! Had ik het schilderij een dag eerder afgeleverd, dan had vandaag de keizerlijke blik erop gerust!'

'Dat moment zal nog komen, beste vriend. Daar zullen de goden voor zorgen.'

Als het schilderij uitgepakt wordt en hij het voor het eerst in zich opneemt, blijft het even stil. Het enige wat hij kan opbrengen is een soort afwezig en eindeloos geknik met zijn hoofd. Na een tijdje zegt hij zachtjes, met een stem zo breekbaar als de dure glazen juwelen van zijn vrouw: 'Het is precies zoals ik het me had voorgesteld.'

Terwijl twee slaven en de huismeester de opdracht krijgen het houten paneel op te hangen in het atrium, hoort hij zijn echtgenote thuiskomen. Hij verplaatst zich naar de donkerste hoek van de ruimte en leunt tegen de muur. Hij wil haar bekijken. Als ze binnenstapt en de kap van haar hoofd in haar nek laat vallen, verstilt ze. Haar ogen zijn gericht op het enorme schilderij, en beginnen te glinsteren.

'Vind je het mooi?'

Ze schrikt, hij wandelt uit de schaduw.

'Het is veel groter geworden dan ik had gedacht.'

Even blijven ze samen zwijgend naar het paneel staren, dat nu door de slaven opgetild wordt. Ze staat precies op zijn plek. Zou ze de warmte van zijn keizerlijke voeten nog voelen onder die van haar?

Hij kijkt naar het schilderij, en dan naar zijn vrouw. Een moment overweegt hij om haar meteen het goede nieuws te vertellen. Maar hij bedenkt zich en houdt zich in.

Hij wacht tot het einde van de maand. Dan neemt hij Andromeda mee naar het Forum Julium, zonder te zeggen waarom. Ze is nooit eerder op zijn bureau geweest, en ze vraagt nu waarom hij haar per se daar mee naartoe wil nemen. Als ze aankomen op het Forum, bedekt Pallas haar ogen met zijn handen, en begeleidt haar naar een plek naast het grote standbeeld van Julius Caesar. Dan haalt hij zijn handen voor haar ogen vandaan.

Daar hangt het, gebeiteld in blinkend brons. Het Senatus Consultum Claudianum, het wetsvoorstel van Marcus Antonius Pallas, dat op 23 januari van het jaar 52, op voorspraak van de keizer, is aangenomen door het oudste en meest gerespecteerde raadscollege van Rome. Ze zegt niets, maar hij hoort aan de diepe teug adem die ze door haar neus naar binnen snuift dat ze vervuld is van trots.

'Bijna net zo mooi als het schilderij, toch?' zegt hij. Hij bekijkt de plaquette zelf nog eens goed.

Een droom gegoten in brons, pal naast het beeld van de vergoddelijkte Julius Caesar. Iemand zijn, de betekenis daarvan treft hem plotseling, als Jupiters bliksemschicht.

# 15

# Gladiatoren op het water

*Zomer 52 n.Chr.*

Met de hele hofhouding trekken ze naar Alba Fucens, ten oosten van Rome. Aan het begin van de Via Tiburtina, bij de poort, heeft Andromeda hem samen met de kinderen uitgezwaaid. De rijtuigen bommelen al twee dagen krakend over de weg. Iedereen is moe, chagrijnig of wagenziek. Na een dag hadden ze de Tempel van Hercules bij Tibur in het zicht gekregen, en de eerste nacht hebben de keizer en zijn echtgenote kunnen baden in de luxe die ze van thuis gewend zijn, in het voormalige buitenverblijf van Maecenas, terwijl de rest van het gezelschap veroordeeld was tot een ongemakkelijke, gebroken overnachting in herbergen. Die waren natuurlijk gereedgemaakt, flink bevoorraad en opgekalefaterd, maar het bleven vieze holen vol muizenkeutels. Tegen Narcissus had hij over rugpijn geklaagd. 'Geen ziel op de wereld zou vermoeden dat jij ooit een slaaf bent geweest, Pallas. Stam je soms echt af van koningen?'

Ze naderen Carseoli, waar ze de tweede en derde, waarschijnlijk ook de vierde nacht zullen blijven. Zo lang als noodzakelijk is. Claudius moet bijkomen van het eerste deel van de reis, hoewel het vanaf Carseoli nog maar een dag is naar Alba Fucens, in het land van de Aequi en de Marsi, de bergbewoners die rondom het gigantische Fucino-meer leven.

In Carseoli staat het landgoed van Lucius Junius Moderatus Columella tot hun beschikking. Dit keer is er ook voor de vrijgelatenen plek in de villa, concludeert Pallas opgelucht. Columella ontvangt het gezelschap bij het toegangshek in eigen persoon, opvallend eenvoudig gekleed, alsof hij een verre neef op bezoek krijgt in plaats van zijne hoogheid de keizer van Rome. Hij schat de man, met zijn teruggetrokken haargrens, een jaar of vijftig, zestig. Columella's grootste prestatie was een omvangrijke publicatie over het boerenbedrijf, een boek dat, ook al was het zijn levenswerk, weinig lezers had gekregen. Met uitzondering van Claudius natuurlijk, die alles las waar hij zijn handen op kon leggen – hoe gedetailleerder, hoe beter.

De eerste ochtend in Carseoli komt, tegelijk met de zon, langzaam op gang, zoals dat op het platteland gaat. Er wordt gewandeld, gelezen, sommigen doen wat aan lichaamsbeweging. Columella neemt de keizer, samen met Nero en Britannicus, mee uit jagen, leidt hen naar de beste plekken in de omliggende bossen. Pallas blijft ondertussen op het landgoed, richt zo goed en kwaad als het gaat een tijdelijk kantoor in en laat Abascantus opdraven met het papierwerk dat hij heeft meegenomen, om onderweg weg te werken. Zijn promotie en de publicatie van het senaatsdecreet in de stad hebben hem op slag een bekendheid in heel Rome gemaakt. Het aantal verzoekschriften dat aan zijn persoonlijke adres wordt verstuurd, is sindsdien minstens verdrievoudigd.

Pas aan het einde van de middag ziet hij vanachter zijn bureau de jagers opdoemen op hun sjokkende paarden, moe en met blosjes op de wangen. Over Nero's paard hangen een paar slappe nekken, die meeveren op het ritme van de draf. Gevogelte, meer is het niet. De mannen hadden ongetwijfeld een grotere prooi verwacht. Als de staljongens de paarden even later meenemen om ze te verzorgen en voeden, wandelen de mannen richting het badgebouw, Claudius in een schuifelend tempo, Nero enthousiast en springerig, onderweg al zijn pas verworven jagerskunsten nog eens nabootsend.

Pallas besluit een wandeling te maken door een van de paviljoenen, aangestoken door de sfeer van landelijkheid, de zwoele zomerlucht, het ontbreken van iedere vorm van werklust bij de rest van het reisgezelschap. In de tuin treft hij de heer des huizes, Columella, die het badhuis aan de keizer en zijn familie heeft gelaten en zichzelf blijkbaar met de waskom tevreden heeft gesteld.

'Pallas, is het niet?'

Columella spreekt Latijn met een exotische tongval. Hij is wat betreft zijn voorkomen en gedrag niet van een stadse Romein te onderscheiden, maar als hij praat hoor je dat hij werd geboren aan de Zuid-Spaanse zee.

'Vergeef me, de aanlokkelijkheid van uw tuinen is te groot.'

'Integendeel, beste vriend, vergezel je me tijdens mijn wandeling?'

Ze lopen samen op, Columella haalt een flinke teug lucht naar binnen.

'Gaat er iets boven de gezonde buitenlucht?'

'Ik maak er nog maar net kennis mee, maar ik vermoed dat u gelijk heeft.'

'Je werkt hard, is het niet?'

'Het is mijn voorrecht de keizer te dienen.'

Hij volgt Columella op een pad dat hen langs overdekte zuilengalerijen, fonteinen, beelden voert. Voor iemand die zelf zo sober is, is dit landgoed overdadig.

'Vertel me eens, Lucius, als u zo goed wilt zijn: hoe brengt u de dagen hier normaal gesproken door, terwijl ik in Rome mijn overuren draai?'

'Het leven op het platteland is even eenvoudig als het waardig is, Pallas, dat zul je op een dag met me eens zijn. Als je het nu nog niet bent. Ik heb de drukdoenerij achter me gelaten. Ik doe niets, maar dat nietsdoen is mij alles waard.'

'Nietsdoen. Ik kan me er niets bij voorstellen. U zult toch wel iets uitvoeren? Waar bestaat dat heerlijke nietsdoen precies uit?'

'Wel, ik kan je een omschrijving geven van mijn dagen hier in Carseoli, zoals ik ze doorgaans doorbreng. Om te beginnen blijf ik na het ontwaken vaak nog even in bed liggen. Ik roep na een tijdje mijn secretaris bij me, die de luiken voor me opent en de eerste gedachten van de dag, die mij vaak uiterst helder voorkomen, voor me opschrijft. Daarna ga ik meestal wat wandelen, soms laat ik me voorlezen. Als het weer het toelaat doe ik wat aan lichaamsoefening, daarna trek ik me terug in mijn badhuis. Soms komen er vrienden langs, soms zie ik dagenlang niemand behalve mijn vrouw en dienaren.'

'En nooit slaat de verveling toe?'

'Ach, Pallas, kreeg ik maar de kans me eens goed te vervelen! Ik heb nog altijd te maken met mijn pachtboeren. Die komen vaker aan mijn hoofd zeuren dan me lief is. Maar ik heb ze te dulden en tevreden te houden.'

Een koel briesje steekt op en hij ziet, achter de buxusstruiken die in de vorm van dieren zijn gesnoeid, Columella's wijngaarden zich uitstrekken tot in de verte.

'Ik denk dat... Ja, zoiets staat mij ook voor ogen.'

Pallas denkt aan de stad. Aan de eindeloze veranda's en houten balkons van de huurkazernes, die op duizelingwekkende hoogtes over de smalle stegen lijken te zweven en vol staan met bloempotten. Aan de klimplanten die krioelen over de muren, de miniatuurtuintjes die de winkelpuien sieren. Heel Rome heeft heimwee naar het buitenleven.

'Ik bedoel, op zo'n soort leven hoop ik ook, als ik de leeftijd heb bereikt om de aftocht te blazen.'

Andromeda zou het hier prachtig vinden, denkt hij.

Zijn zoete visioen wordt bruut verstoord door Abascantus, die bijna rennend op hen afkomt. In zijn ogen staat doodsernst. Pallas legt zijn hand op Columella's schouder.

'U ziet het, de droom moet wachten. Voorlopig zijn er nog duizend zaken die mijn dagen in beslag nemen.'

Columella wandelt alleen verder, Pallas kijkt naar de brief die Abascantus in zijn handen heeft, en naar de onrust in zijn blik.

'Er kwam een koerier. Er is verschrikkelijk nieuws uit Rome, Pallas. Het is Antonia...'

Bij het horen van de naam van zijn dochter grist hij de brief uit Abascantus' handen. Zijn ogen flitsen, glijden over de zinnen, die hun inhoud met gruwelijke zakelijkheid onthullen. Antonia is ziek geworden, vrijwel meteen na zijn vertrek. De koorts had in de Esquilijnse buurt al flink huisgehouden, er waren vooral veel kinderen ziek. Na twee dagen zweten was ze begonnen met hallucineren. Op de derde ochtend werd ze wonder boven wonder helder wakker, leek ze aan de betere hand. Maar ze hadden te snel gejuicht, te vroeg hun dankoffers gebracht. De koorts kwam in de middag terug, heviger dan de dagen ervoor, en voor de avond viel was ze gestorven.

'Haar lichaam moet meteen verbrand worden, het is de wet.'

Weerzinwekkende beelden, hij ziet Antonia's vertrouwde, pientere ogen voor zich, die plotseling veranderen in waanzinnige koortsogen, hij ziet hoe er doeken over het kleine meisjeslichaam worden gelegd, hoe de lijkdragers haar afvoeren, hoe ze door de poort gedragen wordt en hoe ze haar op een misselijkmakende stapel zieke, besmette lijken smijten. Even voelt het alsof hij zich niet meer kan bewegen, alsof zijn lichaam protesteert. Dan stort hij in, en kan Abascantus hem nog maar net opvangen.

Bij het diner die avond is hij niet aanwezig. Hij schrijft, tranen onderdrukkend, een antwoord naar de Esquilijn. Hij schrijft en wist weer uit, schrijft opnieuw en wist weer uit. Hij zoekt troostende woorden, maar alles wat hij bedenkt is te banaal, te alledaags om de grootsheid van het verdriet te vatten. Abascantus is bij hem, dwingt hem na een tijdje te stoppen, zegt dat de koerier vanavond toch niet meer terugkeert naar Rome. Hij laat hem water drinken en zegt dat hij beter naar bed kan gaan, Pallas gehoorzaamt als een kind. Uren ligt hij wakker, geplaagd door zijn zwarte gedachten en visioenen, voordat hij in een woelige slaap wegzakt.

De volgende ochtend kan hij met moeite de kracht in zijn benen vinden om op te staan. Hij heeft geen keus, want Abascantus is al bij hem geweest, heeft aangekondigd dat Claudius hem wenst te spreken. Hij vermant zich, stapt zijn slaapvertrek uit en laat zich naar de keizer begeleiden.

'Mijn diepste deelneming, Pallas. Wat vreselijk voor je.'

Hij weet niet goed wat hij moet zeggen.

'We zullen je dochter, als we terug zijn in Rome, de eer bewijzen die haar toekomt.'

In één keer staat hij weer met beide benen op de grond. Als we terug zijn in Rome? Verwacht de keizer dat hij nog mee verder reist?

'Het heeft geen zin om nu terug te gaan, Pallas. Je weet hoe de regels zijn als het om deze ziekte gaat...'

Is dit zijn manier om medeleven te tonen?

'Bovendien heb ik je nodig. Vergeet niet dat je net een belangrijke promotie gehad hebt. Je kunt niet meer van mijn zijde wijken. Ik kan niet zonder je.'

Een tijdje is er niets dan stilte, die alleen wordt onderbroken door het verre gekwetter van vogeltjes in de tuin. Als een plotseling losgebarsten veldslag doorsnijdt Pallas' lach die lieflijke leegte. Hij buldert, onbedaarlijk, onbehoorlijk, hij kan niet meer stoppen. Tranen lopen over zijn wangen. Claudius kijkt hem met vreemde ogen aan, van ongemak beginnen zijn handen te trillen.

Als het beest in zijn lijf, want zo voelt het, eindelijk tot bedaren is gekomen, snikt hij: 'Vergeeft u mij, Sire.' Zijn lachen is even abrupt opgehouden als het begonnen was. Dan is er alleen nog zijn gesnik. Ik moet iets zeggen, denkt Pallas. 'Zoals u wenst.' Hij walgt van zichzelf, van hoe nederig hij klinkt. Slaafs. Maar het lukt hem niet zich te verzetten.

'We vertrekken vandaag, ik laat je alleen zodat je je kunt klaarmaken voor de reis.' Claudius spreekt zacht en kijkt schichtig.

Als hij weer alleen is, voelt hij zich leeg. Hij heeft zelfs geen tranen meer over. Het enige wat er over is zijn de woorden die als een stil gebed door zijn hoofd gaan. Alles heeft een prijs, alles heeft een prijs. Hij overweegt de mogelijkheid dat hij gestraft wordt. Hij heeft lang geen offer gebracht bij zijn huisaltaar, Apollo staat er verwaarloosd bij.

'Gaan we niet terug?'

Hij heeft Abascantus niet binnen horen komen. Hij antwoordt niet, hij geeft hem alleen een dodelijke blik.

'Ik zal de spullen verzamelen.' Abascantus buigt – dat doet hij nooit.

✦

Als hij zijn gordijn een stukje opzij doet, ziet hij op een mijlpaal dat het nog wel even duurt voor ze Alba Fucens bereiken. Gedurende de hele reis heeft hij tegenover Narcissus gezeten, die hij met opzet niet heeft ingelicht over de onverwachte ramp die hem is overkomen. Ongetwijfeld in een poging hem te helpen dit onderwerp te vermijden, ervoor te zorgen dat hij niets hoefde te zeggen, heeft Abascantus eindeloos roddels zitten uitwisselen met Narcissus, en toen die op waren heeft hij hem bestookt met gedetailleerde vragen over het grote project bij het Fucino-meer. Pallas kan het niet meer aanhoren, besluit zelf een onderwerp aan te snijden.

Hij ziet het bedrukte gezicht van zijn collega en zegt: 'Zit je wat dwars, Narcissus? Je hebt me nog niet eens gefeliciteerd. Het is niets voor jou om je manieren te vergeten.'

Narcissus kijkt verschrikt op, alsof hij uit een dommelende slaap wordt gerukt. 'Gefeliciteerd?' Hij veinst dat hij diep nadenkt. 'Ach, natuurlijk. Je plaquette, bedoel je? Mijn complimenten. Een knap staaltje inmenging, die slavenwet. Voor een boekhouder.'

De steek volgt altijd, juist als je denkt dat hij uitgesproken is.

'Zeg eens, was het echt jouw idee, of dat van de keizerin?'

Narcissus draagt het verlies, dat hem al achtervolgt sinds de dood van Messalina, slecht.

'Het was mijn idee, Narcissus. Maar je hoeft niet bang te zijn dat ik nu rijker ben dan jij. Ik heb het geldbedrag afgeslagen, zoals je ongetwijfeld hebt gehoord.'

Het is hem om status te doen, nooit om geld. Daarvan bezit Narcissus trouwens toch meer dan een mens nodig kan hebben, net als hijzelf. Het pijnlijke is: voor zijn rol in de ondergang van Messalina, wat een riskante operatie was, had Narcissus als beloning de ornamenten van een quaestor gekregen. Dat Pallas nu voor zijn wetsvoorstel hogere eretekenen heeft ontvangen is je reinste symboolpolitiek. De boodschap van de keizer was duidelijk: Narcissus heeft zijn positie als eerste minister verspeeld. De gunst van de keizer is hem ontglipt, en hij is bovendien ingehaald door iemand anders.

Narcissus lijkt even te twijfelen, en zegt dan: 'Dat is niet helemaal hoe het mij ter ore is gekomen. Is het succes je een beetje naar het hoofd gestegen? Ben je vergeten hoe die verstokte aristocraten in de senaat ons zien? Dat ze zelf de schoothondjes van de keizer zijn geworden, betekent niet dat ze oprecht de eer van een vrijgelatene zullen verdedigen in hun eigen huis, Pallas. Goedgelovige idioot die je bent.'

Ineens is hij op zijn hoede. Waar doelt Narcissus op?

'Begrijp je me niet? Wacht, ik zal het je voordoen. Ik ben Borea Soranus.' Narcissus verschuift wat, schraapt zijn keel, steekt zijn vinger in de lucht en spreekt ernstig: 'Praetorische insignes zouden niet volstaan om deze meest aanzienlijke heer de eer te bewijzen die hij verdient!'

Zijn stem klinkt iel, precies als die van Borea Soranus.

'Hij heeft zich met zijn onmisbare advies van onschatbare waarde getoond, dus laten wij ons als vertegenwoordigers van Rome dankbaar op onze knieën vallen en hem op z'n minst proberen zijn waarde uit te drukken in de taal die hij als geen ander verstaat: die van klinkende zilveren munten. Wij stellen voor de beste man rijkelijk te belonen, en mocht hij zijn reputatie eer aandoen en zo nobel zijn om zich tevreden te stellen met zijn armoede, laten wij er dan op staan dat hij toch zijn beloning ontvangt.' Narcissus buigt zijn hoofd licht, als een acteur aan het einde van een voorstelling. 'Als jij niet inziet dat je het slachtoffer bent van een schaamteloze satire, dan ben je een stuk minder slim dan ik dacht, Pallas.'

Hij weet niet hoe te reageren. Zou Narcissus gelijk hebben?

Narcissus lacht. 'Van ex-slaaf tot ex-slaaf zeg ik je, Pallas: dat was erg nobel van je, om de beloning te weigeren.' En dan, alsof hij een soldaat is die meteen weer in de aanval gaat: 'Straks richten ze nog eens een standbeeld voor je op. Je weet nooit hoe hoog een vrijgelatene kan klimmen.'

En hoe diep een vrijgelatene ook weer kan vallen, denkt Pallas. Wat maakt het uit. Oprecht of niet, zijn promotie is een feit. Zijn blik dwaalt af, in de richting van de eindbestemming. Hij denkt aan de tijd dat Narcissus dit immense project, de drooglegging van het Fucino-meer, toebedeeld kreeg, hoe hij zich Jupiter op de Olympus waande in het paleis en Pallas alleen maar omhoog kon kijken, in bewondering en afgunst. En nu zijn de dobbelstenen van de macht opnieuw gegooid en is Narcissus de gezworen aartsvijand van de keizerin. Het is bijna aandoenlijk hoe hij het niet ziet, hoe hij zich vastklampt aan dit hoogtepunt, de opening van zijn tunnel bij Fucino.

Heel even overweegt hij toe te geven aan de drang om Narcissus te bedanken voor het gesprek. Wat er ook van waar is, hij heeft zich gebaad in de vleierijen van de senatoren, die hem kortstondig blind hebben gemaakt voor verhoudingen die nooit veranderen. Als je iets van de Romeinse aristocratie kunt zeggen, is het dat hun overtuigingen zelden aan het wankelen worden gebracht. Ze kijken neer op lieden van lagere rang, die maar wat aanmodderen in hun harde, onbetekenende bestaan. Maar sociale klimmers als hij, nieuw geld, lieden die het zich dankzij zoiets vulgairs als geld denken te kunnen veroorloven zich in hun dierbare gesloten kringen te bewegen, daar kijken ze niet op neer, die verachten ze met iedere vezel en heel hun hypocriete hart. Hij moet dit moment, dit inzicht, niet vergeten. En hij moet harder worden.

Hij zal er alles aan moeten doen om zijn concentratie te hervinden. Zijn verdriet weg te stoppen, zijn gevoelens uit te schakelen, zich er volledig op te richten om zichzelf van een succesvolle voortzetting van zijn carrière te verzekeren. Zijn werk als minister met zo veel mogelijk kunde uit te voeren en zijn werk als privésecretaris van de keizer te accepteren voor wat het is: in de gunst van het keizerpaar blijven en hun alles bezorgen waar ze om vragen. Alles om zijn droom waar te maken, zijn vrijgeboren kinderen een springplank in de wereld te bieden en zijn vrouw een weldadig pensioen in een landelijke villa, misschien wel hier ergens, ten oosten van Rome. De lucht bevalt hem hier. Het is dat, of aan het einde van zijn carrière als Icarus naar beneden duikelen. Hij ziet het voor zich, en ineens valt het hem op dat hij zichzelf buiten beschouwing heeft gelaten in dit toekomstvisioen op het platteland. Voordat hij zich kan afvragen waarom, komt de stoet langzaam tot stilstand. Hij stapt het rijtuig uit, de avondschemer in.

'Wat het hof bezighoudt, kan het volk gestolen worden,' hoort hij Burrus even verderop tegen Nero zeggen, terwijl iedereen uit de wagens geholpen wordt. 'In de donkere stegen van onze hoofdstad doet maar één vraag er echt toe: is er brood, of is er geen brood?' Burrus begint het leraarschap aardig onder de knie te krijgen. De jongen is nu vijftien, en hoewel hij de meeste tijd doorbrengt met Seneca – die thuis is gebleven, zogenaamd om het reilen en zeilen op de Palatijn in de gaten te houden, maar in werkelijkheid wijdt hij zich aan zijn Griekse tragedies – heeft Nero langzaamaan ook bewondering gekregen voor Burrus, de commandant van zijn vaders lijfwacht. Ook al brengt hij voorlopig meer tijd dichtend met Seneca door dan oefenend met het zwaard.

Hij heeft gelijk, Burrus. Aan het einde van een van de hoorzittingen afgelopen voorjaar had zich een lawaaiige menigte op het Forum gevormd, die de keizer opwachtte en hem de weg naar de

Palatijn afsneed. Ze slingerden beledigingen en stukjes brood, beschimmeld en hard als stenen, naar zijn hoofd. Pallas en Narcissus liepen naast hem. De pretorianen moesten met harde hand een vluchtweg door de mensenmassa creëren. Het lukte nog maar net om samen met de keizer via een achterdeur het paleis in te glippen. Op advies van Pallas heeft Claudius na die nogal vernederende gebeurtenis voortaan winstzekerheid geboden aan de graanhandelaren, door hen in te dekken tegen eventuele verliezen door weersomstandigheden of andere ellende.

Niet alleen het hof is meegekomen naar Alba Fucens, in hun kielzog ook de rest van de stad, zo lijkt het. Niemand wil het beloofde spektakel missen. En Pallas wil al tijden naar het Fucino-meer om met eigen ogen te zien waar al dat geld naartoe is gegaan. De tunnel heeft een lengte van bijna drieënhalve mijl, dwars door een kalkstenen berg, en verbindt het meer met de Liris-rivier. De technische mogelijkheden van deze tijd lijken eindeloos. Op zijn aanraden heeft Narcissus er lokale ondernemers bij betrokken, die in ruil voor het graafwerk de vruchtbare grond zullen krijgen die na de drooglegging braak komt te liggen. Ongetwijfeld heeft Narcissus er flink aan verdiend en krijgen de werklui, de slaven en dagloners die elke dag met bezweet hoofd, korte adem en gevaar voor eigen leven in de verstikkende duisternis van de berg hebben staan hakken, de rekening gepresenteerd. Volgens de lokale inventaris hebben er in de afgelopen tien jaar zo'n dertigduizend man aan het project gewerkt. Pallas heeft de keizer er meerdere malen op gewezen dat het uit de hand dreigde te lopen. Maar dit keer heeft hij ongelijk gekregen, zo lijkt het.

✦

Het vangt aan met trompetgeschal. Het zilveren beeld van Triton, de zeegod, dubbel schitterend door het oppervlak van het Fucino-meer, schuift naar voren alsof hij over het water loopt en blaast de trompet. De deus ex machina, nog voor het eerste zwaard getrokken is. Gejuich stijgt op. Eerst op de houten tribunes die zijn neergezet voor de gelegenheid, daarna rollend over de omliggende heuvels, waar het publiek in groten getale, als was het een theatervoorstelling, is neergestreken in het gras. De aanvoerders onder de *naumachii*, de veroordeelde misdadigers die op het water zullen vechten, schreeuwen in koor: '*Have imperator, morituri te salutant!*'

Claudius en Agrippina stralen in hun geïmproviseerde loge, de keizer in zijn veldheersmantel, Augusta in haar inmiddels beroemde, met goud doorweven Attalus-mantel, de stof van oosterse koningen. Pallas zit naast Publius Pomponius Secundus, een commandant en befaamd dichter die hij van vroeger kent en die, onderweg van het Rijnfront naar de hoofdstad, met zijn gevolg een stop heeft gemaakt om het waterspektakel mee te maken. Een verzetje voor de mannen die hem begeleiden – de mannen die onder zijn aanvoering net een strijd hebben geleverd tegen de rebellerende Chatten. Een van die mannen, Plinius, zit ook bij hen, en wordt aan hem voorgesteld.

'Plinius, zegt u? Toch niet de Plinius aan wie de goede oude Pomponius hier lesgaf toen hij nog met het woord in plaats van het zwaard schermde? Kwam u niet af en toe over de vloer op de Palatijn?'

'Wel heb ik ooit! Pallas, dat is lang geleden! Je stond toen al bekend om je uitstekende geheugen. Maar je was ineens verdwenen! Ik ging ervan uit dat Gaius je weggestuurd had. Ach, de Gekke Keizer. Ik herinner me nog hoe mijn jongensogen altijd naar de glimmende juwelen van zijn vrouw, keizerin Lollia Paulina, trokken.' Plinius laat een bulderende lach horen. 'Je kon haar ogen nog maar met moeite ontwaren tussen de schittering van alle parels die haar gezicht omringden!'

Pallas glimlacht beleefd, terwijl aan hun voeten de zeeslag tussen de Rhodiërs en Sicilianen inmiddels is losgebarsten. Lollia Paulina heeft het regime van de nieuwe keizerin niet overleefd. Callistus trouwens ook niet – van hem hebben ze vorig jaar afscheid genomen. Hij stierf in zijn bed, met zijn dochter Nymphidia aan zijn zijde. Een kalme, wijze dood, zeggen ze.

'Hebben jullie die Germanen er goed van langs gegeven?' Hij verandert van onderwerp, om ervan af te zijn.

'Mag ik zo vrij zijn, commandant, om onze vondst te delen?' richt Plinius zich tot Pomponius.

'Natuurlijk, Plinius, er gaat in de kringen van het hof naar verluidt toch niets voorbij aan deze vrijgelatene, of je nu wilt of niet!'

'Laten we zeggen dat die Chatten wel even uitgeplunderd zijn!' zegt Plinius. 'We hebben ze, samen met wat geallieerde barbaarse hulptroepen die het plunderen meer dan zat waren, omsingeld en de bende met buit en al in onze val laten lopen. Stomdronken waren ze, van weer een of andere roof. We hadden ons met de grootste toewijding ingezet voor deze campagne en waren in extase toen ons plan goed uitpakte. Maar nu komt het: zie je die oude mannen daar zitten?' Plinius wordt enthousiast, alsof hij het nogmaals meemaakt, en wijst naar een rijtje bejaarden met afgeleefde kale koppen, gehuld in geïmproviseerde mantels, die een stuk onder hen op de tribune zitten. Pallas vroeg zich al af of het wel Romeinen waren.

'We konden hén bevrijden uit de handen van de barbaren. Een handjevol Romeinen dat al veertig koude Germaanse winters lang in slavernij leefde in dat niemandsland. Wie had durven dromen dat er nog overlevenden waren van Varus' nederlaag?'

Pallas kan zijn oren niet geloven; Varus' beruchte nederlaag, onder het opperbevel van de vergoddelijkte Augustus, ligt een halve eeuw achter hen. De schande dat Augustus drie hele legioenen verloor aan een zootje barbaren, waaronder de Chatten, verenigd door Arminius, kwam Rome haast niet te boven, ondanks de strafexpedities die onvermijdelijk waren gevolgd.

'De keizer zal dit absoluut willen horen!' In zijn enthousiasme en om boven het gekerm van de stervende mannen op het meer en het gejoel vanaf de tribunes uit te komen, schreeuwt hij bijna. Claudius is oud genoeg om de Slag bij het Teutoburgerwoud te hebben meegemaakt als bijna-twintiger. Zijn broer Germanicus had de strafexpeditie geleid, toen Claudius zelf nog verborgen werd gehouden in achterkamers.

'Het was nog knap lastig, hoor! Die Chatten lijken op elkaar. Je denkt je vijand te hebben verslagen en daar is er weer een, het evenbeeld van zijn gevallen makker! Weet je wat ze daar doen? Alle mannen laten hun baard- en hoofdharen wild groeien vanaf het moment dat ze de leeftijd van de mannelijkheid hebben bereikt. Pas wanneer ze voor het eerst een vijand hebben gedood en ze hun plicht van dapperheid hebben vervuld, gaan de haren eraf. Dus als je tegenover een ongeschoren Chat van een zekere leeftijd staat, kun je hem gerust voor lafaard uitmaken voordat je hem aan je zwaard rijgt!' Weer lacht hij hard.

'Laat je niet alles wijsmaken door deze soldaat, Pallas,' zegt Pomponius op zijn kalme lerarentoon. 'Hij hoont de barbaren, maar stiekem heeft hij bewondering voor ze. Heb je al gehoord van de verhandeling die hij schrijft? Hij is zo onder de indruk van de manier waarop de Germanen hun speren werpen, dat hij er een heel boek aan wijdt.'

Plinius kijkt geplaagd, maar ook een beetje trots naar zijn voormalige leraar, die hem ongetwijfeld heeft aangemoedigd. 'Alles om mijn strijdmakkers te onderwijzen in de beste vechttechnieken, commandant. En de vijand met eigen middelen te verslaan.'

Vastbesloten om dit wonderbaarlijke nieuws met de keizer te delen zodra het spektakel afgelopen is, richt hij zijn aandacht op de naumachia. Waar de mensen vermaak zien – doorgesneden kelen waar het bloed uit stroomt als onverdunde wijn, afgehakte ledematen die onder luid gejuich op de tribunes terechtkomen – ziet hij een gigantische som geld in rook opgaan. De brute en totale vernietiging van de schepen die goed geld hebben gekost doet bijna pijn aan zijn ogen, net als die van de talloze slaven die worden afgeslacht – criminele mensenlevens die evengoed gezamenlijk een behoorlijk prijskaartje hebben gehad. Al die typisch Romeinse spilzucht wordt opgevoerd in het theater van de grote Griekse geschiedenis, een nagebootste zeeslag tussen de vloten van Sicilië en Rhodos.

De uitkomst staat vast. Bijna altijd sterven de naumachii, zo niet door een speer of zwaard dan wel door verdrinking. Ontsnappen is de slaven op het Fucino-meer onmogelijk gemaakt: de keizer heeft het laten omheinen met een kordon van pretorianen.

De echte climax komt vandaag pas nadat de strijd is gaan liggen. Er wordt bepaald dat het tijd is om te stoppen, terwijl er nog ongewoon veel slaven in leven zijn. Maar er kan niet gewacht worden tot iedereen dood is, want de officiële opening van het wonderlijke kanaal moet nog plaatsvinden. Pallas zoekt Narcissus, vindt diens gezicht strak van de spanning, en kijkt dan al even hoopvol als zijn collega naar de sluizen, die met een hoop gezucht en gekraak langzaam opengaan. Maar in plaats van de glorie van de ingenieursgenie van Rome komt bij het openen van de sluizen alleen Narcissus' nonchalance aan het licht. De collectief ingehouden adem wordt niet gevolgd door het oorverdovende geluid van de bulderende stroom water, maar door een allesvernietigende stilte.

Het is hem niet meteen duidelijk wat er mis is gegaan. Was er niet voldoende uitgegraven? Hij ziet de furieuze blik van Agrippina naar haar man, die de schaamte op zijn gezicht heeft staan. Narcissus duikt ineen en schudt vol onbegrip zijn hoofd.

✦

De volgende dag is Caesar in een pestbui. Plichtmatig laat hij zich, samen met een al even zichtbaar geïrriteerde Agrippina, in de ochtenduren begroeten door lokale magistraten, ridders en andere lieden die in dit stadje iets denken voor te stellen. Ze staan bij het krieken van de dag in rijen klaar voor de *salutatio*. Zo vaak krijgen ze hier geen keizerlijk bezoek. Zodra de omroeper de laatste bezoeker heeft afgekondigd trekken de keizer en keizerin zich terug.

Ze beleggen een speciale vergadering in het gastenverblijf.

'Het is onacceptabel.' Agrippina zet haar vuurspuwende Aegisogen op. 'Besef je wel, Tiberius Claudius Narcissus, welke straf er staat op het in verlegenheid brengen van de keizer? Nooit eerder zijn we publiekelijk zó te kijk gezet. Nou, zeg op, wat is je verklaring, *minister*?'

Narcissus stamelt wat onsamenhangende zinnen over verkeerde calculaties, en vooral excuses, veel excuses. Hij richt zich met opzet eenzijdig op Caesar. Hij heeft de verkeerde mensen aangesteld...

'En het is niet in je opgekomen om het werk even te controleren voor onze grote openingsceremonie?' zegt Agrippina.

'Ik... Ik ben te goed van vertrouwen geweest, Augusta.'

'Net als wij.'

Het klinkt als een dreigement. De opzichter naast Narcissus frunnikt met zijn vingers – is hij alleen maar hierheen gebracht om de zondebok te spelen?

'Pallas, hoeveel hebben we geïnvesteerd in de openingsceremonie?' Claudius vuurt zijn eerste vraag de ruimte in.

Die pijnlijke cijfers weet hij uit zijn hoofd. 'Een tiental drie- en vierriemers, en negentienduizend slavenzielen, Caesar.'

'En hoeveel jaren, Narcissus, zijn we al bij dat verdomde, door parasieten geïnfecteerde meer aan het graven?'

Pallas kijkt op, verbaasd dat de keizer zich de klachten nog herinnert die vanuit Marruvium, de hoofdplaats van de Marsii, aanleiding hebben gegeven voor dit project: ze leden onder uitbraken van de derdedaagse koorts die, zeiden ze, regelrecht uit het meer kwamen. Ze vroegen de keizer om voorrang te geven aan de drooglegging, zodat ze verlost zouden worden. Zelf konden die drommels niet meer doen dan bidden tot hun slangengodin Angitia.

Agrippina neemt het woord voordat Narcissus kan antwoorden. 'Te lang, dat is het enige juiste antwoord. Denk je nu echt, mijn goedgelovige echtgenoot, dat het langer dan een decennium duurt om een tunnel te graven? Onze Narcissus kon net zo goed Midas heten! Hij heeft van die berg zijn persoonlijke goudmijn gemaakt en zijn lokale onderaannemers afgeperst om zijn eigen zakken te vullen. Pallas zal het kunnen bewijzen, als ik hem de financiën nader laat onderzoeken. En nu die verdoemde tunnel bijna af is, is de *ab epistulis* bang om zijn zakcentje te verliezen. Ik durf te wedden dat de boel gesaboteerd is, zodat de werkzaamheden nog even gerekt kunnen worden.'

Pallas hoopt vurig dat hij zo'n onderzoek niet zal hoeven uitvoeren. Het zal een onnodige extra wig drijven tussen hen, en bovendien weet hij bijna zeker dat hij niets zal vinden.

'Sire, als ik zo vrij mag zijn,' zegt Narcissus. 'Onze geliefde Augusta heeft het niet bij het rechte eind. Hoelang dien ik u al? Heb ik, in al die jaren, ooit iets anders getoond dan onvoorwaardelijke trouw aan het hof van Rome, en onophoudelijke inzet? Bent u vergeten hoe ik de muiterij in Britannië op het nippertje wist af te wenden door de troepen, hoewel ze mij als ex-slaaf belachelijk maakten, in uw naam aan te spreken?'

Narcissus haalt diep adem. 'En bovendien vraag ik u: is het de plaats van een vrouw om mij als man te beschuldigen van hebzucht, terwijl het een grotere schande is voor een dame om heerszuchtig te zijn?'

Pallas voelt bewondering voor zijn collega. De keizerin ten overstaan van de keizer van mannelijke ambitie beschuldigen, daar is lef voor nodig. En intelligentie: nu er over en weer beschuldigingen zijn geuit, lijkt het niet meer om de blamage van gisteren te gaan, maar om wie er gelijk heeft.

'Ik ben je loyaliteit niet vergeten, Narcissus, net zoals jij je plek niet moet vergeten,' antwoordt Claudius. 'De schuldkwestie kan wachten, we moeten ons nu richten op schadeherstel. Mijn besluit is als volgt: je geeft je mannen opdracht om zo snel mogelijk dieper te graven en het werk naar behoren af te maken in de kortst mogelijke periode. We zullen terugkeren als het af is, en de opening nogmaals vieren. Niet weer met schepen, maar met gladiatoren die op plankieren vechten. Dat moet een aardig schouwspel zijn, strijders die dansen over het water, nietwaar? Ik wens er weer persoonlijk bij te zijn, en een banket te geven. Op een prominente plek, bij de uitlaat van het meer, zullen we goddelijk en extravagant dineren zodra het bloed vergoten is en onze eer hersteld.'

Pallas zucht bij de gedachte aan hoeveel dát spektakel weer zal gaan kosten. De keizer is een bekwaam staatsman, maar doet zijn reputatie van veelvraat en zuipschuit eer aan zodra hij een gelegenheid vindt.

De keizer heeft gesproken, hoofden worden gebogen. Narcissus verlaat met zijn opzichter en zijn slaven de ruimte, de puinhopen van zijn ruzie met Agrippina achter zich latend en in het volle besef dat de keizerin zich vanaf nu openlijk zal inzetten om hem te gronde te richten. Pallas vraagt aan de keizer of hij nog even kan blijven. Hij wil Caesar opvrolijken: Plinius en Pomponius staan in de wachtruimte klaar met de oude gijzelaars uit Germanië, om het onwaarschijnlijke verhaal te vertellen dat hem tijdens de naumachia ter ore is gekomen.

✦

Voor de terugreis heeft hij toestemming gevraagd alleen vooruit te reizen, te paard. Enkel het hoognodige heeft hij bij zich, belangrijke papieren komen onder toeziend oog van Abascantus later mee. Hij regelt zijn eigen overnachtingen, slaapt in broeierige herbergen en lepelt naar schimmel en schapenkaas smakende dikke pap naar binnen om op kracht te blijven. Het is een vorm van boetedoening, hij moet afzien omdat zijn dochter is gestorven, omdat hij er niet was. Op de brief die hij Andromeda stuurde, had hij geen reactie gekregen. Hij had niet anders verwacht, maar naarmate hij Rome nadert wordt hij steeds rustelozer en kleurt hij Andromeda's stilte in met zijn eigen zwartgallige visioenen. Was er een reden voor het uitblijven van haar antwoord? Had de koorts ook haar, of een van de andere kinderen getroffen?

Het begint al te donkeren als hij thuis aankomt. Het huis lijkt anders dan toen hij vertrok, de afwezigheid van zijn dochter is voelbaar, als een sluier van donkere leegte. Als een bezetene beent hij door de achterkamers – na uren malen op zijn paard is hij op het ergste voorbereid. De jongens treft hij aan bij Gaia. Hij slaakt een zucht van verlichting. Als hij bukt om ze te omhelzen, pakt hij ze steviger vast dan hij ooit heeft gedaan. Ze voelen lusteloos in zijn armen. Van dichtbij ziet hij in hun ogen het verdriet, en ook het verwijt.

'Waar is jullie moeder?'

De jongens halen hun schouders op.

'Ze is bij het genootschap,' zegt Gaia. 'Ze zal zo thuiskomen.'

'Welk genootschap?'

'Het Collegium van Aesculapius en Hygia.'

'Wat is dat?'

Als ze wil antwoorden, schiet het hem alweer te binnen. 'Toch niet dat *collegium funeraticium?*'

Ze knikt.

'Wat moet ze met die lui? Zoiets hebben wij toch helemaal niet nodig? Ze is toch geen lid geworden?'

Gaia schudt haar hoofd.

'Geef nou toch eens een fatsoenlijk antwoord, mens! Je kunt toch zeker wel praten?'

Meteen heeft hij spijt van zijn uitbarsting.

'Mevrouw heeft een grote schenking gedaan aan het genootschap. Nu willen de leden haar eren met een speciale titel en een inscriptie, en daarover praten ze vandaag.'

Hij hervindt zijn kalmte, vervolgt zacht: 'Een schenking? Waarom in hemelsnaam?'

'Er is veel gebeurd in uw afwezigheid...'

Even denkt hij dat Gaia in huilen zal uitbarsten bij de gedachte aan het plotselinge bezoek van de dood aan het huis, maar gelukkig herpakt de vrouw zich. Hij wil zich geen voorstellingen maken bij het gebeurde, niet door de ogen van een ander.

'Antonia was niet het enige slachtoffer, meester. Een van haar vriendinnen uit de buurt is min of meer tegelijk... heengegaan. Secunda heette ze, maar u kent haar niet, ze was arm en onbetekenend. Het was een onwaarschijnlijke vriendschap, die ontstond toen haar moeder bij ons aanklopte voor hulp. Er was bij hen ingebroken, en meesteres Andromeda trok zich de zaak van de arme drommels aan. Sindsdien kwam Secunda weleens bij ons spelen. Hoe dan ook, haar vader is lid van het Collegium van Aesculapius en Hygia, dus de uitvaart van het meisje werd door hen verzorgd. Om die reden heeft mevrouw besloten om een donatie te doen, en nu willen ze haar *mater* van het genootschap maken. Ik geloof dat ze...'

Gaia wordt onderbroken door het geluid van voetstappen. Hij draait zich om, Andromeda, hij weet het al voor hij haar ziet.

Pallas laat zich in haar armen vallen, alsof zich daartussen een diep ravijn bevindt. Als hij zijn ogen sluit beseft hij dat hij haar al heel lang niet heeft aangeraakt. Plotseling voelt hij in al zijn ledematen de pijn van het dagenlang gespannen te paard gaan. Hij verliest bijna zijn evenwicht, maar Andromeda houdt hem staande. 'Je bent sterker dan ik,' zegt hij zachtjes. Hij wil alleen de stilte verbreken, niet de omhelzing. Ze duwt hem voorzichtig van zich af, hij ziet haar polsen vol hangen met zo'n beetje alle juwelen die ze bezit. Nu neemt hij haar volledig in zich op, haar tengere lijf verborgen onder een soepele, saffraangele jurk tot aan haar enkels, haar met gouddraad doorweven sjaal. Haar wangen kleuren rood.

'We hebben alles geprobeerd, geloof me. Ik heb drie artsen laten komen, allemaal schreven ze iets anders voor. Ze mengden goudsbloem, kamperfoelie, salie. Niets hielp en ze kibbelden alleen maar over hun methodes. Ze lieten zich na iedere mislukte behandeling hoofdschuddend uitbetalen. De een zei dat ze vooral niets moest eten of drinken, de ander dat dit haar toestand juist verslechterde. Haar gezicht was al zo ingevallen, je had haar bijna niet meer herkend...' Andromeda's stem klinkt zwak en beverig. 'Asclepiades diende haar eten en drinken toe via een soort slangetje en ontnam bloed uit een ader om het evenwicht in haar lijf te herstellen. Ze leefde er even van op, maar de dood kwam haar een dag later alsnog halen...'

Beelden van een kronkelende, zwetende Antonia plagen zijn geest. Hij denkt aan de charlatans die met hun handen aan zijn engeltje hebben gezeten. Als hij gewoon in Rome was geweest, had hij de hofarts kunnen laten komen.

'Ik heb haar goede ziel in haar lichaam verzegeld met een laatste kus, tegen het advies van de artsen in. Ik tilde haar lichaam op, dat zo licht was als de lakens waar ze in gewikkeld was. Ik legde haar op de grond, zoals we deden toen ze net geboren was...'

Nu vullen Andromeda's ogen zich met verdriet, haar adem stokt. Ze slikt. 'Ik heb haar urn voor nu bij kunnen zetten in het columbarium van Antonia. Maar met jouw welbevinden...'

Hij onderbreekt haar abrupt. 'Natuurlijk. We zullen de beste beeldhouwer vragen. Ze zal een eigen plek krijgen. De Palatijn zal zich over haar nagedachtenis ontfermen.'

Als ze later die dag samen aanliggen voor een eenvoudige broodmaaltijd, begint hij pas over wat Gaia hem verteld heeft.

'Wat goed van je, dat je het collegium bijstaat. Was ze even oud als Antonia, Secunda?'

'Bijna precies. Haar moeder en ik waren tegelijk in verwachting.'

'Je weet toch wel dat er verplichtingen bij komen kijken?'

'Natuurlijk.'

Hij ziet dat hij haar heeft beledigd.

'Dat is ook mijn bedoeling. Ze zijn nog bezig met het herschrijven van de reglementen, daarover sprak ik vanmiddag met ze. Ik zal in elk geval bij alle banketten aanwezig zijn. En er komt een inscriptie om mijn schenkingen te herdenken, natuurlijk.'

Hij kijkt naar haar en ziet haar als een vreemdeling. De afstand tussen hen is groot geworden, hij is zo op zichzelf gericht geweest dat hij niet heeft opgemerkt dat ze een persoonlijkheid, een vrouw van aanzien is geworden.

'Het siert je.'

'Wat bedoel je?'

'Deze rol. Ik had er niet bij stilgestaan dat jij een meer publiek leven zou kunnen leiden. Ik juich het toe, dat is alles wat ik wil zeggen.'

Na het eten wandelt hij alleen naar het atrium. Hij kijkt naar het familieportret van Arellius Pictor. Het is alsof hij in een spiegel van de tijd kijkt. Zijn dochter is levensecht, ze komt hem wezenlijker voor dan ooit. Hij barst in huilen uit. Met slappe benen bereikt hij het huisaltaar, waar Apollo hem met meer warmte dan ooit lijkt te verwelkomen. Net als vroeger neemt hij het beeldje in zijn handen en houdt het dicht bij zijn gezicht. Hij heeft te weinig gegeten en te veel gedronken, het duizelt hem. Gewillig laat hij zich door zijn knieën zakken, totdat hij met zijn schenen op de grond zit en het godenbeeldje steviger dan ooit in zijn hand klemt. Hij sluit zijn ogen. In de duisternis van zijn gedachten ziet hij duizend schitteringen. Te midden van die prachtige, angstaanjagende sterrenhemel die zich voor het oog van zijn geest ontvouwt, ontwaart hij een naderende gestalte. Misschien is het niet eens een gestalte, maar een vormeloze beweging van de duisternis, een rimpelende golf in de lucht.

Een stem zegt: 'Zie je me?'

Hij schrikt, maar voelt een onweerstaanbare drang om zijn ogen gesloten te houden, om in de duisternis te blijven.

'Ik ben echt,' zegt de stem, die langzaam praat, stroperig als het diepe donker waar hij vandaan komt.

'Ik ben geen droom. Kijk naar me. Herken je me?'

Apollo.

'Ik ben er voor jou. Ik zal met je meelopen.'

✦

Als de hele hofhouding een paar dagen later terug is in Rome, wordt hij al snel weer meegesleurd in de Palatijnse beslommeringen. Zijn hoofd tolt als ze hem bijpraten over de laatste ontwikkelingen. Het is weer onrustig in Britannië. Scapula heeft de zomer niet overleefd, er is een nieuwe gouverneur aangesteld, een zekere Aulus Didius Gallus. De Britten op het westen van het eiland, barbaren die zich de Silures noemen, vechten onverminderd door. Het tweede legioen heeft grote moeite deze rebellen in bedwang te houden. Ondertussen zijn er ook in het oosten problemen. De Parthen hebben een tegenstander van Rome op de troon gezet in Armenië, een Zoroastriaan genaamd Tiridates. Het oude verdrag dat de vergoddelijkte Augustus sloot met het Parthische rijk is daarmee geschonden. Daarin was overeengekomen dat alleen de keizer in Rome het recht heeft om een nieuwe koning in Armenië te benoemen. Claudius heeft geen idee wat hij ermee aan moet. Het zijn, vooralsnog, geen zaken die de fiscus aangaan, zodat Pallas zich relatief afzijdig kan houden. Maar een bezorgde keizer is niet goed voor de zaken, voor zijn zaken.

Op kantoor ligt er een brief voor hem klaar, afkomstig uit Judaea. Felix. Zijn broer maakt bijna geen woord vuil aan zijn werk, klaagt wat over vage pijntjes en ratelt vervolgens bijna de hele brief door over een vrouw. Aan het hof van Herodes is hij als een blok gevallen voor een van diens zussen, alweer een Drusilla. Hij houdt niet op over haar schoonheid, die hij met de meest afgezaagde metaforen omschrijft.

'Deze bloem is,' zo schrijft Felix, 'hoewel slechts veertien lentes oud, reeds geplukt, maar ik zal niet rusten voor ze de mijne is.' Zelfs in schrift is Felix' geestdrift aanstekelijk, maar dat doet niets af aan de onrustbarendheid van het feit dat zijn broer verliefd is op een getrouwde vrouw, die – zo schrijft hij er terloops bij – bovendien een aanhanger van het joodse geloof is.

Als Pallas wat navraag doet, komt hij erachter dat het niet zomaar een huwelijk is dat Felix probeert te breken. Deze Drusilla is uitgehuwelijkt aan een Syrische koning, Azizus van Emesa. Maar argumenten over fatsoen vinden bij Felix zeker geen weerklank. Dus schrijft hij terug: 'Je realiseert je hopelijk, dierbare broer, welke concessie Azizus heeft moeten doen om deze vrouw te huwen? Ze dwongen hem het mes te laten zetten in een lichaamsdeel waar jij, geloof mij, geen mes in de buurt wilt hebben!' en verderop: 'Ben je bereid zo'n wrede oosterse marteling te ondergaan, alleen omdat je hart in vuur en vlam staat? Laat me je er dan aan herinneren dat jouw hart net zo licht ontvlambaar is als een uitgedroogd bosje dennennaalden in de zomer. Laat dit dwaze idee toch varen, broer! Of denk je soms dat het meisje zich voor jou zal bekeren?'

'De heer Tiberius Claudius Narcissus, meester.' Hij schrikt op van zijn schrijftafel, hij heeft de bediende niet binnen horen komen.

'Wat wil hij van me?'

De jongen blijft naar de grond kijken als hij antwoordt: 'Zijn medeleven uiten, meester.'

Een diepe zucht. 'Laat hem binnen.'

'Pallas, vergeef me deze interruptie van je werkzaamheden. Het is mij pas net ter ore gekomen, het vreselijke nieuws van je dochter. Ze vertellen me niets meer, begrijp je. Eens kwamen ze me in groten getale van alles op de hoogte houden, tegenwoordig kom ik overal als laatste achter. Hoe dan ook: gecondoleerd, collega.'

'Dank, Narcissus. Ik wens het geen vader toe zijn eigen kind te moeten begraven. Als je het niet erg vindt... Ik heb het erg druk.'

Hij wil al verdergaan met schrijven, maar Narcissus blijft staan.

'Is er nog iets anders?'

'Er is een kwestie die ik met je wilde bespreken.'

Hij gaat rechtop zitten.

'Vooruit ermee, wat is er?'

'Ik vroeg mij af of jij je geen zorgen maakt om de kroonprins. Ik bedoel, de keizerin is duidelijk op je gesteld, heeft ze je onthuld wat haar plannen zijn?'

Domme idioot, als je nu nog de kant van Britannicus kiest, is dat je definitieve ondergang.

'Hoe bedoel je, plannen? Die zijn niet geheim. Iedereen is toch op de hoogte van de gewijzigde koers van de keizer? Nero zal volgend jaar trouwen met Octavia. Hij is de aangewezen troonopvolger, het is beter als Britannicus dat snel aanvaardt.'

'Is dat een dreigement?'

Alle goden, wat is die man achterdochtig geworden sinds Alba Fucens.

'Hoe kom je erbij. Ik bedoel dat hij beter in zijn lot kan berusten, zich voorbereiden op een rol in de schaduw van zijn broer.'

'De jongen is geruïneerd...'

'Ach, kom, hij zal zijn leven lang genieten van zijn bevoorrechte positie, zonder de last van het staatsbestuur op de schouders te voelen. Als je het mij vraagt heeft hij geluk gehad.'

'Dat zal ik de jongen overbrengen, Pallas. Hoewel ik betwijfel of hij het zal beamen.'

'Ben je zijn persoonlijke boodschapper geworden? Laat me je dit nog zeggen: als hij verstandig is, schikt hij zich.'

'Collega, ik vrees dat je enkel nog in dreigementen kunt spreken. Als jij verstandig bent, schep je wat afstand tussen jou en de keizerin.'

'Ik dank je voor je bezorgdheid, Narcissus. Het is hartverwarmend.'

'Ik heb me vaak afgevraagd hoe ze het toch voor elkaar heeft gekregen dat je zo voor haar door het stof gaat. Denk je dat je speciaal bent omdat ze je in haar slaapkamer heeft toegelaten? Je hoeft niet zo verbaasd te kijken, heel Rome weet ervan. Het verbazingwekkende is dat jij erin trapt. Dit is wat ze doet, Pallas. Je bent niets meer dan een pion. Haar persoonlijke sleutel tot de schatkist.'

Hij knijpt zijn kaken stevig op elkaar. 'Ik neem het ter harte.'

‘Je staat te veel in de belangstelling. Als je denkt dat die gouden ring of die lictoren waar je zo mee paradeert je bescherming bieden, dan heb je het mis. Wist je dat er onder het principaat van Claudius vijfendertig senatoren en driehonderd ridders geëxecuteerd zijn?’

‘Heb je die aantallen op schrift? Dat kan je de kop kosten.’

‘Als ik jou was, zou ik de luwte opzoeken, Pallas.’

Het laatste woord, altijd aan Narcissus. Als hij weg is, probeert Pallas diens woorden hardop weg te lachen, maar zonder succes. Hij staart voor zich uit. In de stilte die hem omringt, doemt een verontrustende gedachte op. Wat heeft Narcissus nog te winnen of verliezen? Hij heeft geen enkele reden meer om hem te misleiden. Weet Narcissus meer dan hij laat blijken? Wat als hij oprecht is gekomen om hem te waarschuwen voor de ambities van Agrippina?

# *Mijn leven en de lotgevallen van mijn familie*

## FRAGMENT V

*De heilige week is hier, en ik mis mijn Rome meer dan ooit. Hoe wreed is het Noodlot? Een moeder, door haar eigen zoon gescheiden van de grote Moedergodin. Terwijl ik hier in Misenum een gevangene ben in mijn eigen villa, dragen de priesters in hun rode gewaden Cybeles heilige steen vanaf de Palatijn naar beneden, door de Porta Capena, naar het zuiverende water. Het is de eerste wassing, sinds de dagen van mijn jeugdige ballingschap, die ik niet persoonlijk bijwoon, en ik vrees de toorn van de godin. Over een paar uur begint de zon aan haar daling, en zullen de bloedrood geklede* quindecimviri *bij het licht van de fakkel terugkeren naar de stad, naar de Palatijn, die zo vertrouwde heuvel vanwaar mijn zoon mij heeft verdreven. De dagen zijn weer langer dan de nachten, maar er is geen reden om mij te verheugen, omdat ik vrees dat de duisternis voorgoed op mij is neergedaald en omdat de uren voor mij hier in tergende verveling voorbij kruipen.*

*Maar waarom mijzelf verder kwellen met het jammerlijke heden, als ik mij kan verheugen in het glorieuze verleden? Via mijn pen vertrouw ik de beelden aan het papier toe die mij het meest zijn bijgebleven, zoals ze tot mij komen in de lange uren. En ik zal niet nalaten de waarheid te vertellen, want alleen zo kan ik mijn familie reinigen, hen de zonden van het lichaam wassen. Ik zal onze geheimen niet mee mijn graf in nemen. Ik zal ons hele geslacht zuiveren door onze ware aard te onthullen.*

*Een diepe wond werd in mijn hart geslagen door het verraad van Lollia Paulina, zo kort nadat ik trouwde met Claudius dat men niet anders kan dan het aan haar jaloezie wijten, wat er gebeurde. Haar buitensporige weelde kon haar niet voldoende bekoren, noch kon ze het verkroppen dat ik, en niet zij, keizerin werd. In het geheim spande ze samen met astrologen, wier ogen nog meer fonkelden en parelden dan de sieraden die Paulina droeg – in haar haren, om haar nek, haar armen, haar vingers, zelfs aan haar voeten. Gewillig leverden de astrologen haar in het diepste geheim haar bestellingen, loden tabletten waarop de goddelijke toorn over mij werd afgeroepen.*

*Maar de goede goden bewaarden mij, en de tabletten werden onderschept en naar mij gebracht door degenen die hun keizerin trouwer waren dan de rijkdom. Ik legde de lasterlijke bewijsmaterialen voor aan de keizer en zei hem onomwonden dat ik van haar af wilde. Geschokt als hij was door dit onverwachte gevaar voor de rijksveiligheid, nam hij het enig mogelijke besluit, waartoe de verraadster ons keizerlijk huis had gedwongen. Per direct moest zij onder bewaakte escorte Rome verlaten. Wij stuurden kort daarna een der pretorianen naar haar ballingsoord, met de barmhartige opdracht Paulina de eer aan zichzelf te laten. Ze greep die kans, omdat zijzelf ook geen reden meer zag om verder te leven.*

*Paulina had zich voorgedaan als mijn dierbare vriendin. Ik heb de soldaat een speciaal verzoek meegegeven, dat mijn reputatie nog verder heeft geschaad. Maar ik kon niet leven zonder de bevestiging, en ik kan nu, achteraf, zeggen dat ik er nooit spijt van heb gehad dat ik het bevel aan de soldaat gaf om terug te keren naar de Palatijn met het hoofd van mijn verraadster.*

*Hij bracht het mij daags later. Haar hoofd was bedekt met een rafelige lap vol donker, geronnen bloed in de kleur van kastanjes. Ik trok de doek er met een ongeduldige ruk vanaf, zoals dienaren de zilveren stolpen van een schaal vol gebraad trekken. Daar lag het. Het hoofd van Paulina, verstijfd en grijswit als de dof geworden parels die haar oren zelfs in de dood sierden. Nu glinsterden enkel nog de opgedroogde tranen op haar wangen. Gerustgesteld keek ik in de dode ogen van de vrouw die mijn eigen dood voorspelde, en er openlijk over sprak.*

*Toen ik mij er zo van verzekerd had dat die gevaarlijke, trouweloze vrouw naar het rijk der schimmen was afgedaald, reikte de pretoriaan mij Paulina's laatste brief aan, waarin ze mij verzocht haar hoofd aan haar zoon, Gaius Memmius Regulus te geven. Ik zegde toe, opdat de verraadster niet onbegraven bleef en door duistere lieden in het holst van de nacht uit de dood opgewekt zou kunnen worden.*

# 16

# Bruiloft

*Feriae Latinae 53 n.Chr.*

Er komen druppels bloed uit de lucht vallen. De oorverdovend hoge krijs van de vaars is eindelijk verstomd, helderrode stroompjes kruipen over haar lijkwitte vacht. Pallas zit er dichtbij, vlak bij de keizer, die verveeld zijn vinger rondjes laat draaien op zijn armleuning. Silanus Torquatus, de oudste van de twee regerende consuls, heeft de keel van het beest net doorgesneden.

'Wat denk je, duurt het nog lang, nee toch?' De keizer fluistert in zijn oor. Claudius weet beter dan hij hoelang het nog duurt. Voor de twaalfde keer is hij in het voorjaar, op de derde dag voor de *nonae* van mei, plichtsgetrouw met de consuls en alle andere magistraten naar de Mons Albanus getrokken om het eeuwenoude verbond met de Latijnen te eren in de Tempel van Jupiter Latiaris. Ze vieren de *Feriae Latinae*, in de Albaanse bergen even onder Rome. Normaal stelt de keizer voor deze dagen een ervaren senator aan als tijdelijke prefect van de stad, die de zaken in zijn afwezigheid waarneemt. Dit jaar heeft hij die taak, op aandringen van Agrippina, toevertrouwd aan Nero. De jongen wordt binnenkort zestien.

Als ze later met de Latijnse afgevaardigden de offermaaltijd delen en bidden voor het heil van de burgers van Rome, is de keizer onrustig. Hij vraagt Pallas naast hem plaats te nemen.

'Wat vond je van zijn optreden in de rechtszaal?'

Hij heeft nog geen antwoord gegeven of er volgt nog een vraag.

'Hij is goed, toch? Jeugdig, een beetje vrijpostig, maar goed? Je bent toch wel eerlijk tegen me, Pallas?'

Als hij één talent heeft ontwikkeld, dan is het een gevoel voor diplomatie. 'Iedereen is het erover eens dat Nero's entree in het publieke leven glansrijk was, Sire.' Hij ziet het arrogante gezicht van Nero voor zich toen die te horen kreeg dat hij zijn eerste optreden als advocaat mocht gaan houden, de verdediging van een aantal door rampspoed getroffen steden. Nero had gekeken alsof hij de hele rechtszaal al in zijn zak had.

'Seneca heeft een begiftigd spreker van hem gemaakt, Sire,' zegt hij als hij ziet dat de keizer nog niet helemaal gerustgesteld is.

'Ja dat is zo, ja. Toch wel. Ja, denk je dat echt?'

'Dankzij zijn optredens in de rechtszaal wordt Nero nu in heel Rome geprezen om zijn liberale geest en zijn vrijgevigheid.'

De complimenten aan het adres van Nero die hij zo uit het hoofd kan oplepelen, beginnen op te raken. De jongen heeft in welgeteld vier zaken als advocaat opgetreden. Hij bepleitte een zaak van Troje, en wist met een vlammend betoog voor elkaar te krijgen dat de stad werd vrijgesteld van tribuutbetalingen. Deze zaak was met voorbedachten rade aan Nero gegeven, zodat hij in de voorgekauwde speech de Juliërs, zijn eigen familie, kon ophemelen, door de nauwe verbondenheid van Troje met Rome te benadrukken via Aeneas, de stichter van de Julische familie. Daarmee was Nero's reputatie in één klap gevestigd, en zijn generositeit werd in de volgende zaken, die van de steden Bononia, Apamea en het eiland Rhodos, alleen maar verder benadrukt. Voor de Rhodiërs pleitte hij in vlekkeloos Grieks voor het herstel van hun oude vrijheden. Deze werden hun verleend, Rhodos werd weer een vrijstaat, zodat de geruchten over de verlichte kroonprins Nero zich over de hele Griekse wereld begonnen te verspreiden.

'Denk je dat hij het redt alleen in Rome, Pallas?'

‘Daar twijfel ik niet aan, hoogheid. U heeft tenslotte maatregelen getroffen.’

De keizer heeft er opdracht toe gegeven dat alle belangrijke zaken in de wacht werden gezet, tot zijn terugkomst. Hoewel Nero erop aandrong dat hij oud genoeg was, heeft Claudius het niet aangedurfd om alles aan hem over te laten.

✦

Terug in Rome komt Claudius er al snel achter dat zijn bevelen genegeerd zijn. Iedereen die ook maar iets voorstelt in Rome wilde, toen de kans zich voordeed, zijn zaak aan de geliefde Nero voorleggen. En Nero heeft ze natuurlijk gewillig te woord gestaan. Het zijn de competenties, niet de incompetenties van de jongen waar Claudius alert op moet zijn.

Agrippina is verguld met de ontwikkelingen. ‘Ik ben er in mijn hart altijd van overtuigd gebleven dat het volk van Rome heimelijk heeft gewacht op een verlichte keizer,’ zegt ze, ‘op een nieuwe Germanicus.’

Ze heeft hem gesommeerd om een financiële zaak te bespreken.

‘We hebben meer geld nodig, Pallas.’

Hij vraagt allang niet meer naar haar motieven.

‘Ik dacht aan de procuratoren van onze bezittingen in het buitenland. Het lijkt me goed om hun juridische macht te verlenen.’

Hij denkt na over wat ze hem voorlegt. ‘De beheerders die de keizerlijke landgoederen onder hun hoede hebben? Dat zijn bijna allemaal vrijgelatenen.’

‘Daar ben ik mij van bewust, Pallas. Je wilt toch niet beweren dat die status hen ongeschikt maakt voor de verantwoordelijkheid?’

Dat is niet wat hij bedoelde. ‘Hun uitspraken juridische geldigheid verlenen betekent dat ze min of meer op gelijke voet komen te staan met de eigenaar zelf,’ probeert hij. ‘In dit geval de keizer.’

‘Ach, dat zal wel loslopen. Het weegt niet op tegen de voordelen die het ons zal brengen.’

Pallas denkt na over de implicaties, in sluwheid is Agrippina hem altijd een stap voor. De voorgestelde maatregel maakt van de procuratoren op hun landgoederen rechters in zaken waar ze zelf bij betrokken zijn. Ze zullen onbeperkt boetes kunnen opleggen en bezittingen onteigenen. 'Als het standsverschil geen punt is, lijkt dit me een uitstekende maatregel,' zegt hij ten slotte.

'Uitstekend, ik wens dat je het bespreekt met mijn echtgenoot alsof het je eigen idee is. Je hoeft mijn naam niet te noemen.' Ze kijkt hem tevreden aan, alsof ze hem een grote gunst verleent.

Hij weet dat ze gelijk heeft, het is een grote gunst en hij zou haar dankbaar moeten zijn. Maar hij is het niet, niet echt. Hij verfoeit zichzelf omdat hij vanbinnen nog steeds naar een aanraking van haar hunkert, omdat ze hem zo om haar vinger heeft gewonden, afhankelijker van haar heeft gemaakt dan hij ooit als slaaf van Antonia was. Hij zou willen dat hij sterker was.

Agrippina onderbreekt zijn gedachten. 'Ik wil ook graag nog even met je spreken over de horti Tauriani. Het landgoed van Titus Statilius Taurus is geloof ik vlak bij het jouwe, nietwaar?'

Titus' land ligt tegenover dat van hem – zijn erfgrenzen worden slechts door een smal weggetje van die van Taurus gescheiden. Titus zelf heeft zich een tijd niet laten zien. Hij is al twee jaar proconsul in Africa. Agrippina kent hem goed, Titus was ooit de collega-consul van haar toenmalige echtgenoot Crispus.

'Je bent van me gewend dat ik direct ben, Pallas, dus ik zal er niet omheen draaien. Zoals je goed weet vloeien de twee pas voltooide aquaducten samen op zijn landgoed. Je kent ze beter dan ik, die aquaducten, het zijn dezelfde waarvan je de financiering mogelijk hebt gemaakt.'

Pallas weet precies hoeveel private afwateringen er naar deze horti leiden, uit hoeveel sierlijke fonteintjes daar continu helder staatswater klatert. Hij weet het nog zo goed dat hij Claudius' woorden nog bijna letterlijk kan horen. Het waren zijn eerste stappen op de trap van zijn carrière, de trap waarvan hij de bochten en duizelingwekkende hoogte toen nog niet kon zien.

'Ik heb op zichzelf niets tegen hem, hij was weleens te gast bij de dinertjes die ik met mijn toenmalige echtgenoot organiseerde, Titus is erg complimenteus en voorkomend. Maar goed, het persoonlijke moet wijken voor het staatsbelang, de grond waar hij aanspraak op maakt is te belangrijk geworden om aan een particulier over te laten.'

Aanspraak maken? Het landgoed is al sinds mensenheugenis in het bezit van de familie Statilius Taurus. Titus' grootvader voerde Augustus' landmacht aan bij Actium, zijn vader, zijn broer en hijzelf schopten het tot consul. Er is nauwelijks een neerbuigender manier denkbaar om over zijn rechtmatige eigendom te praten. Dat kan hij niet tegen de keizerin zeggen, hij weet het. Hij zoekt naar meer gebalanceerde bewoordingen, maar besluit het over een andere boeg te gooien.

'Wellicht kan er een regeling getroffen worden met betrekking tot de watervoorziening, Augusta. Ik kan eens met hem gaan praten, als hij terug is?'

Ze negeert zijn suggestie en met haar bewegingloze gezicht, dat geen enkele emotie verraadt, zegt ze: 'We hebben geen keuze, Pallas. We moeten die grond confisqueren. De publieke watervoorziening is een staatszaak, het is aan ons de veiligheid ervan te garanderen.'

'En ervan te profiteren.'

'Ga je nu de moralist uithangen?' Ze zet een paar stappen in zijn richting, met de tred van een sluipende kat. 'Je hebt gewetensbezwaren, wat aandoenlijk...'

'Het is onrechtvaardig.' Tot zijn ergernis hoort hij zijn eigen stem al kracht verliezen. Hij kan zich niet tegen haar verzetten.

'Vanzelfsprekend.' Ze zet nog een stap en staat nu tegenover hem. 'Is dit persoonlijk, Pallas?'

Hoe durft ze zoiets te zeggen? Alsof hij niet in staat zou zijn het zakelijke van het persoonlijke te scheiden. Hij doet niet anders. Beledig me niet, wil hij zeggen. Maar hij bijt op zijn tong. 'Hij zal het ons niet cadeau doen. Dit kan weleens uitdraaien op een historisch hoge afkoopsom.'

Als een roofdier dat op het laatste moment besluit toch niet toe te slaan, keert ze zich om, loopt naar het raam en zegt: 'Daar heb je gelijk in. Daarom ben ik ook niet van plan de man uit te kopen.'

Voor het eerst wacht hij niet tot ze zich nader verklaart, hij vraagt niet door. Hij wil niet weten hoe ze het voor elkaar zal krijgen. Hij weet genoeg, genoeg om zijn werk naar behoren uit te kunnen voeren. Niet lang geleden nam het paleis de Esquilijnse villa en tuinen van Lollia Paulina, de lieflijke horti Lolliani, in beslag. Zo valt bijna de hele Esquilijn in handen van de staat. Zijn geliefde Esquilijnse heuvel, hij zag het lange tijd als het symbool van zijn vrijgevochten bestaan. Het is zijn heilige grond, waar hij de rechtvaardige en succesvolle patronus van een gerespecteerd huis is, waar hij zich zuivert van de zonden die hij op de vervuilde grond van de Palatijnse heuvel begaat. Die plek, die hij veilig waande, valt nu, hortus voor hortus, in handen van het paleis. En als hij tijdens zijn dagelijkse wandeling van het Forum Julium terug naar zijn villa loopt, ziet hij voor zich hoe de grenzen tussen zijn twee werelden vervagen.

✦

Als Marcus zeventien is, stuurt Pallas zijn zoon naar Athene. Hij heeft tot nu toe altijd onderwijs gekregen van Carpus, de paedagogus die hij in huis heeft gehaald. Hij leest het liefst de hele dag en kan inmiddels een groot deel van Cicero's werken uit het hoofd opdreunen. Het was zijn eigen idee om naar het buitenland te gaan. De gerenommeerde sofisten in Athene vragen een klein vermogen voor hun lessen, maar Pallas kan zich dat veroorloven. Marcus is een voorzichtige jongen, een rijkeluiskindje. Het zal hem goeddoen iets van de wereld te zien. Als ze afscheid nemen, op de havenkade, kijkt de jongen doodongelukkig uit zijn ogen. Het ergert Pallas.

'Kom op jongen, verman je. Ik zou alles hebben gegeven voor de kansen die jij krijgt.' Zijn zoon knapt niet op van die woorden. Pallas omhelst hem, zegt: 'We zien elkaar in de zomer weer.' De hele weg terug naar huis huilt Andromeda onophoudelijk. Het afscheid van een zoon, hij voelt het ook, roept herinneringen op aan het verlies van hun dochter. Heel even voelt hij de neiging om haar te omhelzen, te troosten, maar het is alsof zijn armen door een krachtige geest worden tegengehouden, alsof de schim van Antonia tussen hen in staat en iedere toenadering tussen haar ouders resoluut afweert. Hij kan het niet, hij is niet in staat om zijn verdriet met zijn vrouw te delen. Het gesnik houdt aan, maar hij blijft mijlenlang star voor zich uitkijken en stapt, als ze thuis zijn, zonder iets te zeggen uit, waarna hun wegen scheiden.

Het door Agrippina geïnitieerde senaatsdecreet over de rechterlijke macht van de procuratoren is er nog maar net doorheen, als de keizer ziek wordt. Het is begin april en de artsen bakkeleien over de diagnose, schudden ernstig de hoofden, schrijven ten slotte een kuur van warme en koude baden voor en dwingen Claudius om hun bittere kruidenmengsels te drinken. Agrippina wijkt nauwelijks van zijn zijde. De keizer is aanspreekbaar, maar zwak. De ziekte blijft onbenoemd. Bedienden fluisteren dat de keizer door zijn echtgenote vergiftigd is, dat hij zal sterven. Agrippina wuift de beschuldigingen achteloos weg als Pallas ze aan haar doorbrieft.

'Ach, slavenroddels. Help me liever met het opstellen van deze brief, Pallas.'

Ze heeft in de ziekte van haar echtgenoot onmiddellijk een kans gezien.

'We moeten bidden voor het herstel van de keizer, maar we moeten ons ook op het ergste voorbereiden,' zegt ze. 'Ik wil hem een publieke verklaring laten opstellen en aan de senaat laten sturen. Een document waarin staat dat hij, mocht hij komen te overlijden, Nero volledig in staat acht om per direct het bestuur van de staat over te nemen.'

Hij gelooft niet dat de keizer zo'n document zal tekenen. Nero moet nog zestien worden. Bovendien is er geen precedent voor een dergelijke verklaring. Geen levende keizer heeft ooit expliciet een opvolger aangewezen. Maar een dag later zet Claudius zijn handtekening er al onder. In een mum van tijd krijgt Agrippina ook voor elkaar dat er uit naam van Nero spelen worden georganiseerd die speciaal worden opgedragen aan Claudius' herstel. Wagenrennen natuurlijk, de goede zoon verkiest paarden boven gladiatoren. De brief over de troonopvolging wordt openbaar gemaakt, de geruchten over de aanstaande dood van de keizer gonzen door de Romeinse stegen. Claudius zal sterven, het geadopteerde wonderkind zal de troon bestijgen.

Maar de goden zijn tevreden met Nero's zoenoffers en de keizer krabbelt op. Halverwege april is hij aan de beterende hand en tegen het einde van de maand is hij alweer in staat zijn favoriete tijdverdrijven te beoefenen: dobbelen en het voorzitten van rechtszaken.

Op de dag dat Claudius voor het eerst weer een zaak aanneemt verschijnt Pallas in zijn ontzagwekkende witte toga met de brede purperen zoom. Het is er een die de keizer aan het hart gaat, een zoveelste botsing tussen Grieken en Joden in de stad Alexandrië. De gemoederen lopen daar hoog op. Pallas heeft er talloze, eindeloze gesprekken met hem over gehad. Een eeuwige twistappel is het Alexandrijnse burgerschap, dat als een springplank naar het Romeinse staatburgerschap geldt en een geboorterecht is voor de Griekse Alexandrijnen, maar in deze tijden van rassenhaat ijdele hoop voor de Joodse bewoners van de stad. De laatste keer dat de Joodse gemeenschap persoonlijk bij Claudius voor meer invloed en status had gepleit, heeft de keizer per brief zijn beslissing medegedeeld, en gesteld dat er geen verdere privileges voor de Joden in het vooruitzicht waren, maar dat ze evenmin hoefden in te leveren op hun bestaande rechten, zoals hun gekoesterde vrijheid van godsdienst. Geen van beide partijen was met dit halfslachtige besluit tevredengesteld. Pallas had er al voor gewaarschuwd, dat ze er nog van zouden horen, en zie, vandaag ontvangt de keizer de zoveelste delegatie uit Egyptes meest verwaande stad.

Op aanraden van de artsen vindt de zitting niet op het Forum plaats, maar in de tuinen van zijn eigen paleis. Dat het de Grieken menens is, blijkt wel uit de afgevaardigden die ze naar Rome gestuurd hebben: twee van hun meest prominente burgers, de *gymnasiarchen* Isidorus en Lampon. Ze zijn gekomen om te klagen over de Joden, die zich hebben verzekerd van een sterke woordvoerder: Herodes Agrippa II, Agrippina's oude vriend en, net als zijn vader, bemiddelaar aan het hof in kwesties die de Joodse gemeenschap in het oosten van het rijk aangaan. Zesendertig senatoren zijn er aanwezig, en alsof het een familiezaak betreft zitten ook de meest prominente hofdames op de tribune. De keizerin heeft zich opzichtig in het midden neergevlijd, aan haar linkerzijde zit Claudia Octavia en erachter haar grootmoeder, Claudius' voormalige schoonmoeder Domitia Lepida. Als haviken houden ze alles in de gaten en bieden ze enkel met hun aanwezigheid morele steun aan Herodes, de jongen die door het hele hof als familie wordt beschouwd. Naast het staatsbelang staan ook altijd de dynastieke belangen op het spel als het 'Joodse probleem' de kop opsteekt. En terwijl de keizer het eerste dient, stort de keizerin zich met overgave op het tweede. Om haar status als zijn beschermvrouwe te benadrukken zit Herodes naast haar, en Pallas kan niet ophouden te kijken naar hoe de pink van haar rechterhand lichtjes de rug van zijn linkerhand raakt.

Gister zaten ze hier ook al. Een dag lang hebben de hoge heren tot zonsondergang zitten debatteren over de vraag of het eigenlijk wel wijs is om Isidorus een kans te geven gehoord te worden. Tarquitius, een van de senatoren die de keizerin voor haar karretje heeft gespannen, heeft zijn uiterste best gedaan om de zaak van de Alexandrijnse delegatie belachelijk te maken en van de baan te schuiven. Agrippina verstarde toen er tegengeluiden opkwamen en Isidorus aan het einde van het debat toch een hoorzitting toegekend kreeg. 'Eén dag krijg je van me, Isidorus,' had Claudius op waarschuwende toon gezegd, alsof Isidorus het niet in zijn hoofd moest halen de uitzonderlijke kans die hem zo clement geboden was te verprutsen.

Zodoende zijn ze vandaag weer bijeengekomen. De nacht lijkt niets van de geestdrift van Isidorus te hebben verdreven, het is alsof hij nog steeds kookt van de woede die een dag eerder vat op hem had gekregen. Pallas kan hem geen ongelijk geven. Hij weet welke status gymnasiarchen hebben in Egypte. En hoewel hij van Alexandrië maar weinig heeft gezien, reikt de reputatie van die stad en haar politici tot aan zijn landgoed aan de Nijloever. De wijze waarop hij hier aan het hof behandeld wordt is voor Isidorus nauwelijks te verkroppen. Een onpartijdige jury zou hem gelijk geven. Maar niemand is ooit onpartijdig in Rome. Daar laat Claudius geen enkele twijfel over bestaan, als hij opent met de woorden: 'Ik waarschuw je, Isidorus, waag het niet om ten overstaan van mijn hof belastende of beledigende woorden te uiten aan het persoonlijke adres van mijn vriend.'

'Sire, wat geeft u om een waardeloze Jood als Agrippa?' Het is alsof Isidorus zijn woorden geringschattend op de grond spuugt.

'Wat? Hoe durf je zo onbeschaamd te spreken!' brult Claudius.

Lampon fluistert Isidorus iets in het oor. Claudius en Agrippina wisselen een blik, waarna de keizer op kalmere toon verder spreekt, zonder dat hij het achterwege laat te provoceren.

'Isidorus, je hebt de dood van veel van mijn vrienden op je geweten.'

Pallas weet niet precies waar dit over gaat, en het lijkt erop dat Isidorus ook in zijn geheugen moet graven. De gymnasiarch heeft meer terdoodveroordelingen ondertekend dan een mens kan onthouden, denkt hij. Het enige wat Pallas weet, is dat veel van die zaken uit de tijd van Caligula dateren.

'Ik volgde slechts de orders op van de toenmalige keizer. Net als u mij opdraagt eenieder aan te klagen die u maar wenst.'

Claudius zucht, maar geeft zich niet gewonnen. Hij heeft zijn volgende belediging al paraat. 'Vertel me eens, Isidorus, is het echt waar dat je de zoon bent van een actrice?'

Nu laat Isidorus zich uit zijn tent lokken. Hij kantelt zijn rood aangelopen hoofd lichtjes naar achteren, zodat zijn grote neus de lucht in steekt. Met opgeheven vinger en op een dreigende toon antwoordt hij: 'Ik ben geen slaaf, noch de zoon van een actrice. Ík ben de gymnasiarch van het roemrijke Alexandrië. Ú daarentegen bent de afgewezen zoon van een Jodin, van Salome!'

Iedereen siddert bij het horen van deze belediging. Salome was niet alleen een prominente koningin uit de begintijden van de Herodiaanse dynastie, ze was ook een goede vriendin van keizerin Livia en als zodanig een graag geziene gast aan het hof van Augustus. Dat Isidorus die stokoude roddel over de inferieure afkomst van Antonia's mismaakte zoon nu weer uit de kast haalt, schokt alle aanwezigen. Behalve Lampon, die er nog een schep bovenop doet door tegen zijn compagnon te zeggen: 'Er rest ons niets anders dan toe te geven aan een krankzinnig vorst, Isidorus.'

Er is geen weg meer terug, de twee Alexandrijnse heethoofden weten dat ze hun doodvonnis hebben getekend. Hoewel Claudius op zijn beurt weet dat hij martelaren van ze zal maken, heeft ook hij geen andere keuze. Hij veroordeelt ze wegens het uiten van valse beschuldigingen aan het adres van Herodes. Zodra hun koppen rollen, is Pallas druk in de weer met het verdelen van de erfenissen van de geëxecuteerde misdadigers, die deels terechtkomen in de staatskas. Met genoegen ziet hij Herodes weer vertrekken.

✦

Na de veroordeling dienen de voorbereidingen van de adoptie van Octavia zich aan. Andromeda zegt dat iedereen er schande van spreekt. Zelf is ze ook verontwaardigd, ze begrijpt niet wat er op het spel staat en vraagt hem met een ondertoon van sarcasme: 'Is het eerder voorgekomen dat een liefhebbende vader zijn dochter ter adoptie aanbiedt aan een ander?' Hij weet dat ze hem aan het uitdagen is, dat ze insinueert dat het de charmes van Agrippina zijn die de keizer zwak maken. Nooit hebben ze er een woord over gewisseld, maar Andromeda zit zo vol argwaan tegenover de keizerin dat het lijkt alsof ze alles weet. Of het haar vrouwelijke intuïtie is of een goed geïnformeerde bron weet hij niet, maar hij gaat er stilzwijgend van uit dat zijn echtgenote op de hoogte is van wat er tussen hem en Agrippina is gebeurd. 'Het is maar een trucje,' sust hij, 'een legale noodgreep die noodzakelijk is. De dochter van de keizer moet haar wettelijke status als zus van Nero van zich afschudden, om iedere verdenking van incest, waarvan technisch gesproken sprake is in het voorgenomen huwelijk, te voorkomen.'

Het huwelijk moet de gebeurtenis van het jaar worden. Als het tegen de Romeinse wetten ingaat zal het dat ook worden, maar niet op de manier die wenselijk is. Claudius handhaaft de wet met verve, ook in zijn persoonlijke aangelegenheden. De juridische obstakels zijn binnen enkele dagen uit de weg geruimd. Octavia verandert van familienaam.

Begin juni. In de verstikkende hitte van de Palatijnse keukens is het druk, aardewerken potten en glaswerk rinkelen en de geur van versgebakken speltbrood stijgt op uit de ovens. Boven rennen Octavia's slavinnen door de paleisgangen, bezweet van de drukkende warmte, geconcentreerd op hun belachelijk specifieke taakjes. De bruid zelf is nog in haar eigen vertrekken, waar Domitia Lepida de rol vervult die haar moeder Messalina had moeten vervullen op deze dag. Het is ook de rol die Agrippina, haar stiefmoeder, liever zelf had gehad. Maar Octavia is eigenwijs en heeft haar afgehouden. Ze heeft de scherpe geest van haar vader, ze heeft allang in de gaten dat Agrippina's zogenaamde genegenheid voorwaardelijk is. Dat ze voor de keizerin niets meer dan een pion is. Gisteravond heeft Agrippina zich eindeloos bij Pallas beklaagd, omdat Octavia niet háár, maar Domitia Lepida had gevraagd om samen met haar te bidden bij de beschermgoden van de familie. Haar kindertuniek en poppen heeft Octavia onder het warme, trotse oog van haar oma geofferd aan de Lares. Dat was haar officiële intrede in de wereld van vrouwen. De volgende avond zou ze geen maagd meer zijn.

Op de dag van het huwelijk heeft Octavia geen keuze, ze moet Agrippina's aanwezigheid in haar slaapkamer dulden. De trotse stiefmoeder laat zich niet nog een keer aan de kant zetten en is vastbesloten haar rol op te eisen in deze door haarzelf georkestreerde gebeurtenis. Pallas stelt zich de vrouwen voor die nu drukdoend rond Octavia zoemen, als fruitvliegjes rond een schaaltje opengebarsten vijgen. Het kamermeisje dat haar ceintuur losjes knoopt, de naaister die aan de plooien van haar wollen jurk trekt totdat hij precies goed valt, de kapster die plukt aan haar breekbare kapsel dat onder de bloemenkrans scheef is komen te zitten. En de haviksogen van Agrippina, die het allemaal tevreden gadeslaat. Pallas zal als getuige optreden bij het huwelijk. Hij is er een van een tiental, maar toch is het een grote eer. De bruiloft van de dochter van de keizer en zijn geadopteerde zoon, een koninklijker huwelijk is moeilijk denkbaar. Claudius zelf zal in zijn functie van hoogste opperpriester aanwezig zijn, evenals Jupiters opperpriester, de Flamen Dialis. Voor Pallas is het een bevestiging van zijn dubbelrol, niet alleen Claudius' minister van Financiën, maar ook de vertrouweling, de adviseur, de rechterhand.

Hij is al in het laatste nachtelijke uur opgestaan, om nog voor de dageraad naar de Palatijn te kunnen komen. Hij had gehoopt wat zaken te kunnen bespreken voordat de ceremoniële activiteiten losbarsten, maar sinds zijn aankomst wordt hij continu door dienaren aangeschoten en om hulp met het een of ander gevraagd. Claudius treft hij in gesprek met Jupiters priester, die zenuwachtig schuifelt in zijn ongemakkelijke, onberispelijke priestergewaad. Als de keizer hem in zijn ooghoek opmerkt, roept hij: 'Ah, Pallas, daar ben je eindelijk!'

Het is, denkt hij, alsof de keizer nooit ernstig ziek is geweest, alsof ze niet kortgeleden over maatregelen voor zijn dood spraken. De Flamen Dialis blijft met zijn rug naar hem toe staan, ongetwijfeld om hem te laten blijken hoe hij denkt over vrijgelatenen aan het hof.

'Ben je vergeten wat voor dag het vandaag is? Ga eens bij hem kijken, wil je? Ik kan zelf niet meer bij hem langs en we moeten wel zeker weten dat hij zich niet op het laatste moment uit de voeten maakt natuurlijk!' De keizer laat een zware lach horen, die uitmondt in geproest en hoge, piepende ademteugen. Pallas knikt, buigt zich lichtjes voorover, en verlaat de ruimte zonder een woord te hebben gezegd.

Nero is voor hem ongrijpbaar, als de schim van een dode. Hun karakters verschillen zo van elkaar dat ze beiden nooit hebben geprobeerd om een band op te bouwen. Al denkt hij er de laatste tijd vaak aan dat hij de huidige keizer zal overleven, en dat hij er, gezien zijn band met Agrippina, van uit mag gaan dat hij ook na de opvolging door Nero in het paleis als minister zal aanblijven. Hij zal de troonswissel doorstaan, daarvan heeft hij zich verzekerd, maar hij kan zich niet voorstellen dat deze toekomstige keizer, wiens liefhebberijen zich vooralsnog beperken tot zingen en acteren, ooit interesse zal tonen in financiële staatszaken. Bijna loopt hij tegen een gestalte op, hij schrikt op uit zijn gedachten.

'Jongeheer Marcus Salvius Otho,' groet hij beleefd.

De jongen blijft staan, geeft hem een knik.

'U ziet eruit alsof u wat slaap in te halen hebt.'

Otho tovert een innemende glimlach op zijn pafferige gezicht. 'De kroonprins van Rome verdient een uitbundig vrijgezellenfeest, vindt u niet?'

Een indringende drankwalm vult de lucht. Pallas glimlacht terug. Als Otho er zo aan toe is, hoe zal hij Nero dan aantreffen?

'We zien elkaar bij de ceremonie.'

'Je privileges reiken nog verder dan je schatkist, Pallas. De glans van de keizerlijke gunst...' Otho mompelt nog een halve, onverstaanbare zin, terwijl hij opzichtig naar de vloer kijkt en zijn hoofd schudt. Dan lacht hij, zacht maar onbehouwen. Pallas houdt zijn gezicht in de plooi, onderdrukt de woede die hij voelt wanneer hij op zijn lage geboorte wordt aangesproken. Iedereen zingt hetzelfde liedje, het is geen onverwachte belediging, net zomin als zijn boosheid een onverwachte emotie is. Hij weet dat hij er beter aan doet te incasseren. Die onbewogenheid is van overlevingsstrategie zo langzamerhand verworden tot zijn levensfilosofie. Hij kijkt Otho na, die wankel meanderend wegloopt, maar zich nog een keer omdraait.

'Als je leven je lief is, zou ik daar niet naar binnen gaan, Griek! De oude man vertelt weer een of ander moreel verhaal, en ik denk dat hij dit keer niet ophoudt voordat iedereen in de kamer van verveling dood is neergevallen!'

'De heer Marcus Antonius Pallas,' wordt hij een moment later aangekondigd. Een hakkelend, krakend stemmetje herhaalt zijn naam. Pallas kijkt opzij en ziet, in een blinkend gouden kooi, het felgekleurde vogeltje dat hem zojuist begroet heeft. Nero zit op de rand van een paarsrood beklede bank. Het slaafje naast hem, dat bezig is de haren en baard van zijn meester in model te brengen, doet een stapje terug en buigt zijn hoofd. De kamer krioelt van de dienaren. In de drukte ontwaart hij eerst Seneca, die zo te zien inderdaad bezig is ergens uit voor te lezen, en niet van plan lijkt zijn voordracht te onderbreken totdat Nero hem met een opgeheven hand tot stilte maant. Nero heeft zich ook niet ingehouden de avond tevoren, constateert Pallas. Hij maakt een lichte buiging en zegt: 'De keizer stuurt zijn nederige minister om te vragen of de kroonprins nog iets te wensen heeft.'

'Hmmm, ik kan wel wat gezelschap gebruiken,' zegt Nero met een geërgerde blik. 'Neem toch plaats, Pallás.'

Hij spreekt zijn naam opzettelijk overdreven Grieks uit. De jongen houdt van het Griekse drama, de Griekse taal, al het Helleense is hem dierbaar. De bijpassende Attische beschaving en wijsheid zijn hem evenwel vreemd, denkt Pallas. Nero wil dat iedereen weet dat hij het Grieks vele malen beter beheerst dan zijn vader. Hij twijfelt of Nero serieus is met zijn uitnodiging om te gaan zitten – de kroonprins staat erom bekend wrede grappen uit te halen met zijn ondergeschikten. Onlangs nog heeft hij twee slaven in de tuin laten vechten als gladiatoren. Hij had ze verzekerd dat de houten oefenzwaarden bot waren en geen kwaad konden, maar in werkelijkheid had hij de punten zo laten slijpen dat een van die stumpers na een korte strijd dodelijk in zijn buik was getroffen.

'Gezelschap, Sire?' vraag hij uiteindelijk voorzichtig, terwijl hij zijn ogen over de volle kamer laat glijden.

Nero snuift en lacht minzaam. 'Ik bedoel gezelschap van iemand die niet mijn nagels verzorgt of me de les leest.'

Seneca slaat zijn ogen met een vermoeide zucht ten hemel.

'Otho is net weg, de slapjanus wilde nog even slapen. Maar jij volstaat, mijn vriend. Ik heb je altijd bewonderd, wist je dat? Je bent zo nuchter, zo heerlijk... gewoon.'

'De eer is te groot, Sire,' zegt Pallas.

'Onzin, sta daar niet zo, ga toch zitten! Pythias, geef onze Griekse gast een zetel,' snauwt hij, waarop een verlegen jongen vlug een krukje naar voren schuift. Nauwelijks zit hij of Nero gaat verder: 'Mijn leraar hier was me net alles aan het vertellen over Jason en Medea. Je kent het verhaal, neem ik aan? Over de vrouw die haar rivale vergiftigt met een doordrenkte mantel en daarna haar bloedeigen kinderen doodt. Dat leek hem wel gepast op de ochtend van mijn huwelijk.' Nero buigt naar voren, waardoor zowel de slaaf die nu zijn baard aan het kammen is, als degenen die geknield aan zijn voeten bezig zijn, terug moeten deinzen. Hij houdt zijn gemanicuurde hand vlak naast zijn mond, alsof hij Seneca daarmee kan buitensluiten, en zegt op veel te harde, gemaakte fluistertoon: 'De man wordt ook een jaartje ouder, dus ik laat hem zijn gang maar gaan.' Nero lacht hard, Seneca kijkt gepijnigd.

'Als ik zo vrij mag zijn, Sire, om mij nader te verklaren of tenminste mijn eer te verdedigen,' zegt Seneca plechtig. 'De moraal van mijn les deze ochtend is dat de liefde een zekere kwetsbaarheid vereist. Dat alleen wie zich openstelt, werkelijk kan liefhebben, en dat die openheid het risico van kwetsbaarheid met zich meebrengt. Dat wil zeggen: hartstochtelijk liefhebben. En waar hartstocht is, vallen slachtoffers.'

'Hartstochtelijk liefhebben?' Nero begint nu te proesten van het lachen. Als hij zichzelf tot bedaren heeft gebracht, zegt hij op ernstige toon: 'Met de zaken van mijn hart heeft Octavia niets te maken, Seneca.' Daarna richt hij zich weer tot Pallas: 'Als je het mij vraagt heeft dat meisje niet eens een hart, wat denk jij? Ze is zo saai en verstoken van passie dat ik al ga geeuwen als ik haar alleen maar zie. Mijn vlindertjes zeggen dat ze haar hart in het geheim opent voor Eucaerus, die Alexandrijnse fluitspeler van haar. Ik hoop het maar, dat zou tenminste bewijzen dat ze menselijk is!'

Hij geeft de kroonprins een grimas. Hoe moet hij hierop reageren?

Nero richt zich weer tot Seneca. 'Kom, vertel ons nog eens wat meer over die hartstochtelijke liefde van je, beste man! Spreek je soms uit ervaring, ouwe bok?'

Seneca lijkt zich er niet echt aan te ergeren te worden aangesproken zonder het respect dat hem toekomt als oude senator en hooggeplaatste hoveling, of misschien is het gewoon een kwestie van gewenning. Voor zover Pallas weet is Seneca gelukkig getrouwd, en hij hoopt zeker niet dat hij nu getrakteerd zal worden op een of ander verhaal over een vrouwtje dat hij ernaast houdt.

'Wellicht dat mijn *Oedipus* meer bij u in de smaak valt, Sire,' antwoordt Seneca hooghartig.

Pallas schrikt, hij kijkt naar Nero. Die lijkt een moment of wat nodig te hebben om de belediging te incasseren, maar krijgt daar de tijd niet voor. Er komt een dienaar binnen, die vertelt dat de fakkels zijn aangestoken en de processie onderweg is. Nero moet zich zo snel mogelijk gereedmaken voor de ontvangst van zijn bruid.

✦

Als het bruidspaar zich heeft teruggetrokken, haast Pallas zich naar huis. Het is al laat als hij aankomt op de Esquilijn, maar Andromeda heeft op hem gewacht. Als ze hem vraagt naar de bruiloft, geeft hij haar de onbenullige details waar vrouwen altijd naar vragen. Als ze genoeg heeft gehoord, zegt ze: 'Ik kwam vandaag op de markt de huismeester van de overburen tegen, die me vertelde dat Titus Statilius Taurus onderweg terug is naar Rome. De geruchten zijn dat hij aangeklaagd zal worden.'

Na het gesprek dat hij met Agrippina voerde over de horti Tauriani, had ze hem een verzegeld document gegeven dat hij bij Tarquitius moest bezorgen, de senator die ze onlangs, in de zaak tegen de Alexandrijnse Isidorus, ook al voor haar karretje had gespannen. Hij weet niet precies wat er in de brief stond, maar realiseert zich bij het horen van deze roddel van de markt dat Tarquitius het afgelopen jaar onder Titus Statilius Taurus gewerkt heeft, in Africa. Als het waar is, als er inderdaad een aanklacht komt aan het adres van Taurus, en daar twijfelt hij niet aan, zal die van Tarquitius komen.

'Ik heb geen idee waar dat over gaat,' liegt hij. 'Het klinkt misschien ongeloofwaardig, maar ik weet ook niet alles.'

Hij voelt zich verder dan ooit van haar verwijderd. De rouw bracht hen niet nader tot elkaar. Hij heeft het idee dat ze de dag dat ze Marcus hebben uitgezwaaid allebei stilzwijgend hun eigen weg zijn gegaan. Een kind verliezen, zo heeft hij vaak gedacht, is niet alleen een trauma voor de geest, maar ook voor het lichaam. De natuur, het lijf, sputtert tegen omdat er iets is weggenomen, alsof er een arm of been af is gerukt. De verscheuring is permanent en drijft een wig tussen de twee lichamen die het kind hebben gemaakt. Het is onmogelijk om de breuk ooit te helen, om terug te keren naar hoe het was. Hij kan haar niet meer echt als zijn echtgenote zien, ze is bijna een willekeurige vrouw geworden met wie hij zijn huis en zijn nog levende kinderen deelt.

Hij weet hoe de dingen gaan als vrouwen onder elkaar zijn, op de markt, in het badhuis. Alles wat ze doen is praten, praten, praten. Zelfs al wil zijn vrouw iets voor zich houden, of eigenlijk juist dan, het zal haar niet lukken. Dus heeft hij zichzelf lang geleden al als regel opgelegd om tegenover haar te zwijgen over de zaken die de keizerin met hem bespreekt.

Die nacht ligt hij wakker. Hij weet dat het niet door de late, zware deegmaaltijd komt, maar door het gesprek met Andromeda. Er zal een aanklacht komen, maar in welke vorm? Wat Agrippina ook voor zaak tegen hem heeft, het is verzonnen, Taurus is onschuldig. Maar wat kan hem het schelen? Hij heeft geen persoonlijke band met de man. Waarom voelt hij nu dan toch die aandrang om hem te helpen, om tenminste dit onschuldige slachtoffer te redden? In de maanverlichte kamer staart hij naar het slapende gezicht van zijn vrouw. Het is het gezicht van zijn dochter. Als een dief in de nacht overvalt het oude verdriet hem. Hij ziet het bleke, levenloze hoofdje van Antonia voor zich, omringd door zwarte duisternis, alsof het zweeft. Langzaam brengt hij zijn hand dichterbij, tot zijn vingertoppen gloeien van de naderende aanraking. Hij houdt in, hij weet dat aanraking de betovering zal verbreken. Dan verliest hij zijn wilskracht en voelt de wangen van Andromeda, die een zucht slaakt maar niet wakker wordt. Hij jammert zachtjes als het gezicht van zijn dochter langzaam weer oplost in de nacht. Heel even voelt het alsof hij opnieuw afscheid van haar moet nemen.

Als het licht wordt, zijn de geesten van de nacht vertrokken. Pallas maakt zich op voor de tweede dag van de vieringen van het keizerlijke huwelijk. Hij is even op het bureau, instrueert Abascantus en gaat dan op tijd weer naar huis om te baden en zich om te kleden. De kersverse echtgenoot houdt vandaag een diner voor vrienden en familie, terwijl de bruid zich de hele dag met haar dames terugtrekt en offers aan de huisgoden brengt. Hij is uitgenodigd om bij het banket aanwezig te zijn, voor het eerst samen met Andromeda. Ze schittert in een soepele karmozijnroze jurk, met haar lange, tinkelende oorhangers en haar gekrulde, opgestoken haren. Ze laten zich per draagstoel naar de Palatijn brengen en hij kijkt zwijgend hoe ze aan haar sjaal zit te plukken.

Wanneer ze aankomen in de immense eetzaal, staan alle gasten nog te praten. Pallas fluistert Andromeda in het oor wie wie is.

'Daar staat Seneca met zijn piepjonge vrouw, Pompeia. Die daarnaast is Burrus, een eeuwige vrijgezel.'

Burrus staat iets uit te leggen aan Epaphroditus, een jonge vrijgelatene van Nero met een opvallend brede, platte neus, die zich er vol passie op heeft toegelegd om in de gunst van de kroonprins te komen. Dat doet hij zo opzichtig dat Pallas er misselijk van wordt. Net als van het protserige scharlaken gewaad dat Epaphroditus vandaag draagt – de overdadige gouden versiersels trekken de stof naar beneden, zodat het op belachelijke wijze over de grond achter hem aan sleept.

'Die dikzak achter Epaphroditus is Aulus Vitellius,' gaat Pallas verder, 'de zoon van Lucius Vitellius, de senator die destijds het huwelijk en de adoptie voor Agrippina regelde. En zie je daar die magere vrouw met die puntneus? Dat is Aulus' vrouw, Galeria Fundana.'

Narcissus is er ook, maar Pallas ziet zijn vrouw zo snel niet. Narcissus staat te kletsen met Vespasianus, de enige in de ruimte die zich echt een generaal, een soldatenheld kan noemen. Vespasianus is tegen de veertig en de littekens van zijn Germaanse en Britannische tochten staan hem in het lijf gekerfd.

'Herken je hem nog? Hij kwam altijd zo opgedirkt aankloppen bij Antonia, om Caenis het hof te maken.'

'Ik had gehoopt,' zegt Andromeda met een glimlach, 'dat hij haar zou huwen als ze eenmaal vrijgelaten was.'

Maar Vespasianus is netjes binnen zijn stand getrouwd met Flavia Domitilla, de vrouw die nu met haar grote ogen en overdadige juwelen verveeld om zich heen staat te kijken. Otho heeft zijn innemende echtgenote Poppaea Sabina bij zich, een jongedame die ook wel bekendstaat als 'de Pompeiiaanse Schone'.

'Kinderen zijn het,' zegt Pallas. 'Allebei in de twintig. Maar zo jong als ze is, heeft die dame er al een scheiding op zitten. En uit dat huwelijk nam ze nog een zoon mee ook. Otho is een vrije geest, hij heeft de bastaard in huis genomen zonder vragen te stellen.'

Hij voelt een hand op zijn arm, het is de slaaf Liarus. 'Ik heb opdracht jullie beiden naar de keizer te begeleiden. De keizerin dineert niet graag met onbekenden, ze wil uw echtgenote ontmoeten voordat er aangelegen wordt.'

Andromeda kleurt tot in haar hals. Ze moet vermoed hebben dat er een persoonlijke ontmoeting in zat, hij heeft haar geprobeerd voor te bereiden maar ze lijkt te verstarren. Hij moet zijn best doen zelf zijn zenuwen in bedwang te houden en heeft geen zin zich ook nog om haar te moeten bekommeren. Afwezig perst hij er een 'Het komt goed' uit, waarna ze Liarus volgen, die zo snel door de luidruchtige mensenmassa slingert dat ze hem maar moeilijk bij kunnen houden.

'Het is maar een informele audiëntie,' zegt hij nog. 'Geloof me, als de keizer hongerig is zal het niet lang duren. En hij is doorlopend hongerig.'

Als hij oog in oog met Claudius en Agrippina staat, is Andromeda's houding op slag compleet veranderd. Haar rug is rechter, haar neus wijst lichtjes omhoog. Pallas ziet het in zijn ooghoek, maar staart onafgebroken naar de keizerin. Zijn blik is dwingend, zijn ogen priemen en het is alsof hij in gedachten een magische spreuk op haar loslaat die ervoor moet zorgen dat ze zijn blik beantwoordt. Kijk naar me.

'De heer Marcus Antonius Pallas en zijn echtgenote Antonia Andromeda, uwe hoogheden.'

Ze knielen. Als hij weer omhoogkomt kijkt ze hem recht in de ogen. Een golf van opwinding overspoelt hem. Het voelt impertinent om elkaar op deze manier, in het bijzijn van Andromeda, aan te staren. Impertinent en tegelijk onweerstaanbaar. Kalm en eerbiedwaardig nadert Andromeda de keizer, kust zijn hand, verplaatst zich dan naar Agrippina en kust ook haar hand.

De keizerin schenkt hem een mysterieuze glimlach, en in een reflex kijkt hij snel om zich heen, alsof hij bang is dat iemand anders het gezien heeft. Met een ondertoon van geringschatting mompelt ze, zonder Andromeda een blik waardig te gunnen, iets in de trant van 'Zeer aangenaam'.

Claudius is warmer. Hij heet Andromeda welkom in zijn huis, kijkt naar haar en zegt: 'Het is mij een waar genoegen uw schoonheid eindelijk met eigen ogen te aanschouwen, mevrouw. Pallas hier heeft me er zo vaak over verteld zonder het bewijs aan me te laten zien, dat ik aan zijn woorden begon te twijfelen. Maar hij heeft niets te veel gezegd.'

Andromeda kijkt gemaakt bevallig naar de grond, maakt een knikje met haar knieën en dan draaien ze zich om. Liarus duikt weer op en begeleidt hen terug het gezelschap in. Terwijl hij een zucht van opluchting slaakt, snijdt plotseling een luide stem dwars door het oorverdovende gekakel in de ruimte heen.

'Uw aandacht voor Nero Claudius Caesar Drusus Germanicus, kroonprins van Rome, oudste zoon van imperator Claudius Caesar Augustus Germanicus, de echtgenoot van prinses Octavia!'

Nero stapt naar binnen, zijn jongensachtige verschijning en mollige lijf vormen een lachwekkend contrast met de opgeblazen aankondiging. Maar behalve Otho, die zich nooit in kan houden, lacht niemand, iedereen bewondert, sommigen buigen.

Als alle gasten aanliggen en de schenkers iedereen hebben voorzien van wijn, komen er fluitspelers, blazers en percussionisten binnen. Pas als ze hun posities hebben ingenomen en de muziek zacht als de wind aan een opbouw begint, komt de acteur binnen. Hij zweeft bijna over de grond, raakt de vloer slechts met de punten van zijn soepele, leren slofjes. Zijn gezicht gaat schuil achter een masker, zijn ranke lijf tekent zich duidelijk onder zijn tuniek af en de huid van zijn armen en benen lijkt, waar zichtbaar, van zijde. Het is Paris, de lievelingsacteur van Nero. In een wervelende opening die iedereen betovert, waarin Paris bijna ongemerkt steeds van masker wisselt en ritmisch beweegt op de muziek, wordt duidelijk dat ze naar de *Agamemnon* kijken. Pallas zoekt Seneca in het publiek, ziet een zelfgenoegzame glimlach en weet dan zeker dat het zíjn bewerking van de tragedie is die hier, voor het oog van de adel van Rome, wordt opgevoerd. Voor een stoïcijn is de oude Seneca behoorlijk gewiekst als het om publiciteit voor zijn werk gaat. De boekwinkels zullen zijn *Agamemnon* na vanavond gretig afnemen, net als de twee eerdere delen die hij publiceerde. Als er plotseling een gordijn valt en het koor zingend verschijnt, beginnen de gasten in de zaal te joelen en barst er een bewonderend applaus los.

Paris pakt zijn publiek in, zijn talent is onmiskenbaar. Hij verlaat de eetzaal onder een daverend geklap, Andromeda kijkt Pallas verrukt aan. Dan komen de jongens met kannen en schalen binnen, worden de glazen opnieuw gevuld en de eerste hapjes geserveerd. Er volgen meer schalen, meer dansers, acrobaten, muzikale intermezzo's. Minstens tien hele wilde zwijnen, met kop en staart er nog aan, worden als gebraad op roltafels binnengereden. Om de zwijnen heen liggen kleine zogende varkentjes gemaakt van deeg, waar, als ze worden aangesneden, levende lijsters uit komen vliegen. De gangen blijven komen, de drank vloeit rijkelijk. 'Honderd jaar oude Falernische wijn,' hoort Pallas iemand zeggen die voor kenner door wil gaan.

'Haar borst is nog platter dan de neus van Epaphroditus!'

Nero's stem klinkt zo hard dat iedereen het kan horen. Zijn tafelgenoten lachen allemaal, behalve Epaphroditus zelf. Nero en Otho liggen bij elkaar aan en houden zich niet in. Halverwege het diner zijn ze beiden al stomdronken. Nero verliest nu al zijn manieren en trakteert de hele eetzaal op een luid klinkend verslag van zijn huwelijksnacht.

'Ik moet toegeven, ze heeft de reputatie van haar moeder eer aangedaan. En ik maar denken dat ze nooit zou ontdooien!'

Agrippina spreekt haar zoon toe, maar ze probeert dat zo onopvallend te doen dat het juist opzichtig wordt. Otho veegt zijn mond af met zijn mouw, zegt: 'Nu moet je ons het hele verhaal vertellen, opschepper! Heb je mijn raad opgevolgd?'

De jongens brallen alsof ze samen op kroegentocht zijn. Poppaea, Otho's echtgenote, kijkt hem geërgerd aan, Nero lacht haar toe, charmant, verliefd bijna.

'Als je me vraagt of ik er een tweede, laten we zeggen *neutraliserende* dame bij heb gehaald, Otho...' Nero kijkt afkeurend, lijkt iets ontkennends te gaan antwoorden, maar zegt dan: 'Ja! Natuurlijk heb ik dat gedaan!' en barst in een bulderend lachen uit. Iets zachter, maar nog steeds hoorbaar: 'Ik sta bij je in het krijt, vriend. Zonder die schitterende oosterse bloem had ik het niet overleefd.'

De dienstmeisjes in het paleis fluisteren al geruime tijd over een zekere Acte, een meisje zo mooi als een lotus, die als slavin vanuit Azië haar weg naar de Palatijn heeft gevonden, waar ze in dienst was getreden van Octavia. Pallas twijfelt er niet aan dat Nero haar als eregast heeft uitgenodigd op zijn huwelijksnacht. Hij wendt zijn aandacht van de kroonprins af, sust zijn echtgenote die hem fluisterend maar met verbijstering de ene na de andere vraag stelt over de toekomstige keizer van Rome. Hij geeft pas antwoord als ze, in een volkomen in duister gehulde stad, hobbelend naar huis worden gedragen.

✦

Een paar dagen na het groteske banket van Nero laat Agrippina hem bij zich roepen. Het gaat over zijn overbuurman Titus Statilius Taurus. Zodra ze begint te spreken, beseft hij dat ze zijn lot al heeft bezegeld.

'Pallas, de zaken zijn snel gegaan. Tarquitius heeft voldaan aan ons verzoek, nu claimt hij zijn beloning.'

Wat bedoelt ze met 'ons' verzoek? Het is haar eigen werk.

Ze kiest haar loopjongens met zorg; Tarquitius is een senator die aan de grond zit. Hij zal zijn ziel voor een habbekrats aan haar hebben verkocht. En nu heeft hij dus zonder scrupules zijn oude collega Taurus verraden. Het is welbeschouwd, denkt hij, inderdaad een habbekrats in verhouding tot wat het de schatkist zou kosten om het land per keizerlijk decreet te onteigenen, in welk geval de man uitgekocht zou moeten worden. Agrippina's wegen zijn efficiënt. Meedogenloos, maar efficiënt.

'Maar moet de zaak niet nog voorkomen, Augusta?'

'De zaak loopt al. Het was de enige voorwaarde waar hij op stond: directe uitbetaling van de beloning nadat hij de aanklacht heeft ingediend.'

'Goed, ik zal ervoor zorgen dat hij betaald wordt. Wat zijn de aanklachten, als ik zo vrij mag zijn? Hij is tenslotte mijn buurman...'

Ze glimlacht op dezelfde zelfingenomen manier als in die nacht, toen ze zich aan hem overgaf. Hij ziet het in een oogwenk weer voor zich, maar haar woorden rukken hem meedogenloos uit zijn herinnering.

'Taurus wordt ervan beschuldigd zich in Africa te hebben ingelaten met malafide astrologen, met zwarte magie en bijgeloof.'

Het was geloofwaardiger geweest hem van corruptie te beschuldigen, denkt hij, maar ze richt op een hogere strafmaat. Landverraad?

'Verheug je je niet, Pallas?'

Hij is zich ineens bewust van zichzelf, verzacht zijn blik.

'Verheugen, Augusta?'

'Dacht je soms dat ik al die grond voor mijzelf wilde hebben? We zullen het verdelen en in bruikleen geven. Je bent een vrijgelatene van ons huis en het is mijn plicht en genoegen je dit landgoed te schenken. Op voorwaarde dat je het, op een dag, per testament weer aan je familie, aan ons, nalaat.'

Zoals altijd heeft ze haar antwoord, haar omkoperijen, al klaarliggen nog voordat hij zijn tegenwerpingen goed en wel heeft laten horen.

Het gesprek met Agrippina zet hem aan het denken. Het is hoog tijd om zijn eigen zaken op orde te brengen, om een testament op te stellen. Hij is bijna vijftig, als hij het positief bekijkt zit hij al diep in de herfst van zijn leven. Volgens de Romeinse wet heeft de staat geen recht op een deel van de erfenis van een keizerlijke vrijgelatene die drie of meer kinderen heeft. Maar hij heeft geen drie kinderen meer, zodat hij zeker weet dat de keizer een erfdeel voor zich op zal strijken. Hij moet ervoor zorgen dat de schade zo veel mogelijk beperkt blijft, dat zijn zonen het leeuwendeel van zijn rijkdom behouden.

Maar eerst is er een prangender, aardse zaak, die hem bezighoudt. Er is nog steeds geen graf voor Antonia. Ze hebben er lang mee gewacht, en al die tijd staat haar urn in het columbarium van zijn voormalige meesteres. Maar nu wil hij een eigen familiegraf laten bouwen. Hij heeft er al vaak over nagedacht, en het uiterste noordoostelijke hoekje van zijn landgoed, aan de straatzijde bij de Porta Tiburtina, heeft hij opzettelijk leeg gelaten. Daar zal het verrijzen. Daar bij de stadspoort, waar talloze reizigers passeren om de glorie van Rome te betreden of verlaten, daar zal zijn naam, en die van zijn nakomelingen, voor altijd herdacht worden. Daar zullen voorbijgangers halt houden, zijn levensverhaal lezen en bewondering voelen voor de weg die hij heeft afgelegd. Zijn kinderen en kleinkinderen zullen er samenkomen, de voorouderfeesten vieren, herdenken, kaarsen ontsteken, wijnoffers plengen en samen drinken. Zijn naam zal voortleven na zijn dood. Een gevoel van urgentie overvalt hem. Dat grafmonument moet er komen, zo snel mogelijk.

Samen met Andromeda wandelt hij de volgende dag naar de nabijgelegen Porta Esquilina, waar de Lucus Libitina zich bevindt, het hoofdkwartier van de begrafenisondernemers en lijkbezorgers van Rome. Hij bespreekt zijn wensen, het duizelt hem als er wel tien verschillende beeldhouwers worden aanbevolen. 'We nemen aan dat alleen het allerbeste goed genoeg is...' De lijkenpikkers weten wie hij is en ruiken geld. Andromeda is een gewillig slachtoffer, ze blijft maar wikken en wegen, zodat hij uiteindelijk de knoop doorhakt. Ze besluiten extra geld uit te geven aan een apart columbarium, een grote grafkamer met nissen voor de slaven en vrijgelatenen uit hun huis.

Maar eerst Antonia. De eerste opdracht die hij aan de beeldhouwer geeft, is het maken van de steen waarop de jaren, dagen en uren van het leven van zijn dochter geteld en herinnerd zullen worden. Nooit is er een rituele ceremonie geweest, althans niet van de omvang die zijn dochter verdient. Daarom besluiten ze dat de tocht die ze met de urn moeten maken, van Antonia's columbarium naar de Esquilijn, de allure van een begrafenisstoet zal krijgen. Hij benadert het gilde van de musici, van de klaagzangers, en in de avonduren werkt hij aan een grafrede.

Zijn ochtenden brengt hij half aanwezig door op het Forum Julium, met zijn neus in de papieren. Agrippina heeft als altijd haar gelijk gehaald: er stromen uit alle provincies sinds het senaatsbesluit veel meer inkomsten binnen via de procuratoren van de keizerlijke bezittingen. Of misschien heeft die toename vooral te maken met een evenredig toegenomen zelfvertrouwen van de procuratoren en is het aantal zaken dat ze aanspannen verveelvoudigd sinds de nieuwe wet een feit is. De dag van de rechtszaak tegen Titus Statilius Taurus nadert en Fortuna bepaalt dat die samenvalt met de dag waarop ze de urn van zijn dochter naar huis brengen. Hoewel het monument als geheel nog in aanbouw is, zijn de eerste grafkamers net op tijd af. Zijn rijkdommen openden de nodige deuren: bouwprojecten hebben de neiging eindeloos te duren, maar met het juiste bedrag kan iedere aannemer aangespoord worden om zijn mannen harder te laten werken dan ze gewend zijn.

Lucretia, de klaagvrouw die hij heeft ingehuurd, zet de treurzang in. Hij heeft haar eerder horen zingen, bij de luisterrijke, keizerlijke begrafenis van de illustere Antonia. Ze kost een vermogen maar is ongeëvenaard. Haar stemgeluid is monotoon, diep en kleurrijk, alsof het rechtstreeks uit Hades komt, alsof Persephone in eigen persoon de stoet aanvoert.

Tegelijkertijd vangt in het centrum van de stad de zitting aan. Tarquitius tiert als een razende en opent de aanval op Titus Statilius Taurus, die niet is komen opdagen.

*'Laat stromen uw tranen, laat horen uw jammerklacht. O, beween toch de jonge vrouw, die niemand evenaart!'* Lucretia beroert haar publiek, Tarquitius bespeelt het zijne. Onder het doffe geschal van de blazers naderen ze, na een stroperig langzame tocht van zware stappen, de Esquilijn, waar ze voor de poort plotseling halt moeten houden voor pretorianen, die op weg zijn naar het huis van Taurus. De stoet trekt verder, ze komen aan bij het graf, waar Pallas een geïmproviseerd houten podium beklimt vanwaar hij de grafrede zal houden. De pretorianen verdwijnen in Taurus' villa, sinds enkele dagen weer bewoond door de heer des huizes, en sluiten de deuren achter zich. Pallas gaat voor in het offer, spreekt de begeleidende woorden uit, met moeite.

Pas later zal hij het hele verhaal horen. Pas later zal hij zich realiseren dat terwijl hij het mes in de keel van de zeug zette, het zoenoffer bracht voor de onderwereld, voor de ziel van zijn kind, dat precies op dat moment ook Taurus het mes ter hand heeft genomen, om het met brute kracht in zijn eigen borst te duwen.

✦

Na de ceremonie volgen de negen dagen van rouw. Op de laatste dag wandelen ze met de hele huishouding naar het graf voor de Novendialis. De bouwlui zijn het vergeten, Pallas stuurt ze geërgerd naar huis. Andromeda draagt een sierlijke kan, die hij speciaal heeft laten maken. Ze brengen een plengoffer van wijn op een eenvoudig driepootje, dragen hun gebeden op aan de schimmen van de onderwereld, en dan is het klaar, het officiële rouwen.

'Ik mis mijn zoon,' zegt Andromeda.

'Je hebt zijn brieven zelf gelezen, hij maakt het goed. We hebben samen besloten dat hij in Athene kon blijven.'

Volgend jaar zullen ze hier de Parentalia vieren. De gedachte beurt hem op. Alsof de hemel aan zijn zijde staat, klaart de lucht op. Gouden zonnestralen duwen de samengepakte wolken uiteen. Hij voelt zich goed genoeg om naar het bureau te gaan, ondanks Andromeda's afkeurende blik. Hij wandelt, lichtvoetiger dan hij voor mogelijk had gehouden op een dag als deze, dwars door de Subura naar het Forum Julium.

Op het bureau sorteert Abascantus ingekomen stukken. Als Pallas binnenkomt kijkt hij op, groet hem verbaasd en geeft hem dan een meelevende, plechtige knik.

'Heb ik nog iets gemist?'

'Alleen een speciale senaatszitting vanmorgen.'

'Wat was de aanleiding?'

'Ze hebben Tarquitius eruit gegooid.'

Agrippina. Heeft ze haar eigen man in de senaat laten vallen? Ze heeft hem hier volledig buiten gehouden. Waarom? Uit eerbied voor zijn familieomstandigheden? Of begint haar gunst hem door de vingers te glippen?

'Op welke gronden?'

'Armoede. Taurus was zo dom nog niet.'

'Denk je dat hij het daarom heeft gedaan?'

'Dat zeggen ze. Een man berooft zich niet zomaar van het leven, toch? Taurus moet hebben geweten dat Tarquitius bankroet was, en deze zaak nodig had om uit zijn financiële ellende omhoog te kruipen. Door zelfmoord te plegen heeft Taurus dat in elk geval nog kunnen voorkomen.'

Pas vorig jaar is de armoedewet voor senatoren aangenomen. Iedere senator die financieel aan de grond komt te zitten, wordt nu zonder scrupules uit het Huis gezet. Pallas heeft al die onderlinge wedijver van de oude mannen nooit begrepen. Wat de monarchie heeft nagelaten de republiek aan te doen, doen de senatoren zichzelf aan.

'Wat gaat er eigenlijk met zijn landgoed gebeuren?' Abascantus kijkt hem afwachtend aan en neemt plaats aan zijn werktafel.

'Ik heb geen idee.'

In werkelijkheid heeft hij zijn handtekening al onder de eigendomspapieren gezet.

# 17

# Heil Caesar

*September 54 n.Chr.*

Op een van de eerste dagen van september, warm alsof het nog volop zomer is, wordt er een brief bezorgd door een verlegen dame, die niets zegt, alleen maar buigt en weer wegschiet. Hij is thuis, op de Esquilijn, niet op het bureau. Pallas rolt het perkament uit.

> Pallas, ik schrijf je in uiterste haast. Er zijn pretorianen in mijn huis, ze zijn beneden en razen door mijn spullen. Wat ze zoeken, dat mogen de goden weten. Volgens mij hebben ze iets gevonden, ik hoorde kreten van mijn personeel. Mij hebben ze nog niet ontdekt, hier boven. Ik heb mijn secretaresse gevraagd deze brief straks bij jou te bezorgen, ze heeft me beloofd dat te doen en ik vertrouw haar. Ik weet niet waar ik ben als jij dit leest, alleen dat ik je hulp nodig zal hebben. Het is te laat om naar een van mijn buitens te vluchten. Ze halen me in voordat ik in Puteoli ben, als het me al lukt om dit vervloekte huis uit te komen. Het is zinloos. Jij moet in mijn onschuld geloven, wat ze ook zeggen. Alleen jij hebt de macht dit om te keren. Ik smeek je: red mij voordat ik in de slangenkuil van de Palatijn, waar ik me met zoveel moeite altijd afzijdig van heb gehouden, ten onder ga. Jij weet dat Agrippina het al op me gemunt heeft sinds ik voor haar Nero heb gezorgd. Kan ik het helpen

dat de jongen me opzoekt, dat hij nog genegenheid voor me voelt? Kan ik het helpen dat hij, in die twee jaar bij mij, meer moederliefde heeft gekend dan hij ooit van haar kreeg? Ik dwaal af, terwijl ik het belangrijkste nog moet schrijven. Breng mijn dierbare zoon, mijn Faustus, op de hoogte van wat er gaande is, maar benadruk alsjeblieft dat hij zich hierbuiten houdt. Hij is zorgzaam, hij zal me willen verdedigen, maar zeg hem dat ik het onder controle heb. Je moet streng tegen hem zijn, Pallas. Adviseer hem desnoods dat hij Rome tijdelijk verlaat. Hij heeft al genoeg meegemaakt. Je weet wat ik waard ben, maar ik schrijf je voor alle zekerheid: mijn vermogen is groter dan je voorstellingsvermogen. Ik vrees dat ik al verloren ben, jij bent mijn laatste kans. Help me hieruit, en ik zal je rijkelijk belonen.

Domitia Lepida

Waarom heeft ze hém geschreven? Waarom niet Narcissus? En wat moet hij doen? Hij kan haar niet helpen, zelfs al zou hij het willen. Maar wil hij het wel? Kiezen voor Domitia Lepida betekent zich tegen Agrippina keren. Dat is geen optie. Bovendien, denkt hij, zal het allemaal wel meevallen. Domitia is nabije familie. De grootmoeder van Britannicus en Octavia, Claudius zal haar toch tot op zekere hoogte beschermen.

Maar de brief laat hem niet los. Hij besluit, ten slotte, ten minste één van Domitia's wensen te eren, maakt zich klaar voor vertrek en wandelt de Esquilijn af richting het bureau. Hij laat uitzoeken waar Faustus Sulla Felix precies woont, het moet ergens op de Viminaal zijn, weet hij. Hij weet ook wie er nog meer woont in dat huis: Claudia Antonia, Claudius' oudste, de dochter uit zijn huwelijk met Aelia Paetina. Het meisje bracht haar hele jeugd door in hetzelfde Palatijnse huis als hij, dat van zijn voormalige meesteres Antonia. Faustus is sinds een aantal jaren haar man, nadat haar vorige echtgenoot in bed zo vaak met een mes is gestoken dat hij, zeggen ze, in één zucht doodbloedde. Ze zeggen ook dat het Claudia Antonia zelf was die zich als een razende furie had uitgeleefd op haar man, toen ze hem in bed had betrapt met een of ander mooi jongetje. Hij wist niet wat hij ervan moest denken. Een slaaf had dat verhaal de wereld in geholpen, maar die kan het natuurlijk voor het geld hebben gedaan. Een goede roddel over de Julisch-Claudische familie levert altijd wat op.

Als hij voor de deur staat, ziet hij verdorde pijnboomtakken op de grond liggen; de dood is recentelijk op bezoek geweest. Hij wordt binnengelaten en naar de heer des huizes gebracht, kijkt om zich heen en ziet grauwe, bedrukte gezichten in het licht van de felle zonnestralen die genadeloos binnendringen en het toch al voelbare verdriet lijken te accentueren. Faustus groet hem desalniettemin met een warme glimlach.

'Het is mij een eer u te ontvangen, minister. Waar heb ik het genoegen aan te danken?'

'Het spijt me, Faustus, ik wilde niet storen... Ik bedoel, het lijkt erop dat je huis in rouw is. Het spijt me als ik ongelegen kom.'

Faustus schudt zijn hoofd. 'We hebben vorige week onze zoon moeten begraven. Vandaag zou hij twee zijn geworden.'

'Dat spijt me verschrikkelijk om te horen...'

'Mijn vrouw is er kapot van. En om je de waarheid te zeggen, ik ook. Het was zo'n vrolijk ventje. Als hij niet ziek was, tenminste... Altijd maar ziek... We hadden weinig hoop voor hem, maar toch.'

'Faustus, beste man, ik weet niet goed wat ik moet zeggen. Helaas spreek ik uit ervaring. Een kind verliezen is iets wat je niet te boven komt. Niet helemaal, in elk geval. Je verdriet zal blijven, maar het leven zal op een dag weer lichter worden.'

'Ik wil je graag geloven, al geloof ik niet dat mijn echtgenote ooit weer helemaal de oude wordt. Het was haar eerste...'

Pallas knikt, weet niet wat hij nog meer kan zeggen, wil zich excuseren en de man alleen laten met zijn verdriet. Maar Faustus zegt: 'We zullen om hem rouwen en met zijn afwezigheid leren leven. Dat is alles wat we kunnen doen. Maar dit is niet waar je voor kwam, Pallas. Vergis ik me, of las ik ernst in je ogen toen je binnenkwam?'

'Ik vrees dat ik meer slecht nieuws breng, Sulla. Maar ik kan op een ander moment terugkomen. Als het meer gelegen komt.'

'Het is met slecht nieuws net als met de bittere kruidenmengsels van artsen, Pallas, je kunt ze maar beter in één keer helemaal doorslikken.'

'Goed dan... Het gaat om je moeder.' Hij haalt de brief tevoorschijn die hij van Domitia Lepida heeft ontvangen en overhandigt hem aan Faustus, die nu verward is, haastig leest.

'Wat zijn ze met haar van plan!' roept hij uit.

'Ik weet het niet, ik ben meteen naar jou gekomen. Je moeder vraagt je om je erbuiten te houden, misschien is dat advies verstandiger dan je nu denkt.'

Faustus lijkt zijn aanwezigheid te zijn vergeten, fluistert in zichzelf: 'Is het dan nooit genoeg? Eerst richten ze mijn zus te gronde, nu mijn moeder...' Dan kijkt hij Pallas weer aan. 'Mijn lieve moeder! Wat heeft ze de keizerin dan misdaan?'

Hij zwijgt.

Faustus raast door. 'Dat vuile wespennest... Het heeft ons nooit iets anders dan ellende gebracht. De familienaam is niets dan een ondraaglijk juk. We zijn als slaven met een band om de nek, voor eeuwig aan het paleis gebonden. Je moet haar helpen, zoals ze van je vraagt. Agrippina zal voor niets terugdeinzen.'

Pallas' mond wordt droog. Hij beseft dat hij hier niet had moeten komen, dat de zoon zijn moeder niet in de steek zal laten, en hij het zichzelf nu alleen nog maar lastiger heeft gemaakt. 'Wees gerust, Sulla, zo'n vaart zal het niet lopen. Ik zal navraag doen in het paleis. Je zult zien, voor het avondmaal zit je moeder alweer van de zon te genieten in haar tuinen.'

Hij weet pas weg te komen uit het zwaarmoedige huis als hij meerdere malen heeft beloofd dat hij Sulla op de hoogte zal houden, een belofte die hij onmogelijk na kan komen.

In het paleis krijgt hij te horen dat de keizerin geen tijd voor hem heeft. Hij vindt Narcissus op zijn gewoonlijke plek: aan zijn werktafel, in de luwte. Narcissus houdt zich al sinds Alba Fucens gedeisd, blij dat hij zijn functie heeft mogen behouden, en doet zijn best om niet op te vallen. Als Pallas vraagt wat er gaande is, is hij verbaasd dat Narcissus van alles op de hoogte is.

'Ze hebben Domitia Lepida vanochtend in haar huis opgepakt, nu houden ze haar vast in een van de kamers, boven in het paleis. Ze is niet alleen, een slavinnetje is vrijwillig met haar meegekomen. Ze zijn onder zware bewaking geplaatst. Volgens mij is de keizerin nu bij haar.'

'Wie is de aanklager?'

'Fortunatus. Hij is een slaaf uit het huis van Domitia Lepida zelf... Hij beweert dat zijn meesteres heeft geprobeerd Agrippina van het leven te beroven. Met behulp van zwarte magie.'

Hoogverraad. De doodstraf. Dat was het bewijsmateriaal waar de pretorianen naar op zoek waren geweest. Kruiden, planten, boekrollen, brieven, afschriften, formules. Alles wat maar met tovenarij in verband gebracht kon worden.

'En ik ving ook iets op over het in gevaar brengen van de vrede? De slaven op haar landgoed in Calabrië zijn opstandig, meen ik, ze vormen bendes en terroriseren de omgeving. Er is vandaag in elk geval een bode van de keizerin teruggekomen uit het zuiden, en hij had niet alleen papierwerk bij zich.'

Domitia schreef hem dat ze zich altijd afzijdig heeft gehouden van de Palatijn, maar hij weet dat dat een leugen is. Zij en Agrippina zijn aartsrivalen die – beiden – geen gelegenheid onbenut hebben gelaten om elkaar dwars te zitten. Domitia maakt geen schijn van kans, ze weet het zelf ook.

'Als je het mij vraagt...' Narcissus leunt voorover, gaat zachtjes, samenzweerderig verder: '... had Lepida nooit al die geschenken aan Nero moeten sturen. Ze heeft zichzelf verdacht gemaakt.'

Hij heeft geen weet van geschenken. Hij weet niets van de zaken die er spelen buiten de financiën.

'Britannicus heeft het me zelf verteld. Ze overlaadt hem met cadeaus en Nero gaat bij haar op bezoek. Hij gaat er alleen maar naartoe om die beroemde bibliotheken en Griekse beelden van Lucullus te zien, zegt Britannicus, en natuurlijk om de luxe cadeautjes van zijn rijke tante in ontvangst te nemen.'

Hij denkt dat Narcissus het verkeerd ziet, dat hij op zijn oude dag zijn scherpte verliest en veel te makkelijk de roddelpraatjes gelooft. Er is een veel eenvoudiger reden dat Agrippina van Domitia Lepida af wil: die vrouw is de grootmoeder van Britannicus, en alleen daarom al een gevaar. Zolang zijn familie er is om voor hem en zijn positie te vechten, zal de keizerin niet rusten.

Hij besluit die gedachten voor zich te houden en vraagt alleen maar: 'En wat gaat er nu met haar gebeuren?'

'Dat weet ik ook niet. Ik neem aan dat er een rechtszaak zal komen.'

'Je ziet er trouwens slecht uit, Narcissus.'

'Dank, collega. Je kunt anders zelf ook wel een scheerbeurt gebruiken.'

'Dat bedoel ik niet. Ben je ziek?'

Narcissus trekt zijn spitse neus een beetje omhoog, zodat de rimpels in zijn voorhoofd nog dieper worden. Hij wijst naar zijn voeten. 'Kwaaltjes. Pijnscheuten. Het zal de ouderdom zijn. Mij hoor je niet klagen.'

✦

Het is niet gebruikelijk dat een aangeklaagde haar zitting in gevangenschap afwacht, onwettelijk zelfs. Faustus Sulla Felix staat elke ochtend voor de deur om zijn beklag te doen, maar het paleis rechtvaardigt zich door te verkondigen dat er niemand bij haar mag, dat ze onder huisarrest is geplaatst. Ze komen ermee weg, zoals ze altijd overal mee wegkomen. Dat het huisarrest onder het dak van haar aanklagers plaatsvindt, weet niemand. Het is duidelijk, zo redeneren ze bij juridische zaken, dat het een familiekwestie is, die terecht binnen de muren van het familiehuis wordt gehouden. Zo nauw zijn de bloedbanden met Domitia Lepida, dat de hele zaak kan doorgaan voor een familiekwestie. De situatie is hoe dan ook ongemakkelijk, Agrippina wil ervan af en brengt het proces in versnelling. De zaak tegen Domitia Lepida zal binnenkort voorkomen.

De keizerin laat niemand bij haar, ze is vastbesloten geen ziel meer te vertrouwen tot de kop van Domitia rolt. Ze vertrouwt alleen hem. Hij leeft op bij het gevoel dat zij hem weer nodig heeft, hoe belachelijk de taakjes ook zijn die ze hem geeft. Pallas moet Domitia Lepida en haar slavin eten en drinken brengen, water om zich te wassen, een kom om zich te ontlasten. Vuil werk, slavenwerk. Agrippina zegt: 'Je bent de enige aan wie ik dit kan overlaten' en 'Wat moet ik zonder jou, Pallas?'

De eerste keer dat hij bij haar is, stelt Domitia Lepida hem de ene na de andere vraag, de tweede keer gooit ze zich smekend aan zijn voeten. Hij heeft niets te zeggen en dus negeert hij haar, zet de borden en kannen neer, verlaat stilzwijgend de ruimte terwijl Domitia luidkeels protesteert en haar slavin blozend naar de voeten staart. De derde keer heeft ze het opgegeven, hullen beide kanten zich in een omineus stilzwijgen. Ze laat zich de haren kammen door haar dienstmeisje en vraagt alleen, kalm als een kind dat haar schoolwerkje moet afmaken: 'Hoelang heb ik nog, Pallas?' Hij zegt: 'De raad kan nu elk moment bijeenkomen, mevrouw.'

Ook het proces vindt achter gesloten paleisdeuren plaats, de senaat wordt gepasseerd 'wegens de ernst van de aanklacht', die neerkomt op hoogverraad. De aanklagers dragen zware tassen mee de grote aula in, alsof er documenten voor wel tien zaken in zitten. Domitia, nog bleker dan ze van zichzelf al is, schuifelt naar binnen, omsloten door een kordon pretorianen. Pallas zit op een van de bankjes die aan de kant van de aanklager zijn neergezet, tussen een publiek dat bestaat uit vrijgelatenen en hovelingen, onder wie een aantal prominente ridders en senatoren. Ook de goden kijken mee, ze zijn in vurige kleuren op de wanden geschilderd en richten hun blikken, ondanks hun eigen beslommeringen, rechtstreeks naar de aula, als een hemelse jury.

Domitia wordt op een krukje neergezet, de zee van ruimte om haar heen benadrukt hoe eenzaam ze is, hoezeer ze alleen staat in dit zogenaamde familiehuis. Hij ziet hoe ze de zaal in zich opneemt, vaststelt dat er niemand voor haar gekomen is. Of: dat Faustus niet gekomen is. Begrijpt ze dan niet dat hij hier niet binnen kan komen?

Narcissus stapt de aula binnen, neemt plaats. Claudius en Agrippina komen als laatsten, onder begeleiding. Ze dragen hun goede goed en vlijen zich zelfverzekerd in hun tronen, lijken zich te verheugen op een goede voorstelling. Als de keizer de zaak opent en de aanklachten hardop heeft voorgelezen, wil hij direct beginnen met het behandelen van het bewijsmateriaal en het opvoeren van de getuigen. 'Beide aanklachten zullen in deze ene hoorzitting behandeld en beoordeeld worden. Wegens de ernst van de zaken en de afwezigheid van een advocaat der verdediging, zien wij geen noodzaak tot het houden van openingsbetogen en vangen wij aan met het te beoordelen bewijsmateriaal, zoals opgevoerd door de aanklagers. Tenzij de beschuldigde nog een pleidooi voor zichzelf wil houden, natuurlijk.'

Een korte stilte. Agrippina wendt haar gezicht vol minachting naar het beklaagdenbankje. Domitia Lepida schudt haar hoofd. Dan staat Narcissus op en vraagt het woord. Claudius is zichtbaar verrast, maar hij kan niet anders dan toelaten.

'Het is mij een grote eer enkele woorden te spreken in naam van de edele Domitia Lepida, dochter van Lucius Domitius Ahenobarbus en Antonia de Oudere, de gerespecteerde bloedeigen zuster van de illustere moeder van de keizer, nazaat via de moederlijn van de vergoddelijkte Augustus zelf. Als haar afkomst haar iets waard mag zijn, laat het dan zijn dat deze onwaardige vrijgelatene in haar verdediging spreekt, nu haar zulke zware aantijgingen zijn gedaan.'

'Goed, goed, Narcissus, zeg wat je te zeggen hebt.'

'Laat ik vooropstellen dat ik geen beroepsadvocaat ben, maar dat ik, simpelweg, geloof in de universele waarde van rechtvaardigheid. Gerechtigheid heeft altijd hoogtij gevierd in Rome, en uwe hoogheid zelf heeft zich tijdens zijn hele regering steeds een man met eerbied voor de wet getoond. Precies daarom zeg ik nu: toon de wereld, toon dit hoge hof het onomstotelijke bewijs dat de aangeklaagde schuldig is, of laat haar onmiddellijk gaan! Waar is het bewijsmateriaal, waar zijn de getuigen? Er is geen bewijs van haar ontrouw of verraad, enkel van het tegenovergestelde. Domitia Lepida heeft haar bezittingen in Calabrië altijd zeer kundig beheerd en zich een waardige meesteres over haar slaven getoond. Dat er enkelen zijn ontsnapt betreurt zij ongetwijfeld ten zeerste, maar ik zeg u: dat kan toch de beste overkomen! Is het bovendien geen straf genoeg, dat mevrouw hierdoor enkele van haar waardevolle bezittingen, een flink aantal goede landarbeiders, is kwijtgeraakt?'

Narcissus last een pauze in, maar alleen om flink adem te halen en weer door te gaan. Pallas kijkt met ontzag naar zijn collega, beseft dat de felle strijdbaarheid die ze elkaar in het verleden toonden is verdwenen. De kaarten zijn gedeeld, het vuur van de strijd om het oor van de keizer is gedoofd. Uit de as is een soort kameraadschap verrezen dat geen naam heeft. Van een vriendschap heeft het niets weg, het is eerder een wederzijds gedogen, vermengd met het respect en de intimiteit die tussen mensen ontstaat wanneer ze een leven lang hetzelfde werkveld bespelen. Narcissus houdt zijn zwanenzang, dat is duidelijk. En hij doet het eervoller en bevlogener dan Pallas voor mogelijk had gehouden.

'Daarnaast zou de aangeklaagde magie hebben aangewend voor doeleinden die zo gruwelijk zijn dat ik ze niet in de mond durf te nemen. Maar zeg mij, waar zijn de bewijzen voor zo'n vreselijke en zware aanklacht? Is Domitia Lepida niet altijd het toonbeeld geweest van de deugdelijke vrouw? Haar bleke huid getuigt van haar eervolle gedrag: zelden komt ze buiten, steeds is ze in de weer met haar huishouding. Als het mogelijk was geweest getuigen op te roepen die haar vlekkeloze karakter bevestigen, dan zou heel Rome naar deze rechtszaal zijn gekomen. Nu de zaak binnen de deuren van het paleis wordt afgehandeld, zal die mogelijkheid er niet zijn, maar ik weet dat ik namens alle Romeinen spreek als ik zeg: deze vrouw is onschuldig!'

Narcissus gaat weer zitten, een onheilspellende stilte vult de aula. Domitia Lepida knikt hem toe, laat haar ijzeren schild even zakken en kijkt bijna vertederd zijn kant op.

Claudius schraapt zijn keel, zegt: 'De verdediging is gehoord. Dan gaan we nu verder met de bewijsmaterialen zoals opgevoerd door de aanklagers.'

Fortunatus is een lange man met een grauw gezicht, niet ouder dan een jaar of dertig, wiens benen wiebelen en handen trillen. Hij is aangesteld voor beide aanklachten. Met een piepstem noemt hij de namen van zijn eerste getuigen, stuk voor stuk opzichters van Domitia's landgoed in Calabrië. Met hun boerenkoppen en lelijke Latijn dissen ze de ene na de andere schokkende gebeurtenis uit hun geheugen op: slaven die in het geheim samenkwamen, bendes vormden, leiders kozen. Als ze allemaal zijn gehoord, zegt Fortunatus: 'Er is geen andere conclusie mogelijk dan deze: Domitia Lepida heeft gepoogd in het diepste geheim een krachtig slavenleger op de been te brengen in het zuiden van Italië. De reden hiervoor hangt samen met de tweede aanklacht aan haar persoon, voor welke we nu het bewijsmateriaal in behandeling zullen nemen. Wat duidelijk zal worden is het volgende: deze vrouw,' hij wijst naar zijn meesteres, 'bereidt in het geheim een coup voor.'

Er volgt een eindeloze stroom documenten. Persoonlijke brieven van de hand van Domitia Lepida waarin ze haar negatieve gevoelens tegenover de keizerin uit, maar ook aankoopdocumenten en rekeningen van consulten met schimmige magiërs, zelfs allerhande potjes en kannetjes met kruiden en brouwsels komen uit de tassen tevoorschijn. In beslag genomen bij de huiszoeking, nu als een vreemde verzameling toverdranken tentoongesteld ten overstaan van de keizer en de keizerin. Dan zegt Fortunatus: 'Tot slot willen wij nog een laatste getuige oproepen. Wij heten welkom in deze rechtszaal Tiberius Claudius Nero Caesar.'

Het publiek huivert. Pallas kijkt naar Domitia Lepida, in haar ogen ziet hij de totale verslagenheid vermengd met pijn, oprechte pijn om het verraad van de jongen die ze zo liefdevol in haar huis heeft ontvangen, met wie ze speelde, die ze suste, die ze liefkozend aaide over zijn voorhoofd voor het slapengaan. Het is de eerste keer dat Pallas het ziet: dat de jonge kroonprins, die zo dartel lijkt, net als zijn moeder nergens voor terugdeinst.

Fortunatus vraagt Nero om de verdachte aan te wijzen. Met gevoel voor drama zwaait hij zijn arm traag door de lucht, alsof hij door dikke modder gaat, en richt zijn vinger naar zijn tante. Even kijken ze elkaar aan. Monotoon, gevoelloos, zonder een greintje van zijn gewoonlijke frivoliteit, zwierigheid en kinderlijkheid, lepelt Nero zijn geoefende woorden op.

'Ja, ik kwam er heel vaak op bezoek. Ik kwam er zo graag! Het is volkomen logisch dat mijn tante mij in vertrouwen heeft genomen.'

Nero staart even naar de grond. Hij lijkt te aarzelen, maar het hoort allemaal bij zijn toneelspel.

'Toen ik begon te vermoeden dat ze zich tegen het keizerlijk huis had gekeerd, heb ik haar doen geloven dat ik aan haar kant stond. Ze heeft me van haar plannen op de hoogte gebracht, van haar contacten met de magiërs. Ik schrok van de haat die ze tegenover mijn moeder koesterde. Ze heeft me gezegd dat ze van plan is de keizerin van Rome om te brengen.'

Dan vouwt Nero plechtig zijn handen en slaat zijn ogen weer neer. Niet één keer heeft hij Domitia Lepida aan durven kijken – zij daarentegen heeft hem gedurende het hele betoog strak, bijna uitdagend, aangestaard. Narcissus is zo diep ineengezakt gaan zitten dat hij bijna onzichtbaar is geworden, zijn gezicht begraven in zijn rimpelige rechterhand.

Hij geeft geen krimp als Claudius zijn oordeel door de aula doet galmen. Het cirkelt rond, trilt door de lucht, glijdt achteloos langs alle goden van de Olympus aan de wanden: 'Schuldig!'

De buit wordt nog in dezelfde zitting verdeeld, Pallas maakt aantekeningen van de bezittingen die op het paleis over zullen gaan. Fortunatus ontvangt een buitensporig geldbedrag, meer bescheiden beloningen worden beloofd aan alle getuigen uit Calabrië. Pas als ze minutieus en gedetailleerd heeft aan moeten horen hoe haar erfenis opgeknipt zal worden, hoe alles wat ze bezit als graan weggegeven zal worden, niet aan haar zoon, maar aan haar verraders, pas dan mag ze de zaal verlaten, aan het zicht onttrokken door hetzelfde kordon als waar ze mee binnenkwam. Tussen de ruisende korte tunieken, waar zwaarden tegenaan schuren, ziet Pallas, heel even, het gebogen hoofd van Domitia Lepida.

Agrippina vraagt hem later die middag nog eenmaal eten te brengen naar de veroordeelde. 'Zeg haar maar dat ik de kok heb gevraagd extra zijn best te doen.' Hij zegt het niet, hij zegt niets, zet het eten neer en keert zich om. Ze laat zich nog altijd voorlezen, kappen en bedienen door haar meisje. Hij ziet een aristocratische dame die op haar plek is in de weelderige paleiskamer, haar kerker van alle gemakken voorzien, geflankeerd door haar lieflijke slavinnetje. Als je niet beter wist, zou het een idylle kunnen lijken, een meisjesdroom. Ze houdt het met opzet in stand, denkt hij. Tot haar laatste adem zal ze het leven leiden dat ze gewend is, met een waardigheid waar de keizerin niet aan komt.

De volgende dag gaat hij even voor het middaguur naar het schavot, dat in alle vroegte haastig op het Marsveld is opgebouwd. Nadat de veroordeling was omgeroepen op de fora en marktpleinen, was een flink deel van de stadsbewoners uitgelopen voor de openbare executie. Pallas ziet hoe ze aan komen sjokken, jong, oud, arm, rijk. Sommigen ingetogen, anderen opgewonden, allemaal gedwee, als kiezers in de tijd van de republiek, op weg naar hun stemhokken, niet uit vrije wil maar omdat de burgerlijke plicht nu eenmaal roept. Keizerlijk bloed zien vloeien is een belevenis die heel Rome aantrekt, zowel degenen die ervan smullen als zij die ervan gruwen. Pallas wurmt zich naar voren, vindt een plek aan de zijkant van het houten podium. Als Domitia Lepida naar voren wordt gebracht begint het publiek te joelen en beledigingen te schreeuwen, zo hard dat ze het gejammer en geklaag van Domitia's slavin, die vastbesloten is haar meesteres tot het laatste moment te vergezellen, overstemmen. De beul staat al klaar, leunt achteloos met zijn linkerhand op een blinkend zwaard dat met de punt een rafelig gaatje boort in de houten plank. Het was Agrippina die, aan het einde van de zitting, had gepleit voor een beetje clementie, voor een eervolle onthoofding met het zwaard in plaats van de bijl. 'Zoals past bij de status van deze vrouw, een van de onzen. We zijn tenslotte geen barbaren.'

Twee pretorianen pakken Domitia Lepida bij de armen, duwen haar meisje aan de kant, waarop ze nog harder begint te huilen. Pallas kijkt het publiek in en ziet hem helemaal vooraan staan, aan de voet van het podium. Faustus, Domitia Lepida's enige zoon. Zijn ogen staan vol water, zijn onderlip is stevig in de greep van zijn boventanden. Schaamteloos staart hij naar Faustus en zijn verdriet. Hij beseft dat hij de enige is die zijn leed had kunnen voorkomen. Die dit alles had kunnen voorkomen. Als hij zich meer had ingezet. Misschien had hij de veroordeling niet tegen kunnen gaan, maar hij had op zijn minst kunnen aansturen op een verbanning. Waarom heeft hij dat niet gedaan? Er is maar één verklaring. Hij wilde het niet. Hij wilde het tegenovergestelde.

Domitia Lepida legt haar hoofd op het blok. Haar gekapte haren blijven keurig in de stijve, hoog opgestoken knot zitten, geen sprietje verspringt. De huid van haar ontblote nek is lelieblank, precies zoals Narcissus het een dag eerder omschreef.

Hoe kan het dat hij niets voelt? Er is geen greintje afschuw, zelfs geen medelijden in zijn lijf te bespeuren. Niet met de vrouw die daar ligt te wachten op haar einde, niet met de zoon. Hoe is hij verworden tot iemand die dit alles volkomen onbewogen aanschouwt?

De beul zwiept het zwaard in een vloeiende beweging omhoog en laat het eventjes dreigend boven zijn hoofd zweven.

Hij sluit zijn ogen en roept Apollo in gedachten aan. Ze is mijn laatste offer, belooft hij. Als zij dood is, dan is het allemaal afgelopen.

Hij hoort het misselijkmakende geluid van het zwaard dat met een scherpe zucht vlees, spieren en weefsel doorklieft. Een kille, snerpende klank die hem doet denken aan Eumolpus, zijn kok, die driftig zijn ijzeren messen slijpt. Dan volgt de doffe klap, bot op hout. Hij opent zijn ogen en ziet hoe het zware hoofd nog lijkt te bewegen, alsof het zijn eigen leven leidt, bevrijd van het lichaam. Bij ranke vrouwen als Domitia is een enkele slag voldoende, de beul is zijn zwaard alweer aan het schoonvegen. Domitia's meisje vlijt zich snikkend en grienend neer bij het lijk, het nog stromende bloed lijkt haar niet te deren, ook al komt het op haar jurk terecht. Ze verzamelt sieraden alsof het gewoon een van haar taakjes is, dekt het hoofd af met haar sjaal. Pallas kijkt weer naar het publiek, maar Faustus is al verdwenen. De zoon weet dat er geen begrafenis zal komen. Hij weet welk lot het lijk van zijn moeder wacht.

✦

Thuis wacht Andromeda op hem, haar handen rusten op een document dat op haar schoot ligt. Even denkt hij dat hij tranen in haar ogen ziet, maar dan zegt Andromeda met haar zachte, geruststellende stemgeluid: 'Marcus is weer thuis.'

Door alle gebeurtenissen is Pallas vergeten dat zijn zoon een dezer dagen uit Athene terug zou komen.

'Waar is hij?'

'Naar de thermen. Ik heb nog meer goed nieuws,' fluistert Andromeda. 'Felix heeft geschreven.' Nu ziet hij dat het zegel van het document dat ze vasthoudt al is verbroken. Pallas zegt dat hij alleen wil zijn, trekt zich terug om de brief te lezen.

Laat ik beginnen met je gerust te stellen, want ik weet hoe je kunt tobben en je nog altijd, als een moeder, zorgen maakt over mij. Ik maak het goed. Mijn bestuurstaken zijn zwaar en ik word hier sneller grijs dan me lief is. Kunnen de mensen tegenwoordig nog iets anders doen dan klagen, klagen, klagen? Ze vallen me lastig met hun burenruzies, hun armoede, hun kleinzielige probleempjes.

Maar nu moet ik me niet schuldig maken aan dat waarvan ik die arme drommels beticht, en toevoegen dat het me allemaal ook veel oplevert. Zo rijk als jij bent zal ik waarschijnlijk nooit worden, maar ik heb hier in korte tijd financiële zekerheid voor mijn hele leven kunnen bemachtigen, voor mij en mijn naasten. Voor mij is dat genoeg. En al mijn verplichtingen, ja zelfs mijn jaren, worden verlicht door een recente gebeurtenis, welke de reden is dat ik je schrijf.

Mijn Drusilla heeft me het mooiste geschenk bezorgd dat een man in zijn leven kan krijgen: ze heeft een zoon gebaard. We hebben hem Marcus Antonius Agrippa genoemd, naar zijn grootvader van moederskant, de grote koning Herodes Agrippa. Dat hij vernoemd wordt via de moederlijn is hier in het oosten volstrekt normaal. Alleen in Rome vraagt iedereen altijd maar naar je vader, je vaders vader, en je vaders vaders vader, net zo lang tot de mannelijke lijn helemaal terug naar een of andere belegen naam uit de glorieuze republiek is gekletst. Hier vraagt men er niet naar. Niemand hoeft te weten dat zijn vader geen noemenswaardige voorvaderen heeft, en het zal hem ook niet hinderen in zijn leven. Hem stroomt het bloed van koningen door de aderen.

Drusilla maakt het goed, ze heeft zich kranig door de bevalling heen geslagen. Alle goden, Pallas, je hebt me weleens verteld van de geboortes van jouw lieve kinderen, van de veldslag die Andromeda steeds weer moest leveren, maar nu pas begrijp ik wat je daarmee bedoelde. Eindeloze uren van pijn doorstond Drusilla, nu eens dapper als een legioensoldaat, dan weer woest als een tijgerin vocht ze zich erdoorheen. En toen ik zeker wist dat haar krachten helemaal opgedroogd waren, leverde ze de grootste slag en duwde ze onze zoon de wereld in. Ja, ik was erbij, Pallas. Ik wilde erbij zijn, en het is hier niet ongewoon. Wat een onbeschrijfelijk en gelukzalig moment was dat, toen de vroedvrouw mij het kind in de armen gaf en me liet zien dat het een jongen was. In een roes heb ik de bezoeken van alle hoge heren uit de stad ontvangen, die ons in de uren na de geboorte kwamen feliciteren en geschenken brachten. Wat had ik je graag hier gehad, de kleine Agrippa in de armen van zijn oom uit Rome gelegd.

Je zou met je gezin hiernaartoe kunnen komen, Pallas, al was het maar om je even te verlossen van het Palatijnse juk dat je zo gewillig op je hebt genomen. Je bent hier altijd welkom, ik nodig je uit om ons te bezoeken. Hier leeft men anders, hier is de zon roder, de warmte zoeter en het leven luchtiger dan in Rome. Hier heb je alle voorzieningen die je gewend bent, maar zonder de zwaarte van de politiek, van dat verdomde landsbelang waar het in de hoofdstad altijd om draait. Kom naar Judaea en leer het leven van een andere kant kennen, laat de zoete klanken van de oosterse muziek je meevoeren en kom tot rust. Ik beloof je, het zal je blik verruimen en je hart verwarmen. Schrijf me hoe dan ook gauw terug.

Je liefhebbende broer,
Antonius Felix

Even zakt hij weg in een gelukzalige herinnering aan de dag dat zijn tweede zoon, Tiberius Antonius Claudianus, geboren werd. Het was aan het einde van het eerste jaar van Claudius' keizerschap, en de wereld lag aan zijn voeten. Het was de eerste keer dat de keizer hem thuis met een bezoek vereerde. Vol trots had hij Claudius de zoon getoond die hij naar hem had vernoemd.

In het hier en nu zijn de dagen vervuld van de dood, en bij het nieuws van Felix, het bericht van het nieuwe leven, voelt hij zich even verlicht. Dan volgt als altijd de ratio, die praktische bezwaren maakt. Hij kan niet weg, de keizerin kan hem nu niet missen. Zal het er ooit van komen, een reis naar Judaea?

Hij droomt er dezelfde nacht nog van. Hij ziet zichzelf in een verblindend zonlicht staan, zijn hoofd leunend in de wind die het schip voortblaast. Hij is op weg naar Judaea, en hij is alleen. Er komt land in zicht, hij glimlacht als hij zijn broer op de kade wild ziet zwaaien. Dan wordt het donker. De contouren van Felix verdwijnen en de scheidslijn tussen land en zee wordt verzwolgen door een allesomvattende duisternis. De angst doet zijn hele lichaam schudden. Of is het de wereld die beeft? De zee is een roetzwart niemandsland geworden, een angstaanjagende leegte, alsof de aarde is opengescheurd en hij recht in haar duivelse binnenste staart. Er heerst een ijzige stilte, die abrupt wordt verstoord door een gruwelijk trompetgeschal. Een gedaante met een van bloed druipende fakkel stijgt op uit het niets en wenkt hem. Vrees maakt hem weerloos, doodsangst knijpt zijn keel dicht, zodat hij niets uit kan brengen, alleen maar kan volgen. Als in trance gaat hij op de gestalte met de fakkel af, reikt er met zijn arm naar alsof hij de zwarte schim zou kunnen vangen. Als zijn hand bijna de schouder raakt, draait de gestalte zich met een ruk om. Een weerzinwekkend gezicht zonder vaste vorm, de randen uitlopend als een druipende kaars, staart hem aan. In de vuurrode ogen herkent hij haar: Domitia Lepida. Ze spert haar gruwelijke zwarte mond wijd open en stoot een vreselijk gekrijs uit, dat zijn trillende lichaam binnendringt en zijn hart bevriest alsof ze er met haar helse adem een laag ijs op heeft geblazen. Zijn lijf vult zich met pure doodsangst.

Dan schrikt hij wakker, duizelig en misselijk van zijn eigen snelle, diepe ademhaling die hem het gevoel geeft dat hij stikt. Hij grijpt naar zijn pijnlijke borst en tast met zijn andere hand in paniek om zich heen. Dan voelt hij dat hij thuis is, in zijn eigen bed. Het zweet druipt in straaltjes van zijn borst.

✦

Narcissus en de keizerin vragen hem bijna tegelijkertijd om een bespreking, maar Agrippina gaat voor. Ze zit op hem te wachten, friemelt aan haar armbanden en bijt op haar wijnrood geverfde onderlip. In haar ogen ziet hij bezorgdheid.

'Ze zitten achter me aan, Pallas.'

'Over wie heeft u het?'

'Beschuldigingen, mijn vlindertjes draaien overuren. De een na de ander, ze komen me allemaal doodleuk vertellen dat die-en-die een zaak tegen me aan wil spannen. Op zichzelf zijn ze onbelangrijk. Ach, waarschijnlijk maak ik me zorgen om niets. Maar als iedereen tegelijk begint me voor van alles en nog wat aan te klagen...'

Hij denkt na over de implicatie van Agrippina's woorden. Is ze achterdochtig? Of is er echt sprake van een hetze?

'En dan heb ik het nog niet gehad over mijn echtgenoot. Lieve goden, als die zielige stumpers met hun futiele klachtjes me niet omver krijgen, dan doet die seniele idioot me de das nog een keer om met zijn eeuwige geneuzel over dat pretentieuze jochie van hem!'

Britannicus. De jongen is bijna veertien. Nero had op dertienjarige leeftijd zijn mannentoga gekregen. Dat was hij vergeten, maar Narcissus heeft hem eraan herinnerd, zich al meerdere malen hardop afgevraagd waarom de jongen nu toch zo lang moest wachten. Was Narcissus' klaagzang via de ondoorgrondelijke wegen van de personeelsroddels in de slaapkamer van de keizer terechtgekomen? Was Claudius aan het denken gezet? Over minder dan een halfjaar wordt Britannicus veertien, het is in elk geval ondenkbaar dat hij bij die gelegenheid zijn mannentoga niet krijgt aangereikt.

Agrippina knijpt haar grote ogen samen. 'Claudius begint aan alles te twijfelen, Pallas. Net nu ik dacht dat jij en ik de opvolging veilig hadden gesteld, brengt hij het met die weerzinwekkende onzekerheid van hem allemaal weer in gevaar. Hij heeft het erover dat hij zijn testament weer wil openen, om aanpassingen te maken. Je kent hem, Pallas, hij kan zo vreselijk sentimenteel doen. Als je het mij vraagt is hij nooit helemaal goed bij zijn hoofd geweest, maar nu is er werkelijk geen ontkomen meer aan. Claudius wordt gek. Het beetje verstand dat hij had, is hij volledig aan het verliezen.'

Pallas zwijgt, luistert. Dan denkt hij terug aan zijn nachtmerrie. Aan de schim die hem uit de onderwereld kwam halen. Als Britannicus de troon inneemt, zal hij alles verliezen. Alles waar hij zijn hele leven voor gewerkt heeft.

'Wij zijn de enigen die dit kunnen tegenhouden, Pallas. Jij en ik zijn de enigen die kunnen voorkomen dat er een tweede Caligula opstaat. We kunnen Rome redden.'

Hij laat zich gewillig meesleuren.

'Je moet me helpen, Pallas. Zo kan het niet langer, ik kan het niet toestaan dat alles op het spel wordt gezet. Er is één oplossing voor alles.'

Een gevoel van verstikking vindt in zijn lijf een weg omhoog, via zijn benen en zijn buik bereikt het zijn keel, zodat hij de neiging moet weerstaan er met zijn hand naar te grijpen.

'Ik wil dat je Locusta van Gallië opzoekt. Ze is makkelijk genoeg te vinden, want ze zit nog in de gevangenis.'

Hij moet zijn best doen geen fysieke reactie te tonen bij het horen van die naam. In ieder appartement, iedere bar, iedere winkel en ieder bordeel in heel Rome kent men die naam. Niet als Locusta van Gallië, maar als Locusta de Gifmengster.

'Zorg ervoor dat je het discreet doet, je moet geen argwaan wekken. Zeg haar dat ik van haar diensten gebruik wens te maken. Maar ze moet het vanuit haar cel doen, met gedetailleerde instructies. Zeg haar dat het op een ongeluk moet lijken. Je zult geen moeite hoeven doen haar te overtuigen. Ken je haar persoonlijk, Pallas?

Ze heeft onze familie al vaker gediend. Ze zal het als de kroon op haar werk zien. Locusta verstaat haar vak.'

Kroon. Vergif. Claudius. De woorden tollen in willekeurige volgorde door zijn hoofd, grotesk en angstaanjagend. Hij moet nu antwoorden, nee zeggen, of eigenlijk schreeuwen. Hij moet weigeren. Hoe kan hij de goede oude Claudius verraden?

Alles wat hij tot nu toe voor Agrippina heeft gedaan, heeft hem naar deze plek, naar dit moment geleid. Als de keizer sterft, en Britannicus de troon overneemt, zal de jongen wraak nemen. Al die jaren heeft hij Agrippina bijgestaan. Het huwelijk, de adoptie. Alles voor haar, voor haar zoon. Britannicus mag geen keizer worden, of het is allemaal afgelopen. De jongen zal hem de doodstraf geven, verbannen, in het meest gunstige geval zal hij de eer aan hemzelf laten. Andromeda, de jongens, ze zullen berooid achterblijven, alles zal voor niets zijn geweest. Het beeld van zijn familiegraf op de Esquilijn, dat net is voltooid, dringt zich aan hem op; hij ziet er scheuren in ontstaan, ziet het afbrokkelen tot een vergeten ruïne. Hij schudt zijn hoofd, beseft dat hij zijn ogen heeft dichtgeknepen, doet ze weer open en ziet dat Agrippina hem in alle rust met een genoegzame glimlach aan zit te kijken.

'Verondersteld dat Locusta mij die instructies zal kunnen en willen geven, Augusta, wie kan er dan vervolgens zorgen voor het verkrijgen van de juiste... ingrediënten?'

Agrippina lacht, ongepast hard. 'Je komt niet vaak achter je werktafel vandaan, of wel Pallas? Het gaat hier niet om een van die ingewikkelde berekeningen van je. Wat ze nodig heeft, zijn doodnormale zaken: kruiden, planten, bloemen, paddenstoelen. Je hoeft echt niet op ontdekkingsreis, hoogstens een paar keer naar de markt, misschien hoef je zelfs alleen even wat slavinnen je eigen tuinen of de bossen in te sturen om wat bij elkaar te plukken. Maak je daar nu maar geen zorgen over. Waar we ons werkelijk zorgen over moeten maken, is de tijd. Die begint op te raken. Britannicus' zelfvertrouwen stijgt met de dag. Het is tijd voor de troonswissel.'

Ze weet natuurlijk dat Pallas en Claudius een lange geschiedenis hebben. Ze weet ook dat hij het heeft begrepen, er tot in zijn diepste wezen van is doordrongen: dat hij zijn eigen doodvonnis tekent als hij nu niet zijn handtekening onder dat van de keizer zet. Het is onvermijdelijk geworden. Als hij vaker naar zijn vrouw had geluisterd, was hij nooit in deze positie gekomen. Dan had hij zich jaren geleden al teruggetrokken en was hij met zijn gezin naar het platteland verhuisd, in alle opzichten een rijk man. Maar hij kan zich niet losmaken. Marcus Antonius Pallas, de grote minister, de man die zo goed weet hoe de wereld van leningen en speculaties in elkaar zit, heeft zich in een uiterst zwakke onderhandelingspositie gemanoeuvreerd ten opzichte van de keizerin.

Dit is het, het geheim van Agrippina. Het is zo simpel dat hij zich ervoor schaamt dat hij het niet eerder zo helder heeft gezien. Ze maakt geen onderscheid in wie ze voor zich heeft, ze hoeft alleen een beetje te wroeten om te komen tot een laag die bij de meesten aan de oppervlakte ligt, en bij sommigen nauwelijks verholen onder een dekentje van zelfbedrog. Iedereen kiest uiteindelijk voor zichzelf.

✦

Direct na zijn overleg met Agrippina laat hij zich naar Narcissus begeleiden. Hij treft hem aan bij een groot raam dat uitzicht biedt op het Forum Boarium, met de glinsterende Tiber erachter, maar Narcissus staat er met zijn rug naartoe.

'Ik dank je voor je komst, Pallas. De tocht naar het Forum Julium begint te zwaar voor me te worden.'

'Vertel me hoe ik je kan helpen, collega.'

'Van mijn jicht heeft tot nu toe zelfs de meest capabele arts me niet kunnen verlossen, beste Pallas, dus ik vrees dat ook jij me daar niet van kunt genezen. Maar er zijn andere zaken, belangrijker dan mijn persoonlijke gezondheid.'

'Het spijt me, Narcissus. Mogen de goden je gezondheid ter harte nemen.'

'Bespaar me je medelijden, ik heb liever je medewerking. Ik weet dat je aan haar kant staat, maar ik wil een laatste beroep doen op je gevoel voor rechtvaardigheid. Jij en ik weten allebei dat er maar één rechtmatige troonopvolger is, en dat het niet die zestienjarige hellenofiel is die hier door de gangen danst en zingt alsof het paleis zijn theater is.'

'De wil van de keizer, Narcissus...'

'Ach, kom nou toch! In dit huis regeert de wil van de keizerin, de keizer zit er maar wat naast en knikkebolt, als hij niet aan het dobbelen is in een compleet andere kamer!'

Hij zwijgt, of eigenlijk: hij geeft hem gelijk zonder iets te zeggen.

'Jij hebt toegang tot de keizerin, Pallas. Je moet haar in toom houden, afleiden, net zo lang tot...'

'Tot?'

'Tot ik genoeg bij elkaar verzameld heb.'

Hij denkt aan de woorden van Agrippina. *Ze zitten achter me aan...* Zou Narcissus een zaak tegen haar aan het opzetten zijn? Hij is het die op Claudius heeft ingepraat, hij is het die aanklagers aan het ronselen is waar hij maar kan. Natuurlijk zit hij erachter, wie anders heeft er genoeg geld om half Rome om te kopen?

'Vat dit niet verkeerd op, Narcissus, maar luister goed naar me. Wat je ook aan het doen bent, stop ermee. Dit politieke spel is te gevaarlijk, zeker voor iemand van jouw leeftijd. Trek je terug nu het nog op een eervolle manier kan, ga met pensioen. Je hebt het meer dan verdiend en je zult met respect herinnerd worden. Ga naar huis en maak Dicaeosyna blij, zeg haar dat jullie naar Misenum, Puteoli of Baiae vertrekken, of waar jullie ook je buitenverblijven hebben. Wat houdt je nog hier? Als het alleen een jongetje van dertien is dat, laten we eerlijk tegen elkaar zijn, ten dode is opgeschreven, dan ben je een stuk minder intelligent dan ik dacht.'

Hij leest de teleurstelling in Narcissus' ogen. Had hij werkelijk gedacht dat hij hem aan zijn kant kon krijgen?

'Je zet wel heel veel in op haar, Pallas. Als haar iets overkomt...'

'Wat bedoel je? Zeg op! Wat staat haar te gebeuren?'

'Och, rustig aan. Je weet heel goed hoeveel vijanden ze heeft. En je weet ook dat de goden oordelen over het handelen der mensen.'

'Maak je over mij maar geen zorgen, Narcissus.'

Vroeger had zijn collega het niet zo snel opgegeven, denkt Pallas met een zweem van weemoed. Misschien heeft hij in de zaak van Domitia Lepida zijn laatste krachten verspeeld. Die gedachte stelt hem gerust. Dit is Narcissus' wanhoopspoging. De laatste stuiptrekking van een man die al bijna in zijn graf ligt.

'Er is geen weg meer terug voor mij, Pallas.'

'Dat ben ik niet met je eens. Maar ik wens je alle geluk, Narcissus. Je zult het nodig hebben. Als we tegenover elkaar komen te staan, vergeet dit gesprek dan niet. Vergeet niet dat ik je, omwille van onze jaren, gewaarschuwd heb.'

# 18

# Godenspijs

*12 oktober 54 n.Chr.*

'Waar was je?'

Pallas is nerveus. Locusta heeft hem verzekerd dat haar methode zal werken, maar hij heeft er ook anderen bij moeten betrekken. Anderen, zoals de eunuch Halotus, Claudius' voorproever, die uitgerekend vandaag spoorloos verdwenen is en nu, op zijn gemak, aan komt lopen, op die typische manier van hem, met zijn armen in de lucht alsof hij een onzichtbaar draadje tussen zijn handen vasthoudt.

'Pallas, wat een aangename verrassing! Ik kom regelrecht van de Capitolijnse heuvel, ik was bij het offerritueel van de Arvales-broeders voor de Augustalia. De keizer stónd erop dat ik met hem meeging.'

Pallas sluit niet uit dat de man ronduit gek is. Zoals hij lacht, zoals hij altijd maar zenuwachtig zijn gewicht verschuift van het ene naar het andere been. En dan die vreselijke, onophoudelijke zwierigheid van hem. Pallas kan hem niet uitstaan. Maar Halotus is de enige die in staat is om het uit te voeren.

'Vermoedt hij iets, denk je?'

'Nee, nee, ach nee. Ik ga wel vaker mee naar de bijeenkomsten van de priesters.'

'Vertrouwt hij de goden soms niet?'

'De goden, Pallas, staan niet met het mes aan de offertafel, noch bereiden of serveren ze over het algemeen het vlees. Hoe dan ook, Claudius vertrouwt niemand. En gelijk heeft hij, toch?' Halotus knipoogt. Druppels haarcrème glinsteren in zijn bakkebaarden.

'Hij zei wel iets opmerkelijks tijdens het banket...'

'Wat? Wat heeft hij gezegd?' Pallas is geagiteerd. Hij moet rustig worden. Het voelt alsof hij op het punt staat zijn zelfcontrole te verliezen.

'Er was een zeer interessant gesprek gaande, men sprak over de eeuwig stromende bron. Heb je daarvan gehoord? Een van de priesterbroeders, Marcus Asinius Marcellus – zelf een aanhanger van Mithras als je het mij vraagt –, sprak over hoe het water volgens de Mithraïsten aan een sterveling onsterfelijke verfrissing geeft. Ha, het eeuwige leven, nou vraag ik je! Nogal bijgelovig, voor een consul! Hoe dan ook, de keizer vond het eerder een amusant dan een serieus onderwerp en waagde er een grap over te maken, een niet onaardige grap moet ik zeggen. Ach, wat zei hij nou toch?' Halotus tikt op zijn kin, alsof hij de woorden van de keizer op die manier kan oproepen. 'O ja! Hij zei dat hij dan wel ver van die bron vandaan moest blijven, want het laatste waar een mens op zijn oude dag op zit te wachten is onsterfelijkheid! Heerlijk, toch? Niemand durfde te lachen behalve ik. Onbedoeld had hij de sfeer erg ongemakkelijk gemaakt, want niemand waagt het natuurlijk op de dood van de keizer te speculeren. Claudius merkte dat ook en gauw maakte hij een bruggetje naar een onschuldiger onderwerp, de Fontanalia, het Feest van de Bron dat morgen gevierd wordt.'

Pallas voelt het bloed naar zijn hoofd stijgen, zijn hart bonkt. Hij moet zich inhouden om deze idiote slaaf geen klap te verkopen.

'Is dat alles? Een grapje over zijn eigen dood? Bij Jupiter, Halotus, heb je dan geen idee wat er allemaal op spel staat! Ik heb toch helemaal geen tijd om naar je zogenaamd vermakelijke anekdotes te luisteren!'

'Een goed verhaal laat zich niet haasten. Vind je het dan niet opmerkelijk, het is alsof hij het allemaal aan voelt komen, is het niet? Ach, wees toch niet altijd zo vréselijk zákelijk! Niet alles in het leven is zo eenduidig als jouw boekjes.' Halotus buigt wat naar voren. 'Alhoewel de boekhouding bij jou af en toe ook behoorlijk onverwachte wendingen kan nemen, heb ik me laten vertellen, is het niet?' Halotus knipoogt nog opzichtiger, duwt zijn lange wimpers impertinent in zijn gezicht.

Hij begrijpt er niets van, die idiote eunuch. Pallas' wereld is zo eenduidig als maar kan. Oorzaak, gevolg. Winst, verlies. Hij deinst achteruit en laat zijn ogen minachtend langs Halotus' schreeuwerige tuniek glijden.

'Ach ja, je bent een stoffenkenner, is het niet? Hoe kan het ook anders, als je zo lang tussen de weefgetouwen van Antonia hebt rondgewandeld. En, vind je het wat?' Halotus beweegt zijn heupen zodat de tuniek wappert om zijn benen. 'Tyrisch purper uiteraard. Maar hij is al een keer gewassen, dus eigenlijk kan ik hem weggooien.'

In zijn hoofd berekent hij hoeveel sestertiën dit gewaad, met dit weefsel, deze ornamenten en deze verf waard moet zijn. De ergernis en afschuw zijn nu onmiskenbaar van Pallas' gezicht af te lezen.

'Al goed, al goed. Ik kom ter zake. De keizer zei tegen alle broeders aan tafel dat hij vanavond, tijdens het diner in het paleis, voornemens is een belangrijke mededeling te doen. En dat ze allemaal uitgenodigd zijn om te komen eten en te horen wat hij te zeggen heeft.'

Halotus keert hem met een arm in de lucht de rug toe, als een acteur of een danser, en zegt terwijl hij al wegloopt, zonder zich om te draaien: 'Het ziet er dus naar uit dat we meer publiek krijgen dan verwacht vanavond, Pallas. Wat zullen ze genieten van de voorstelling!'

✦

Hij loopt achter de keizer aan, hij zet zware, stroperige passen vooruit. Claudius, in zijn zwierige *toga picta* met goudborduurwerk, is in opperste stemming. Hij heeft een giechelende hofdanseres in de arm. Links van de keizer schittert een opgedofte Nero, aan zijn rechterzijde steekt Britannicus er tenger en schuchter bij af. Er is iets in de lichaamshouding van Claudius, iets wat hem opvalt. Is het de vlakke hand die de keizer tegen de onderrug van Britannicus houdt? De afstand tussen hem en zijn geadopteerde zoon aan de andere kant? Vlak voor ze de eetzaal betreden, die zich al heeft gevuld met roezemoezende gasten, houdt de keizer halt en duwt het meisje van zich af. Hij wenkt Nero naar voren te treden om zijn entree te maken en blijft zelf wachten, zijn hand rustend op de schouder van Britannicus, misschien wel evenzeer om hem op zijn gemak te stellen als om hem op zijn plaats te houden. Als de binnenkomst van de kroonprins met luide instemming wordt begroet, omhelst Claudius, buiten het zicht van iedereen behalve de vrijgelatenen direct achter hem, zijn zoon.

'Je moet nu snel volwassen worden, mijn zoon. Je zult binnenkort de mannentoga dragen, daarna zal alles worden rechtgezet.'

Pallas schuift geruisloos dichterbij, terwijl de keizer Britannicus steviger vastpakt en, nog net hoorbaar, fluistert: 'Opdat Rome toch zijn echte Caesar zal hebben.'

Ze lopen de zaal in, maar Pallas staat er verstijfd bij, tot hij een harde duw tegen zijn schouders voelt. Het is Epaphroditus.

'Hartverwarmend, vond je ook niet?'

Pallas kijkt hem niet-begrijpend aan.

'Het is maar goed dat de kroonprins het niet gezien heeft. Pallas, wat ik je wilde vragen: waar is Narcissus?'

'Weg,' antwoordt hij, nog steeds een beetje verdoofd.

'Hoe bedoel je, weg? Waar is hij heen?'

'Weg uit Rome.'

'Daar heeft hij helemaal niets over gezegd, dat is toch niets voor hem... Weet je ook waarom?'

Hij geeft afwezig antwoord, hij kan alleen maar denken aan wat er zojuist gebeurde, en aan wat er staat te gebeuren.

'Ze hebben hem naar een kuuroord in Sinuessa gestuurd. Doktersvoorschrift.'

'Voor zijn jicht?'

'Voor zijn jicht ja. Wil je me nu excuseren?'

Hij loopt al door, maar Epaphroditus volhardt, haalt hem in.

'Pallas, Pallas, wacht even. Als hij alleen maar naar een kuuroord is, waarom is er dan een vervanger aangesteld?'

Nu verliest hij zijn geduld, hij draait een halve slag, zodat hij Epaphroditus recht aankijkt.

'Ik geef toe dat ik niet hoog opgeef van je intellectuele vermogens, jongen, maar dit moet zelfs jij toch zelf wel kunnen uitvogelen.'

Dan loopt hij door.

Jongens gaan rond met mandjes van gevlochten palmblad, die zijn gevuld met gedroogde en verse vijgen, de schenkers volgen in hun schaduw. Claudius verwelkomt zijn gasten, Pallas houdt zijn adem in. Het blijft bij wat onschuldige woorden over het eten. De acteurs verschijnen op het teken van de keizer.

Hij heeft een spoedberaad gehad met Agrippina en de plannen gewijzigd. Het moet snel gebeuren, voordat de keizer kans ziet om zijn grote mededeling te doen. Hij twijfelt er nu niet meer aan wat dat zal zijn, niet na wat hij net gezien en gehoord heeft. Schalen die geuren naar aarde en rook komen tegelijk met een groepje acteurs binnen. Nero begint luidruchtig te applaudisseren, Agrippina zit erbij als een trotse leeuwin, volkomen kalm, onaantastbaar en schitterend als een godin, met haar broches, armbanden, kettingen, oorbellen. Pallas kijkt onafgebroken naar de bank van de keizer. Een schaal met gebakken paddenstoelen zweeft al boven de rechterschouder van Claudius en wordt hem gepresenteerd, hij ruikt eraan.

Halotus treedt naar voren, kiest zorgvuldig een paddenstoel uit, proeft, knikt. Het bord wordt onder Claudius' neus geschoven. Een lachsalvo golft over de tafels, Pallas schrikt. Hij kijkt om zich heen en stelt vast dat niemand hem heeft zien staren. De keizer lacht, en neemt dan een hap. En nog een. En nog een. Gulzig als een hongerige straatventer aan het einde van zijn werkdag. Zoals altijd. De keizer slikt.

Toen hij nog in dienst was bij Antonia las hij Claudius vaak voor tijdens zijn maaltijd. Als er gasten waren mocht Claudius niet bij het diner aanwezig zijn, en at hij in het gezelschap van het Griekse slaafje op wie hij zo dol was. Pallas heeft hem een keer gewaarschuwd voor de paddenstoelen die hij altijd zo graag at. 'U weet toch dat er soms giftige tussen zitten?' Claudius had gemoedelijk naar hem gelachen en geantwoord met een citaat van Catullus, van wie hij hem net een gedicht had voorgedragen: 'Ach, Pallas, ik weet het. Maar het is moeilijk een langgekoesterde liefde op te geven.'

Hij sluit zijn ogen.

Een kreet brengt hem terug naar het heden. Claudius steekt twee vingers tussen zijn hals en de boord van zijn tuniek, haalt ze heen en weer, heen en weer. Zijn wangen kleuren rood, en zijn ogen... Puilen ze al, of vergist hij zich? Pas als de keizer omhoogkomt en naar adem snakt valt het anderen op. Het rood van zijn gezicht is paars aan het worden. Er is paniek, chaos, de keizer valt in de fluwelen kussens van zijn bank. Wittig slijm sijpelt vanuit zijn mondhoek naar zijn oor.

'Haal Xenophon, onmiddellijk!' klinkt de stem van Agrippina indringend, als het geluid van een koperen bel.

De hele zaal houdt de adem in. De acteurs staan er machteloos bij in hun vrolijke kostuums, de maskers in de handen. Britannicus is naar de bank van zijn vader gesneld, Nero komt niet in de buurt. De diepe kloof tussen de echte en de aangenomen zoon, in een enkel, pijnlijk beeld vervat. Xenophon komt binnendraven, baant zich een weg naar het slachtoffer, gebiedt iedereen afstand te nemen.

'Geef de patiënt toch ruimte, opdat hij kan ademhalen!'

'Maar hij ademt nog amper!' schreeuwt Britannicus. 'Doe iets!'

Xenophon voelt de polsen, het voorhoofd, de nek, opent ondertussen met zijn vrije hand zijn dokterstas. Een lange, puntgave, duifgrijze veer komt tevoorschijn. Hij houdt hem omhoog, als een ridicuul attribuut tijdens een komische theatervoorstelling, bedoeld om de lachers op de hand te krijgen. Hij draait de keizer op zijn zij, spert zijn mond open met zijn linkerhand en duwt met zijn rechterhand de veer er zo ver in dat hij bijna geheel verdwijnt.

Een korte maar ijzige, kille stilte vult de eetzaal.

Het gebraak van de keizer snijdt er dwars doorheen, dan volgt de zucht van verlichting. Ze zien niet dat het een laatste stuiptrekking van het lichaam was, het lichaam dat ten dode is opgeschreven.

Pallas staart mistroostig naar de dode. De dikke oude man met zijn grote oren en zijn vlekkerige drankhuid. De ligbank die te smal is voor zijn omvang, zijn tong hangt als een lapje naar buiten en het braaksel druppelt van zijn kin. Dit is dan zijn einde. Zo neemt een keizer afscheid van de wereld. Een middelmatige keizer, een mismaakte man. De veer ligt naast Claudius op de grond, de haartjes aan elkaar geplakt. Hij vraagt zich af hoe Xenophon de extra dosis gif op de veer heeft kunnen krijgen zonder dat de haartjes aan elkaar zijn gaan plakken. Hij vergeet het weer, het maakt niet meer uit.

Er zijn wel zes pretorianen nodig om Claudius op te tillen en liggend de zaal uit te begeleiden. 'Leeft hij nog?' wordt er gefluisterd. 'Hij ademt, ik zie het.' Agrippina overlegt kort met Xenophon, wandelt dan terug naar haar plek en maant de zaal tot stilte met niets anders dan een blik en een gebaar.

'De keizer is in goede handen, maar hij is er ernstig aan toe. We kunnen er, nu u hier allen getuige van bent geweest, maar beter eerlijk over zijn...' Ze brengt haar kin even naar haar borst en slaat de ogen neer. 'Mijn echtgenoot lijdt al een aantal dagen aan de koorts die deze zomer al zoveel slachtoffers heeft gemaakt onder de magistraten, onder ons allen. Hij leek op te knappen, maar we weten helaas maar al te goed hoe verraderlijk en meedogenloos deze ziekte is. De koorts maakt geen onderscheid tussen man en vrouw, marktkoopman en soldaat, slaaf en keizer. We kunnen slechts voor zijn gezondheid bidden en de goden vragen om hem, om Rome, bij te staan in deze donkere uren. Ik moet mij helaas excuseren om mij bij mijn man te voegen, maar mijn zoon, de kroonprins van Rome, zal bij u blijven en de rol van gastheer in het paleis vervullen. De volgende gangen zullen zo worden opgediend, de acteurs vraag ik hun voorstelling voort te zetten, opdat onze dierbare gasten onder deze moeilijke omstandigheden tenminste wat afleiding voorgeschoteld krijgen.'

De toneelspelers blijven vertwijfeld staan. Agrippina grist Britannicus en Octavia mee en kijkt hem, Pallas, indringend aan. Hij begrijpt het, loopt naar de acteurs en beveelt ze onmiddellijk verder te gaan waar ze waren gebleven. 'Waar wachten jullie nog op? Hebben jullie enig idee welke straf er staat op het negeren van een direct bevel van de keizerin? Spelen!'

Ze nemen hun posities in en plaatsen hun maskers voor hun gezichten, hun pruiken op hun hoofden. Met wat voorzichtige muziekklanken dwingen ze de gasten weer te gaan liggen, onder verwarde ogen worden in kelken grote slokken wijn achterovergeslagen. Net als hij denkt ongezien de zaal te kunnen verlaten ontmoeten zijn ogen die van Nero, die hem met een angstaanjagende, dankbare glimlach toeknikt.

✦

Felix,

De keizer is dood. Ik negeer de gebruiken, de beleefdheden waarmee brieven horen te openen, zelfs op het grote nieuws uit jouw vorige brief kan ik niet gepast reageren, omdat ik weinig tijd heb en de situatie ernstig is.

Het is twee dagen voor de iden van oktober en het is nu enkele uren geleden dat de keizer is gestorven. Het paleis is in rep en roer. Ik was erbij toen het gebeurde. Alle goden, half Rome was erbij. Niet bij het sterven, de laatste levensadem, maar bij het diner, toen de keizer onwel werd. Daarna zijn de artsen nog lang met hem in de weer geweest, maar het ging van kwaad tot erger. Hij stierf. Op aanraden van Xenophon hebben ze geprobeerd om de rigor mortis uit te stellen met behulp van warme dekens, je snapt wel waarom. De keizerin heeft de paleisdeuren laten verzegelen, alle gasten hebben de nacht op de Palatijn doorgebracht. Gelukkig ken ik na al die jaren de zwakke plekken van dit huis, de geheime deuren, via welke ik deze brief naar buiten kan krijgen. Ondertussen zitten we hier allemaal opgesloten, Britannicus en Octavia hebben zelfs bewaking. Er is geen andere mogelijkheid, alles komt aan op dit moment. Als het nieuws voortijdig bekend wordt in Rome, voordat alles in gereedheid is gebracht voor de opvolging, zijn we verloren.

Het was de koorts, zeggen de artsen. De dood van de keizer werd lang verwacht, maar het moment zelf is, ondanks zijn leeftijd en zijn slechte gezondheid, onverwacht gekomen. Zo onverwacht dat de keizerin bijna niet te bedaren was toen Xenophon haar kwam vertellen dat Claudius zijn laatste adem had uitgeblazen. Ze heeft me meteen bij zich geroepen en me min of meer, niet officieel natuurlijk, tot haar persoonlijk secretaris uitgeroepen. Tenminste voor de komende uren, die cruciaal zullen zijn. Daarom schrijf ik je nu deze brief, mijn beste broer, omdat ik niet weet wat er met me zal gebeuren als het allemaal misgaat. Ik ken de Julische familie als geen ander. De enige manier waarop ik dit overleef, is als zij wint. Als jij deze brief leest, ben ik of gered, of voorgoed verloren. In het eerste geval zullen we om mijn paniek lachen en, ik beloof je, ik zal je opzoeken in Judaea om je persoonlijk te feliciteren en je zoon te kussen. Maar in het laatste geval vraag ik je om je te bekommeren om mijn gezin. Breng het in veiligheid en zorg voor mijn kinderen, nu je weet wat het is om vader te zijn zul je begrijpen dat niets belangrijker voor mij is. Ik moet stoppen met schrijven, broer, de keizerin heeft me nodig. Bewaar deze brief. Het ga je goed, ik schrijf je weer wanneer ik kan.

Je liefhebbende broer,
M.A. Pallas. Aug.lib.A.Rat.

✦

In de vroege ochtend helpt hij Agrippina bij het schrijven van haar brieven, een stapel waar geen einde aan lijkt te komen. Hoeveel gouverneurs, vazalvorsten en regenten kan een mens op één ochtend aanschrijven? Maar Agrippina is onvermoeibaar, alsof ze bezeten is. Desalniettemin, valt hem op, heeft ze in alle vroegte de tijd gevonden om zich op haar best te laten uitdossen. Haar kapstertjes zullen zich in het zweet hebben gewerkt om de pijpenkrullen bij het licht van fakkels en olielampen op te steken, op hun plek te houden, en in twee perfect symmetrische strengen langs haar nek te laten glijden.

De keizer is dood. Agrippina is gekleed en gekapt voor de gelegenheid – de belangrijkste dag van haar leven.

'Waar is Burrus eigenlijk?' vraagt Pallas, terwijl hij een document verzegelt en netjes op de stapel plaatst. 'Burrus,' antwoordt Agrippina afwezig, terwijl ze over de schouder van een van de briefschrijfsters meekijkt of die zich wel letter voor letter aan de door haar gedicteerde woorden houdt, 'is in de castra pretoria om een cohort op te trommelen. Hij heeft beloofd zo snel mogelijk weer terug in het paleis te zijn. Zorg je er wel voor dat de brieven gericht aan de *legati* bovenop komen te liggen, zoals ik heb gevraagd?'

Natuurlijk zorgt hij daarvoor. Het is net zo goed in zijn eigen belang als in dat van haar om alles in goede banen te leiden. Hij knikt plechtig om haar gerust te stellen. Op dat moment gaat de deur open. Nero en zijn tutor Seneca worden aangekondigd. Nero loopt voorop, stralend in wat eruitziet als een gloednieuwe toga van Tyrisch purper, gevolgd door een oververhitte Seneca en een klunzig slaafje dat zijn handen vol heeft en bijna met papieren en al over de drempel struikelt.

'We zijn zover, Augusta,' zegt Seneca.

Hij is maar een paar jaar ouder dan Pallas, maar Seneca ziet eruit alsof hij tot een andere generatie behoort. Hij is kalend, dik geworden, vooral in zijn gezicht. Zijn kin heeft zich bijna verdrievoudigd. Vermagerd kwam hij destijds terug uit zijn ballingschap, en nu kleeft het hofleven aan zijn lijf alsof hij alle verloren maaltijden dubbel heeft ingehaald. Als altijd is hij zichtbaar en hoorbaar aan het kwakkelen met zijn gezondheid, en ook zijn zicht is behoorlijk beperkt, wat hij angstvallig probeert te verhullen, waardoor hij steeds met zijn ogen knijpt. Ongetwijfeld is zijn bijziendheid te wijten aan de lange uren die hij in de avonden, bij het flikkerende licht van een enkele olielamp, wijdt aan zijn schrijfwerk. Wat betreft discipline en plicht lijken ze veel op elkaar. Pallas begint zelf ook last te krijgen van zijn ogen.

Agrippina kijkt op, geërgerd door de verstoring maar tegelijk blij om de twee mannen te zien.

'Mijn zoon.' Ze loopt met een zucht van verrukking op Nero af en neemt zijn blakende, jeugdige gezicht tussen haar beide handen. Agrippina kijkt zo zelfvoldaan naar haar zoon dat Pallas zich ter plekke schaamt. 'Ben je tevreden met de toespraken die Seneca voor je heeft geschreven? Hij zal zijn literair talent toch zeker wel tot het uiterste hebben gedreven voor deze gelegenheid.'

Nero en Seneca wisselen een samenzweerderige glimlach.

'Het is het beste dat hij ooit schreef, moeder. Helder als zijn betogen en dramatisch als zijn toneelstukken.'

Nero kijkt met een schuine blik naar de onhandige slaaf, die als een soldaat in de houding schiet en de documenten plechtig voor zich uit steekt, als was het een stapel bewijsmateriaal dat hij presenteerde in de rechtszaal.

'Ik twijfel er niet aan dat hij alles heeft gegeven – álles hangt er tenslotte van af.'

Terwijl ze die laatste woorden uitspreekt kijkt ze Seneca indringend aan, alsof ze hem ervan wil verzekeren dat hij persoonlijk zal boeten als het vandaag niet goed uitpakt. Pallas weet dat ze het meent, Seneca weet dat ze het meent. Dat ze niet zal schromen zich tegen een oude vriend te keren als dat nodig is. Als haar zoon het nodig heeft.

'Laat ons dan nu met rust. Ik neem het straks nog wel even door, ga je nu maar gereedmaken. Wij schrijven onze laatste brieven voor de rijksprovincies en wachten op de terugkeer van Burrus. Ga nu maar, vlug!'

De deur wordt geopend en Nero verdwijnt met zijn tutor, de koortsige drukte van het paleis in.

✦

Het testament van Claudius wordt niet openbaar gemaakt. Het is niet de nieuwe keizer die dit besluit, het is Agrippina, bijgestaan door de raadsvergadering, de adviseurs die het heersen van de zestienjarige vorst overnemen vanaf het moment dat de deuren van het paleis weer van de grendel gehaald zijn en de pretorianen hun keizer hebben begroet. De raad, dat zijn twee fracties: Seneca en Burrus, en Agrippina en Pallas.

Er moet een staatsbegrafenis georganiseerd worden, en het is niet de bedoeling dat ook maar een enkele ziel de naam van Britannicus zal scanderen. De ceremonie, daar zijn ze het over eens, moet illuster zijn, meer ten behoeve van de overlevenden dan van de dode.

'Ik zal mij over zijn nagedachtenis ontfermen,' zegt Agrippina resoluut, alsof ze de mannen er pertinent buiten wil houden.

Vermoeden Seneca en Burrus dat hij meer weet? Dat hij iets met de dood van de keizer te maken heeft zelfs?

Ze zwijgen alle drie.

'Divus Claudius... Hij zal de eerste zijn sinds Augustus die een plaats krijgt op de Olympus. Er moet een tempel worden opgericht in zijn naam, waar ik priesteres zal worden.'

'Toegewijd als de vrome Livia,' zegt Pallas. Ze zal Livia's voorbeeld zo nauwgezet volgen dat de mensen die het zich kunnen herinneren, zich op de begrafenis van Augustus zullen wanen.

'Minstens.'

'Misschien kun jij een werk aan hem opdragen, Seneca? Een troostschrift aan mij, of aan Nero.'

'Zoals u wenst. Ik zal mij door zijn leven en persoon laten inspireren.' Hij lacht er geheimzinnig bij.

Agrippina werpt zich van meet af aan op als de leider van de raad. Dit is haar paleis, haar terrein. Pallas is gewend haar te dienen en accepteert haar dominantie, hij weet niet of Burrus en Seneca daar net zo over denken.

'De vergaderingen van de senaat,' gaat Agrippina verder, 'zullen tot nader order hier in het paleis plaatsvinden.'

Even is het stil.

'Hoogst ongebruikelijk,' werpt Seneca ten slotte tegen.

'Er is geen andere mogelijkheid. Het is vrouwen verboden het senaatshuis te betreden.'

'De wet is specifieker dan u denkt, Augusta. Het is vrouwen niet toegestaan de vergaderingen van de senaat bij te wonen, waar ze plaatsvinden maakt geen verschil.'

Pallas komt tussenbeide. 'We laten de vergaderingen op de Palatijn plaatsvinden, het Huis zal zich voegen naar de wil van hare majesteit.'

'Wat haal je je in het hoofd, Pallas. De Romeinse wet is heilig, en je verzetten tegen het heilige is als oorlog voeren tegen de goden, zoals de Giganten deden,' briest Seneca.

'Dan plaatsen we de keizerin toch achter een gordijn? Wat de heren senatoren niet zien of weten, geeft ook geen aanstoot.'

Burrus lacht, Seneca is geschokt.

'Daar kan ik mee leven,' zegt Agrippina, volkomen serieus.

'Met alle respect, hoogheid, dat is een idioot idee.'

'Het idee, of de man die het voorstelt? Het is beneden jouw niveau om je vooroordelen te laten prevaleren boven het staatsbelang, Seneca.'

'Hoogheid, u kent mijn standpunten over rangen en standen. Iedereen is gelijk in de ogen van de goede god, van Moeder Natuur.'

'Is het executiebevel van Narcissus al gereedgemaakt?' Burrus heeft het geduld niet voor dit soort uitweidingen.

Narcissus is nog in Sinuessa. Pallas heeft niet meer aan hem gedacht sinds zijn terloopse gesprekje met Epaphroditus. Hij had gedacht, gehoopt, dat het hier niet toe zou komen. En geweten dat het vergeefse hoop was.

'Wie zal het hem brengen?' vraagt hij.

'Een van mijn mannen.'

'Stuur een centurion. En minstens tien van je mannen,' zegt Agrippina resoluut. Ziet ze Narcissus nog steeds als een gevaar, zelfs nu Britannicus buitenspel is gezet?

'En doorzoek zijn verblijf. Ik wil dat al zijn persoonlijke documenten in beslag worden genomen.'

Burrus zegt dat ze zich geen zorgen hoeft te maken.

Stilte. Pallas voelt zich ongemakkelijk. 'We zouden een munt kunnen laten slaan ter ere van Nero's troonsbestijging.'

'Een uitstekend idee. Laat ons beider beeltenis de nieuwe munt sieren.'

Ze bespreken wat er precies wel en niet op moet komen te staan, dan andere zaken, werken een lijst af van wat er allemaal moet gebeuren om de staatsmachine draaiend te houden en wie er aan het werk gezet moeten worden. Dan gaan ze uit elkaar, elk met een hoofd vol lijstjes.

Vlak voordat ze de kamer verlaten en hun eigen weg gaan, vraagt Pallas: 'Waar is Nero eigenlijk?'

✦

De open kist is geplaatst op een katafalk in de vorm van een ligbank, gemaakt van vlammend goud en roomblank ivoor. Vijf dagen lang heeft het volk afscheid kunnen nemen van de opgebaarde keizer, maar nu is het tijd om de kist te sluiten en hem naar het vuur te begeleiden. Voordat de stoet vertrekt, dromt iedereen samen op het Forum. Nero zal de panegyriek uitspreken, de lofrede die hem is voorgekauwd door zijn persoonlijke toesprakenschrijver.

Straks zal hij mee moeten lopen in de processie, ondanks de vermoeidheid die in zijn hele lijf is getrokken en door de warmte nog lomer is geworden. Het is zo'n oktobermiddag waarop de fonkelende zon aanvoelt als die van augustus, een dag die op het middaguur straalt van de zomerhitte maar die straks, na zonsondergang, razendsnel afkoelt, en dan laat de nabijheid van de winter zich ineens voelen. Abascantus staat naast hem, ze luisteren naar de opgepoetste, glanzende woorden van Seneca die via de mond van zijn jeugdige handpop, de keizer, de wereld in stromen. Met zijn aangeboren gevoel voor ritme en dramatiek verovert Nero vanaf het eerste woord zijn toehoorders. Hij roemt de prestaties van het Claudische geslacht vanaf het begin der tijden.

'Ben je er wel helemaal bij?' fluistert Abascantus.

Na de afgelopen dagen moet hij eruitzien als een geest.

'Het is de vermoeidheid, Abascantus.'

Nero prijst de literaire wapenfeiten van de overleden keizer. De *Tyrrhenika*, Claudius' geschiedenis van de Etrusken wordt genoemd, en voert hem terug naar zijn jeugd. Waar zouden die rollen zich nu bevinden? Ze bevatten de woorden die ontsproten aan het brein van een jonge Claudius, maar die aan het papier, aan de eeuwigheid werden toevertrouwd door zijn eigen kinderhand. In gedachten laat hij zijn oud geworden vingers nog een keer over die pagina's glijden en hij ziet ze in een vloeiende beweging weer dunner, gladder en kleiner worden. De knokige, onzekere vingers van een armzalig slavenjongetje.

Hij schrikt op uit zijn mijmeringen als de senatoren die hem omringen de vuisten voor hun mond plaatsen en proestend hun lach proberen in te houden. Zijn hoofd heeft de laatst uitgesproken woorden van Nero, *providentia* en *sapientia*, toch geregistreerd. Seneca en zijn feilloze gevoel voor parodie, denkt hij. Clichés vieren hoogtij in lofredes, maar als Claudius onomwonden en in eindeloze bewoordingen wordt geroemd om zijn 'vooruitziende blik' en zijn 'onmetelijke wijsheid', dan heb je op het Forum de lachers op je hand, dan kunnen zelfs de meest nette heren hun gezicht niet in de plooi houden.

Abascantus zegt: 'Hij heeft wel lef, om zijn voormalig werkgever zo belachelijk te maken.'

'Wrok,' mompelt Pallas. 'Seneca heeft hem die verbanning nooit vergeven.'

Niet veel later heeft de processie zich opgesteld volgens de strakke regels van de sociale hiërarchie, die in het voorouderlijke domein van de dood nog ernstiger zijn dan in het hier en nu. Als in een nachtmerrie wordt hij omringd door zwevende hoofden, perfect gelijkende beeltenissen van de keizer. Het grote wassen dodenmasker van Claudius, gedragen door Nero, staart hem beschuldigend aan, net als de gouden keizerbuste die de senatoren meedragen, en het beeld dat op een wagen meerijdt over de Via Flaminia. De acteurs die de Julisch-Claudische vooroudermaskers dragen zijn degenen die erbij waren, die speelden in de eetzaal terwijl de keizer schuimbekkend werd afgevoerd. De strenge, wassen aanblik van Antonia doet hem huiveren; het is alsof ze uit de dood is opgestaan om haar minachting nog een laatste keer over haar zoon uit te storten. De stoet slingert jammerend het Forum af. De slonzige klaagzangers zijn luidruchtig, de fluitspelers talrijk, de straten zo volgepakt dat het lijkt alsof ze een langgerekt schip zijn dat moeizaam door een zee van honing vaart.

Als ze onder de torenhoge Aqua Virgo door gaan, ziet hij het ronde dodenhuis aan de Tiber in de verte al opdoemen, achter de aan de onoverwinnelijke Sol gewijde obelisk, die alvast de juiste richting lijkt aan te wijzen voor de geest van de keizer. De geur van brandhout dringt zijn neus binnen, de stapel is bijna net zo hoog als het mausoleum waar de urn over zes dagen in bijgezet zal worden. De priesters stellen zich op rondom de brandstapel en beginnen, gebeden voor Caesars geest prevelend, hun ronde te lopen, daarna de ridders, daarna de pretorianen. De laatste groep gooit de triomfalia die ze ooit uit handen van de keizer ontvingen op de stapel. Ivoren staffen, adelaarsscepters en bestikte purperen tunieken vliegen door de lucht. De centurions groeperen zich, sluiten de gelederen als een geheim genootschap en steken hun toortsen bij elkaar. Dan gaan ze uiteen en omcirkelen zwijgzaam de brandstapel met de sarcofaag. Op een teken van de prefect steken ze allemaal tegelijk hun fakkels naar voren, als zwaarden worden ze in de droge takken geprikt. De vlammen zwieren hun weg omhoog, net zo lang totdat ze in hun macabere dans de kist met de dode keizer erin verzwelgen.

Hij was erbij toen Augustus werd gecremeerd, nog even en iemand zal roepen dat hij de geest van de keizer ziet opstijgen, of een adelaar hemelwaarts ziet vliegen, of een dikke koekoek voor zijn part. Diegene zal zijn getuigenverklaring voor een priester herhalen en sneller dan de wind zijn beloning persoonlijk bij hem komen ophalen op de Palatijn. Dan zal de senaat de zaak aannemen – een gang van zaken waar de oude keizer tevreden mee in zou stemmen – om hun gewichtige geesten erover te buigen en een voor een hun stem uit te brengen. De Vaders zullen unaniem bevestigen, en dan zal er een koe of een schaap geofferd worden, of beide. Daarna zal de *divus* hartelijk door de hemelse goden worden ontvangen en als nieuwe bewoner in hun midden worden opgenomen. Dan zal de godwording van Claudius een feit zijn.

✦

De paleisgangen overstromen sinds de troonsbestijging van Nero met lierspelers en *citharoedi*, met dichters en toneelacteurs. Pallas ziet zelfs een aantal beroemde wagenmenners in het voorbijgaan. Nero houdt werkdiners met deze lieden, die hem de kneepjes van hun vak leren. Van Phaon, een van Nero's vrijgelatenen die bij hem op het bureau is geplaatst, hoort hij de verhalen. Phaon is een slimme maar protserige jongen, amper ouder dan Nero zelf. Hij schept er plezier in te roddelen over zijn keizer. Over hoe de majesteit zijn stem spaart voor zijn optredens en de keel smeert met kruidenolies, hoe hij zijn dieet op aanraden van bekende acteurs aanpast, hoe hij zelfs de meest onprettige gewoontes van de professionele menners aanneemt, zoals het drinken van gedroogde, in water opgeloste everzwijnmest. 'Het geheim van de kampioenen. Het maakt de spieren soepel,' zegt Phaon.

Pallas heeft Phaon alleen met een berg werk achtergelaten op het Forum Julium, er waren uitzonderlijk veel afschriften opgevraagd zodat de kopiisten overuren draaiden. Zelf is hij op weg naar het paleis voor een audiëntie, samen met Abascantus en een stuk of vijftien klerken, om onderweg door te kunnen werken. Als een troep mieren trippelen ze achter hem aan, hun handen vol documenten en schrijfgerei. Ze lezen voor, stellen vragen. Hij antwoordt, maar is half aanwezig. Waarom heeft de keizer hem bij zich geroepen? Dat Agrippina erbij zal zijn stelt hem gerust; zij is tegenwoordig bij alle ontvangsten, ze zit zelfs op hetzelfde podium als de keizer, niet meer op een aparte verhoging zoals bij Claudius. Toch voelt hij onrust, achterdocht.

Schandalen achtervolgen Nero en brengen zijn moeder in verlegenheid. Een van Agrippina's vlindertjes betrapte de majesteit op heterdaad met Acte, de Aziatische bloem over wie hij aan tafel zo had opgeschept na zijn huwelijksnacht. Woedend was Agrippina, ze verbood hem het meisje ('het hoertje', zei ze) nog te zien. Maar ze had hem onderschat, hem aangezien voor haar kleine jongen in plaats van de mondige volwassene die hij is geworden. Na het verbod van zijn moeder ging Nero nog meer van zijn slavin houden, hij trad er zelfs mee naar buiten. Tegen zijn vrienden begon de keizer zich te laten ontvallen dat hij met Acte wilde trouwen, dat het niet lang meer zou duren voordat er een troonopvolger in de wieg zou liggen. Agrippina krabbelde terug, wisselde wijselijk van tactiek. Acte aanvallen bracht haar niets, zei ze, ze moest doen alsof het haar niets deed, of ze zou hem voorgoed in de armen van die sloerie drijven. Het lijkt te werken, het laatste wat hij van Agrippina heeft gehoord is dat Nero haar een geschenk heeft gestuurd, een zoenoffer. Een onschatbare avondjurk die nog van Livia is geweest. Ze was beledigd – 'De vernedering! Geschonken krijgen wat mij volgens de wetten der staat en familie reeds toebehoort' – maar hij adviseerde haar om dat voor zich te houden, zich te verzoenen met haar zoon.

Hij wordt door de vertrouwde vertrekken van het paleis begeleid. Het ruikt er naar verf. Overal waar hij kijkt ziet hij nieuwe schilderingen. Niet de sobere, fantasieloze vlakken van zijn voorgangers, maar uitbundigheid siert de muren van Nero's onderkomen. Weelderige zuilengalerijen, maskers, stillevens, imitaties van theaterdecors. 'Alles volgens de laatste mode,' zegt hij tegen Abascantus, die het ook heeft opgemerkt. Pallas wordt aangekondigd en treedt de ontvangstruimte binnen.

Agrippina is er niet. Er staat een enkele zetel op het podium en daarop zit de zeventienjarige keizer, achterover, zijn opgeblazen kop leunt op een hand vol ringen. De keizer wenkt hem, hij nadert. Abascantus weet dat hij hier niets anders is dan een naamloze stenograaf in de schaduw en houdt gepaste afstand, de rest van de zwerm staat buiten de zaal te wachten. Pallas knielt voor de keizer.

'Vind je het wat? Het kon allemaal wel wat kleur gebruiken, niet?'

Hij had gerekend op wat plichtmatige beleefdheden, maar Nero verkiest kletspraat.

'De beste schilders van Rome heb ik laten komen, maar het blijft een uitdaging om er wat van te maken hier. Ik denk erover om een nieuw paleis te laten bouwen. Wat denk je, minister, kan het eraf?'

Hij geeft geen antwoord, Nero buigt zich wat naar hem toe.

'En Claudius schepte nog wel zo op over je talenten.'

'Ik kan de mogelijkheden laten onderzoeken, Sire,' zegt hij ten slotte.

'Over onderzoek gesproken. Je zult begrijpen, Pallas, dat ik van al mijn mensen wil weten of ze te vertrouwen zijn.'

Hij schrikt. Staat hij onder curatele?

'Ik heb de belangen van uw familie en van de staat altijd loyaal en eerlijk gediend, Sire.'

'Veronderstel niet dat je weet wat mijn belangen zijn, arrogante vrijgelatene. Die van Claudius zijn de mijne niet. Bovendien hebben mijn jongens al het een en ander gevonden.'

Zijn hartslag versnelt. Wat kunnen ze hebben gevonden?

'Bronzen munten met een zilveren vernislaagje, beste vriend? Denk je dat ondermaatse *denari* de belangen van mijn familie en die van het land dienen?'

Hij voelt zijn benen loodzwaar worden. Een aantal ongemakkelijke, eindeloze momenten staat hij daar, als een van de stijve godenbeeldjes op zijn huisaltaar.

'Of diende het vooral je eigen schatkist?'

In zijn hoofd bekijkt hij een voor een de vertrouwde gezichten van zijn klerken op het bureau. Wie heeft hem verraden?

'Het is gebruikelijk, Sire, ziet u... Uw vader, de oude keizer, hij wist ervan.'

Hij stamelt. Dat is niet de waarheid. Claudius liet hem beleggen met staatsgeld, maar van het lucratieve voordeel dat hij pakte op de zilvervoorraden had hij de keizer nooit op de hoogte gesteld.

'Ach, rustig aan, ik plaag je maar wat. Wat kunnen mij die verdomde muntjes schelen. Ik hoop dat je er smakelijk van gegeten hebt.' Ineens glimlacht Nero, en is de lucht geklaard.

Het hofleven van Rome is zijn tweede natuur, blindelings wist hij Claudius altijd naar de mond te praten. Maar Nero is wispelturig, veranderlijk als een vrouw en onvoorspelbaar als het weer. Hij heeft het idee dat hij in een compleet in duisternis gehuld labyrint terecht is gekomen. Hoe moet hij hier ooit zijn weg vinden? Hij voelt zich reddeloos, kijkt naar de lege plek naast de keizer.

'Je zoekt je vriendinnetje? Dat vergat ik je te zeggen. Ze is er niet meer. Ik heb haar naar Misenum gestuurd, naar de villa van Antonia. Heeft ze je geen gedag gezegd? Ach, ik zou het niet te persoonlijk opnemen. Neem het van haar zoon aan, ze is kil van nature.'

Hij staart naar de keizer. Zijn hoofd is zo zwaar van de vragen dat hij zijn balans dreigt te verliezen. Nero barst plotseling uit in een onbedaarlijk hard lachen.

'Hield je van haar, Pallás? Wat aandoenlijk! Wees gerust, ik leg haar niets ten laste. Ze is veilig, zolang ze mij maar niet voor de voeten loopt. Het is niet goed als mijn moeder hier maar blijft rondlopen en de dienst uitmaken. Dat zie jij toch ook wel in?'

Verbannen. Naar het luxe Campaanse landgoed van de familie, maar toch. Huisarrest.

Wat is er gebeurd? Hij denkt aan het geschenk, de jurk. Ze heeft zich niet in kunnen houden. Ze heeft haar kans op verzoening verspeeld.

'Ik vrees dat ik nog meer slecht nieuws voor je heb. Narcissus is vanochtend ter dood gebracht. Gewoon in zijn kerker hoor, heel discreet. Ik weet dat je hem graag de zelfdood had gegund en juist daarover met hem zou spreken een dezer dagen, maar het moest gebeuren. Wist je dat die rat al zijn persoonlijke correspondentie, inclusief die met de keizer, vlug heeft laten verbranden? Hij was een vijand van het hof.'

Met Agrippina had hij besproken dat Narcissus clementie zou krijgen, de mogelijkheid om zelfmoord te plegen, een leven lang trouwe dienst aan de familie stelde hem daartoe in het recht, vond hij. Alles leek onder controle. Maar het paleis van de laatste keer dat hij hier was, realiseert hij zich, dat paleis bestaat niet meer. Het is overgeschilderd, zoals de muren om hem heen. Agrippina is weg, Narcissus is dood. En nu, wat nu?

'Dat brengt mij tot het laatste punt van bespreking.' Nero wenkt een van de slaven, die als een schichtig muisje op Pallas af schiet en hem een document overhandigt. Hij rolt het uit en begint te lezen. Als hij opkijkt, is het gezicht van de keizer uitdrukkingsloos geworden, zijn ogen leeg en onverschillig als die van een ontzield lichaam. Dan leunt Nero voorover, geeft hem een priemende blik.

'Jij, Pallás, bent de zuil waarop de grandioze zelfoverschatting van mijn moeder rust. Een oude, verweerde zuil, gescheurd en afgebrokkeld, maar stevig genoeg om, vrees ik, nog jaren mee te kunnen. Zij is mijn vijand, jij bent mijn vijand. Mijn lijst is lang. En ik beschouw het als deugdzaam leiderschap om vijanden op tijd uit de weg te ruimen.'

'Clementie, zo leerde Seneca mij, is de grootste deugd voor een heerser, Sire.'

'Seneca is bejaard, net als jij. Een versleten ziel met achterhaalde ideeën. Het is mij een raadsel waarom mijn vader je zo graag mocht. Of het moet zijn omdat hij de spiegel van zijn eigen zwakheid zag. Ik veracht zwakheid meer dan wat ook. Het volk vertrapt de zwakken, dat zou jij na al die jaren in de nabijheid van de macht moeten weten.'

'Uw vader heeft daar altijd boven gestaan. Een vorst wordt geacht verheven te zijn.'

'Is dat zo? Zeg eens, trouwe dienaar der staat, vond je hem nog steeds zo verheven toen je hem die giftige zwam door de strot duwde?'

Hij buigt zijn hoofd, haalt diep adem. Het is voorbij. Even is het helemaal stil. Abascantus is, zo te horen, gestopt met notuleren.

'Phaon neemt de controle over de financiën van je over. Je wordt ontslagen op verdenking van fraude en verduistering. Vecht de aanklacht niet aan, en ik zal afzien van officiële procedures. De boekhouding wordt als afgesloten beschouwd, er zal geen verder onderzoek worden gedaan. Begrijp je wat ik je aanbied? Clementie, zei je toch? Je wordt nergens verantwoordelijk voor gehouden.

Treed af, oude man, en vertrek in stilte. Geniet van je rijkdom en laat je hier niet meer zien.' Dan richt de keizer zijn blik op Abascantus. 'Die secretaris van je wil ik nog wel overkopen.'

'Hij is niet te koop,' zegt hij resoluut.

De keizer haalt zijn schouders op. Het is hem om het even.

Alles is verloren. Alles waar hij zijn hele leven voor heeft gewerkt, achteloos weggevaagd door de hand van een arrogante tiener. Tot zijn eigen verbazing voelt hij zich opgelucht. Hij gaat niet helemaal ten onder, hij ontsnapt aan het lot van Narcissus. Het is beter om nu niets meer te zeggen. Hij is ontslagen, maar hij leeft nog. Nero knipt met zijn vingers, de wachten openen de deuren. Met opgeheven hoofd draait Pallas zich om. Zijn klerken groeperen zich, en hij hoort de keizer achter zich in een onbedaarlijk lachen uitbarsten.

'Kijk hem gaan met zijn gevolg! Heren, de hoge magistraat heeft zijn afscheidseed gezworen, hij treedt af!'

## *Mijn leven en de lotgevallen van mijn familie*

### FRAGMENT VI

*Ik heb gewonnen. Mijn doel is bereikt, en ik denk aan Pyrrhus, de oude koning van Epirus, en zijn beroemde woorden. 'Nog één zo'n overwinning en ik ga ten onder.'*

*Omdat ook mijn eigen ondergang aanstaande is, zal ik de hele waarheid onthullen. De leugens waar ik aan meewerkte, het bedrog dat leidde tot mijn overwinning, de troonsbestijging van mijn zoon.*

*Claudius, de vergoddelijkte, liet een testament na, maar ik zorgde ervoor dat het nooit publiek gemaakt werd. Het ontbreken van een wilsbeschikking leverde de nodige geruchten op over wat erin had gestaan, maar die nam ik voor lief. Roddels vervliegen doorgaans bij de eerste de beste windvlaag. Maar ze waren waar, alle verhalen die rondgingen klopten. De keizer had zich in zijn laatste levensdagen bedacht, en zijn testament laten aanpassen. Het was de laatste, expliciete wens die hij aan het document toevoegde: dat zijn nalatenschap gelijk verdeeld zou worden over Nero en Britannicus. Dat ze zijn erfenis en zijn heerschappij gezamenlijk over zouden nemen.*

*Daarom liet ik het verdwijnen. De wet zegt dat bij het ontbreken van een keizerlijk testament alles overgaat op zijn opvolger. Ik geef toe dat mijn daad zelfzuchtig was. Dat ik de troon voor hem alleen wilde. Dat de financiële voordelen van het ontbreken van het testament me zo glanzend door*

Pallas werden voorgekauwd dat het me verblindde. Voor mijn misdaad zal ik boeten. Ik boet al, nu Fortuna mij haar ijzige ironie heeft getoond. En ik vrees dat heel Rome zal boeten. Had ik het moeten weten, had ik het moeten voorvoelen?

Mijn zoon, mijn verrader. Ik liet hem zijn gang gaan, als kind. Hij wilde zingen, schilderen, beeldhouwen, dansen, muziek maken, dichten. Had ik het hem allemaal moeten ontzeggen? De onschuldige tijdverdrijven van een kind... Zijn buitensporige interesse voor de paardenraces en de atletiekwedstrijden heb ik altijd ontmoedigd, en zie wat dat me heeft gebracht. Nu wil hij niet meer zingen in zijn eigen tuinen, maar op het podium. Hij wil worstelen in het stadion, hij wil mennen in het circus. Hij wil niet zijn vriendjes, maar Rome als publiek. De neigingen werden groter naarmate ik ze meer verbood. Ja, hij mocht van mij de kunsten waarderen, maar alleen omdat ik niet zag wat hij zelf al op zo jonge leeftijd wist: dat hij zelf een kunstenaar was.

In een droom bezocht Decima mij vannacht. Trillend toonde ze me de draad van mijn leven, hield hem bijna bij het einde vast terwijl de kluwen wol achteloos en vies op de grond lag, alsof er iemand op had gestaan. Achter haar ontwaarde ik de laatste schikgodin, Morta, met de schaar al in de hand. Ze wees naar mijn buik, en toen ik omlaag keek zag ik hoe ik bloedde. Er was geen pijn, alleen een snee ter grootte van een mantelspeld, en een zee van purperkleurig bloed. Toen ik wakker werd, scheen er een helder wit licht in mijn slaapvertrek, al was het midden in de nacht en was er niets dan de stille duisternis van het Campaanse platteland om mij heen. In dat heldere licht zag ik de Sybille van Cumae voor me. Ze kwam tot me in een visioen, de priesteres die mijn hele leven al voor zich had gezien toen ik nog jong was. De zoon zou keizer worden, maar de zoon zou zijn moeder verstoten.

Nu pas, bij daglicht, begrijp ik het. De goden bieden mij via dromen en visioenen antwoorden die ik al tijdenlang zoek, maar niet kon vinden. Zie je, hij was altijd al voorbestemd om de heerser van de wereld te worden, met of zonder mijn hulp. Maar door mijn vastberadenheid hem op de troon te krijgen, was ik blind voor wat de natuur van hem gemaakt had.

*Mijn strijd is gestreden. Ik vocht voor wat ik als het hoogste goed zag, voor de veiligheid van mijn familie. Strijdvaardig aanvaardde ik mijn leven lang het noodlot, dat die veiligheid voor ons enkel gewaarborgd kon worden door de troon aan ons te laten. Maar mijn strijd is vergeefs gebleken, zoals ieder mens vergeefs het onvermijdelijke bestrijdt, terwijl de godinnen onaangedaan hun draden spinnen. Ook het leven van mijn zoon, die zo passievol de acteur uithangt, zal een tragedie op zichzelf worden. Zijn regering een smet in de geschiedenis. Ook hij zal tot zijn einde zijn eigen vergeefse strijd leveren, hij zal blijven vechten om de twee zielen die hij heeft te verenigen. De keizer, en de kunstenaar. Net als ik zal hij bitter worden en de wereld gaan haten. En mij, zijn moeder, van alles nog het meest. De met bloed besmeurde buik, dat is niet zíjn ondergang maar de mijne, veroorzaakt door de vrucht van mijn schoot. Want toen ik de Sybille van Cumae raadpleegde over Nero, antwoordde zij dat hij wel het keizerschap zou verwerven, maar zijn moeder zou doden. En ik zei toen: Laat hij me maar doden, als hij maar keizer wordt.*

EPILOOG

# Parentalia

*55 n.Chr.*

Op de dag van vertrek klaart de lucht pas met de eerste avondschemer op. Een grijze dag vol regenbuien komt ten einde. Pallas maakt de paarden droog met Marcus, die van de ene op de andere dag veranderd lijkt in een man. Athene heeft hem goedgedaan, de oude stad heeft hem meer dan alleen beschaving en intelligentie bijgebracht. Hij ziet dat het vertrek uit Rome de jongen bedrukt. Hij begrijpt het, Marcus staat aan het begin van zijn carrière. De hemel kleurt goudgeel, de laatste zonnestralen duwen de wolken ongeduldig opzij. Hij kijkt naar zijn zoon, die zich groothoudt en de ogen van zijn vader ontwijkt. Pallas legt een hand op zijn schouder. 'We keren terug naar Rome, Marcus, ik beloof het je.' Hij heeft het hem allemaal nog niet verteld. Tot het laatste moment hebben ze gedaan alsof het een dag als alle andere was, terwijl Abascantus in het geheim de tassen gereedmaakte voor vertrek.

De schimmen zijn overgestoken naar het rijk der levenden, om voor even weer samen te zijn met hun dierbaren. Net als alle andere families hebben ze vandaag de laatste dag van de Parentalia gevierd, de offermaaltijd gedeeld met de geest van Antonia. Even heeft hij zijn hand op het stenen portret van zijn dochter laten rusten, diep ademgehaald om zijn tranen te onderdrukken.

Zijn hand gleed naar beneden, over de gebeitelde letters onder de buste.

GEGROET, VREEMDELING. MIJN BOODSCHAP IS KORT. DIT IS HET ONGELIEFDE GRAF VAN EEN GELIEFDE VROUW. HAAR OUDERS NOEMDEN HAAR ANTONIA. ZE WAS DE DOCHTER VAN MARCUS ANTONIUS PALLAS, VRIJGELATENE VAN DE KEIZER. ZE LIET AL HAAR FAMILIE BOVEN DE AARDE WENEND ACHTER. GA NU, VREEMDELING, VERVOLG JE WEG.

Maar er was geen tijd voor verdriet. Met de smaak van offerwijn nog in de mond heeft hij, toen ze wegliepen van het graf, aangekondigd dat ze op reis gingen. Nee, ze hoefden niets mee te nemen, alles wat de familie nodig had lag al klaar in de haven.

Tiberius huilt nu uit bij zijn moeder, Marcus durft eindelijk zijn vader aan te kijken.

'Waarom blijven we niet gewoon? Waarom moeten we zo nodig vertrekken?'

'Soms moet je een nood als een kans zien, Marcus.'

'Gaat u me nu weer de les lezen, over de kansen die ik allemaal wel niet krijg?'

Marcus' ogen glinsteren van het vocht en zijn wangen zijn rood. Dan mompelt hij, zacht snikkend: 'Hoeveel generaties moeten er in de schaduw van uw vrijlating opgroeien?'

Pallas schrikt, hij heeft zijn zoon niet eerder zien huilen.

'Ik zal het je uitleggen.'

Als hij begint te vertellen, verliest hij zich al snel in beelden, emoties en geuren, de levendige herinneringen aan de afgelopen weken. Hij deelt ze met Marcus, in detail en met al zijn zintuigen, zoals je een droom navertelt. Hij begint bij zijn bezoek aan de villa van Antonia in Misenum, waar hij na zijn ontslag naartoe is gereisd. Agrippina had hem geschreven en gevraagd om haar op te komen zoeken.

'Ik trof haar verslagen aan, treurend bij de vijver waarin eens kaakloze lampreien zwommen. Ik ben in mijn dienstjaren bij Antonia talloze keren in de villa geweest, maar altijd in de zomer, als de tuin in bloei stond en de warme zeebries door de gangen blies. Die monsterachtige vissen in de vijver waren in die tijd getooid met parels, een bezienswaardigheid voor Antonia's gasten. Nu zat Agrippina aan de rand van dat water, gehuld in een grauwe, wollen mantel, en er lag een flinterdun laagje krakend ijs over de visloze vijver. Ze staarde voor zich uit, haar doffe ogen leken de spiegel van het bevroren water. Een slaaf die ik niet herkende pakte haar beet, suggereerde voorzichtig dat het beter was naar binnen te gaan en zich bij het vuur van de haard op te warmen. Hij zei dat er een gast wachtte. Toen ze me zag, vroeg ze me om vergiffenis. Ik wist niet goed hoe te reageren, zei dat er niets was om te vergeven, waarna ze me een tijdlang zwijgend en met uitgebluste, grijsomrande ogen aankeek. Toen zei ze: "Het is mijn schuld dat je bent ontslagen, Pallas. Ik had geen keuze. Voor wat hoort wat, zei mijn zoon. Zijn geliefde voor mijn handlanger. Acte voor Pallas. Je begrijpt toch wel dat ik geen keuze had?" Daarna haalde ze iets uit haar zak, en heel even dacht ik dat het een dolk was. Ik zag alleen een glinstering in het warme licht van het haardvuur. Ze hield het voorwerp even in haar gesloten handpalmen, als een klein vogeltje, en gooide het toen naar me toe. Het raakte me bijna in mijn gezicht en ik deinsde terug voor haar plotselinge uiting van woede. Ik schrok, maar ving het op. Een munt. Weet je wat er op die munt stond, mijn zoon?' vraagt hij aan Marcus.

Zijn zoon staart hem aan en schudt zijn hoofd. 'Ik zag het pas toen ik het muntje dichter bij de haard hield en een beetje kantelde in de gloed van het vuur. Het was een munt zoals ik ze in opdracht van Agrippina liet slaan sinds de eerste dag van Nero's principaat, met de kop van de keizer en die van zijn moeder erop. Maar op die munten stonden ze naast elkaar, de zijaanzichten van hun portretten. De zilveren ogen keken elkaar aan, en de ene blik week niet voor de andere. Maar dit was een ander soort munt. Hierop was het portret van de keizer pal voor dat van Agrippina geplaatst, zij in de schaduw, half erachter. Een zonsverduistering in zilver. Haar titels werden er niet eens op vermeld. Enkel op de keerzijde, constateerde ik toen ik het muntje omdraaide.'

Hij kijkt naar Marcus en beseft dat de jongen de betekenis van wat hij vertelt maar half meekrijgt. Hoezeer hij ook zijn best doet, Marcus kan niet zien wat hij zelf ziet, hij draagt niet dezelfde beelden en ervaringen met zich mee.

'Ik vroeg me in stilte af of ze me alleen vanwege die muntjes had laten komen. Toen vertelde Agrippina me dat Nero haar was komen opzoeken. Ze trok een afkerig gezicht en zei: "Hij kwam onder volledige bewaakte escorte, mijn eigen zoon," en ze slaakte een diepe zucht voordat ze verder ging. "De hemelse goden vergeven me voor wat ik daarna zei, voor mijn bloedverraad. Ik dreigde dat ik hem zou tegenwerken, dat ik Octavia zou steunen, Britannicus desnoods." Ze keek me angstig aan, alsof ze ook mij verraden had door Britannicus' kant te kiezen. Nero, vertelde Agrippina verder, had niets meer gezegd. Hij had de kelk die hem door een bediende was aangereikt op de grond gesmeten en was ziedend weggelopen. Officieel, lieve Marcus, zijn Burrus en Seneca de adviseurs van de keizer, maar angst, de raadgever in zijn hart, heeft veel meer grip op zijn geest. Hij is bang. Voor zijn moeder, maar vooral voor Britannicus.'

Marcus' ogen zijn groot en hij knikt, als een schooljongen die net een belangrijke les heeft geleerd. De jongen zou nog geen dag overleven aan het hof. Hij schudt de gedachte van zich af. 'Agrippina was ervan overtuigd dat de pretorianen elk moment door het hek zouden galopperen. Waarom had Nero haar anders haar bewakers afgenomen? Ik suste haar, loog dat ik de keizer mild vond, genadig zelfs, dat Seneca hem beïnvloedde. Maar ze wuifde alles weg, keek naar me en knipte toen met haar vingers. Een dienaar snelde toe en duwde me een tas vol boekrollen in mijn handen. Agrippina beval me ernstig de rollen veilig te stellen, waarop ik natuurlijk naar hun inhoud vroeg. Ze zei: "Het is het eerste deel van mijn boek, het verslag van mijn leven en de lotgevallen van mijn familie. Sinds ik een gevangene ben in mijn eigen huis, doe ik niets anders dan schrijven, en dat zal ik blijven doen totdat ze me komen halen." Ze vroeg me om de rollen voor haar te bewaren en terug te komen als ze het tweede deel af had. Als de goden haar de tijd zouden geven om het af te maken. Ze wil dat ik het geheel, na haar dood, laat publiceren.'

Hij vertelt zijn zoon niet wat er daarna gebeurde, wat ze daarna tegen hem zei. 'Mocht je in plaats van een brief van mij, het nieuws van mijn dood ontvangen, reis dan zo snel als je kunt naar Misenum.' Daarna deed ze een stap in zijn richting en pakte zijn hand. Het voelde nog altijd als de meest vertrouwde aanraking die hij ooit had gekend. Hij wist zich geen houding te geven, staarde omlaag naar de zachte hand die op de zijne lag, terwijl hij voelde hoe zij haar ogen op hem gericht hield. Toen hij eindelijk op durfde te kijken, zag hij dat ze zo breekbaar was als de rijp op het gras. 'Kom,' fluisterde ze en ze trok hem mee naar buiten. Zonder zijn hand los te laten leidde ze hem zwijgend naar de tuin, naar een grote mistroostige struik met kale, stekelige takken. 'Laat je niet misleiden door haar lelijkheid,' zei ze, en met haar woorden blies ze wolkjes in de koude buitenlucht. 'In de zomermaanden geeft ze de mooiste rozen van heel Campanië.' Ze zei dat ze haar boekrollen daar zou bewaren, opgeborgen in een kist en begraven aan de voet van de rozen die ze – daar was ze van overtuigd – nooit meer zou zien bloeien. Hij knikte, hoe kon hij haar die laatste wens weigeren? Ogen vol dankbaarheid staarden hem aan, hij wilde haar beetpakken en in zijn armen drukken, maar hij hield afstand. Toegeven, wist hij, is meegesleurd worden. Ze knikten elkaar toe en wisselden een paar beschaafde woorden, ten afscheid.

'Pallas?' zei ze toen hij zich al had omgedraaid. Hij keerde zich naar haar toe en keek haar verwachtingsvol aan. 'Pas op dat je je niet bezeert. Ze is mooi, maar niet ongevaarlijk. Haar doorns geven lelijke, bloedige wonden.'

'Gaat u het doen?'

Hij schrikt op, alsof hij onverwacht een ruwe klap in zijn gezicht heeft gekregen. 'Wat?'

'Die memoires publiceren.'

Pallas lacht. 'Dat zien we wel als de tijd daar is. Voor nu is het beter als we voorzichtig zijn.'

Andromeda komt kijken waar ze blijven. Hij knikt zijn zoon toe, die in gedachten verzonken lijkt. Dan laten ze de paarden aan de slaven. Als Marcus weg is, zegt Andromeda: 'Laat die jongen toch, hij komt er wel.'

De deur van de villa op de Esquilijn is gesloten, het huishouden in de capabele handen van de huismeester gelaten. Het leven zal doorgaan in Rome. Het huis zal onaangetast blijven, als ze terugkeren zal het schilderij nog in het atrium hangen, het zal zijn alsof ze nooit zijn weg geweest. Op de dagen van de doden zullen er bloemen en granaatappels worden geofferd bij het familiegraf. De tuinen zullen worden onderhouden. De huisgoden zullen baden in het dartelende vuurlicht van de lampjes die steeds weer zullen worden gevuld en aangestoken. Allemaal, behalve zijn Apollo. Die heeft hij, net als toen, meegenomen en in zijn gordel verstopt.

De mannen gaan te paard, de vrouwen in de wagen. Een deel van de huishouding gaat mee op reis, een handvol. Abascantus, natuurlijk, en Carpus, de paedagogus van de jongens, en Andromeda's meest dierbare slavinnen. In een kalme draf rijden ze richting de stadspoort. Pallas en zijn zonen gaan voorop. Tiberius vraagt of hij nu eindelijk mag weten waar ze naartoe gaan.

'We gaan een rondreis door het rijk maken. De warmte tegemoet. Jullie zullen ons landgoed in Hermopolis zien. Het land van de Nijl is als een sprookje, Tiberius, je zult je ogen niet geloven.'

De jongen glimlacht. De hemel is roze geworden, maar het duurt niet lang meer voordat het gaat donkeren.

'Maar eerst gaan we naar Judaea, om Felix te bezoeken.'

Abascantus rijdt achter hem en roept dat hij Judaea nog moet opnemen in het reisschema.

Een gevoel van warmte overspoelt hem. Heel even is het alsof hij vederlicht op reis gaat. Alsof hij er niet in het geheim vandoor gaat, als een dief in de nacht. Hij ontvlucht de stad die hem zijn herkansing op het leven gaf, de tweede kans die de goden hem beloofd hadden. Hij voelt weemoed, maar geen verdriet. Het Rome dat van hem was is al verdwenen, en in het nieuwe Rome kent hij de weg niet. Het is het Rome van Phaon, van Epaphroditus. Van Nero. Oude mannen maken plaats voor de nieuwe generatie, zo gaan de dingen.

Even buiten de poorten van de stad moeten de fakkels al worden aangestoken. De laatste dag van de Parentalia is ten einde, de zwevende geesten van de overledenen dalen weer af en maken de oversteek terug naar de onderwereld. Hij is nog in het rijk der levenden, de goden lieten hem gaan. 'We zitten allemaal vast aan Fortuna,' zei Seneca altijd. Maar hij heeft het gevoel dat hij Fortuna heeft misleid. Als Odysseus hangt hij onder de ram, zodat ze hem niet kan zien. In gedachten komen de documenten van de keizer voorbij, de belastingen, de instructies voor de gouverneurs, de aanvragen van steden, de decreten, de erflatingen, de afschriften, de kopieën. Hij is niet meer teruggegaan naar het bureau, omdat hij weet dat het zijn domein niet meer is. Hij heeft zelfs de plaquette op het Forum niet voor een laatste keer bekeken. Kan hij zich thuis voelen in een wereld zonder de overzichten, zonder de boeken? Zijn slimmigheden, de lijsten die hij zo ijverig maakte, ze komen hem nu levenloos voor. De werkelijkheid bestaat niet in de boeken, de werkelijkheid is daarbuiten, waar geen structuur bestaat, geen sluitende rangschikking. Claudius had het bij het juiste eind, het is moeilijk een langgekoesterde liefde op te geven. Maar in tegenstelling tot de oude keizer kent hij niet die ene zin, maar het hele gedicht uit zijn hoofd. Het is moeilijk, ja, maar toch moet je het volbrengen. Dit alleen is jouw redding, deze zege moet je behalen. Dit moet jij doen, of je ertoe in staat bent of niet.

Bevrijd van grote verwachtingen laat hij alles achter zich. Een stad vol schimmen.

'Hence we can truly say that Pallas changed the history of the Roman Empire.'

Stewart Irvin Oost

# Nawoord

*Het wit en het purper* is een werk van de verbeelding. De romanvorm gaf mij de mogelijkheid om de Romeinse wereld van zo dichtbij mogelijk te laten zien, in een verhaal met hoofdrolspelers die, hopelijk, levensecht zijn, die zelfs hedendaags zouden kunnen zijn. De personages in dit boek hebben bijna allemaal echt bestaan. Ik hoop dat de manier waarop ik ze tot leven heb gewekt recht doet aan hun leven.

Hoe diep ik me ook heb ondergedompeld in de wereld van mijn hoofdpersoon Marcus Antonius Pallas, het resultaat van mijn zoektochten in de archieven en mijn dwalingen door Rome is niets meer dan mijn invulling, mijn lezing van de bronnen. Nergens heb ik 'de waarheid' opzettelijk geweld aangedaan – ik heb geen bekende historische feiten veranderd omwille van het verhaal – maar ik heb wel geselecteerd, versimpeld, uitgelicht.

Het gedicht op pagina 202-203 is geschreven door Catullus, en weergegeven in de sierlijke vertaling van Ype de Jong (Primavera Pers, 2018). De dialoog tussen Claudius en Isidorus, op pagina 325 e.v., heb ik bijna woord voor woord overgenomen van een aantal Egyptische papyri, via welke een fragmentarisch verslag van de rechtszaak bewaard is gebleven (bekend als de *Acta Isidori*, onderdeel van de *Acta Alexandrorum*). Hier en daar heb ik zinnen en strofen uit antieke werken geparafraseerd, onder andere uit Tacitus' *Annalen*, Petronius' *Satyrica* en de *Octavia*, een tragedie waarvan de auteur niet bekend is. Daarnaast heb ik dankbaar gebruik gemaakt van Suetonius' biografieën van de keizers Tiberius, Caligula, Claudius en Nero en werken van onder andere Plinius (de Oudere en de Jongere) en van Juvenalis.

Volgens Tacitus stelde Agrippina haar memoires (over '*vitam suam et casus suorum*', 'haar leven en de lotgevallen van haar familie') te boek, en dreigde ze de hele, ongetwijfeld belastende, geschiedenis van haar ongelukkige huis te publiceren. Aanvankelijk werd de publicatie verboden, maar in Tacitus' tijd waren Agrippina's memoires gewoon te raadplegen. Later zijn de dagboeken verloren gegaan.

Het schrijven van een roman is, in tegenstelling tot wat veel mensen zich erbij voorstellen, niet helemaal een eenzame onderneming. Velen hebben mij in verschillende fasen van het schrijven bijgestaan.

Het Nederlands Letterenfonds ben ik erkentelijk voor de financiële ondersteuning die het schrijven van deze roman mede mogelijk heeft gemaakt. Voor hun hulp bij het vertalen van een aantal cruciale Latijnse teksten ben ik Maurits Lesmeister en Raphael Hunsucker zeer dankbaar. Ik dank ook Rianne Hermans, die zo vriendelijk was mij haar proefschrift op te sturen, en daarmee invulde wat anders een hiaat in mijn kennis was gebleven. Stefano van het verkeersbureau van de onvolprezen Italiaanse regio Abruzzo dank ik voor een onvergetelijke ervaring. Stefano leidde mij naar de vlakte van het voormalige Fucino-meer, waar de beroemde naumachia in 52 n.Chr. plaatsvond, en opende voor mij zelfs de verborgen deuren van het onderaardse gangenstelsel dat werd uitgehakt voor de drooglegging. Het spoor van Pallas leidde daarnaast natuurlijk naar Rome. Veel Romeinse ontdekkingstochten ondernam ik samen met Saskia Balmaekers, en ik ben haar dankbaar voor de vele waardevolle gesprekken, maar bovenal voor het voorrecht van een gedeelde passie en een hechte vriendschap.

De scherpe blik en nuttige commentaren van anderen hebben mij voor de nodige fouten en onvolledigheden behoed. Mijn grote dank gaat uit naar Marleen Termeer; haar expertise en scherpzinnigheid zijn jaloersmakend, evenals haar talent om kritiek met zulk enthousiasme te brengen dat verbeteren een plezier wordt. Ook Aafke van Hoof ben ik veel dank verschuldigd voor haar onmisbare commentaren.

Ik dank de medewerkers van Ambo|Anthos *uitgevers*, en in het bijzonder dank ik Laurens Ubbink. Dit boek, mijn romandebuut, was onze eerste reis samen, en zonder zijn onmisbare ervaring, adviezen en toejuichingen was ik vast en zeker verdwaald in de wondere wereld van de fictie.

Ten slotte ben ik veel dank verschuldigd aan mijn lieve vrienden en familie, die mij aanmoedigen bij mijn schrijfwerk en er onvermoeid enthousiast over zijn, ook al staat het onderwerp voor de meesten mijlenver af van wat henzelf bezighoudt. Niemand schenkt mij, ten slotte, zo overdonderend veel waardevolle steun, oprechte waardering en liefdevol vertrouwen als mijn echtgenoot, Peter-Paul, de ruimhartigste mens die ik ken.

Pallas leefde voor zijn kinderen nog voordat ze bestonden. Met liefde en in de geest van zijn verhaal draag ik dit boek op aan het prille, nog niet bestaande leven dat tijdens het schrijven van dit boek begon.

# Dramatis personae

## De familie van Antonia

| | |
|---|---|
| Antonia de Jongere | Dochter van Marcus Antonius, weduwe van Drusus, schoonzus van Tiberius, grootmoeder van Caligula |
| Germanicus | Haar zoon |
| Claudius | Haar zoon |
| Livilla | Haar dochter |
| Livia Drusilla | Haar schoonmoeder, Augusta |
| Agrippina de Oudere | Haar schoondochter, vrouw van Germanicus en kleindochter van Augustus |

ANTONIA'S SLAVEN EN VRIJGELATENEN:

| | |
|---|---|
| Caenis | Secretaresse |
| Pallas | Boekhouder |
| Felix | Klerk |
| Andromeda | Kamermeisje |
| Philumena | Kleermaakster |

| | |
|---|---|
| Florus | Arts |
| Chia | Masseuse |
| Philetus | Huismeester |

DE NAKOMELINGEN VAN GERMANICUS EN AGRIPPINA DE OUDERE:

Nero Julius Caesar, Drusus Julius Caesar, Gaius Julius Caesar (Caligula), Agrippina de Jongere, Julia Drusilla, Julia Livilla

## De familie van Pallas

| | |
|---|---|
| Marcus Antonius Pallas | Vrijgelatene van Antonia, a rationibus aan het hof van Claudius |
| Antonia Andromeda | Zijn echtgenote, vrijgelatene van Antonia |
| Marcus Antonius Pallantis | Zijn zoon |
| Julia Antonia Postuma | Zijn dochter |
| Tiberius Antonius Claudianus | Zijn zoon |
| Marcus Antonius Felix | Zijn broer |

PALLAS' SLAVEN EN VRIJGELATENEN:

| | |
|---|---|
| Abascantus | Secretaris |
| Eumolpus | Kok |
| Gaia | Gouvernante |
| Carpus | Paedagogus |

## De familie van Claudius

| | |
|---|---|
| Claudius | Zoon van Antonia, keizer 41-54 n.Chr. |

| | |
|---|---|
| Plautia Urgulanilla | Zijn eerste echtgenote |
| Aelia Paetina | Zijn tweede echtgenote |
| Claudia Antonia | Zijn dochter bij Aelia Paetina |
| Messalina | Zijn derde echtgenote |
| Claudia Octavia | Zijn dochter bij Messalina |
| Britannicus | Zijn zoon bij Messalina |
| Agrippina de Jongere | Zijn vierde echtgenote |
| Lucius DomitiusAhenobarbus (Nero) | Zijn adoptiezoon, zoon van Agrippina de Jongere uit haar eerdere huwelijk met Gnaeus Domitius Ahenobarbus |
| Domitia Lepida de Oudere | Zijn nichtje, tante van Nero, tot 41 n.Chr. getrouwd met Gaius Sallustius Crispus Passienus |
| Domitia Lepida de Jongere | Zijn nichtje, tevens zijn schoonmoeder (via Messalina), tante van Nero, grootmoeder van Britannicus en Octavia. Moeder van Faustus Cornelius Sulla Felix (de man van Claudia Antonia) |

CLAUDIUS' HOVELINGEN:

| | |
|---|---|
| Lucius Annaeus Seneca | Ex-banneling, senator, schrijver, tutor Nero |
| Sextus Afranius Burrus | Pretoriaans prefect, tutor Nero |
| Titus Flavius Vespasianus | Succesvol generaal in Britannia |
| Gaius Stertinius Xenophon | Hofarts |
| Herodes Agrippa II | Koning van Chalkis, zoon van familievriend Herodes Agrippa I |

CLAUDIUS' SLAVEN EN VRIJGELATENEN:

| | |
|---|---|
| Gaius Julius Polybius | Vrijgelatene van Caligula, a studiis onder Claudius |
| Gaius Julius Callistus | Vrijgelatene van Caligula a libellis onder Claudius |
| Tiberius Claudius Narcissus | Vrijgelatene van Claudius, ab epistulis aan zijn hof |
| Marcus Antonius Pallas | Vrijgelatene van Antonia, a rationibus onder Claudius |
| Marcus Antonius Felix | Vrijgelatene van Antonia, procurator Judaea |
| Halotus | Voorproever, eunuch |
| Myron | Juridisch adviseur |

## De cirkel van de jonge Nero

| | |
|---|---|
| Anicetus & Beryllus | Eerste tutors van Nero |
| Marcus Salvius Otho | Zijn vriend, zoon van Lucius Salvius Otho, een goede vriend van Claudius, keizer van Rome in 69 n.Chr. |
| Poppaea Sabina | Echtgenote van Otho (later van Nero) |
| Claudia Octavia | Zijn eerste echtgenote |
| Acte | Slavin van Octavia, zijn minnares |
| Tiberius Claudius Epaphroditus | Vrijgelatene van Claudius, vertrouweling |
| Phaon | Vrijgelatene, vertrouweling |